Platonismus und spätägyptische Religion

Beiträge zur Altertumskunde

Herausgegeben von Michael Erler, Dorothee Gall,
Ludwig Koenen und Clemens Zintzen

Band 364

Platonismus und spätägyptische Religion

Plutarch und die Ägyptenrezeption
in der römischen Kaiserzeit

Herausgegeben von
Michael Erler und Martin Andreas Stadler

unter Mitarbeit von Marion Schneider

DE GRUYTER

ISBN 978-3-11-065847-7
e-ISBN (PDF) 978-3-11-053296-8
e-ISBN (EPUB) 978-3-11-053180-0
ISSN 1616-0452

Library of Congress Cataloging-in-Publication Data
A CIP catalog record for this book has been applied for at the Library of Congress.

Bibliografische Information der Deutschen Nationalbibliothek
Die Deutsche Nationalbibliothek verzeichnet diese Publikation in der Deutschen Nationalbibliografie; detaillierte bibliografische Daten sind im Internet über http://dnb.dnb.de abrufbar.

© 2019 Walter de Gruyter GmbH, Berlin/Boston
Dieser Band ist text- und seitenidentisch mit der 2017 erschienenen gebundenen Ausgabe.
Druck und Bindung: Hubert & Co. GmbH & Co. KG, Göttingen

♾ Gedruckt auf säurefreiem Papier
Printed in Germany

www.degruyter.com

Inhalt

Zur Einführung —— 1

Herwig Görgemanns
Plutarchs Isis-Buch —— 7

Martin Andreas Stadler
Ägyptenrezeption in der römischen Kaiserzeit —— 21

Océane Henri
A general approach to *interpretatio Graeca* in the light of papyrological evidence —— 43

Frederick E. Brenk
'Searching for Truth'? —— 55

Svenja Nagel
Mittelplatonische Konzepte der Göttin Isis bei Plutarch und Apuleius im Vergleich mit ägyptischen Quellen der griechisch-römischen Zeit —— 79

David Klotz
Elements of Theban Theology in Plutarch and his Contemporaries —— 127

Joachim Friedrich Quack
(H)abamons Stimme? —— 149

Christian Tornau
Im Namen des Gottgeziemenden —— 175

Geert Roskam
On the multi-coloured robes of philosophy —— 199

Jan Tattko
Ägypten auf der Bühne der sophistischen Rhetorik in der römischen Kaiserzeit —— 219

Alexandra von Lieven
Porphyrios und die ägyptische Religion vor dem Hintergrund ägyptischer Quellen —— 267

Andreas H. Pries
ἔμψυχα ἱερογλυφικά II —— 293

Rene Pfeilschifter
Osiris in Konstantinopel oder: Synesios' *Ägyptische Erzählungen* —— 305

Namensindex —— 319

Stellenindex —— 323

Zur Einführung

Zwei Fächer in einer Tagung zusammenzubringen, birgt immer ein Risiko, selbst wenn – wie im vorliegenden Fall der Ägyptologie und der Gräzistik – beide Disziplinen der altertumswissenschaftlichen Familie angehören, die sich dennoch aufgrund ihrer wissenschaftshistorischen Entwicklung und auch ihrer Quellenlage durchaus unterschiedlich entwickelt haben. Das Risiko besteht im Beharren auf eigenen Forschungspositionen und einer daraus resultierenden gewissen Sprachlosigkeit bzw. Sprachenverwirrung. Eine Tagung wie die vom 8. bis 10. Mai 2014 in Würzburg abgehaltene kann hier lediglich Impulse zu setzen versuchen, um die Grenzen der fachlich begründeten Hürden zu überwinden. Uns scheint das gelungen zu sein, und wir meinen sogar, den Grundstein für viel mehr, einen intensivierten Dialog zum Nutzen beider Seiten gelegt zu haben.

In der Ägyptologie ist in den vergangenen 30 Jahren die ptolemäisch-römische Zeit immer stärker in den Vordergrund des Forschungsinteresses gerückt, aber in der Gräzistik hat sich die Auffassung etabliert, die Frederick Brenk, ein Teilnehmer unserer Tagung, vor 17 Jahren so formulierte: „Plutarch's use of very early sources in his '*Peri Isidos kai Osiridos*' (*The Legend and Cult of Isis and Osiris*) with naught a word for contemporary Isism has always been mysterious. (...) Plutarch's own interpretation of the religion is in fact a perversion of true Isism."[1] Mit dieser Feststellung ist auch ein wesentliches, wie ein roter Faden sich durch das Kolloquium ziehendes Thema auf den Punkt gebracht, denn es hat auf der klassisch-philologischen Seite immer wieder zu Erstaunen geführt, wenn die Ägyptologen dezidiert zu Plutarch zeitgenössische ägyptische Quellen in den Mittelpunkt ihrer Ausführungen stellten. Wenn Herwig Görgemanns in seinem Vortrag *Einst und Jetzt bei Plutarch* auf die aus seiner Sicht merkwürdige Absenz der zeitgenössischen Isis-Kulte und ein auffälliges Desinteresse Plutarchs an der Gegenwart des Isis-Kultes verwies, entgegnete dem die ägyptologische Seite in der Diskussion, dass eben doch das ägyptische Jetzt Plutarchs in seiner Heranziehung offenbar zeitgenössischer ägyptischer Quellen zu erkennen sei.

Das setzt natürlich die Fähigkeit Plutarchs voraus, auf ägyptische Texte zugreifen zu können – eine durchaus umstrittene Frage, die Martin Stadler bei seinem Eröffnungsreferat resümierte und positiver beurteilen würde als Rene Pfeilschifter, der in seinem Vortrag (nicht jedoch in der hier publizierten Fassung) am

---

[1] Brenk (1987): Frederick E. Brenk, „An Imperial Heritage: The Religious Spirit of Plutarch of Chaironeia", in: Wolfgang Haase u. Hildegard Temporini (Hgg.), *Principat: Philosophie (Historische Einleitung, Platonismus), Aufstieg und Niedergang der Römischen Welt* 2,36,1, 1300–1322.

Ende der Tagung nochmals darauf zurückkam und ein deutliches Fragezeichen dahinter setzen möchte. Görgemanns scheint Plutarch ägyptische Sprachkenntnisse hingegen ebenfalls zuzugestehen, da er auf Details, z. B. die Köpfung der Isis, hinweist, die nur bei Plutarch und in keiner griechischen Quelle vorkommen und die er wohl aus ägyptischen Vorlagen bezogen haben muss. Andererseits mag von Ägypten mehr Wissen im Griechentum kursiert haben, als wir heute voraussetzen, wie das Beispiel des Aelius Aristides zeigt, den Jan Tattko vorstellte. Der außerhalb des Platonismus stehende kaiserzeitliche Konzertredner verrät in seinem Αἰγύπτιος ebenfalls durchaus detailliertere Kenntnisse.

Nun wird aber als zeitgenössische Isisreligion in den klassischen Altertumswissenschaften offenbar ausschließlich die Isisverehrung außerhalb Ägyptens gemeint, so Svenja Nagel. Deren Beurteilung ist natürlich ebenfalls delikat und ein Amalgam aus Ägyptischem und Griechischem, wobei die ägyptischen Isis-Konzepte in der römischen Kaiserzeit ihrerseits von griechischen Vorstellungen und den schon lange etablierten *interpretationes Graecae* nicht unbeeindruckt geblieben sind, wenngleich manches im Ägyptischen bereits präfiguriert gewesen sein mag. Nur sind diese *interpretationes Graecae* keine starren 1:1-Übersetzungen, sondern unterschiedliche Wesenszüge – und ägyptische Gottheiten sind hier ausgesprochen schillernd – wurden durch fallweise unterschiedliche Identifizierungen und Gleichsetzungen zum Ausdruck gebracht (Océane Henri). Nagels Ausdeutung des außerägyptischen Isiskultes unter Heranziehung ägyptischer Quellen der ptolemäischen und römischen Zeit und der so geführte Nachweis von Wechselbeziehungen zwischen inner- und außerägyptischem Isiskult stießen insbesondere bei Frederick Brenk auf Erstaunen, der fragte, ob das denn statthaft sei. Diesen Einwand haben wiederum die Ägyptologen nicht verstanden. In der Diskussion konnte dann jedoch ein beiderseitiger Erkenntnisprozess in Gang gesetzt werden: Die klassischen Altertumswissenschaftler erkannten, dass ägyptische Religion kein monolithischer, unveränderbarer Block war, und die Ägyptologen nahmen die Dimension und Wirkmächtigkeit der Prämisse wahr, Plutarchs Ägyptenrezeption sei im Kontext der Suche nach altem Wissen zu sehen. Hier wäre für zukünftige Unternehmungen anzusetzen und zu hinterfragen, ob Plutarchs Quellenzugriff oder ob die moderne Prämisse einem Missverständnis unterliegt oder ob beides zusammenzubringen ist.

Während David Klotz eine Einführung für Klassische Philologen zu altägyptischen kosmogonischen Konzepten gab, die sich bei Plutarch, Jamblich und Porphyrios wiederfinden mögen, sollten sich die Ägyptologen stärker mit der Gattungsgeschichte griechischer Literatur befassen, wenn sie griechische und lateinische Autoren als Quellen bewerten wollen. Denn die klassischen Autoren stehen auch in einer eigenen Tradition – eine Frage, die Michael Erler am Herzen lag und die er in seinem Eröffnungsreferat anschnitt. Die Notwendigkeit, als Ägyptologe dafür eine gewisse Sensibilität entwickeln zu müssen, wurde in dem bereits erwähnten Vortrag von Görgemanns deutlich, der zum Vergleich auch andere Schriften Plutarchs heranzog (*De procreatione* oder *De libidine et aegritudine*), die ebenfalls auf Ägyptisches rekurrieren. Aber der Vergleich zeigt auch: Es sind (mittel)platonische Konzepte – der Dualismus –, die unterschiedlich begründet werden (platonisch bzw. ägyptisch). In die gleiche Richtung ging das Argument Franco Ferraris, der *De Iside* dezidiert als mittelplatonisches Werk ansieht. Aus ähnlichen Überlegungen heraus lehnt es Geert Roskam ab, einzelne ägyptische Parallelen heranzuziehen und neben das Werk Plutarchs zu stellen – so wie es im Rahmen des Symposions Alexandra von Lieven etwa in ihrem Referat zum Neuplatoniker Porphyr getan hat, die freilich nicht nur Parallelen isoliert nebeneinanderstellt, sondern in Porphyrs *De cultu simulacrorum* eine ägyptische Gauliste bzw. einen ägyptischen kulttopographischen Text als Vorlage durchscheinen sieht. Aber, so Roskam, mit einer additiven Reduktion würde man *De Iside et Osiride* nicht gerecht, das er im Licht eines Plutarchschen ζήτημα betrachtet.

Roskams Satz „Every Egyptologist should become a Plutarchist." ist aus ägyptologischer Sicht eine unproblematische Forderung, könnte sich doch Plutarch als erster Ägyptologe erweisen. Auch wenn nämlich Plutarchs Schrift in einer griechischen Gattungstradition steht, so heißt das nicht, er hätte keinen guten Quellenzugriff gehabt. Letztlich steht genauso jeder Ägyptologe, wenn er den ägyptischen Befund in einer Abhandlung analysiert und darstellt, in einer Tradition wissenschaftlicher Literatur und schafft kein ägyptisches Werk, sondern ein ägyptologisches. Plutarch nimmt als Grieche eine Außenperspektive ein (Christian Tornau) wie der Ägyptologe aus einer Außenperspektive heraus den ägyptischen Befund zu verstehen und zu erklären versucht. Letztlich ist es überhaupt Plutarch, der der Ägyptologie erlaubt, die vielen verstreuten Einzelteile, in denen der Osiris-Isis-Mythenkomplex überliefert ist, in einen Zusammenhang zu bringen.

Ähnlich wie ein Ägyptologe wäre dann Plutarch zu bewerten, der Quellen studiert, und auf Basis dessen ein Werk in der Tradition etwa eines ζήτημα verfasst. Aber warum gerade Ägypten, fragte Rainer Hirsch-Luipold? Ist es das Prestige, die Ancienität, der Orient oder die Tiefe der ägyptischen Überlieferung, die ihn anzog? Der Auffassung, Plutarch übe auch deutliche Kritik an Ägypten, hält Hirsch-Luipold entgegen, die Kritik relativiere sich im Angesicht der Plutarchschen Kritik am Griechischen. Für ihn steht es außer Frage, dass Plutarch auf originär ägyptischen Quellen fußt, und fragt sich, ob in Plutarch oder dann – allerdings in Frontstellung gegen Ägypten – bei Philon sich die Ausbildung einer philosophisch-theologischen Koinê in Alexandria fassen lässt, die dann der fruchtbare Boden ist, auf dem auch das Christentum wachsen kann, weshalb Plutarch in der christlichen Tradition so populär gewesen sein mag. Eine Antwort auf Hirsch-Luipolds Frage aus ägyptologischer Sicht ist das Referat von Andreas Pries gewesen, der die Kryptographien mancher hieroglyphischer Texte und den metaphorischen Modus der zu beseelenden aber auch wesenhaften Hieroglyphen insgesamt behandelte und daraus die Faszination der Hieroglyphen bis in die Neuzeit hinein erklärte.

Diese alexandrinische (oder vielleicht besser hellenistische?) Koinê rückte mit der Berücksichtigung anderer Autoren und Textcorpora in den Blick, denn nicht nur Plutarch hat Ägypten und Ägyptisches rezipiert, sondern auch Autoren wie Jamblich und Porphyr, die bei der Vorbereitung und Konzeption der Tagung bereits in den Blick genommen worden waren. Hier scheint teilweise mehr Basisarbeit erforderlich zu sein, denn wenn Joachim Friedrich Quack über die Prolegomena zum ägyptischen Hintergrund von Jamblichs *De mysteriis* nachdenkt, dann muss er sich zunächst mit einer Forschungstendenz auseinandersetzen, die sich erst jüngst einem interdisziplinären Diskurs verweigert und einen ägyptischen Hintergrund für irrelevant erachtet. Dem widerspricht Quack entschieden und bringt Parallelen aus der ägyptischen Vorstellungswelt zu Jamblich bei, die übersehen wurden, und versucht bis in die Lexik hinein den ägyptischen Hintergrund zu erweisen. Ein solches Vorgehen brachte ihm die Kritik Christian Tornaus ein, der anmerkte, der Platonismus käme bei Quack gar nicht vor, und sich fragte, was die ägyptische Etymologisierung von Namen mit Platonismus zu tun habe. Anliegen des Vortrags, so Quack, wäre es vor dem Hintergrund der aktuellen Forschung zunächst gewesen, auf Ägypten zu verweisen.

Ironischerweise spielt dann gerade in dem durch Tornaus Vortrag in die Diskussion eingebrachten *Corpus Hermeticum* wie bei Jamblich – dort allerdings in der Forschung nach Quack irrig aus den chaldäischen Orakeln abgeleitet – der Klang der originalen ägyptischen Sprache eine herausragende Bedeutung, weil in ihrem Klang das Wesen des durch die Worte Bezeichneten enthalten sei. Insofern ist dann auch die Frage nach der von Tornau kritisierten ägyptischen Etymologisierung der bei Jamblich vorkommenden ägyptischen Namen statthaft, die Quack vornahm. Tornau operiert auf einer anderen, geistesgeschichtlichen Ebene als Quack, der einen linguistischen Zugriff hat. So stellt Tornau dann in seinem Beitrag das *Corpus Hermeticum* kontrastiv Plutarch gegenüber: Es beansprucht, das originale alte Wissen zu haben, und verzichtet so auf die ausdeutende Allegorese, die für Plutarch so wichtig ist.

Mit Synesios, der um 400 n. Chr. gelebt hat, wies Pfeilschifter am Ende des Kolloquiums auf einen – wie er es nannte – „spätantiken Plutarch" hin, der ein mit *Aegyptii sive de providentia* in der Forschung einigermaßen unbekanntes, wenigstens jedoch selten berücksichtigtes Werk verfasst hat. Synesios referiert also um 400 n. Chr. eine Version des Osiris-Seth-Mythos mit Osiris als Element des Guten, der von seinem Bruder Typhos als Element des Bösen in einem Putsch gestürzt wird. Typhos errichtet eine Schreckensherrschaft, die vom aus der Verbannung zurückkehrenden Osiris beendet wird. Nun steht Synesios, der an die Darstellung des Mythos noch eine philosophische dualistische Ausdeutung anschließt, in der neuplatonischen Tradition, aber – darauf wies Görgemanns hin – der Dualismus ist ein Erbe, das Synesios doch wohl von Plutarch übernommen hat, weil der Neuplatonismus nicht mehr dualistisch denkt. So merkwürdig die Synesios-Version im Detail auch ist – Osiris und Typhos als Königssöhne in Theben zeugen von einer Entmythologisierung –, so beflügelt der Befund die ägyptologische Phantasie: Haben wir hier einen Beleg für die Lebendigkeit der ägyptischen Kultur noch im 4./5. Jhd. n. Chr.? Nagel machte in der Diskussion auf den Isis-Serapis-Kult aufmerksam, der im spätantiken Kyrene – Synesios stammte aus der Kyrenaika! – noch aktiv war. Aber damit ist die Tür zu einem ganz anderen, in der Forschung umstrittenen Thema geöffnet, das nicht mehr die Tagung betrifft: Wann endet die Praxis ägyptischer Religion?

Michael Erler und Martin Andreas Stadler

Herwig Görgemanns
Plutarchs Isis-Buch

Hellenisches und Ägyptisches

1 Aspekte der Göttin Isis bei Plutarch

Plutarch hat für sein Isis-Buch ägyptische Überlieferungen über Riten, Kulte und Mythen in großer Breite gesammelt, und die neuzeitliche Ägyptologie hat in vielen Fällen seine Darstellung bestätigt. Dazu gehören viele Nachrichten über einzelne ägyptische Kultorte. Es fällt nun auf, dass sich nichts Entsprechendes über die zeitgenössischen Kulte im griechischen und römischen Bereich findet, über die er leicht hätte Material sammeln können, zumal er mit der prominenten Isis-Verehrerin Klea befreundet war, der sein Buch gewidmet ist. Der Gegensatz wird deutlich, wenn man an das 11. Buch der *Metamorphosen* des Apuleius denkt, wo ein farbiges Bild der Isis-Verehrung im griechischen und römischen Bereich entworfen wird. Das hat vor allem J.G. Griffiths in der Einleitung zu seinem heute noch unentbehrlichen Kommentar (1970) herausgestellt,[1] und Fr. Brenk hat zugespitzt formuliert: Plutarch habe die altägyptische Isis-Religion dargestellt „with naught a word for contemporary Isism"[2].

Das Problem, das sich hiermit stellt, ist Teil einer allgemeineren Frage: Warum hat Plutarch sich überhaupt – offenbar erst im Alter – so intensiv mit der ägyptischen Religion beschäftigt? Das Isis-Buch ist keine Gelegenheitsarbeit, keine flüchtige Skizze, sondern offensichtlich das Ergebnis von systematischen Studien und sorgfältiger Planung. Bekanntlich hat sich Plutarch immer wieder intensiv mit Kulten und Mythen und deren Deutung beschäftigt. Dabei konzentrierte er sich auf seine griechische Heimat, vor allem Delphi, wo er viele Jahre Priester war, und die römische Religion, mit der er durch seine Beziehungen zu

---

[1] Griffiths 1970, 46–51.
[2] Brenk 1987, 301. Bei Hani 1976 finden sich keine Aussagen in diesem Sinn. Im Folgenden wird sich zeigen, dass diese Feststellungen einen richtigen Kern haben, dass Plutarch aber durchaus von den Fakten des zeitgenössischen Isis-Kultes ausgeht.

Herwig Görgemanns, Universität Heidelberg, Werderplatz 8, D-69120 Heidelberg

römischen Persönlichkeiten und seine Römer-Biographien in Beziehung stand.³ Warum jetzt Ägypten? Über ägyptische Kontakte Plutarchs ist nichts bekannt, abgesehen von einer Reise nach Alexandrien, die er als junger Mann gemacht hatte.⁴ Sein philosophischer Lehrer Ammonios, von ägyptischer Herkunft, wie sein Name vermuten lässt, mag ihm den Gedanken nahegelegt haben, den Platonismus mit ägyptischen Überlieferungen in Verbindung zu bringen. Er selbst beruft sich im Isis-Buch nie auf eigene Erfahrungen oder persönliche Kontakte, sondern zitiert nur griechische Schriftsteller über Ägypten.

Nicht nur das Faktum der Ägypten-Studien Plutarchs ist bemerkenswert, sondern auch die Haltung, die er zum Isis-Kult einnimmt. Zunächst, beginnend mit der Anrede an Klea, scheint er sich an ein Publikum von Isis-Verehrern zu wenden, dem er mahnend zuspricht. „Isis-Geweihter wird man nicht durch linnenes Gewand und Kahlrasur ... Ein Isis-Geweihter ist in Wahrheit derjenige, welcher das, was im Kult der Göttin gezeigt und getan wird, nachdem er es im rituellen Vollzug in sich aufgenommen hat, mit dem Verstand untersuchend durchdringt und über die darin liegende Wahrheit philosophische Betrachtungen anstellt." Das klingt wie der Aufruf eines Priesters oder eines Reformators, der eine Gemeinde von der Oberflächlichkeit einer frommen Routine abbringen und zu einem tieferen religiösen Leben hinführen will. Dies ist gewissermaßen eine Innenposition. Später erscheint Isis eher aus einer Außensicht; da tritt Plutarch auf als Sammler von Überlieferungen, als deutender Religionsphilosoph; die Isis-Religion wird zu einer Erkenntnisquelle, aus der philosophische Einsichten zu gewinnen sind. Sinn und Motivation des Werkes scheinen nicht einheitlich, mehrere Gesichtspunkte überlagern sich.

Aus diesem Bündel von Fragen soll zunächst die erste herausgegriffen werden: das Zurücktreten des Zeitgenössischen, Griechischen gegenüber dem Alten, Ägyptischen. Man kann dafür einige allgemeine Gründe erwägen. 1. Es ist vor allem aus Plutarchs *Viten* bekannt, dass er gerne entlegene, wenig bekannte Überlieferungen hervorzieht und ausführlich darstellt. Er liebt das interessante Unbekannte. 2. Manche Inhalte des Isis-Glaubens übergeht er, weil es Mysteriengeheimnisse sind.⁵ Freilich, ob solche Mysterienlehren mit seiner eigenen Auffassung übereinstimmen, bleibt offen. Am Schluss der Schrift (Kap. 78) kommt ein

---

3 Anderen Religionen hat Plutarch viel weniger Aufmerksamkeit geschenkt. Vielleicht waren in den Αἰτίαι βαρβαρικαί (Lamprias- Katalog Nr. 139) einige Notizen gesammelt. Die Darstellung des persischen Dualismus (*Isid.* Kap. 46–47) scheint aus einer einzelnen Quelle zu stammen, nicht aus systematischer Sammelarbeit. Bemerkenswert ist, wie wenig Plutarch über die Juden zu sagen hat, die durch den jüdischen Krieg (66–70) eine gewisse Aktualität hatten.
4 *QConv.* 5,5.
5 21, 359C; 25, 360F; 28, 362B; 35, 364E; 78, 382E.

bedeutsames Thema zur Sprache: Osiris, der getötete Gott, lebt fort als Herrscher in der Unterwelt. Über den Sinn dieses Mythologems machen die heutigen Priester (οἱ νῦν ἱερεῖς) nur dunkle, verschleierte Andeutungen, weil sie durch religiöse Scheu gehindert werden (ἀφοσιούμενοι). Man könnte meinen, dass Osiris dort ein Schattenreich von Gräbern und Leichen beherrsche. Aber in Wirklichkeit ist gemeint, dass er als transzendenter Gott über der Welt steht, und dass die menschliche Seele erst nach dem Tode fähig ist, ihn zu schauen und von seiner Schönheit beglückt zu sein. Das ist ein platonisches Bild vom Jenseits; Plutarch deutet an, dass es in esoterischer Priesterlehre impliziert sei. Aber es ist doch Plutarchs eigene Deutung, und er darf sie aussprechen, gerade weil sie nicht expliziter Inhalt der Mysterienlehre ist. 3. Ein wesentliches Motiv ist die Ehrfurcht vor der Weisheit der Alten. Darüber macht Plutarch in Kap. 45 eine emphatische Aussage, die zu diesem Thema oft zitiert wird: „Von alter Zeit her kommt diese Lehre von religiösen Lehrern und Gesetzgebern herab bis zu Dichtern und Philosophen, eine Lehre, deren Beginn man keinem Urheber zuschreiben kann, die aber eine feste und unaustilgbare Überzeugungskraft besitzt; die nicht nur in Reden und Sprüchen, sondern in Mysterienweihen und Opferriten bei Barbaren ebenso wie bei Griechen allüberall im Umlauf ist." Diese Uroffenbarung, die aus barbarischen wie hellenischen Quellen zu entnehmen ist (die barbarischen zuerst genannt!) will Plutarch aufgreifen, und er sieht, wie am Ende des Kapitels deutlich wird, seinen wichtigsten Vorgänger in Platon.[6]

Der letztere Text erhält besonderes Gewicht durch seine Stellung im Aufbau der Schrift. Im vorangehenden Teil (Kap. 22–44) hatte Plutarch verschiedene im Umlauf befindliche Deutungen des Isis-Mythos vorgestellt und kritisch besprochen; es blieb der Eindruck einer großen Unsicherheit. In Kap. 45 setzt er jetzt zu einer eigenen Deutung an, und hier steht das Bekenntnis zur uralten Überlieferung. Es soll offenbar dartun, dass die neue Erklärung auf einem festeren Fundament steht als die üblichen. Plutarchs Grundthese ist, dass in dem Mythos ein dualistisches Weltbild, eine Antithese von guter und böser Macht dargestellt ist; in Kap. 46–48 gibt er einen kurzen Überblick über einige Überlieferungen, die das bezeugen: persische, chaldäische, griechische Mythen, Äußerungen von frühen griechischen Philosophen und schließlich Platon. In diesen Rahmen wird im Folgenden der Isis-Mythos eingespannt; in diesem ist offenbar das dualistische Weltbild besonders klar ausgedrückt. Darin, so darf man vermuten, liegt das besondere Interesse der alten ägyptischen Tradition.

---

6 Dass für die verbreitete Vorstellung von der „Philosophie der Barbaren" Platon eine wesentliche Zwischenstufe ist, hat Erler 2001 gezeigt.

Plutarch entwickelt aus dieser eine Vorstellung von der Göttin Isis, die von der zeitgenössischen Vorstellung ganz verschieden ist. Seit dem Hellenismus wird Isis als Universalgöttin gefeiert, als Stifterin der menschlichen Kultur, als Herrin über Natur und Schicksal, als Helferin in vielen Nöten.[7] In vielen Texten wird sie mit anderen Göttern gleichgesetzt; eine Tendenz zur monotheistischen Verschmelzung und einem Allmachtsanspruch ist erkennbar. Das äußert sich in dem oft gebrauchten Beiwort μυριώνυμος „die zehntausendnamige".[8] Plutarch führt es in Kap. 53 an. Aber wie versteht er das Prädikat? Er deutet Isis in diesem Kapitel als das ontologische Prinzip der Materie, der unbestimmten, ambivalenten Grundsubstanz der Welt, die alle möglichen Gestalten und Funktionen annehmen kann und grundsätzlich ebenso unter den Einfluss des Guten wie des Bösen treten kann, des Osiris wie des Typhon. Im Sinne dieser Polyvalenz soll das Prädikat „zehntausendnamig" zu deuten sein. Damit wird der Sinn, den das Wort im zeitgenössischen Kult hat, geradezu auf den Kopf gestellt.[9] Isis erscheint in dieser Auffassung als passives, nicht als aktives Prinzip. Implizit weist Plutarch die Vorstellung von einer Herrscherin Isis, der „Regina Isis", wie sie in lateinischen Quellen oft heißt, zurück. Dass er dies nicht ausdrücklich in polemischer Diskussion tut, ist verständlich: gegenüber Lesern wie der frommen Klea wäre es unangebracht, deren Vorstellungen direkt zu bestreiten. Wenn er Menschen, die dem Isis-Kult verbunden sind, für eine andere Vorstellung von der Göttin gewinnen will, ist es wirkungsvoller, deren Vorstellungen zu verschieben – hier von der All-Macht zur All-Präsenz – statt sie anzugreifen.

Plutarchs Isis hat noch einen anderen Aspekt. In der Einleitung wird sie als „weise und weisheitsliebend" (σοφὴ καὶ φιλόσοφος) vorgestellt.[10] Das Motiv des Wissens kommt in der hellenistischen Isis-Vorstellung nur am Rande vor;[11] es hat aber einen ägyptischen Hintergrund: Isis kennt Arzneien und Zaubersprüche; sie weiß oft klugen und listigen Rat, so etwa in der Auseinandersetzung von Horus

---

[7] Als Quellen dafür seien nur die sog. Isis-Aretalogien und Buch 11 der *Metamorphosen* des Apuleius genannt. Dies ist im wesentlichen eine griechische Entwicklung, die in der altägyptischen Isis-Auffassung kaum Wurzeln hat (Griffiths 1970, 503).
[8] Bricault 1994 registriert 30 Belege für das Prädikat. „Zehntausend" ist natürlich zu verstehen als „unendlich". Eindrucksvoll ist die Formulierung bei Apul. *Metam.* 11,2: „*quoquo nomine, quoquo ritu, quaqua facie te fas est invocare*", dann 11,5: „*deorum dearumque facies uniformis*".
[9] Auf den Gegensatz hat Griffiths 1970, 51 aufmerksam gemacht.
[10] 2, 351 E11, mit Anspielung auf Platons Unterscheidung von σοφία und φιλοσοφία (*Phaedr.* 278D. u. a. Stellen). *Tim.* 24D heißt es von Athena: φιλόσοφος ἡ θεὸς οὖσα. Die Verbindung von Isis mit Neith-Athena (9, 354C; 62, 376A) könnte eine Rolle gespielt haben.
[11] Hinweise bei Griffiths 1970, 256.

und Seth.¹² Plutarch kann sich vor allem darauf stützen, dass es Isis- und Osiris-Mysterien gibt, in denen geheime Offenbarungen geschehen. Wir wissen davon vor allem aus dem 11. Buch des Apuleius; diese Mysterien-Erfahrungen gleichen anderen griechischen Mysterien wie denen der Demeter und gehen wohl nicht auf Altägyptisches zurück. Was allerdings Plutarch in seiner Schrift als Isis-Weisheit vorträgt, ist hiervon offenbar weit entfernt. Auch hier knüpft er an ein Motiv der zeitgenössischen Isis-Frömmigkeit an, verschiebt es aber auf eine ganz andere, philosophische Ebene.

2 Der Aufbau des Isis-Buches: Von der hellenistischen über die ägyptische zur philosophischen Isis

Die bisherigen Beobachtungen, vorläufig und isoliert, geben einige Hinweise auf das Ziel, das Plutarch mit seinem Rückgriff auf den ägyptischen Mythos verfolgt. Um einen größeren Zusammenhang herzustellen, ist ein kurzer Durchgang durch die Isis-Schrift in ihrem Gesamtaufbau¹³ angebracht. Die sorgfältige Einstimmung des Lesers in den Anfangskapiteln verdient besondere Aufmerksamkeit.

(I a) Die ersten drei Kapitel, direkt an Klea gerichtet, beginnen in hohem Ton: Höchstes Ziel des Menschen ist Denken und Erkennen. Ebenso ist es bei der Gottheit, ihre Seligkeit und Macht liegt im Denken und Wissen. Menschliches Denken ist also eigentlich ein Streben nach Göttlichkeit. Dieser Gedankengang entspricht dem, was Aristoteles in der *Nikomachischen Ethik* (10,8) über das kontemplative Leben sagt,¹⁴ aber ohne dessen argumentativen Unterbau; es klingt eher wie eine autoritative Verkündigung, ein ἱερὸς λόγος (der Ausdruck 2, 351 F3). Das „Verlangen nach Wahrheit" wird nun eingeengt: es geht um die „Wahrheit über die Götter", also theologisches Wissen. Zweimal klingt das Wort γνῶσις auf (2, 352 A4 und 6), das in dieser Zeit einen religiösen Klang hat: γνῶσις θεοῦ als eine Art

---

12 Hinweise bei Merkelbach 2001, 18–21.
13 Für die Gliederung der Schrift ist das Schema bei Görgemanns 2003, 341–343 zugrunde gelegt.
14 Der Gedanke hat in der protreptischen Literatur weitergelebt: Aristot. *Protr.* fr. 108 Düring; Cic. *Hortensius* Fr. 97 Müller = 110 Grilli (Aug. *trin.* 14,9,12).

Erlösungsidee.¹⁵ Dazu kommt der Bezug auf Isis als Göttin des Wissens, begründet mit einer griechischen Etymologie aus Formen des Verbums εἰδέναι;¹⁶ er setzt hinzu: Ἑλληνικὸν γὰρ ἡ Ἶσίς ἐστιν „denn Isis ist etwas Griechisches".¹⁷ Latent ist der Gedanke: nicht etwas Fremdes, Exotisches. Die Zweiheit der Kulturen wird als Problem angedeutet: diese göttliche Gestalt gehört zwar zu einer anderen Kultur, aber der Name verrät, dass sie hellenischen Wesens ist, also eigentlich universal. Plutarch äußert sich später (66, 377C) grundsätzlich über die transkulturelle Universalität der Götter; dass er hier das „Hellenische" heraushebt, ist nicht ganz konsequent und dient wohl der Gewinnung von Sympathie beim Leser. Dieser wird darauf vorbereitet, dass von fremdartigen Dingen die Rede sein wird, die sich aber doch als der eigenen Kultur kommensurabel erweisen werden. – Ein überraschender Zusatz besagt: dasselbe gilt auch für Typhon, den Feind der Göttin. Die Etymologie dazu (von τετυφωμένος „irre, verrückt, verblendet") ist einleuchtend; die Parallele ist jedoch schief, weil „Typhon" nicht der in Ägypten geläufige Name ist,¹⁸ sondern das griechische Äquivalent des ägyptischen „Seth". Man darf vielleicht vermuten, dass Plutarch die Parallele erzwungen hat, um

---

15 Es sei nur hingewiesen auf E. Norden, Agnostos Theos, Leipzig 1912, 87–109; Th. Bultmann, Art. γιγνώσκω, ThWNT I, 1933, 688–715.
16 Weiter ausgeführt 60, 375C. Diese Etymologie dürfte ein Autoschediasma Plutarchs sein, ähnlich wie er versucht, auch für Osiris eine griechische Etymologie zu finden (61, 375D). Er rechnet damit, dass griechische Wörter nach Ägypten eingewandert sind (29, 362E; 61, 375E). Solche Etymologien sind für Plutarch eher ein sinnreiches Spiel als sprachgeschichtliche Fakten; so bietet er für Osiris auch eine ägyptische Erklärung an (10, 355A)! Aber: „Man soll sich nicht um Namen (d. h. deren Ableitung) zanken." (61, 376A) Plutarch benutzt die etymologische Improvisation hier für einen literarischen Kunstgriff: er beginnt die Schrift mit einem scheinbar themenfremden Motiv, dem Preis des Wissens; dann folgt ein Sprung zum Thema Isis, und die Etymologie ist die überraschende Brücke.
17 Brenk 1999 übersetzt den Satz mit Verengung auf die Etymologie („Isis is a Greek word"). Dann fragt er mit Recht: „Did Plutarch really expect us to believe that Greek etymology gave an insight into an Egyptian religion?" Die Erklärung liegt wohl darin, dass Plutarch den etymologischen Zusammenhang eigentlich als Hinweis auf einen interkulturellen Bezug meint. Zu Ἑλληνικόν ist nicht ὄνομα zu ergänzen; es ist Prädikatsnomen im substantivierten Neutrum. Dazu passt es, dass Isis mit emphatischem Artikel versehen ist: „die allgemein bekannte Isis". (Der Artikel ist nicht anaphorisch „die vorher genannte", denn danach hat auch Typhon den Artikel, obwohl er vorher nicht genannt ist.) Der Satz gehört also zum Typus ἡ σοφία πάντων κάλλιστον (Plat. *HipMa*. 296A), auch dort folgt ein zweites Glied: ἡ δὲ ἀμαθία πάντων αἴσχιστον. Es geht hier also weniger um die etymologische Herkunft des Namens als um eine qualifizierende Einordnung des Wesens der Göttin. Die etymologische Feststellung ist damit auf eine andere Ebene verschoben.
18 Plutarch kennt den ägyptischen Namen Seth sehr wohl und erklärt ihn richtig aus dem Ägyptischen (41, 367D; 49, 371B; 62, 376B).

gleich zu Beginn die böse Gegenmacht zur Sprache zu bringen, die später ein entscheidendes Element seiner philosophischen Deutung sein wird, welche auf eine dualistische Ontologie hinausläuft. Das ist auch deshalb wichtig, weil Typhon-Seth in der Vorstellungswelt des hellenistischen Isis-Kultes kaum präsent war. Der Tod des Osiris und die Suche der Isis nach seiner Leiche waren wesentliche Themen, die auch rituell dargestellt wurden, aber die Figur des Mörders ist in Riten und Texten wie ausgeblendet.[19] Um Einzelheiten über sein Wesen und Wirken zu finden, musste Plutarch auf ägyptische Quellen zurückgreifen. – Schließlich tritt in diesem Zusammenhang auch die dritte Wesenheit von Plutarchs Ontologie auf, Osiris (in platonischer Deutung als Inbegriff der Ideenwelt verstanden); allerdings ohne Nennung des Namens, nur in dem Hinweis, dass das „Wissen" der Isis auf den „heiligen Logos" bezogen ist, „das Erste und Eigentliche und Intelligible", das der eigentliche Gegenstand der Isis-Suche ist.

In Kap. 2 kommt nun die asketische Lebensweise des Isis-Verehrers in den Blick, die als Vorbereitung philosophischer Erkenntnis gedeutet wird. In Kap. 3 werden ferner Kultämter (ἱεραφόροι, ἱεροστόλοι) genannt, die mystische κίστη, die hell-dunkle Gewandung, die Leinentracht und die Rasur der Priester; alles symbolisch auf Erkenntnisprozesse gedeutet. Dies sind Dinge, die dem zeitgenössischen Leser vertraut waren, etwa aus öffentlichen Auftritten und Prozessionen.[20] Dazu treten jetzt Bezüge auf rein Ägyptisches: Genealogisches (Hermes oder Prometheus als Vater, wahrscheinlich ursprünglich auf Thoth bezogen), Kultgöttinnen von Hermopolis. Plutarch führt allmählich vom Bekannten zum Unbekannten. Überall arbeitet er das Prinzip heraus, dass alles Kultische nur einen Sinn hat als Zeichen für Geistig-Philosophisches. Mit dieser Lehre, emphatisch formuliert, schließt Kap. 3.

---

19 In den Berichten über Isis-Feste und in den Isis-Aretalogien wird er nicht genannt, nur in mythographischen Darstellungen (z. B. Diod. 1,21–22; 88) spielt er eine Rolle. Allerdings ist er in den Zauberpapyri als Unheilsmacht präsent (PMG 7,964 u.ö.; s. auch Iambl. *Myst.* 6,5; unklar ist seine Rolle in den sog. sethianischen Fluchtäfelchen). Nach Diod. 1,21,1 war die Erzählung vom Tod des Osiris (also seiner Zerstückelung durch Typhon) ursprünglich ein Geheimnis der Priester. Das deutet auf ein Tabu, eine Art Redeverbot. – Im Kontext des Isis-Kultes findet sich eine Anspielung auf Typhon bei Apuleius an der Stelle, wo Lucius von seiner Eselsgestalt befreit wird; von dieser sagt Isis: „*pessimae mihique detestabilis iam dudum beluae*" (11,6). Der Esel gilt als Tier des Typhon (*Isid.* Kap. 30). Apuleius hat Plutarchs Schrift höchstwahrscheinlich gekannt und kann das Motiv von ihm übernommen haben. Im *Onos* des Lukian (oder Pseudo-Lukian), der als Vorlage des Apuleius-Romans gilt, kommt weder Isis noch Typhon vor.
20 Einzelnachweise: Griffiths 1970, 261–271. Prozessionen u. a. öffentliche Riten werden erwähnt: 36, 365B; 39, 366E; 68, 378D. Über Kultfunktionäre und ihr öffentliches Auftreten: Vidman 1970, 40–94.

(I b) Im folgenden Abschnitt (Kap. 4–11) wendet sich Plutarch ganz dem ägyptischen Bereich zu, vor allem den Vorschriften für Priester, den Regeln für Kleidung und Speisen. All das hat tiefere Bedeutung, „nichts Sinnloses, nichts Fabulöses und nichts auf abergläubischer Furcht Beruhendes nahmen die Ägypter in ihre religiösen Riten auf" (8, 353E). Wir befinden uns jetzt im Exotisch-Fremden, das bei manchen Kopfschütteln oder Spott auslösen kann; Plutarch wirbt eindringlich um Verständnis dafür. Für einen kundigen Leser konnte das vertraut klingen: vor wenigen Jahrzehnten hatte Chairemon von Alexandrien in einer Schrift *Aigyptiaka* die ägyptischen Priester in ähnlicher Tendenz als Philosophen dargestellt.[21] Schließlich kommt Plutarch zu den mythischen Göttergeschichten, die gleichfalls viel Anstößiges enthalten und symbolisch-allegorisch auszulegen sind. Erst nach all diesen Warnungen wagt er es, zum Kernstück seiner Schrift überzugehen, der Erzählung des großen Isis-Mythos, der ebenfalls voll ist von Absonderlichem, Lächerlichem, Schockierendem.

(II) Diese Erzählung, mit der pragmatischen Sachlichkeit und Präzision eines Mythographen vorgetragen, wird von Mahnungen zur rechten Deutung nicht nur eingeleitet, sondern auch geschlossen. Plutarch erklärt, er habe das Anstößigste (τὰ δυσφημότατα) gestrichen (20, 358E); wer diese Greuelgeschichten wörtlich nehme, verfalle in „gesetzwidrige und barbarische Meinungen über die Götter" (παρανόμους καὶ βαρβάρους δόξας περὶ θεῶν). Die Warnungen lassen vermuten, dass er selbst die ägyptischen Erzählungen mit Widerwillen, ja Empörung gelesen hatte, dass er aber darin derart wichtige Gehalte fand, dass er sie trotz schwerer Bedenken an seine Leser weitergeben wollte, versehen mit den dringlichsten Mahnungen gegen ein falsches Verständnis.

Aus dem Inhalt nur einige Grundzüge. Isis ist die liebende Frau des Königs Osiris; dieser wird von seinem bösen Bruder Typhon-Seth heimtückisch ermordet; sie findet nach langer Suche den Leichnam, aber Typhon raubt ihn nochmals und zerstückelt ihn. Isis sammelt die Teile und fügt sie wieder zusammen. Ihr Sohn Horus nimmt den Rachekampf gegen Typhon auf, besiegt ihn und übergibt ihn Isis. Diese schenkt ihm jedoch das Leben und lässt ihn frei. Horus ist darüber empört und reißt ihr die Krone vom Kopf, der dann durch einen Helm mit Kuhhörnern ersetzt wird. Nachträglich sagt Plutarch, dass er die Originalfassung abgemildert habe; eigentlich habe Horus der Mutter den Kopf abgeschlagen! Diese bizarre Episode ist eine von denen, die durch ägyptische Quellen belegt sind.[22] Typhon hört mit seinen Nachstellungen nicht auf; er erhebt eine gerichtliche

---

21 FGrHist 618 F6; P.W. van der Horst, Chaeremon, Egyptian Priest and Stoic Philosopher, Leiden 1984, Fr. 10.
22 Griffiths 1970, 350.

Klage gegen Horus wegen unehelicher Geburt (νοθεία); Hermes (Thoth) verteidigt diesen, und er wird von den Göttern als echtbürtig (γνήσιος) erklärt. Auch diese Prozess-Episode findet sich in ägyptischen Quellen.[23] Dort geht es um den Anspruch des Horus, legitimer Erbe des Osiris zu sein. Auf einige dieser Details wird später zurückzukommen sein.

(III) Es folgt die kritische Abhandlung über bisherige Deutungen des Mythos (Kap. 22–44). Plutarch entwickelt eine Typologie von Methoden der Mythendeutung. Den Euhemerismus, der den Mythos auf einen historischen Kern reduziert, lehnt er grundsätzlich ab, aber den anderen Deutungsweisen – Dämonologie, physikalische und metaphysische Allegorese, kosmologisch-mathematische Deutungen – gibt er ein relatives Recht. In den folgenden Ausführungen lässt er mehrschichtige Deutungen zu. All diese Ansätze bleiben unbefriedigend, weil sie beliebig und willkürlich erscheinen. Im Kontrast dazu steht der klare und entschiedene Neuansatz, mit dem Plutarch den folgenden Teil (Kap. 45ff.) beginnt.

(IV) Jetzt endlich wird das Programm in Angriff genommen, das Plutarch zu Anfang angedeutet hatte: eine religionsphilosophische Deutung des Isis-Osiris-Mythos. An der Nahtstelle steht der Lobpreis auf uralte Überlieferungen, der früher zitiert wurde. Darin findet man wieder den Ton der priesterlichen Verkündigung, der in den ersten Kapiteln herrschte. Wenn man den Schluss der Schrift hinzunimmt (Kap. 78), der in ähnlichem Ton die jenseitige *visio beatifica* wie eine Mysterienoffenbarung schildert, darf man wohl sagen, dass dieser Orgelton religiöser Verkündigung, der an drei Schlüsselstellen des Werkes erklingt, den Grundton des Ganzen bestimmt.

Plutarch spricht den Grundgedanken seiner Deutung sofort mit aller Entschiedenheit aus. Er besteht in einer dualistischen Weltsicht. Die Welt wird von zwei Mächten bestimmt, einer guten und vernünftigen (von Osiris verkörpert) und einer bösen, irrationalen, zerstörerischen (Typhon-Seth). Ähnliche Konzepte findet er in anderen Mythologien; insbesondere berichtet er in Kap. 46–47 ausführlich über den persischen Dualismus. Auf dem falschen Weg sind dagegen die monistischen Philosophien: die epikureische, die alles aus der Materie ableitet, und die stoische, die eine einzige göttliche Ursubstanz ansetzt. Die richtige Ontologie findet sich bei Platon. Dieser habe von der bösen Gegenmacht mehrmals in verschleierten Formulierungen gesprochen, nur in den *Nomoi* habe er offen gesagt, dass die Welt nicht von einer, sondern von zwei Weltseelen regiert werde, einer vernünftigen und einer unvernünftigen (*Leg.* 896E).

Zu den zwei antithetischen Seinsprinzipien tritt Isis als ein drittes (Kap. 53–57): die Materie, die wie ein weibliches Wesen die Gestaltungskraft der Ideen

---

[23] Griffiths 1970, 351f.

(also des Osiris) empfängt und daraus den sinnlich-leiblichen Kosmos hervorbringt; Horus, der Sohn, ist also der mythische Repräsentant des Kosmos. Freilich kann die Materie auch dem Einfluss des Bösen unterliegen. Hier wird das Konzept schwierig. Die Materie ist für Plutarch kein rein passives Prinzip, sondern hat einen eigenen Bewegungsimpuls, sie ist beseelt (Kap. 58–64). Isis ist also nicht nur die präkosmische Materie, sondern auch eine präkosmische Weltseele. Ihr Impuls gilt eigentlich dem Guten und Schönen (das ist ihre Liebe zu Osiris), aber sie ist auch für das Böse zugänglich, kann ihm Konzessionen machen. Das ist symbolisiert in der Episode, in der sie Typhon nicht tötet, sondern freilässt. Das Böse wird besiegt, aber nicht vernichtet; es wirkt in der Welt weiter, ja es ist für sie wesentlich: es ist eine Welt der konträren Kräfte, des Werdens und Vergehens. Die Zwiespältigkeit in der Bewertung des Kosmos spricht sich aus in der Erzählung vom Prozess um die Echtbürtigkeit des Horus. Er ist so zu deuten (Kap. 54), dass sein Verteidiger – Hermes als der Logos – erklärt, dass das Fremde in ihm, die Materie, das mütterliche Erbe, durch das Intelligible (νοητόν) des Osiris umgestaltet sei. Das Böse in ihm ist also nicht mehr Bestandteil seines eigenen Wesens, sondern steht ihm gegenüber als die Gegenmacht Typhon, die er immer wieder bekämpft und besiegt, ohne sie vernichten zu können. Plutarch will nicht, wie manche Philosophen, die Materie als Prinzip des Übels gelten lassen.

3 Der Dualismus im Isis-Buch und in der Schrift „Von der Schöpfung der Seele im Timaios"

Die dualistische Ontologie, in welche Plutarchs Deutung des Isis-Mythos einmündet, ist, wie man längst gesehen hat, mit der Position seiner Schrift *De procreatione animae in Timaeo* nahe verwandt.[24] Hier interpretiert Plutarch eine schwierige Stelle aus Platons *Timaios* (35AB), an der die Schöpfung der Weltseele beschrieben wird. Er betont, dass er diesen Text ganz anders versteht als die meisten Platoniker. Seine Meinung ist – stark vereinfacht – die folgende: Der Demiurg hat bei der Schöpfung der Welt die Weltseele nicht neu geschaffen, sondern diese existierte schon vorher in Verbindung mit der gestaltlosen Urmaterie. Diese präexistente, prärationale Ur-Seele besaß Bewegungsimpulse, Wahrnehmungs- und Vorstellungsvermögen. Sie bewirkte, da vernunftlos, Verworren-

---

24 Neuere Untersuchungen: Ferrari 1996; Dörrie/Baltes 1996, 399–407; Baltes 2000.

Chaotisches, also Schlechtes; sie wird geradezu „übelwirkend" (κακοποιός) genannt (6, 1014E; 1015A).²⁵ Bei der Weltschöpfung verbindet nun der Schöpfer diese Seele mit einem rationalen Element, das aus der Ideenwelt stammt, und wendet damit die Dynamik der Urseele zum Guten. Trotzdem kann sie wieder in den Zustand des Ur-Chaos geraten; sie bleibt ein Zwischending zwischen Gut und Böse, und das Übel kann nie aus der Welt verschwinden. Dieses ontologische Konzept hat im Ganzen und in vielen Einzelheiten Berührungen mit der Isis-Schrift; anscheinend ist ein einheitliches Modell auf zwei verschiedenen Grundlagen entwickelt, einmal aus einer Platon-Exegese, das andere Mal aus allegorischer Deutung des ägyptischen Mythos.²⁶

Der dualistische Grundzug dieser Ontologie wird aber auch in *De procreatione* mit mythischen Überlieferungen in Verbindung gebracht. In Kap. 27 erwähnt Plutarch nach einigen Vorsokratikern den persischen Dualismus des Zoroaster, ähnlich wie in *De Iside* Kap. 46–47, und dann die Ägypter (1026C); von diesen aber nur eine sehr entlegene Erzählung: Horus sei in einem Prozess verurteilt worden; man habe „seinem Vater das Pneuma und das Blut zugeteilt, der Mutter das Fleisch und das Fett". Diese unklare Formulierung wird deutlicher durch *De libidine et aegritudine* Kap 6: Als Horus, um den Vater zu rächen, der Mutter den Kopf abgeschlagen hatte, habe einer der Götter als Richter entschieden, ihm Blut und Mark zu belassen, aber Fett und Fleisch wegzunehmen, weil diese sich in der Mutter gebildet hätten, jene aber vom Vater durch die Zeugung ihm zugeflossen seien. In dieser Teilung werden offenbar die mütterlichen Bestandteile weggeschnitten; eine bizarre Körperstrafe – Plutarch warnt auch hier dringend davor, sie wörtlich zu nehmen. Offenbar ist dies eine Variante des Prozesses um die Echtbürtigkeit des Horus.²⁷ In *De Iside* hat Plutarch sie durch eine andere ersetzt, in der die Echtbürtigkeit anerkannt wird, weil der mütterliche Bestandteil (also die Materie) durch die Gestaltungskraft der Osiris-Ideenwelt ganz umgewandelt sei. Der Unterschied: die Zwiespältigkeit im Wesen des Kosmos, in *De procreatione* klar ausgesprochen, wird in *De Iside* abgemildert.

Dieser Unterschied wird genauer fassbar, wenn man auf die ontologische Grundstruktur blickt. In *De procreatione* ist der fundamentale Gegensatz der zwi-

---

25 Die Bezeichnung ist aus Plat. *Leg.* 896E entnommen.
26 Baltes 2000, 264 kommt nach einer minutiösen Analyse der Seelenlehre in *An. procr.* und *Isid.* zu dem Ergebnis, dass diese vollkommen miteinander übereinstimmen.
27 Auch diese Variante stammt aus echter ägyptischer Überlieferung: Hani 1963; ders. 1976, 102–106. In *Isid.* wird darauf in einer Art Praeteritio kurz angespielt (20, 358E τὸν Ὥρου διαμελισμόν).

schen den Prinzipien Gott (der Welt des Intelligiblen und Guten) und der präkosmischen Seele; diese ist vernunftlos und geradezu böse; sie hat allenfalls einen unzuverlässigen Kontakt mit dem Intelligiblen und kann deshalb nur schattenhafte Bilder davon in die Urmaterie projizieren (24, 1024C). Im Schöpfungsakt macht Gott Ur-Seele und Materie durch rationale Ordnung zum Kosmos; es bleibt jedoch ein widerständiges Element darin (u. a. durch den Begriff ἀνάγκη, „Notwendigkeit" beschrieben), das Ursache des Übels in ihr bleibt. In *De Iside* dagegen ist die „böse Seele" gewissermaßen aufgespalten: da ist einerseits Isis, die gleichzeitig die Materie und die mit ihr verbundene seelische Dynamik darstellt, andererseits Typhon als Prinzip der Unordnung und des Bösen. Damit ist Isis als Ur-Weltseele vom Bösen entlastet.[28] Man kann ihr von vornherein eine Affinität („Liebe") zum Guten zuschreiben. Der schattenhafte präkosmische Kontakt mit dem Intelligiblen wird zu der mythischen Erzählung von einer Präfiguration des Kosmos in der pränatalen Geburt eines unreifen „älteren Horus", den Isis und Osiris noch im Mutterleib zeugten (12, 356A; 54, 373BC).[29]

Diese Verschiebungen sind philosophisch nicht tiefgehend; man kann sie als bloße Anpassungen an den Darstellungs-Kontext verstehen. Wenn Materie und Ur- Seele in der Gestalt der Göttin Isis gefasst werden, ist es nötig, sie mit Rücksicht auf deren Charakter von bösartigen Aspekten zu entlasten. Diese konzentrieren sich dann in der verselbständigten Gestalt des Bösen, Typhon. Plutarch hat anscheinend mit besonderer Sorgfalt die Überlieferungen über dessen Übeltaten gesammelt. Um es zu einem Paradoxon zuzuspitzen: Am ägyptischen Mythos hat Plutarch vor allem die Figur des Typhon fasziniert; diese konnte er dazu benutzen, um den Dualismus, in *De procreatione* eher ein theoretisches Konstrukt, lebendig zu machen und als einen dramatischen Zusammenprall kosmischer Mächte darzustellen.[30] Umgekehrt wird so verständlich, dass wesentliche Züge

---

28 Vgl. Baltes 2000, 263f. Auf ganz anderem Wege kommt auch Durán López 1999, 339 zu dem Ergebnis, der Dualismus sei in *De Iside* abgeschwächt. – Während in *An. procr.* die Urseele mit Platons ψυχὴ κακοποιός (*Leg.* 896E) gleichgesetzt wird, wird diese Platon-Stelle in *Isid.* 48, 370F nicht auf Isis, sondern auf Typhon bezogen.
29 Vgl. Ferrari 1996, 51–54.
30 Richter 2001, 193 findet den Grund dafür, dass Plutarch den Isis-Mythos zum Träger seines ontologischen Entwurfs macht, nicht in einer besonderen Würdigung dieses Mythos, sondern umgekehrt in seinem Wunsch, der Auffassung entgegenzutreten, dass griechische religiöse Vorstellungen von ägyptischen abhängig seien. Allgemein stelle er die Überlegenheit griechischen Geistes gegenüber barbarischem Aberglauben heraus, trotz der Ehrfurcht vor dem Alter dieser Überlieferung. Deren Sinn könne erst griechisches Denken richtig erfassen. – Richters These beruht auf der richtigen Wahrnehmung, dass bei Plutarch geradezu ein Widerwille gegen die Krassheiten des ägyptischen Mythos spürbar ist. Aber Plutarchs Bemühung geht nicht auf eine Distanzierung davon, sondern auf eine Überbrückung des ägyptisch-hellenischen Zwiespalts; er

der zeitgenössischen Isis-Religion für ihn weniger bedeuteten: Isis als die mächtige Helferin, die mütterliche Trösterin.

Es könnte sein, dass noch ein Motiv hinzutrat. Plutarchs platonischer Dualismus ist philosophiehistorisch bekanntlich eine Episode geblieben; nur bei dem Platoniker Attikos und dem Neupythagoreer Numenios finden sich ähnliche Ansätze, und im Neuplatonismus hat er keine Fortsetzung gefunden. Er hat in der Tat mit einigen Schwierigkeiten zu kämpfen; vor allem die Platon-Deutung, auf der er beruht, ist nicht ohne Gewaltsamkeiten.[31] Es ist denkbar, dass auch in Plutarchs Umgebung Einwände laut geworden sind. Jedenfalls wäre es verständlich, dass er nach einer zweiten Basis suchte, um seinen Grundgedanken zu stützen, und diese in der uralten Überlieferung fand, deren Autorität er in Kap. 45 so eindringlich beschwört. Das muss freilich eine bloße Vermutung bleiben.

---

wirbt um Verständnis auch für das Befremdliche; sogar im vielverspotteten ägyptischen Tierkult findet er einen Sinn (Kap. 71–76). Freilich nimmt die Mehrheit der Ägypter mythische Aussagen allzu wörtlich (71, 379D Αἰγυπτίων οἱ πολλοί), aber diese Aussage lässt zu, dass kluge Priester, wie sie in Kap. 9 gewürdigt werden, das richtige Verständnis des Mythos haben. Plutarch behauptet nicht, dass zu dieser Deutung allein die griechische Philosophie befähige. – Wenn Richter (210) die Frontstellung Plutarchs gegen den φιλοβάρβαρος Herodot (in *De malignitate Herodoti*) heranzieht, ist der polemische Charakter dieser Schrift nicht berücksichtigt.
31 Die Schwierigkeiten werden besonders scharf herausgestellt von H. Cherniss in: *Plutarch's Moralia* XIII 1, London 1976 (Loeb Classical Library), 137–149.

Literaturverzeichnis

Baltes (2000): Matthias Baltes, „La dottrina dell'anima in Plutarco", *Elenchos* 21, 245–270.
Brenk (1987): Frederick Brenk, „An Imperial Heritage: The Religious Spirit of Plutarch of Chaironeia", *Aufstieg und Niedergang der Römischen Welt* 2,36,1, 248–349.
Brenk (1999): Frederick Brenk, „'Isis is a Greek word '. Plutarch's Allegorization of Egyptian Religion", in: A. Pérez Jiménez u. a. (eds.), *Plutarco, Platón y Aristoteles*, Madrid, 227–238.
Bricault (1994): Laurent Bricault, „Isis Myrionyme", in: Catherine Berger u. a. (Hg.): *Hommages à Jean Leclant III*, Le Caire, 67–86.
Dörri u. Baltes (1996): Heinrich Dörrie u. Matthias Baltes, *Der Platonismus in der Antike*, Bd. 4, Stuttgart/Bad Cannstatt.
Duran Lopez (1999): „Plutarco ante el problema del mal en Platón", in: Aurelio Perez Jiménez u. a. (Hg.), *Plutarco Platón y Aristoteles*, Madrid, 333–341.
Erler (2001): Michael Erler, „Legitimation und Projektion. Die ‚Weisheit der Alten' in Platonismus und Spätantike", in: Dieter Kuhn u. Helga Stahl (Hg.), *Die Gegenwart des Altertums*, Heidelberg, 313–326.
Ferrari (1996): Franco Ferrari, „La generazione precosmica e la struttura della materia in Plutarco", *Museum Helveticum* 53, 44–55.
Görgemanns (2003): Herwig Görgemanns, *Plutarch, Drei religionsphilosophische Schriften, übersetzt und herausgegeben*, (2. Auflage) Düsseldorf.
Griffiths (1970): John Gwyn Griffiths, *Plutarch's De Iside et Osiride*, Cambridge.
Hani (1963): Jean Hani, „Plutarque et le mythe du'démembrement d'Horus", *Revue des Études Grecques* 76, 111–120.
Hani (1976): Jean Hani, *La religion égyptienne dans la pensée de Plutarque*, Paris.
Merkelbach (2001): Reinhold Merkelbach, *Isis Regina – Zeus Sarapis. Die griechisch-ägyptische Religion nach den Quellen dargestellt*, (2. Auflage) München/Leipzig.
Richter (2001): Daniel S. Richter, „Plutarch on Isis and Osiris: Text, Cult, and Cultural Appropriation", *Transactions of the American Philological Association* 131, 191–216.
Vidman (1970): Ladislav Vidman, *Isis und Sarapis bei den Griechen und Römern*, Berlin.

Martin Andreas Stadler
Ägyptenrezeption in der römischen Kaiserzeit

In memoriam Heinz Josef Thissen

1 Ägypten und Platonische Philosophie: eine ägyptologische Wahrnehmung

Bereits die eponyme Persönlichkeit des Platonismus rief zur Auseinandersetzung mit der Weisheit der Fremden, vulgo Barbaren, auf. Es gehört also zum Wesenskern dieser Philosophie, sich auf das alte Wissen zu berufen, und hier scheint mir Ägypten eine besonders prominente Rolle zu spielen, wenn mich nicht meine *déformation professionelle* in die Irre führt, weil ich als Ägyptologe für jedwedes Vorkommen Altägyptens besonders sensibilisiert bin. Die Erforschung alten Wissens auch unter den Nicht-Griechen scheint Platon ernstgenommen und selbst aktiv betrieben zu haben, wenngleich in der Forschung Zweifel daran bestehen, ob er tatsächlich Ägypten besucht hat. So schreibt Erler:

> Zuvor war jedoch Platon – nun 40 Jahre alt (epist. VII, 324a) – zu einer ausgedehnten Bildungsreise aufgebrochen (ca. 389–387 v. Chr.). Die Gründe, die ihn nach Unteritalien und Sizilien führten, sind nicht bekannt. Unsicher ist ebenfalls, ob er auch nach Ägypten und Kyrene gelangte.[1]

Ein Jahr später ist er noch vorsichtiger geworden und schließt nichts mehr aus, ja hält einen Ägyptenaufenthalt für durchaus möglich.[2] Thomas Brickhouse und Nicholas D. Smith meinen hingegen in ihrem Artikel über Platon in der immerhin als peer-reviewed beworbenen *Internet Encyclopedia of Philosophy*:

> When Socrates died, Plato left Athens, staying first in Megara, but then going on to several other places, including perhaps Cyrene, Italy, Sicily, and even Egypt. Strabo (17.29) claims

---

1 Erler 2006, 21.
2 Erler 2007, 47.

Martin Andreas Stadler, Julius-Maximilians-Universität Würzburg, Lehrstuhl für Ägyptologie, Residenzplatz 2/Tor A, 97070 Würzburg, martin.stadler@uni-wuerzburg.de

that he was shown where Plato lived when he visited Heliopolis in Egypt. Plato occasionally mentions Egypt in his works, but not in ways that reveal much of any consequence (see, for examples, *Phaedrus* 274c–275b; *Philebus* 19b).[3]

Während Erler sich bezüglich ägyptischen Einflusses weise zurückhält, bestreiten Brickhouse und Smith, was für einen Ägyptologen, dem an einer Wirkungsgeschichte seines Untersuchungsgegenstandes gelegen ist, entscheidender ist als eine bloße Ägyptenreise, nämlich Konsequenzen aus dem Kontakt Platons mit ägyptischer Kultur und Denken für seine eigene Philosophie. Der Umfang, den Erler in seinem Platon-Handbuch mit einer Seite der Frage einer Ägyptenreise widmet, ist angesichts des Wenigen, was insgesamt über Platons Leben bekannt ist, vielleicht ein Hinweis darauf, welche Bedeutung der Platon-Kenner Erler dieser Reise doch beimisst.

Der Philosoph selbst führt nichts Geringeres als den berühmten, gerne missverstandenen, aber eben auch populär umso wirkmächtigeren Atlantis-Mythos auf einen ägyptischen Priester zurück, wenngleich er ihn als bereits innergriechisch über mehrere Generationen überliefert darstellt.[4] Die auf uns gekommene Form lässt sich, das ist wahr, nur schwerlich mit einem ägyptischen Mythos oder auch nur einer Erzählung parallelisieren, was – falls die in *Timaios* und *Kritias* behauptete Überlieferung stimmen sollte – an der Weitergabe innerhalb des griechischen Milieus liegen mag, denn hier können Zutaten und Weglassungen das genuin Ägyptische verwischen. Allerhöchstens motivische Parallelen lassen sich hier und da erkennen, etwa in der heute durch eine einzige Handschrift (1. Hälfte des 2. Jahrtausends v. Chr.) erhaltenen mittelägyptischen Erzählung des Schiffbrüchigen.[5] Die vom Schiffbrüchigen auf der Insel angetroffene Riesenschlange – sie ist fast 16m lang – erzählt ihm von einem Kataklysmos, bei dem die Angehörigen der Schlange ums Leben gekommen sind. Ein Kataklysmos hier wie dort ist allerdings recht mager, um eine hermeneutische Kontinuität zu konstruieren.

Wenn behauptet wurde, Platon habe in Heliopolis gewohnt und dort bei einem Priester gelernt,[6] so zeugt das andererseits vom Wissen um die herausragende mythologische Bedeutung der Stadt. Die Tempelbibliothek von Heliopolis ist zwar leider nicht erhalten, aber vermutlich eine der größten und altehrwürdigsten Ägyptens gewesen. Platon im Gespräch mit einem ägyptischen Priester in Heliopolis – welch ein faszinierender Gedanke! Aber wie sollen die beiden miteinander kommuniziert haben, wenn Platon wirklich jemals in Ägypten war?

---

3 http://www.iep.utm.edu/plato/
4 Plat. *Tim.* 22C; *Criti.* 120E–121B. Weitere Beispiele fasst Stephens 2013, 93 kurz zusammen.
5 Vgl. Laskowski 2013, 47–49.
6 Strab. 17,29.

2 Wie konnten Ägypter und Griechen kommunizieren?

Seitens der Klassischen Philologie wird gerne ein listenreiches Argument ins Feld geführt, das sich mitunter auch Ägyptologen zu eigen machen,[7] um die Originalität der Griechen zu retten, so als ob die Inspiration aus fremden Kulturen dieser Originalität überhaupt einen Abbruch täte. Das listenreiche Argument lautet überspitzt: Die Griechen waren zu faul, zu dumm oder zu hochmütig, eine fremde, barbarische Sprache zu lernen. Griffiths schreibt es freundlich formuliert in seiner Ausgabe von Plutarchs *De Iside et Osiride*:

> But like Herodotus, Plutarch had no Egyptian. They were both tolerant and intellectually curious and exemplified Greek *bonhomie* at its best; at the same time they followed the traditional monolingualism of the Greek.[8]

Wie sollten die Griechen also von ägyptischen oder anderen vorderorientalischen Mythen Kenntnis genommen haben? Umgekehrt wird Nicht-Griechen offenbar die Fähigkeit abgesprochen, Griechisch zu lernen. Ähnlich argumentieren übrigens auch gerne Theologen, wenn es um Übernahmen in die Bibel geht. Ignoranz zum Schutz von Originalität also – eine Entschuldigung, die auch Plagiatoren für sich nutzbar machen könnten. Die Realität war indes vermutlich komplexer und wesentlich differenzierter.[9]

Die Sprache, in der Personen unterschiedlicher Muttersprache sich in der Antike miteinander verständigten, wird bei klassischen Autoren selten thematisiert.[10] In der Vita des Marcus Antonius schreibt Plutarch allerdings, Kleopatra VII. hätte mehrere Sprachen, darunter auch Ägyptisch, beherrscht – eine der seltenen Aussagen zur Sprachbegabung einer antiken Person – und sei auf Dolmetscher nicht angewiesen gewesen.[11] In Ägypten waren aber mit der Gründung der Handelsniederlassung Naukratis seit der zweiten Hälfte des siebten

---

7 Z. B. Quack 2003a, 605.
8 Griffiths 1970, 102.
9 Thissen 1993.
10 Siehe dazu Müller u. a. 1992, zu Herodot insbesondere Müller 1992, und Strobach 1997, die allerdings mit gutem Grund von Thissen 2009, 97–206 sehr kritisch beurteilt wird.
11 Plut. *Ant.* 27,3f.

Jahrhunderts v. Chr. Griechen ansässig.[12] Es ist kaum vorstellbar, dass es im Umfeld von Naukratis niemanden gegeben haben soll, der Ägyptisch konnte. Handel und, damit verbunden, Kulturkontakt und Gedankenaustausch sind durch zahlreiche Belege indes unbestreitbare Fakten. Spätestens im ptolemäischen Ägypten wird sich dann eine gewisse Zweisprachigkeit herausgebildet haben.[13] Ich will hier nicht einer grenzenlosen Kommunikationsfähigkeit das Wort reden, denn der jeweilige kulturelle Hintergrund wird seinen maßgeblichen Einfluss darauf ausgeübt haben, was recht verstanden und was reinterpretiert oder gar missverstanden wurde.[14] Und auch die Sprachbegabung je Individuum aufgrund seiner gesellschaftlichen Zugehörigkeit und Vorbildung ist vermutlich recht unterschiedlich stark ausgeprägt gewesen. Trotzdem ist es für mich überraschend gewesen, im Vorfeld unseres Kolloquiums durch einen klassischen Altertumswissenschaftler mit einer Frage des zuvor genannten Argumentationsmusters konfrontiert worden zu sein: „Das Thema eurer Tagung ist interessant. Aber wie konnte Plutarch überhaupt auf originale ägyptischen Quellen zugreifen?" Selbst für das 1. und 2. Jahrhundert n. Chr., als Ägypten längst in intensivem Kontakt mit der griechisch-römischen Welt stand, werden also Zweifel an der Kommunikationsfähigkeit antiker Menschen über die Sprachgrenzen hinweg angemeldet. Aber auf welche Quellen stützt sich diese klassisch-philologische Grundannahme?

3 Nachweisliche Übernahmen von Inhalten

In meinem einführenden Beitrag möchte ich demgegenüber die bereits in der ägyptologischen Forschung bekannten Belege für eine umfassendere und korrektere Kenntnis des ägyptischen Osiris- und Isis-Mythos zusammenstellen und aufzeigen, dass ein Austausch zwischen Ägypten und Griechenland möglich war, an dem ein Autor wie Plutarch, auf den ich mich konzentrieren möchte, teilhaben und so vergleichsweise korrekte Informationen vom altägyptischen Mythos bekommen konnte. Wie er damit dann umgegangen ist, was sein spezifischer Beitrag an der Umformung der Vorlage war und was seine Anliegen innerhalb des platonischen Gedankengebäudes waren, das war dann im Rahmen des Kolloquiums im Dialog zwischen Klassischen Philologen und Ägyptologen zu diskutieren

---

12 Zu Naukratis siehe Möller 2000, deren Hauptinteresse allerdings nicht die Problematik ist, wie Ägypter und Griechen miteinander kommunizierten.
13 Vgl. dagegen Vierros 2012; Vierros 2013.
14 Vgl. Anmerkung 35.

und schlägt sich in diesem Band nieder. Das von mir vorgenommene Resümee des ägyptologischen Forschungsstandes führt anhand von Beispielen vor, was aus der Sicht der Ägyptologie methodisch bei einer Beantwortung der Frage nach der Ägyptizität der Plutarchschen Angaben zu beachten ist. Das möchte ich in drei Abschnitten tun:

3.1 Isis und Osiris auch außerhalb Ägyptens ägyptisch – das Iseum Campense als Beispiel
3.2 Plutarch hat doch recht
3.3 Hinweise auf Plutarchs Ägyptisch-Kenntnisse

3.1 Das Iseum Campense in Rom

Zunächst also zum Iseum Campense. In ihrer Dissertation hat sich Katja Lembke ausführlich damit beschäftigt und auf Seiten der Römer „zahlreiche Mißverständnisse" erkannt, auch wenn sie konstatiert, „wie genau die Kenntnisse der Römer von ägyptischen Ritualen waren".[15] Diese Einschätzung ging manchen Kritikern schon zu weit. Die Kritiker machen demgegenüber schlicht Exotik als leitendes Motiv der Ausstattung des Iseum Campense geltend, das ein „buntes Sammelsurium von ägyptischen Importstücken, römischen Kopien und ägyptisierenden Imitationen" sei, und argumentieren gerne mit dem begrenzten Verstehenshorizont der antiken Besucher.[16] Das forderte natürlich einen kritischen Geist wie Joachim Friedrich Quack heraus, der einiges als korrekt ägyptisch identifizieren konnte, das Lembke als solches nicht erkannte – und erst recht nicht ihre Kritiker.[17] Als besonders illustratives Beispiel sei die Säulendekoration erwähnt: Quack greift dabei auf die spätptolemäischen Osiris-Kapellen auf dem Dach des Hathor-Tempels von Dendera zurück. Sie lassen den Schluss auf einen Kult zu, bei dem Kanopen in Prozession getragen wurden. Aus dem ägyptischen Kontext ist bekannt, dass sie Wasser enthalten, das als Körpersekret des Osiris galt und aus verschiedenen Gauen Ägyptens gebracht wird, um dem Osirisleib wieder zur Einheit zu verhelfen. Die Hauptgötter der jeweiligen Gaue, aus denen das Wasser der einzelnen Kanopen kommt, sind durch die Köpfe der Kanopen ausgewiesen. In Ägypten wurden bei den Goddio-Unternehmungen in Alexandria solche Kanopen tatsächlich gefunden.[18]

---

15 Lembke 1994, 135.
16 Eingartner 1999, 20–38. Egelhaaf-Gaiser 2000, 175–182. Versluys 2002, 353–355. Vgl. auch Moormann 2007, 137–154.
17 Quack 2003b, 57–66.
18 Z. B. vor Alexandria: Goddio/Clauss 2006, 114.

Ein augenfälliger Unterschied sind in Dendera die Gottheiten, die die Kanopen tragen, gegenüber den Priestern in Rom. Nun folgen die Darstellungen in einem ägyptischen Tempel in Ägypten anderen Regeln als in einem ägyptischen in Rom, denn in Dendera sehen wir die Idee – Gottheiten bringen das Wasser – in Rom die reale Umsetzung, also den Schatten der Idee. Eine hellenistische Statue, wiederum von Goddio und seinem Team bei der Insel Antirhodos im Osthafen Alexandrias gefunden, zeigt gleichfalls, wie in Ägypten selbst der Kult real umgesetzt wurde und kommt damit dem römischen Iseum wieder nahe.[19]

Am Rande sei bemerkt, dass Frederick Brenk, der für zum Iseum ungefähr zeitgenössische Tempel Ägyptens offen ist, zu einer positiveren Bewertung der Ägypten-Assoziationen kommt als andere, auch wenn er Lembke modifiziert.[20] Gegen die Einschätzung der Ausstattung des Iseum Campense als Sammelsurium und aufgrund dessen als nicht-ägyptischer Tempel sei auf die Stilpluralität von Tempeln im hellenistischen und kaiserzeitlichen Ägypten selbst hingewiesen, die freilich erst mit Beginn des 21. Jahrhunderts ins Bewusstsein der wissenschaftlichen Öffentlichkeit gerückt wurde. Der von Ptolemaios II., also in der ersten Hälfte des 3. Jahrhunderts v. Chr. begründete und dem Osiris geweihte Tempel von Tapososiris Magna, 45 km westlich von Alexandria, etwa besteht aus einem von einer Umfassungsmauer mit ägyptischem Pylon eingefassten Bezirk, in dem ein griechischer Tempel dorischen Stils stand.[21] Noch stärker stilistisch ineinander verwoben scheint das Baudekor des im Norden des Fayyûm gelegenen Tempels von Soknopaiu Nesos zu sein, der sowohl Elemente der ionischen oder korinthischen Ordnung und dorische Metopen-Triglyphen- als auch ägyptische Uräenfriese und eine ansonsten gutägyptische Tempelausstattung aufwies.[22] Ähnlich wurde der im Kern aus dem Mittleren Reich (1. Hälfte 2. Jahrtausend v. Chr.) stammende Tempel von Medinet Madi in hellenistischer Zeit von Architektur ummantelt, die einige Formelemente der griechischen Architektur aufwies.[23] Im Lichte dessen ist das Iseum Campense kaum noch aufgrund seiner als Sammelsurium abgelehnten Gestaltung als Ort der vertieften Kenntnisse um ägyptische Isis-Mythologie auszuschließen: Diese Stilpluralität ist im Gegenteil offenbar auch für Tempel in Gegenden Ägyptens mit ethnisch besonders durchmischter Bevölkerung, d. h. das Delta und das Fayyûm, charakteristisch – Oberägypten ist traditionell nochmals ein anderer Fall.

---

19 ebd., 215.
20 Brenk 1999, 133–144.
21 Vörös 2001; Vörös 2006.
22 Davoli 2008, 83, 90–92. Davoli 2010, 70–73, die auf weitere Beispiele S. 72 Anm. 43, hinweist.
23 Bresciani/Giammarusti 2012, *passim*.

Für das Iseum in Pompeii wurde ebenfalls vorgeschlagen, wieder mehr tiefergehendes Verständnis ägyptischer Religion ansetzen zu dürfen.[24] Dort wurden einige ägyptische und ägyptisierende Objekte gefunden. Unter diesen soll die hieroglyphische Stele des Somtu-Tefnacht (Neapel Inv. 1035) aus Herakleopolis in Mittelägypten mit Herischef als prominenter Gottheit besonders bemerkenswert sein. Die schwer zu datierende Stele erwähnt Isis nicht und wurde bislang als Indiz für die Beliebigkeit der Aegyptiaca im Heiligtum gewertet, mithin habe deshalb in Pompeii kein tieferer Einblick in ägyptische Religion bestanden, sie sei eine museale Kuriosität. Lena Kaumanns und Gunnar Sperveslage widersprechen dem und fordern eine detailliertere Betrachtung, denn die Uschebtis hätten einen osirianischen Bezug, auch wenn sie ursprünglich als Grabbeigabe gedacht waren. Die Stele sei ebenfalls in dieses System einzupassen, denn Herischef sei eng mit Re und Osiris verbunden, außerdem heiße nach Plut. *Isid.* 35, 365E Dionysos als Sohn der Isis und des Zeus Harsaphis und Dionysos sei doch die *interpretatio Greaca* des Osiris. Im Text erscheine Herischef dem Stifter der Stele im Traum und beschütze ihn, wie das auch Isis etwa nach Texten des Hor-Archivs tue. So begrüßenswert aus ägyptologischer Sicht dieser Versuch ist, so sehr zeigt er auch die Grenzen. Denn zumindest auf Basis des von Kaumanns und Sperveslage herangezogenen Materials sind die Bezüge zu allgemein und zu vage wie insbesondere der zwischen Herischef und Isis, als dass wir hier wirklich von der Beteiligung eines ägyptischen Priesters an der Ausstattung des Isis-Heiligtums in Pompeii ausgehen dürfen.[25] Die Zusammenhänge zu Isis sind in diesem Fall nämlich nur auf dem kleinsten gemeinsamen Nenner und auch dann bestenfalls indirekt erkennbar, denn zwischen jeder ägyptischen Gottheit lassen sich gerade in den ägyptischen Quellen der hellenistischen und der Kaiserzeit irgendwelche Parallelen aufmachen und Beziehungen herstellen, wie es für die Deutung der ägyptischen Monumente in Pompeii versucht wurde.

3.2 Plutarch hat doch recht

Ähnlich wie Ikonographie und Ausstattung eines nicht-ägyptischen Isis-Heiligtums besser verstanden werden, wenn die entsprechenden zeitgenössischen Befunde und Quellen in den Blick genommen werden, ist auch manche Information bei Plutarch doch nicht so phantasievoll, wie bislang gedacht. Voraussetzung ist, nicht primär über das Corpus der Pyramiden- und Sargtexte, vielleicht noch das

---

24 Kaumanns/Sperveslage 2014.
25 So aber ebd., 92.

Totenbuch – Corpora also die bestenfalls 1500 Jahre älter sind –, den ägyptischen Hintergrund zu erhellen zu versuchen. Der Heranziehung zeitgenössischer ägyptischer Texte verweigern sich indes nicht nur einige Klassische Philologen, sondern ebenso Ägyptologen.[26] Nur ist vor Hochmut oder Unterstellungen zu warnen: Nicht jede Nicht-Heranziehung spätägyptischen Materials basiert auf böswilliger Ablehnung der Epochen ab dem 7. Jahrhundert v. Chr. als Zeiten des Verfalls, was sie womöglich nicht der Beschäftigung wert sein ließe. Letztlich sollten wir angesichts der Menge und der Komplexität der Quellen bescheidener sein, denn erst durch den fortschreitenden dialektischen Diskurs ist die Zeit reif für die Deutung der einen oder anderen Stelle. Dann sind selbst wesentlich älteren Texte, wie eben die Sargtexte oder das Totenbuch, doch fruchtbare Quellen, die sich mit Plutarch vergleichen lassen. So sind zwar die Sargtexte lange und Plutarch noch länger bekannt, aber erst im Lichte der Ergebnisse von Lievens hat Willems eine Interpretation des sehr komplexen und in seiner poetischen Sprache deutungsaufwendigen Sargtextspruches 168 mindestens aus der ersten Hälfte des 2. Jahrtausends v. Chr. vorlegen und diese mit dem bei von Lieven nicht zitierten Plut. *Isid.* 38, 366A–C in Verbindung bringen können.[27] Auch in Passagen aus dem ägyptischen Totenbuch in der Fassung des Neuen Reiches (1550–1070 v. Chr.) können sich Anspielungen finden, die auf eine ägyptische Vorlage für bei Plutarch zu Findendes deuten. Dazu gehört die Byblos-Episode Plut. *Isid.* 16, 357A–D.[28] Aber es stimmt ebenfalls, dass in der von Brunner zum Vergleich genommenen Stelle des Totenbuchs nicht eindeutig von Byblos die Rede ist,[29] wenngleich die Gegenargumente eine Eindeutigkeit fordern, die in der

---

26 Wenn allerdings Quack 2004, 327 mit Anm. 2 Stadler 2001, 331–348, als (übrigens einzigen) Kronzeugen für eine den klassischen Autoren gegenüber skeptische Haltung zitiert, dann hat er mich falsch verstanden, übersieht vielmehr mein ausdrückliches Streben nach einer differenzierten Betrachtung. Seine Kritik betrifft mich wohl kaum, weil ich *a.a.O.* den von ihm geforderten Vergleich mit den zu den klassischen Autoren (hier: Diodor) ungefähr zeitgenössischen ägyptischen Quellen ja gerade suche. Außerdem heißt nicht Kritik an einer Passage in Diodor, Diodor in Bausch und Bogen abzulehnen, vgl. – durchaus nicht wegen eines Lernprozesses über gut zehn Jahre, sondern aus ursprünglicher, schon 2001 gehegter Überzeugung – Stadler 2012, 56. Ebenso irrig und auch ohne schlüssigen Gegenbeweis: Morenz 2002, 88. Vgl. auch Quack 2014/15, bes. 106–107, und Quack 2015, 392–394. Allerdings wäre eine durchaus angezeigte Widerlegung hier zu komplex, weil sie ins demotistische Unterholz, führte und wird ggf. an anderer Stelle erfolgen müssen, vgl. zu einem von ihm angesprochenen Aspekt aber dann weiter unten.
27 Lieven 2006, 141–150. Willems 2014, 488–493.
28 Brunner 1988, 230–235.
29 Griffiths 1980, 28–34, der allerdings dem Geist der damaligen Zeit entsprechend auch Belege der ptolemäisch-römischen Zeit reserviert und offenbar als nicht ägyptischer Tradition entspringend betrachtet. Was soll sonst in diesem Zusammenhang „A difficulty here, however, is that

spezifischen Ritualsprache Ägyptens so nicht zu erwarten ist, und insofern die Passage im 125. Totenbuchkapitel doch als Indiz gewertet werden kann. Ferner sollte die Behauptung Plutarchs, bei den Ägyptern gelte der Mond wegen seiner schöpferischen Kraft als mannweiblich, nicht unbedingt als aus der Luft gegriffen gelten, doch bleibt die ägyptische Evidenz genauso wenig zwingend wie im Falle der Byblos-Episode.[30] Und auf einmal rücken Hinweise darauf ins Bewusstsein, dass Plutarch sogar den Pylon des Horus-Tempels von Edfu beschrieben haben könnte.[31]

Manches ist in der Ägyptologie bislang falsch übersetzt und deshalb in seiner Relevanz nicht erkannt worden, etwa eine Esna-Stelle, aus der sich ein ägyptischer Beleg für die zuvor nur durch Plutarch berichtete Geschwisterschaft des Sonnengottes und seines Antagonisten Apophis ergibt[32] – übrigens ein Element des in meinen Augen für ägyptisches Denken typischen Dualismus, der gleichermaßen dem Mittelplatonismus wesentlich ist. Auch der pränatale Geschlechtsverkehr ist wegen eines Übersetzungsfehlers bislang nicht erkannt worden. Neben einer weiteren ägyptischen Bestätigung eines Details bei Plutarch, der von der Lebenszeit bzw. Regierungszeit des Osiris von 28 Jahren berichtet, greift der diesbezügliche Bericht des Mittelplatonikers also offenbar ebenfalls Ägyptisches auf.[33] Plutarchs

> γῆμασθαι δὲ τῷ Τυφῶνι τὴν Νέφθυν, Ἶσιν δὲ καὶ Ὄσιριν ἐρῶντας ἀλλήλων καὶ πρὶν ἢ γενέσθαι κατὰ γαστρός ὑπὸ σκότῳ συνεῖναι. ἔνιοι δέ φασι καὶ τὸν Ἀρούηριν οὕτω γεγονέναι καὶ καλεῖσθαι πρεσβύτερον Ὧρον ὑπ' Αἰγυπτίων, Ἀπόλλωνα δ'ὑφ' Ἑλλήνων.
>
> (Plut. *Isid.* 12, 356A)

lässt sich nämlich einer Stelle im Imhotep-Papyrus (wohl kurz nach 300 v. Chr.) gegenüberstellen, die in einer gegenüber der Erstedition verbesserten Lesung lautet:

---

the tradition about the 'burials' of Osiris does not otherwise appear until the Ptolemaic period; (...)", ebd., 31 heißen? Die Einwände von Beinlich 1983 lässt Brunner 1988, 234 f. hingegen nicht gelten.
30 Stadler 2004.
31 Effland i. Dr.
32 Quack 2006.
33 Quack 2004, 327–332.

„O mein guter Gatte, o mein guter, anmutiger Gefährte, o du, dessen Stimme bei seinem Kommen süß ist, o brüllender Bergstier, o Herr der Liebe an seinem Anfang, o du, mit dem ich das (erste) Mal gemacht habe im Leib seiner Mutter!"[34]

Hier ruft die Witwe Isis ihrem verstorbenen Brudergatten Osiris zu und erwähnt ihre pränatale Liaison. Die Aktivität bereits im Mutterleib ist ein gut ägyptisches Motiv, hieß es doch früher auch vom Herrscher, er habe sich schon im Mutterleib als Herrscher erwiesen.[35] Freilich finden sich im Imhotep-Papyrus nicht die Ausdeutungen von der Präfiguration der Welt vor ihrer Materialisierung, die Plutarch

---

34 pMMA 35.9.21 XVI 2f. Goyon 1999, Taf. 15. Siehe auch Smith 2009, 93 und Kucharek 2010, 411 zur Stelle. Beinlich 2009, 147 Anm. 371 argumentiert auf Basis der Parallele des *pTamerit*, Quacks Lesung sei ohne Grundlage, vielmehr heiße es, „o du, mit dem anfing die Angelegenheit im Mutterleib" i. S. v. die geschlechtliche Fortpflanzung bzw. das Geborenwerden habe mit Osiris angefangen. Dagegen Quack 2011, 137f., dessen Argument, rein sachlich sei dieses Verständnis nicht möglich, schon Geb und Nut seien normal geboren werden, zu sehr simplifiziert (auch wenn ich mich ansonsten Quacks Lesung und Deutung der Stelle anschließe). Religiöse Sprache folgt in Ägypten nicht strenger Logik – sonst dürfte es nicht mehrere Schöpfergottheiten geben oder Seth Onkel oder Bruder des Horus sein u. ä. Schon der pränatale Geschlechtsverkehr, den Quack hier m. E. zurecht sieht, liegt jenseits sachlicher Logik. Abschließend wäre aber noch anzumerken, dass von Beinlich auch zu diskutieren gewesen wäre, welcher der beiden Textzeugen die richtige Lesart hat, denn pTamerit kann genausogut an der Stelle falsch sein.

35 Gundlach 1992, 41 verweist auf die Formel, die „von vielen Königen grundsätzlich berichtet wird", vom König bereits im Ei, gibt aber keine Quellen an. Hier seien Beispiele aufgeführt: Das Lob auf Sesostris im *Sinuhe* (Mittleres Reich: zweite Hälfte des 20. Jahrhunderts v. Chr.) – Koch 1990, 38 und Parkinson 1998, 31; pAnastasi II (BM EA 10243) rt. II 5–III 6 (Neues Reich, 13. Jahrhundert v. Chr.) – Gardiner 1937, 13 und Caminos 1954, 40; Bentresch-Stele, Z. 3 (Louvre C 284, vielleicht 4. Jahrhundert v. Chr.) – Ritner 2003, 363. Diese königliche Phraseologie ist auf Osiris-Epitheta hellenistischer Zeit adaptiert worden: *wr nty m ẖ.t* „der Große, der (noch) in Mutterleib ist" in pBremner-Rhind IV 19 (spätes 4. Jhd. v. Chr.) – Faulkner 1933, 8 und Kucharek 2010, 170; *nb wr.ty m ẖ.t mw.t=f* „der Herr der beiden Uräen (schon) im Leib seiner Mutter" im Tempel von Bigge (Zeit des Augustus) – Blackman 1915, 42; *nsw m ẖ.t* „der König (schon) im Leib (seiner Mutter)" (2. Hälfte 2. Jhd. v. Chr.) – *Urk.* VIII 201g; *nsw m ẖ.t iꜥr.wt m dp=f* „der König (schon) im Leib seiner Mutter, die Uräen schon an seinem Kopf" (Zeit des Augustus) – Cauville 1999, 4, 15–5,1; *nsw m ẖ.t n pri=f r tꜣ* „der König (schon) im Leib seiner Mutter, als er noch nicht zur Welt gekommen war" (180 und 116 v. Chr.) – de Wit 1958–68 I 80; *ḥqꜣ n pri.n=f m ẖ.t* „der Herrscher,

hier *Isid.* 54, 373B–C anschließt. Allerdings wäre dies gleichfalls eine ägyptischen Kosmogonien durchaus vertraute Vorstellung.³⁶

In demselben Imhotep-Papyrus spricht nun aber nicht nur Isis ihren Schwestergemahl als begehrten Sexualpartner an, sondern auch die Schwester der Isis, Nephthys, die eigentlich mit ihrem Bruder Seth vermählt ist. Und Anubis fragt sich, welche Wurzeln er habe. Das bestätigt also wiederum Plutarch, der *Isid.* 38, 366B–C berichtet, aus der Verbindung von Osiris mit Nephthys sei Anubis hervorgegangen, was allerdings nicht immer als rein ägyptisch akzeptiert wurde. Ein altkoptischer Papyrus um 300 n. Chr. erwähnt ebenfalls den Ehebruch des Osiris, über den Isis unglücklich ist,³⁷ aber dieser Beleg könnte wiederum von Mythemen beeinflusst sein, die Plutarch in die Welt gesetzt hat. Insofern ist der Imhotep-Papyrus aufgrund seiner Datierung ein willkommener, nicht allzu später ägyptischer Beleg.³⁸

3.3 Plutarchs Ägyptisch-Kenntnisse

Ein Unterschied zwischen Platon und mir ist, dass Platon sicher kein Ägyptologe werden wollte. Wenn wir seine ägyptischen oder ägyptisierenden Geschichten oder Mythen als Wissenschaftler lesen und den Maßstab anlegen, was davon der altägyptischen Realität entspricht, wie wir sie sie rekonstruiert haben, dann legen wir den falschen Maßstab an, weil Platon nicht die Absicht verfolgte, möglichst getreulich ägyptische Mythen zu referieren, und auch für Plutarch schreibt Engsheden noch 2010 in der Folge von Hopfner:

(schon) bevor er aus dem Mutterleib hervorgekommen ist" (1. Jhd. v. Chr.) – *Edfou* VII 153, 4. Die Vorstellung von der pränatalen Prädestination könnte durch den womöglich ägyptisch beeinflussten kallimacheischen Hymnus auf Delos ins Griechische gekommen sein – bereits ungeboren erweist sich Apollon, der ein Bild für den künftigen Ptolemaios II. ist, als weissagende Gottheit und ebenso ist Ptolemaios II. als Herrscher prädestiniert: Schlegelmilch 2009, 178–210. (Allerdings sind die Heranziehungen Ägyptens dort in einigen Details nicht korrekt dargestellt, auch wenn mir für genau solche Hinweise von der Autorin gedankt wird. Dies ist übrigens ein unfreiwilliger, dennoch interessanter Feldversuch, wie zwischen Ägyptologie und Klassischer Philologie Missverständnisse selbst bei gleicher Muttersprache der sich Unterhaltenden angesichts verschiedener Vorbildung möglich sind! Wie muss es erst recht zwischen Griechen und Ägyptern in der Antike gelaufen sein, selbst bei einer unterstellten verbreiteten Diglossie.)

36 Vgl. Smith 2002, bes. 193–211, zur Konzeptualisierung altägyptischer Kosmogonien. Smith hat sich für die Wahl seines Titels im Übrigen von *De Iside et Osiride* inspirieren lassen (S. 13). Diese Vorstellung ist auch dem Alten Testament vertraut: Seidl 2012, 14–15.

37 Satzinger 1994, 212–224.

38 Feder 2008, 69–83.

> Es ist notwendig, zwischen Plutarchs philosophischer Terminologie einerseits und dem ägyptischen Hintergrund andererseits klar zu trennen. Der Schriftsteller hatte nie die Absicht, ein wissenschaftlich ausgewogenes Bild von der ägyptischen Religion zu vermitteln. Seine Schrift soll vielmehr als ein Versuch verstanden werden, eine religiöse Strömung auf stetigem Vormarsch mit dem zeitgenössischen Platonismus zu vereinbaren.[39]

Der Mythos sei lediglich eine Allegorie für Philosophie. Bei Plutarch scheint mir der Fall dennoch etwas, wenn vielleicht auch nicht völlig anders gelagert zu sein als bei Platon. Als Ägyptologen fallen mir Aussagen auf, in denen Plutarch verschiedene Versionen nebeneinander stellt – „die einen sagen so ..., die anderen so ..." –,[40] was dem ägyptischen Befund entspricht. Freilich kann Plutarch durchaus griechische Autoren meinen, die er an einigen Stellen sogar namentlich nennt.[41] Es wirkt also so, als ob hier Plutarch ein Quellenstudium erkennen lässt. Hat Plutarch die im Übrigen vom flavischen Kaiserhaus, aber vielleicht auch von Hadrian mit Wohlwollen betrachtete Isis-Religion nur wegen ihrer steigenden Popularität so prominent aufgegriffen?

Unter Berücksichtigung meiner bereits autodiagnostizierten *déformation professionelle* ist meine Antwort natürlich: Nein! Warum hat er nämlich dann Mithras nicht mit einer eigenen Schrift gewürdigt? Ich vermute durch seinen ägyptischen Lehrer in Athen, Ammonios, vorgeprägt war ihm die Isis-Religion nahe. Diverse Begriffe und Aussagen, die sich bei Plutarch finden, hat Heinz Josef Thissen durch das Ägyptische v.a. in seiner demotischen Sprachstufe – also der Form des Ägyptischen, die zur Zeit Plutarchs gesprochen wurde – erklärt,[42] und das scheint sich nicht auf *De Iside* zu beschränken[43]. Bezog sich das Quellenstudium auch auf ägyptische Texte in der Originalsprache? Thissen scheint dieser Idee nicht abgeneigt gewesen zu sein.

Die Sprachkompetenz mag freilich ihre Grenzen haben – sogar Ägyptologen sind weit davon entfernt, fehlerfrei Ägyptisch zu können. Das Epitheton τελευτή „Ende", das Nephthys bei Plutarch in vier von 14 Vorkommen trägt, könnte z. B. eine Fehlinterpretation des ägyptischen Epithetons *nb.t-r-ḏr* „Allherrin" als „Herrin des Endes" oder „Herrin (und) Ende" sein. Dieses Epitheton habe Nephthys von Hathor eventuell schon in Plutarchs Quelle übernommen, einer älteren, nicht erhaltenen, sich mit ägyptischen Götterepitheta befassenden Quelle. (Ver-)Leitend

---

39 Engsheden 2010, 186.
40 Vgl. z. B. das Zitat aus Plut. *Isid*. 12, 356A oben.
41 Z. B. Plut. *Iside* 9, 354C–D.
42 Thissen 1985, 55–61. Thissen 1987, 79–94. Thissen 1988, 91–94. Thissen 1993, 239–252. Altenmüller 1998, 17–26. Thissen 2009, 97–106.
43 Thissen 2002, 177–183.

könnte die Assonanz des *nb.t-r-ḏr*-Epithetons, das koptisch ungefähr *NBTH geklungen haben mag, zu Nephthys (kopt. NBΘΩ) gewesen sein.[44]

Der Befund bei Plutarch ist auch sonst nicht eindeutig. So erweisen sich Plutarchs ägyptische Etymologien häufig als korrekt, aber er bezieht sich gerne auf griechische Autoren bei ihrer Erklärung – im Umkehrschluss hieße das natürlich, dass Ägyptisch-Kenntnisse unter gebildeten Griechen offenbar doch weiter verbreitet waren, als von der Gräzistik gerne angenommen. Aufgrund der Uneindeutigkeit modifiziert Thissen dann auch sein 1993 emphatisch Vorgetragenes „Selbst wenn (...) PLUTARCH einen Teil davon aus früheren Quellen, z. B. MANETHO übernommen hat, verfügte er doch nach meinem Eindruck über sehr gute Kenntnisse von ägyptischer Schrift und Sprache"[45] im Jahre 2009 zu „Es dürfte aber (...) klargeworden sein, daß Plutarch entweder direkt durch Quellenstudium oder indirekt durch Gewährsmänner sehr gute Kenntnisse (vom Wesen) der ägyptischen Sprache gehabt hat"[46].

Nun steht aber Plutarchs Eigenaussage im Raum, er hätte gewisse Probleme mit dem Lateinischen gehabt.[47] Die Stelle gibt indes nicht her, er habe sich mit dem Lateinischen abgequält und habe letztlich nie in dieser Sprache reüssiert. Sie kann folglich kein indirektes Indiz dafür sein, dass Plutarch auch kein Ägyptisch konnte, weil das noch unwahrscheinlicher sei als die Sprache der Sieger nicht zu beherrschen. Natürlich ist Ägyptisch wesentlich schwieriger zu erlernen als Latein, für einen mit einer indogermanischen Muttersprache Aufgewachsenen zumal. Aber letztlich bleibt es nur Spekulation über die Psyche des Autors, denn Latein kann genausogut von Plutarch als Sprache von kulturlosen Unterdrückern innerlich abgelehnt worden sein,[48] während die alten orientalischen Kulturen inklusive ihrer Sprachen, an erster Stelle das Ägyptische, ein aufgrund seiner platonischen Ausbildung und der von Platon geprägten Haltung, sich um

---

44 Engsheden 2010, 185–191. Diese Verbindung erscheint mir plausibler als die von Thissen 2009, 103 dessen alternative Etymologie keinen offensichtlichen und von ihm auch nicht näher erläuterten Bezug zu Nephthys als Epithteton hat.
45 Thissen 1993, 245. (Auszeichnungen aus dem Original übernommen.)
46 Thissen 2009, 106. Eine Zwischenstation ist „Das Werk Περὶ Ἴσιδος καὶ Ὀσίριδος verrät gute Kenntnisse der ägyptischen Religion und Sprache; (...)" – Thissen 2002, 177.
47 Plut. *Dem.* 2. Strobach 1997, 33–39 zur Stelle.
48 *De fortuna Romanorum* wirkt auf mich, der ich kein Klassischer Philologe geschweige denn ein Plutarch-Spezialist bin, *prima facie* so, als ob Roms Aufstieg zur Weltmacht für Plutarch eher ein merkwürdiges Spiel des Schicksals sei, weil mitunter Wohl und Wehe Roms auch von schnatternden Gänsen abhing, als dass Respekt vor der Kultur Roms aus der Schrift spräche. Bei *Fl.* 12 sehe ich zunächst keinen Hinweis auf eine positive Haltung Plutarchs gegenüber Rom bzw. dem Lateinischen. Ich danke Frau Marion Schneider, mich auf diese beiden Stellen hingewiesen zu haben.

das Wissen der Alten zu bemühen, sein wissenschaftliches Interesse erweckt haben. Doch Plutarch lobt auch, wie schön das Lateinische sei. Ist deshalb Plutarchs Aussage vielmehr als ein *fishing for compliments* zu verstehen? Oder haben Plutarchs Probleme mit dem Lateinischen letztlich damit zu tun, dass er die Sprache erst in vorgerücktem Alter, als er nämlich um die 55 war, erlernte, wenn das Erlernen von Fremdsprachen bekanntermaßen immer schwerer fällt, worauf er selbst hinweist? All diese Deutungsversuche sind nicht beweisbar, aber die Notiz zeigt immerhin und vielmehr, wie Plutarch sich eben doch um Fremdsprachen bemühte, und *De Iside* ist die erstaunlich korrekte Kenntnis *in rebus aegyptiacis* bei Plutarch zu entnehmen. Und wenn er, wie für das Lateinische ein *reading knowledge*[49] gehabt hatte, dann ist das so viel, wie heutige Ägyptologen bestenfalls für die ägyptische Sprache in ihren einzelnen Stufen haben. Im Falle des Ägyptischen bedeutet allerdings *reading knowledge* viel mehr, nämlich gute Kenntnisse altägyptischer Schriftsysteme, im Falle Plutarchs neben den Hieroglyphen Hieratisch und Demotisch. Das wäre dann doch überaus erstaunlich, aber nicht auszuschließen, und lässt eher an mündlichen Austausch mit ägyptischen Priestern denken. Da ohne ein intensives Quellenstudium immer erhebliche Risiken des Missverständnisses bleiben, wie die in Anm. 35 berichtete Anekdote zeigt, ist die Korrektheit der Plutarchschen Angaben ein gewichtiges Indiz für einen wie auch immer gearteten direkten oder indirekten Zugriff auf originale ägyptische Quellen.

Warum sollte sich aber ein Ägyptologe mit solchen Fragen beschäftigen? Oder anders gefragt: Welchen quellenkritischen Wert haben die klassischen Autoren für die Ägyptologie? Sind sie „relevante Quellen für das Verständnis des späten Ägypten"?[50] Im wissenschaftlichen Diskurs der Ägyptologinnen und Ägyptologen, die sich für das hellenistisch-kaiserzeitliche Ägypten überhaupt interessieren, bilden sich Lager heraus, und Positionen scheinen sich zu verhärten. Aber – so liegt es im Wesen insbesondere der Geisteswissenschaften – Quellen werden unterschiedlich bewertet und gewichtet, und so kommen unterschiedliche Personen zu unterschiedlichen Ergebnissen. Trotz einer Objektivität suggerierenden Diktion, die vermeintlich objektive Fehler aufspießt,[51] hat dies mit einem nicht unerheblichen Maß an Subjektivität zu tun, die es gilt anzuerkennen.

---

49 Russell 1973, 54. Vgl. auch Strobach 1997, 37, mit weiteren Literaturangaben.
50 Quack 2014/15, 106–107.
51 Exemplarisch Quack, 2014/15. Tatsächlich wird dort, von irrigen Unterstellungen abgesehen, eine Faktizität vorausgesetzt, die ägyptische Texte in dieser Form selten haben, weil sie nicht derartig explizit sind, wie wir uns das wünschen, und weil die ägyptische Schreiberpraxis allzu häufig Interpretationsspielräume lässt. Insofern sind die Bemerkungen von Quack 2015, 393–394, gleichfalls zweifelhaft.

Die oben besprochene Frage, wie gut Plutarch Ägyptisch konnte, ist so ein Thema, aber eben auch wie fruchtbar die Heranziehung griechischer und römischer Autoren für *ägyptologische* Fragestellung ist. Hier würde ich als Ägyptologe in jedem Fall den ägyptischen Quellen den Primat einräumen. Nur sie geben uns Indizien für den Anfangsverdacht, dem griechischen Autor X oder dem lateinischen Autor Y sei zu trauen. Die Ägyptologie handelt dann letztlich als Hilfswissenschaft für die Klassische Philologie und macht dieser ihre Angebote, deren Quellen adäquater einzuschätzen zu können. Wenn beispielsweise behauptet wird, ein ägyptischer König Sesostris habe ein bis zu den Skythen, bis Ionien, Baktrien und Indien reichendes Weltreich aufgebaut, dann müssten die Ägyptologen dafür aus den ägyptischen Quellen Belege beibringen, um das zu verifizieren. Diese Behauptung ist sicher nicht richtig, erweist sich eventuell als Missverständnis ägyptischer Ritualrhetorik oder auch als Reaktion ägyptischer Eliten auf die Erfahrungen mit Alexander dem Großen.[52] Das Beispiel zeigt, dass wir den griechischen und lateinischen Autoren nicht *a priori* einen Quellenwert zubilligen dürfen, wenn es darum geht ihren Wahrheitsgehalt zu bestimmen. Es entwickelt seine Aussagekraft außerdem gerade im kontrastiven Vergleich zu *De Iside et Osiride*, dessen Verfasser Plutarch sich so überaus gut informiert zeigt, was wir aber nur sagen können, weil die ägyptischen Textquellen uns dazu in die Lage setzen, denen hier höheres Gewicht zukommt. Die klassischen Autoren sind hingegen in jedem Fall Quellen ersten Ranges, wenn es um die Rezeptionsgeschichte Altägyptens geht. Und das ist nicht wenig, geht es dann doch darum, wieviel das Abendland der altägyptischen Kultur verdankt, weil hier bis 1822 neben den biblischen Texten nur über diese griechischen und lateinischen Texte Ägyptisches rezipiert werden konnte.

4 Die ägyptische Kultur endet nicht 332 v. Chr.!

Die ägyptische Kultur ist kein seit dem dritten Jahrtausend v. Chr. unveränderlicher Monolith. Vielmehr ist der Kontakt mit fremden Kulturen, nach 332 v. Chr. insbesondere der griechischen, nicht spurlos an Ägypten vorübergegangen. Was

---

52 Widmer 2014. Pouwels 2014, 237, zeigt eine Karte des Reiches des Sesostris. Kockelmann 2015, 85–86, versucht nicht unplausibel zu erklären, wie es zu solchen Vorstellungen kommen kann und gibt weitere Literatur zum Thema. Ryholt 2013 zur *imitatio Alexandri*.

allerdings früher als Vermischung und damit eine Art Verunreinigung verstanden worden ist,[53] ist ein natürlicher Prozess, der heute seine Wertschätzung erfährt. Ein Text ist ja nicht weniger ägyptisch, nur weil sein Autor z. B. Griechisches aufnimmt und anverwandelt und umgekehrt – dann wären Literaturwerke etwa des *Sturm und Drang* auch undeutsch, weil sie manches Shakespeare verdanken. So stellt sich natürlich die Frage, ob vielleicht nicht umgekehrt die platonische Philosophie ihre Spuren in der späten ägyptischen mythologischen Literatur hinterlassen hat. Hier sei an das Fragment einer koptischen Übersetzung von Platons *Politeia* aus der 1. Hälfte des 4. Jhd. n. Chr. erinnert. Es ist ein, wenngleich sehr viel späterer, Hinweis auf eine Überlieferung in Ägypten, in der übrigens offenbar vergessen wurde, dass es sich überhaupt um einen Platon-Text handelt![54] Demnach waren platonische Ideen in einheimischer Sprache bekannt und können somit die spätägyptische Religion ihrerseits inspiriert haben. Aus den demotischen Ostraka, die in Narmuthis gefunden wurden, kann ebenso ein Hinweis auf die Auseinandersetzung im ägyptischsprachigen Unterricht mit griechischen philosophischen Termini gezogen werden, was wiederum auf die Rezeption griechischer Philosophie bei gebildeten Ägyptern schließen lässt.[55]

Was ist daraus zu lernen? Ein immer wieder gerne gemachter Fehler ist die Nicht-Berücksichtigung der zeitgenössischen ägyptischen Quellen und offenbar die unausrottbare Auffassung, die ägyptische Kultur ende mit dem Neuen Reich um 1000 v. Chr. Aber für fast 1500 Jahre besteht diese Kultur noch fort und ist ungemein kreativ und produktiv. Zwar hat die Klassische Archäologin Lembke im Nebenfach Ägyptologie studiert, aber an Instituten, deren damalige Leiter die ägyptische Kultur nach 1000 v. Chr. nicht in das Zentrum ihrer Aufmerksamkeit gestellt haben, geschweige denn aktiv dazu forschten. So erklärt sich ihr Vorgehen, das ihre Kritiker dann sogar noch radikaler machten, das Iseum Campense nicht mit dazu ungefähr zeitgenössischen ägyptischen Tempeln verglichen zu haben. Unter Heranziehung der richtigen Vergleiche zeigt die Ausstattung des Iseum Campense eine Vertrautheit mit der zeitgenössischen Ikonographie ägyptischer Tempel und folglich gute Vertrautheit mit der ägyptischen Kultrealität in Rom auch in Fällen, die zunächst als Missverständnisse gewertet werden mögen. Da die ägyptische Religion sich durch den Kult verwirklicht, setzt das eine gewisse Vertrautheit mit ägyptischer Mythologie voraus, die somit indirekt von Kommunikationskanälen bzw. einer Fähigkeit, Sprachbarrieren zu überwinden, zeugt, die moderne Wissenschaft den antiken Menschen häufig nicht zutraut. Die

---

53 Vgl. Stadler 2014, 105–108.
54 Schenke u. a. 2010, 356–358.
55 Colin 2015.

Bewertung des Iseum Campense sagt insofern mehr über das offenbar klischeehafte Ägypten-Bild als über das Iseum Campense und seiner Erschaffer aus.

Das Erstaunen, dass Ägyptologen auch reichhaltiges zeitgenössisches Material heranziehen können, während Plutarch doch nach „altem Wissen" trachtet, sollte allerdings ein wissenschaftlich produktives Erstaunen sein. Es verknüpft sich damit nämlich die Frage, ob Plutarch hier unsauber vorgegangen ist und irrigerweise die zeitgenössische ägyptische Isis- und Osirisreligion im Glauben, altes Wissen zu präsentieren, vorgestellt hat, oder ob sich die Ägyptologen irren, wenn sie diese Quellen in Erinnerung bringen, weil sie damit die Intention des Priesters aus Delphi unterlaufen, ein Werk einer bestimmten Gattung zu schreiben[56]. In diesem Zusammenhang möchte ich aber daran erinnern, wie wenig ägyptologische Traktate einer ägyptischen Gattung, sondern vielmehr einer abendländischen Tradition verpflichtet sind. Oder irren sich die Klassischen Philologen, weil er gar nicht das alte Wissen, sondern einfach die Isis- und Osirisreligion, wie sie sich ihm aktuell darstellt, präsentieren wollte? Auch in diesen Fragen muss sich die Ägyptologie einmischen bzw. gehört werden und auf die Forschungsdebatte nach der Datierung altägyptischer Texte verweisen.[57] Die Problematik scheint mir aus dem Phänomen der Amalgamisierung von Altem und Neuem zu erwachsen, weshalb das ägyptische Material nicht nur einem Griechen des 1./2. Jahrhunderts n. Chr., sondern auch uns heute noch wie ein gigantisches Kontinuum erscheint und in vielen Fällen nur schwer und allgemein akzeptiert auf verschiedene Epochen zu sezieren ist.

In diesem Sinne gilt es, die zeitgenössischen oder zeitgenössisch belegten Schriftquellen Ägyptens im Blick zu behalten. Was die Textvielfalt und Belegmenge angeht, ist für das Studium der ägyptischen Religion die Zeit zwischen 300 v. und 300 n. Chr. die fruchtbarste in Ägypten, aber auch die am wenigsten im Bewusstsein stehende und die mit dem größten Potential für Überraschungen angesichts der noch nicht erschöpften Vorräte an unpublizierten Texten in den diversen Papyrussammlungen. Selbst wenn Plutarch, Jamblich, Porphyrios und anderen griechischen Autoren nur rudimentäre Ägyptisch-Kenntnisse zugestanden werden, so wäre doch noch auf griechische Übersetzungen ägyptischer Quellen zu verweisen, die eine einigermaßen korrekte Kenntnis ägyptischer Religion an die griechisch-römische Antike vermittelt haben. So ist nunmehr klar, dass entmythologisierende Erzählungen von Osiris bei Diodor sich mit Fragmenten ägyptischer mythologischer Erzählungen parallelisieren lassen und dass ein

---

56 Vgl. den Beitrag von Geert Roskam in diesem Band.
57 Moers 2013.

Oxforder Papyrus mit der sogenannten Imuthes-Aretalogie und einem Isis-Hymnus in griechischer Sprache auf ägyptische Vorläufer zurückzuführen sein könnte. Die demotischen Textzeugen sind allerdings noch nicht vollständig ediert und nur durch Vorberichte mitgeteilt.[58] Die schon lange bekannte griechische Version des großartigen *Mythos vom Sonnenauge* ist sicherlich kein Solitär.[59] Das und noch andere Texte sind Spitzen eines Eisberges oder besser Relikte eines umfangreicheren gräko-ägyptischen Corpus, das durch Personen wie Manetho, Chairemon und andere geschaffen wurde.[60] Diese waren indes Ägypter. Waren sie wirklich sprachbegabter oder fleißiger als Griechen und waren jene dumm, faul oder arrogant?

Literaturverzeichnis

Altenmüller (1998): Hartwig Altenmüller, „Maneros – Trinkspruch oder Klagelied", in: Renate Rolle, Karin Schmidt u. Roald F. Docter (Hgg.), *Archäologische Studien in Kontaktzonen der antiken Welt. Festschrift Hans Georg Niemeyer, 65. Geburtstag am 30. November 1998*, Göttingen, 17–26.
Beinlich (1983): Horst Beinlich, „Osiris in Byblos?", *Die Welt des Orients* 14, 63–66.
Beinlich (2009): Horst Beinlich, *Papyrus Tamerit 1. Ein Ritualpapyrus der ägyptischen Spätzeit*, Dettelbach.
Blackman (1915): Aylward M. Blackman, *The Temple of Bîgeh*, Le Caire.
Brenk (1999): Frederick E. Brenk, „The Isis Campensis of Katja Lembke", in: Nicole Blanc u. Andre Buisson (Hgg.), *Imago antiquitatis. Religions et iconographie du monde romain : mélanges offerts à Robert Turcan*, Paris, 133–144.
Bresciani/Giammarusti (2012): Edda Bresciani u. Antonio Giammarusti, *I templi di Medinet Madi nel Fayum*, Pisa.
Brunner (1988): Hellmut Brunner, *Das hörende Herz. Kleine Schriften zur Religions- und Geistesgeschichte Ägyptens*, Freiburg, Schweiz/Göttingen.
Caminos (1954): Ricardo Augusto Caminos, *Late-Egyptian Miscellanies*, Oxford.
Cauville (1999): Sylvie Cauville, *Le temple de Dendara. La porte d'Isis*, Le Caire.
Colin (2015): Frédéric Colin, „Sagesses égyptiennes et orateurs athéniens. Cas d'école sur les bancs de Narmouthis (O. Narm. dém. I 25 et 26)", in: Frédéric Colin, Olivier Huck u. Sylvie Vanséveren (Hgg.), *Interpretatio. Traduire l'altérité culturelle dans les civilisations de l'Antiquité*, Paris, 161–190.
Davoli (2008): Paola Davoli, „Nuovi risultati dalle Campagne di Scavo 2004–2006 a Soknopaiou Nesos (Egitto)", in: Sandra Luisa Lippert u. Maren Schentuleit (Hgg.), *Graeco-*

---

58 Stadler 2012, 55f., 108–112. Siehe auch Quack 2009, 26f., 107–110 zu literarischen Texten.
59 West 2013. Prada 2014.
60 Einen Überblick geben Dieleman/Moyer 2010.

Roman Fayum. Texts and Archaeology. Proceedings of the Third International Fayum Symposion, Freudenstadt, May 29 – June 1, 2007, Wiesbaden, 75–91.

Davoli (2010): Paola Davoli, „Archaeological Research in Roman Soknopaiou Nesos. Results and Perspectives", in: Katja Lembke, Martina Minas-Nerpel u. Stefan Pfeiffer (Hgg.), Tradition and Transformation. Egypt under Roman Rule. Proceedings of the International Conference, Hildesheim, Roemer- and Pelizaeus-Museum, 3–6 July 2008, Leiden, 53–77.

Dieleman/Moyer (2010): Jacco Dieleman u. Ian S. Moyer, „Egyptian Literature", in: James Joseph Clauss u. Martine Cuypers (Hgg.), A Companion to Hellenistic Literature, Chichester, U.K./Malden, MA, 429–447.

Effland (im Druck): Andreas Effland, „Der Einfluss der ‚Romanisierung' auf den ägyptischen Tempelkult (Abschnitt II, Konflikt und Concordia im Spiegel ägyptischer Tempeldekoration)", in: Thomas Schattner u. Dieter Vieweger (Hgg.), Lokale Traditionen und römische Herrschaft im Wandel. ForschungsCluster 6, Menschen – Kulturen – Traditionen, Rahden.

Egelhaaf-Gaiser (2000): Ulrike Egelhaaf-Gaiser, Kulträume im römischen Alltag. Das Isisbuch des Apuleius und der Ort von Religion im kaiserzeitlichen Rom, Stuttgart.

Eingartner (1999): Johannes Eingartner, „Rez. zu Lembke, Iseum Campense", Göttingische Gelehrte Anzeigen 251, 20–38.

Engsheden (2010): Åke Engsheden, „Am Ende ist alles allegorisch gemeint. Bemerkungen zu einem Epitheton der Göttin Nephthys in Plutarchs De Iside et Osiride", in: Hermann Knuf, Christian Leitz u. Daniel von Recklinghausen (Hgg.), Honi soit qui mal y pense. Studien zum pharaonischen, griechisch-römischen und spätantiken Ägypten zu Ehren von Heinz-Josef Thissen, Leuven, 185–191.

Erler (2006): Michael Erler, Platon, München.

Erler (2007): Michael Erler, Platon, Basel.

Faulkner (1933): Raymond O. Faulkner, The Papyrus Bremner-Rhind (British Museum No. 10188), Bruxelles.

Feder (2008): Frank Feder, „Nephthys – Die Gefährtin im Unrecht. Die spät(zeitlich)e Enthüllung einer göttlichen Sünde", Studien zur altägyptischen Kultur 37, 69–83.

Gardiner (1937): Alan Henderson Gardiner, Late-Egyptian Miscellanies, Bruxelles.

Goddio/Clauss (2006): Franck Goddio u. Manfred Clauss, Ägyptens versunkene Schätze, München.

Goyon (1999): Jean-Claude Goyon, Le Papyrus d'Imouthès Fils de Psintaês au Metropolitan Museum of Art de New York (Papyrus MMA 35.9.21), New York.

Griffiths (1970): John Gwyn Griffiths, Plutarch's De Iside et Osiride, Cardiff.

Griffiths (1980): John Gwyn Griffiths, The Origins of Osiris and his Cult, Leiden.

Gundlach (1992): Rolf Gundlach, „Weltherrscher und Weltordnung. Legitimation und Funktion des ägyptischen Königs am Beispiel Thutmosis III. und Amenophis III.", in: Rolf Gundlach u. Hermann Weber (Hgg.), Legitimation und Funktion des Herrschers. Vom ägyptischen Pharao zum neuzeitlichen Diktator, Stuttgart, 23–50.

Kaumanns/Sperveslage (2014): Lena Kaumanns u. Gunnar Sperveslage, „Der Isis-Tempel in Pompeji", Sokar 29, 74–92.

Koch (1990): Roland Koch, Die Erzählung des Sinuhe, Bruxelles.

Kockelmann (2015): Holger Kockelmann, „Die Fremdvölkerlisten in den Soubassements der ptolemäisch-römischen Heiligtümer. Feindnamen und Feindvernichtungsrituale im Tempel zwischen Tradition und Wandel", in: Holger Kockelmann u. Alexa Rickert (Hgg.), Von

Meroe bis Indien. Fremdvölkerlisten und nubische Gabenträger in den griechisch-römischen Tempeln – Soubassementstudien V, Wiesbaden, 3–141.

Kucharek (2010): Andrea Kucharek, *Die Klagelieder von Isis und Nephthys in Texten der Griechisch-Römischen Zeit. Altägyptische Totenliturgien 4*, Heidelberg.

Laskowski (2013): Piotr Laskowski, „Language and Existence", in: Elizabeth Frood u. Angela McDonald (Hgg.), *Decorum and Experience. Essays in Ancient Culture for John Baines*, Oxford, 47–53.

Lembke (1994): Katja Lembke, *Das Iseum Campense in Rom. Studie über den Isiskult unter Domitian*, Heidelberg.

von Lieven (2006): Alexandra von Lieven, „Seth ist im Recht, Osiris ist im Unrecht! Sethkultorte und ihre Version des Osiris-Mythos", *Zeitschrift für Ägyptische Sprache und Altertumskunde* 133, 141–150.

Moers (2013): Gerald Moers (Hg.), *Dating Egyptian Literary Texts*, Hamburg.

Möller (2000): Astrid Möller, *Naukratis. Trade in Archaic Greece*, Oxford/New York.

Moormann (2007): Eric M. Moormann, „The Temple of Isis at Pompeii", in: Laurent Bricault, Miguel J. Versluys u. Paul G. P. Meyboom (Hgg.), *Nile into Tiber. Egypt in the Roman World. Proceedings of the IIIrd International Conference of Isis studies, Faculty of Archaeology, Leiden University, May 11–14 2005*, Leiden/Boston, 137–154.

Morenz (2002): Ludwig D. Morenz, „Ein tiefgreifender interkultureller Kontakt. Die ägyptische Unschuldserklärung im armäischen Text der Stele von Carpentras (KAI 269)", *Wiener Zeitschrift für die Kunde des Morgenlandes* 92, 81–90.

Müller (1992): Carl Werner Müller, „Das Schatzhaus des Rhampsinit oder die Überlistung des Todes. Zu Herodots ägyptischer Reise und ihrer Authenzität seiner Quellenangaben", in: Carl Werner Müller, Karl Sier u. Jürgen Werner (Hgg.), *Zum Umgang mit fremden Sprachen in der griechisch-römischen Antike. Kolloquium der Fachrichtungen Klassische Philologie der Universitäten Leipzig und Saarbrücken am 21. und 22. November 1989 in Saarbrücken*, Stuttgart, 37–62.

Müller u.a. (1992): Carl Werner Müller, Karl Sier u. Jürgen Werner (Hgg.), *Zum Umgang mit fremden Sprachen in der griechisch-römischen Antike. Kolloquium der Fachrichtungen Klassische Philologie der Universitäten Leipzig und Saarbrücken am 21. und 22. November 1989 in Saarbrücken*, Stuttgart.

Parkinson (1998): Richard B. Parkinson, *The Tale of Sinuhe and Other Ancient Egyptian Poems, 1940–1640 BC*, Oxford.

Pouwels (2014): Clément Pouwels, „Les métamorphoses littéraires de Sésostris", in: Fleur Morfoisse-Guénault u. Guillemette Andreu (Hgg.), *Sésostris III Pharaon de légende*, Gand, 236–241.

Prada (2014): Luigi Prada, „Translating Monkeys Between Demotic and Greek, or Why a Lynx is not Always a Wildcat. (λυκό)λυγξ = (wnš-)kwf", *Zeitschrift für Papyrologie und Epigraphik* 189, 111–114.

Quack (2003a): Joachim Friedrich Quack, „Rez. zu Labrique, Religions mediterranéennes", *Bibliotheca Orientalis* 60, 604–608.

Quack (2003b): Joachim Friedrich Quack, „Zum ägyptischen Ritual im Iseum Campense in Rom", in: Carola Metzner-Nebelsick, Ortwin Dally, Arnulf Hausleiter, Elke Kaiser, Heidi Peter-Röcher, Inken Prohl, Joachim Friedrich Quack u. Frank Rumscheid (Hgg.), *Rituale in der Vorgeschichte, Antike und Gegenwart. Studien zur Vorderasiatischen, Prähistorischen und Klassischen Archäologie, Ägyptologie, Alten Geschichte, Theologie und

Religionswissenschaft. Interdisziplinäre Tagung vom 1.-2. Februar 2002 an der Freien Universität, Berlin/Rahden, 57–66.

Quack (2004): Joachim Friedrich Quack, „Der pränatale Geschlechtsverkehr von Isis und Osiris sowie eine Notiz zum Alter des Osiris", *Studien zur altägyptischen Kultur* 32, 327–332.

Quack (2006): Joachim Friedrich Quack, „Apopis, Nabelschnur des Re", *Studien zur altägyptischen Kultur* 34, 377–379.

Quack (2009): Joachim Friedrich Quack, *Einführung in die altägyptische Literaturgeschichte III. Die demotische und gräko-ägyptische Literatur*, Münster/Berlin.

Quack (2011): Joachim Friedrich Quack, „Rez. zu Beinlich, Papyrus Tamerit 1", *Die Welt des Orients* 41, 131–143.

Quack (2014/15): Joachim Friedrich Quack, „Nochmals zu Balsamierung und Totengericht im großen demotischen Weisheitsbuch", *Enchoria* 34, 106–118.

Quack (2015): Joachim Friedrich Quack, „'Sage nicht: „Der Frevler gegen Gott lebt heute", auf das Ende sollst du achten!'. Gedanken der spätägyptischen Literatur zum Problem des Bösen in der Welt", in: Beate Ego u. Ulrike Mittmann (Hgg.), *Evil and Death. Conceptions of the Human in Biblical, Early Jewish, Greco-Roman and Egyptian Literature*, Berlin, 377–409.

Ritner (2003): Robert Kriech Ritner, „The Bentresh Stela (Louvre C 284)", in: William Kelly Simpson (Hg.), *The Literature of Ancient Egypt. An Anthology of Stories, Instructions, Stelae, Autobiographies, and Poetry*, New Haven/London, 361–366.

Ryholt (2013): Kim Ryholt, „Imitatio Alexandri in Egyptian Literary Tradition", in: Tim Whitmarsh u. Stuart Thomson (Hgg.), *The Romance between Greece and the East*, Cambridge, 59–78.

Satzinger (1994): Helmut Satzinger, „An Old Coptic Text Reconsidered: PGM 94ff.", in: Søren Gieversen, Martin Krause u. Peter Nagel (Hgg.), *Coptology. Past, Present and Future. Studies in Honour of Rodolphe Kasser*, Leuven, 213–224.

Schenke u.a. (2010): Hans-Martin Schenke, Hans-Gebhard Bethge, Ursula Ulrike Kaiser u. Katharina Schwarz (Hgg.), *Nag Hammadi Deutsch. Studienausgabe. Eingeleitet und übersetzt von Mitgliedern des Berliner Arbeitskreises für koptisch-gnostische Schriften*, Berlin.

Schlegelmilch (2009): Sabine Schlegelmilch, *Bürger, Gott und Götterschützling. Kinderbilder der hellenistischen Kunst und Literatur*, Berlin.

Seidl (2012): Theodor Seidl, „Die biblischen Schöpfungserzählungen und ihr altorientalischer Kontext", in: Dorothea Klein (Hg.), *Die Erschaffung der Welt. Alte und neue Schöpfungsmythen*, Würzburg, 1–24.

Smith (2002): Mark Smith, *On the Primaeval Ocean. The Carlsberg Papyri 5*, Copenhagen.

Smith (2009): Mark Smith, *Traversing Eternity. Texts for the Afterlife from Ptolemaic and Roman Egypt*, Oxford.

Stadler (2001): Martin Andreas Stadler, „War eine dramatische Aufführung eines Totengerichtes Teil der ägyptischen Totenriten?", *Studien zur altägyptischen Kultur* 29, 331–348.

Stadler (2004): Martin Andreas Stadler, „Ist Weisheit weiblich? Zu einer merkwürdigen Darstellung des ägyptischen Weisheitsgottes Thot", *Antike Welt* 35, H. 3, 8–16.

Stadler (2012): Martin Andreas Stadler, *Einführung in die ägyptische Religion ptolemäisch-römischer Zeit nach den demotischen religiösen Texten*, Berlin/Münster.

Stadler (2014): Martin Andreas Stadler, „‚Ach, das ist gestreift!'. Anmerkungen zur ägyptischen Königsplastik im 4. und 3. Jahrhundert v. Chr.", in: Sandra Luisa Lippert u.

Martin Andreas Stadler (Hgg.), *Gehilfe des Thot. Festschrift für Karl-Theodor Zauzich zu seinem 75. Geburtstag*, Wiesbaden, 105–127.

Stephens (2013): Susan A. Stephens, „Fictions of Cultural Authority", in: Tim Whitmarsh u. Stuart Thomson (Hgg.), *The Romance between Greece and the East*, Cambridge, 91–101.

Strobach (1997): Anika Strobach, *Plutarch und die Sprachen. Ein Beitrag zur Fremdsprachenproblematik in der Antike*, Stuttgart.

Thissen (1985): Heinz Josef Thissen, „Osiris der Vieläugige", *Göttinger Miszellen* 88, 55–61.

Thissen (1987): Heinz Josef Thissen, „Ambres und Amenthes", *Göttinger Miszellen* 95, 79–94.

Thissen (1988): Heinz Josef Thissen, „Die Kunst der Kritik", *Göttinger Miszellen* 106, 91–94.

Thissen (1993): Heinz Josef Thissen, „"... αἰγυπτιάζων τῇ φωνῇ ...'. Zum Umgang mit der ägyptischen Sprache in der griechisch-römischen Antike", *Zeitschrift für Papyrologie und Epigraphik* 97, 239–252.

Thissen (2002): Heinz Josef Thissen, „' Der große Pan ist gestorben '. Anmerkungen zu Plutarch, de def. or. c. 17", in: Françoise Labrique (Hg.), *Religions méditerrannées et orientales de l'Antiquité. Actes du colloque des 23–24 avril 1999, Besançon*, Le Caire, 177–183.

Thissen (2009): Heinz Josef Thissen, „Plutarch und die ägyptische Sprache", *Zeitschrift für Papyrologie und Epigraphik* 168, 97–106.

Versluys (2002): Miguel John Versluys, *Aegyptiaca Romana. Nilotic Scenes and the Roman Views of Egypt*, Leiden/Boston.

Vierros (2012): Marja Vierros, *Bilingual Notaries in Hellenistic Egypt. A study of Greek as a Secondary Language. Helsinki, Univ., Diss., 2011*, Brussel.

Vierros (2013): Marja Vierros, „Bilingualism in Hellenistic Egypt", in: Geōrgios K. Giannakēs (Hg.), *Encyclopedia of ancient Greek language and linguistics*, Leiden, 234–238.

Vörös (2001): Győző Vörös, *Taposiris Magna – Port of Isis. Hungarian Excavations at Alexandria, 1998–2001*, Budapest.

Vörös (2006): Győző Vörös, *Taposiris Magna, 1998–2004. Alexandriai magyar ásatások*, Budapest.

West (2013): Stephanie West, „Divine Anger Management. The Greek Version of the Myth of the Sun's Eye (P.Lond.Lit. 192)", in: Tim Whitmarsh u. Stuart Thomson (Hgg.), *The Romance between Greece and the East*, Cambridge, 79–90.

Widmer (2014): Ghislaine Widmer, „Sésostris, figure de légende dans la littérature grecque et démotique", in: Fleur Morfoisse-Guénault u. Guillemette Andreu (Hgg.), *Sésostris III Pharaon de légende*, Gand, 232–235.

Willems (2014): Harco Willems, „High and Low Niles. A Natural Phenomenon and its Mythological Interpretation According to Plutarch, De Iside et Osiride 38 and Coffin Texts Spell 168", *Journal of Egyptian Archaeology* 100, 488–493.

de Wit (1958–68): Constant de Wit, *Les inscriptions du temple d'Opet à Karnak*, Bruxelles.

Océane Henri
A general approach to *interpretatio Graeca* in the light of papyrological evidence

The term *interpretatio Graeca* is a modern construction based on a Roman idea expressed by Tacitus in the *Germania*: he mentions a Naharvali ritual held in a grove in honour of brother gods, whom he calls Alcis, and who, 'according to *interpretatio Romana*', were spoken of as Castor and Pollux.[1] Modern science has picked up this expression and transformed it to fit another phenomenon: the use of Greek words to name items belonging to a different culture. We thus apply the expression *interpretatio Graeca* to the ancient practice of translating and interpreting elements from a specific cultural sphere, such as Egypt or Near-East, to the Greek cultural sphere, which serves as reference. This habit is not specific to the Romans and Greeks, but could be studied whenever two cultures are brought close enough to engage in this process. Indeed, a language inevitably reflects aspects of the culture that makes use of it, therefore when one has to describe things which are absent from the cultural background of the language one uses, interpretation is always closely linked to translation.[2]

The purpose of the present paper is to provide a general approach to one specific aspect of *interpretatio Graeca*: the use of Greek theonyms to name Egyptian gods. Anyone embarking on a research on this topic will quickly be led to use the second book of Herodotus' *Histories* as a reference. This author of the fifth century BC offers his audience a grid of correspondence between Egyptian and Greek gods and goddesses; he does the same type of equation with Arab, Assyrian and

---

Note: The present paper is the adaptation of a talk, and of the discussion which followed, held in Würzburg in May 2014. It summarizes part of a PhD research study ("Théonymes grecs et panthéon égyptien: enquêtes sur les mécanismes de l'*interpretatio Graeca*") defended on June 6th 2015 at the University of Geneva (advisor: Philippe Collombert).

1 Tac. Germ. 43: *apud Naharvalos antiquae religionis lucus ostenditur. praesidet sacerdos muliebri ornatu, sed deos interpretatione Romana Castorem Pollucemque memorant. ea vis numini, nomen Alcis. nulla simulacra, nullum peregrinae superstitionis vestigium.* On *interpretatio Romana*, see Ando 2005.
2 Ando 2005; Calame 2002.

Océane Henri, Unité d'Égyptologie et Copte, Université de Genève 5, rue De-Candolle, CHE-1211 Genève, oc_henri@orange.fr

DOI 10.1515/9783110532968-004

Scythian pantheons in other sections of his work. The first impression one receives when reading Herodotus' account is that of a relatively straightforward system: each Egyptian god has a unique equivalent in the Greek pantheon and vice-versa. He states, for example, that 'in the Egyptian tongue Apollo is Horus, Demeter is Isis, and Artemis is Bubastis' (2,156). Furthermore, he asserts that 'the *ounomata* of almost all the gods have come to Hellas from Egypt' (2,50).[3] This quote has been the subject of numerous readings; most authors have understood the term *ounoma* not simply as 'name', but as 'the fact of naming'.[4] Viewed thus, what the Egyptians taught the Pelasgians was not the actual names of the gods but a way to differentiate and individualize divine personae. Recently, Philippe Borgeaud has suggested understanding Herodotus' quote more literally; he points out that ancient authors often gave Greek etymologies to Egyptian divine names, this practice being especially true in Plutarch's work.[5] For Philippe Borgeaud, the opposite operation – giving Egyptian etymologies to Greek names – was therefore conceivable. The origin of theonyms and their translation was also a matter of debate in Antiquity, for example between Iamblichus and Porphyry in the third century AD. For the latter, gods could never have used a language close to any human one.[6] The former, on the contrary, believed that the ancientness of the Egyptian language made it more efficient. Being closer to the gods' own language, it would have been preferable to their ears. Nevertheless, names could not fully be translated because translation supposedly reduced their ability to appeal to a god's good will.[7] Other authors, like the aforementioned Herodotus, Plutarch or Diodorus, translated divine names as they would translate common nouns. The emphasis was then placed on the sphere of action of the divinity; whatever the language and name, what was important was to call upon a god or goddess who possessed the appropriate abilities. Divine beings were thus comparable and a Greek name could be used to refer to an Egyptian deity.

Herodotus, Diodorus, Plutarch, Iamblichus and many others have written about Egypt and its religion; they convey an external discourse, dependent on their cultural background, which is sometimes slightly different from the internal

---

[3] Σχεδὸν δὲ καὶ πάντων τὰ οὐνόματα τῶν θεῶν ἐξ Αἰγύπτου ἐλήλυθε ἐς τὴν Ἑλλάδα.
[4] Rudhardt 1992; Burkert 1985; Linforth 1926–1929, 18–19.
[5] Borgeaud 2004, 53–54; e.g. Plut. *Isid.* 60, 375D: 'Osiris has a name made up from "holy" (*hosion*) and "sacred" (*hieron*)' (ὁ δ' Ὄσιρις ἐκ τοῦ ὁσίου καὶ ἱεροῦ τοὔνομα μεμιγμένον ἔσχηκε).
[6] Porph. *epist.* fr. 77.
[7] Iambl. *Myst.* 7,5: 'it is therefore evident from this that the language of sacred peoples is preferred to that of other men, and with good reason. For the names do not exactly preserve the same meaning when they are translated; rather, there are certain idioms in every nation that are impossible to express in the language of another' (Clarke et al.. 2004).

discourse, expressed by the inhabitants of Ptolemaic and Roman Egypt. The latter is discernible through papyrological evidence which gives the modern researcher an insight into the Egyptians' daily life. The scope of these texts is completely different from that of literary documentation: whilst the latter serves a generally descriptive or philosophical purpose for an external audience, the former is mainly pragmatic. This discrepancy partly explains the variations between results when one studies *interpretatio Graeca* in the light of papyrological evidence versus the sole use of literary texts.

The example of what lies beneath the theonym 'Artemis' in Egyptian documents seems a good way to illustrate the phenomenon.[8] When reading Herodotus, one may imagine that whenever Artemis is mentioned in texts from (or concerning) Egypt, Bastet is meant. The Greek historian names the Greek goddess in five chapters of the second book of his *Histories*: twice in sections on Bubastis, once when he discusses the cults of Buto, and twice without indicating any specific location.[9]

In the chapters on Bubastis, he even provides the Egyptian name of the goddess whom he equates with Artemis: 'The Egyptians hold solemn assemblies not once in the year, but often. The chiefest of these and the most zealously celebrated is at the town of Bubastis in honour of Artemis' (2,59) and 'in this town (Bubastis), there is a temple of Bubastis, and it is a building most worthy of note. Other temples are greater and more costly, but non pleasanter to the eye than this. Bubastis is, in the Greek language, Artemis' (2,137)[10]. The name 'Bubastis' in itself is not Egyptian but a Greek construction around the name 'Bastet', probably the result of confusion between the designations of the temple of the main local goddess, the 'Per-Bastet', on one hand, and that of the goddess herself on the other.[11]

From the Late Period on, the predominant local aspect of Bastet was that of a pacified cat who had yielded most – but not all – of her aggressive aspects to Sekhmet.[12] Her maternal, and maybe also lunar, functions were then prevailing, thus linking her to Herodotus' Artemis.[13] In classical literature, Artemis is not only

---

8 For further details, see Henri 2014.
9 Bubastis: 2,59; 2,137; Buto: 2,155; no location: 2,83; 2,156.
10 Translations of Herodotus are taken from Godley 1960 (Loeb Classical Library).
11 Quaegebeur 1991, 117–118. On Bubastis, see Leclère 2008.
12 Derchain 1991. See also Corteggiani 2007.
13 On the maternal role of Bastet in the Late Period, see Bulté 1991 and Quaegebeur 1991, 120–126. Jan Quaegebeur also mentions the link of the cat goddess to the moon comparable to that facet of Artemis. For Philippe Derchain however, the lunar aspect of Egyptian goddesses is not

the lunar, archer and hunter goddess, but also protector of wildlife, birth and human maternity.[14] Herodotus stresses the fertility functions of Bubastis' goddess when he describes the revelry he witnessed: 'When the people are on their way to Bubastis they go by river, men and women together, a great number of each in every boat. Some of the women make a noise with rattles, others play flutes all the way, while the rest of the women, and the men, sing and clap their hands. As they journey by river to Bubastis, whenever they come near any other town they bring their boat near the bank; then some of the women do as I have said, while some shout mockery of the women of the town; others dance, and others stand up and expose their persons' (2,60). These celebrations can perhaps be compared to the *Bubastia* mentioned in a list of festivities held in Sais during the month of Payni[15] as well as in the Canopus decree: 'during the new moon of Payni, when small *Bubastia* and great *Bubastia* are celebrated'.[16] It is worth stressing that there are no known epigraphical or papyrological texts mentioning Artemis in Bubastis, although this could partly be explained by the poor conservation of papyri in the Delta in general due to the high level of humidity in the soil. A fourth century statuette of what appears to be a pregnant cat was however found during excavations in Bubastis. On the base is inscribed a Greek dedication: 'Nikippe to Bubastis'.[17] The woman who offered this object to the goddess was possibly addressing her for matters concerning pregnancy or birth.

Herodotus also comments on the presence of Artemis in Buto: 'in Buto there is a temple of Apollo and Artemis' (2,155). Apollo in Buto is the *interpretatio Graeca* of Horus. This link is expressed in a bilingual inscription found in Samos but originating from Egypt.[18] The Greek text, dated from the third century BC, indicates the name of the dedicator and the god whom he wishes to honour: 'Horos, son of Phaon, from Kanopos, to Apollo as vow.'[19] The demotic text inscribed just above gives the same information in an Egyptian fashion and with slightly more details: 'The Falcon Harmpe gives life to Hor, son of Pawon, the younger, his

---

dominant and always linked to their role as Horus' eye (Derchain 1962, 52–53; see also Yoyotte 1984–1985).

14 Ellinger 2009, 105–115; Kahil 1984; Levêque u. a. 1990², 353–364. Other aspects of Artemis can be compared to those of Bastet and Sekhmet, such as their violence, their links to the margins and the necessity to appease them. See, for example Yoyotte 1984–1985.
15 *P. Hib.* I 27, 145 (Sais, 3rd c. BC).
16 Bernand 1970, 989, no 1, 29 (Canopus, 238 BC); Rutherford 2005, 140–144; Perpillou-Thomas 1993, 74.
17 Wagner 1983: Νικίππη Βουβάστει.
18 Minas et al. 1999.
19 Ὧρος Φάωνος Κανωπίτης Ἀπόλλωνι εὐχήν. Text and translation in Vleeming 2001, no 211.

mother Tateho, who has let the stelas of the Falcon Harmpe be made before the Falcon Harmpe, the great god.'[20] Apollo and Horus of Buto are thus clearly equated. In Buto, Horus' consort was Wadjet; both are represented with a leonine head on 26th dynasty statues found in Sais.[21] Luc Delvaux has shown the importance of the gods of Buto in the royal legitimacy process, a phenomenon which would explain their presence in the 26th dynasty's capital. The king is identified with young Horus who spent part of his youth hidden in the marshlands of Chemmis before regaining his position at the head of the country.[22] Wadjet's role in this myth is crucial for she is the goddess who protected Horus during this period of hiding. Being the local guardian of kingship, Wadjet locally displays a leonine iconography; she is brought close to the lioness Sekhmet, the protector of Ra.[23] She is therefore a dangerous and protective goddess who is also linked to a marginal territory, be it the desert or the marshlands. Her fierceness, when properly channelled, is used to protect the king, and, in the Horus myth, the god during his childhood. This scope of action which encompasses youth protection, violence, and a link to the borders of civilised territory, is comparable to that of the Greek Artemis. Moreover, her adjacency to Horus, himself connected to Apollo, would have recalled the joint cult of Leto's children in the Greek world. The leonine iconography could also have influenced Herodotus' perception of the local goddess, since he had already equated Bastet, the lion or cat goddess, to Artemis in Bubastis.

It must also be noted that Bastet herself may have received a cult in Buto; a statue fragment states the existence of a man 'revered before the gods of Pe and Dep [lacuna], the servant of Horus, great of the two diadems (?), prophet of Bastet (?) [lacuna]'.[24] The mentioned Horus and Bastet could have been the Apollo and Artemis of Herodotus' work.

The cult of the goddess Horit in the Delta could also provide an explanation for Herodotus' Artemis in Buto. Her name appears many times in the P. Brooklyn 47.218.84, a religious text on the Delta, studied by Dimitri Meeks; in this document, she is above all the mother of the heir, incarnated in different forms of Horus. But she is also the daughter of Osiris and therefore female counterpart of Horus.[25] Closely linked to Hathor, Sekhmet and Bastet, she is a dangerous goddess

---

20 *P3 bik Ḥr-n-P di.t ꜥnḫ n Ḥr (s3) P3-wn3.w (?) p3 ḥm, mw.t=f T3-Ḏd-ḥr i.ir di.t ir.w [n3] wyṯ.w n P3 bik Ḥr-n-P m-b3ḥ P3 bik Ḥr-n-P p3 nṯr ꜥ3* (transliteration and translation in Vleeming 2001, no 211).
21 Delvaux 1998; Vandier 1967.
22 Hornung 1992³, 130–131.
23 Vandier 1967, 58; Germond 1981.
24 Seton-Williams 1969, 21, no 27.
25 All these aspects are studied and developed in Meeks 2006.

who protects royalty and cares for queenship and fertility.[26] Like Bastet and Sekhmet, she shares some of these aspects with Greek Artemis.

If Herodotus' Artemis in Buto may be Wadjet, Bastet or perhaps Horit, all three being closely linked together in the Egyptian tradition, the former is probably also named 'Leto' in the Greek historian's text. He mentions an oracle of Leto in Buto in three sections of the *Histories* (2,83; 2,152 and 2,155).[27] The size of the *naos* and the importance of the oracle in itself apparently struck the historian (2,155), which suggests that Leto was the designation of a central deity in Buto. He stresses the oracle's importance by asserting that it was the most truthful and esteemed (2,83) of Egypt, one from which the pharaoh Psammetichus himself took advice (2,152). As stated above, Luc Delvaux has underlined the importance of Buto and its gods, Horus and Wadjet, in the royal legitimacy process, a status which would explain why Psammetichus went to consult this city's oracle.[28] He understands furthermore one of Wadjet's epithets, appearing on the Saite statues he studied, – *wp.t t3.wy* – as meaning 'the one who judges the two lands' and links it to an oracular function of the goddess.[29] He also mentions a statue of Horus of Buto, kept in the Egyptian Museum of Berlin, on the base of which four rings would have been used to insert shafts and carry the statue in processions, maybe with an oracular purpose.[30] A similar statue of Wadjet could have existed. Moreover, the role of Wadjet as protector of Horus in the marshlands establishes a parallel not only between her and Artemis, for the reasons developed above, but also between her and Leto. In 2,156, Herodotus narrates the story of Horus' youth: 'when Typhon came seeking through the world for the son of Osiris, Leto, being one of the eight earliest gods, and dwelling in Buto where this oracle of hers is, received Apollo in charge from Isis and hid him for safety in this island which was before immovable but is now said to float. Apollo and Artemis were (they say) children of Dionysus and Isis, and Leto was made their nurse and preserver. In Egyptian, Apollo is Horus, Demeter Isis, Artemis Bubastis'. In this episode, Leto's role as 'nurse and preserver' of Apollo clearly matches the functions of Egyptian Wadjet. Herodotus integrates Greek mythological elements, such as the

---

26 Meeks 2006, 49–50 (§31), 168.
27 Strabo also reports the existence of an oracle of Leto in Buto (17,1,18). In 2,59, Herodotus mentions a festival of Leto without giving any indication about the place where it is held, most probably Buto.
28 Delvaux 1998.
29 Delvaux 1998, 565. Christiane Zivie-Coche translates the verb *wp* differently. For her, the goddess is one who organised the world in the primeval times and therefore 'set the limits of the two lands': Coche 1970.
30 Berlin 13788; Vandier 1967, 23–25.

idea of a floating island, to emphasise the relationship between the myth of Horus' youth and that of Apollo's birth.[31] It is noticeable that the difference between Leto, mother of Apollo, and Wadjet, mere nurse of Horus, does not seem to have been an obstacle to their *interpretatio*.[32] Both could be equated, seeing that they had to care for a god associated with light, youth and civilisation, to state but a few reasons for the connection of Horus with Apollo.

In Herodotus' account of Buto's cults, the great *naos* and oracle of Leto seem to refer to the cult of Wadjet; the similarity of their maternal roles, in relationship respectively to Apollo and Horus, would have been the generator of their *interpretatio*. As for Artemis, if this theonym can point to Horit or Bastet, it could also constitute a different approach to Wadjet's *interpretatio*. The leonine aspect, comparable to that of Bastet previously matched with Artemis, the fierceness and the link to borderlands would have been enough to compare the two divinities. A representation engraved in the Roman mammisi of Dendera shows the two Wadjets of Buto: Wadjet *wp.t t3.wy* lion-headed, standing next to an anthropomorphic Wadjet *nb.t P*[33]. This variety of aspects of the local goddess, as well as the potential diversity of informants available to Herodotus, could explain how one Egyptian deity would have been called by different Greek names. A high degree of uncertainty remains, however, since the documents containing information about the *interpretatio* of Buto's goddess belong to the literary field and Herodotus alone provides any details about the cult.

If he only mentions Artemis in Bubastis or Buto, the papyrological documentation, rare in these two cities, provides the modern researcher with a broader vision of how this goddess was perceived in the rest of Egypt.[34]

A papyrus from Herakleopolis Magna contains a report of charges paid for work done 'in the temple of Artemis, most great goddess' in 117 AD.[35] A 'harbour of Artemis' is also mentioned as the destination of a hundred capitals intended

---

31 Rutherford 2005, 133–134.
32 Herodotus and Plutarch (*Isid.* 38, 366A) only consider the goddess of Buto as Horus' nurse, but she can also be his mother in the Egyptian tradition (*Dend.* IX,188,4–5; Horus "son of Wadjet" in Leitz u. a. 2002–2003, VI,74b; Horus is also called "son of Wadjet" on the Berlin statue 13788 mentioned above).
33 Daumas 1959, 139, 24–25 and pl. LXI.
34 Other literary evidence of Artemis in Egypt is rare. Nikandros (in Ant. Lib. *Met.* 28,2–3) and Ovidius (*Met.* 5,321–330) relate the metamorphosis of Artemis into a cat; Pausanias (8,37,6) mentions a supposedly Egyptian tradition in which Artemis is daughter of Demeter; a Coptic text refers to a temple of Apollo and Artemis in Bubastis (Munier 1917, 150).
35 *SB* XIV 11958, 3 (ἱεροῦ Ἀρτέμιδος θεᾶς μεγίστης), 17–18 (εἰς τὸν τῆς Ἀρτέμ[ιδ]ος θεᾶς μεγίσ(της) ὅρμον) and 29–30 (εἰς ὅρμον Ἀρτέμιδος θεᾶς μεγίσ(της)); Swiderek 1957–1958, 65–73.

for the temple. The large number of items points to an important sanctuary, probably that of the major local goddess, the consort of Herishef, Hathor.[36] In Herakleopolis, she was worshipped under two different aspects: one appeased and beneficial, the other wild and dangerous. In the latter case, she was called Aat and depicted with a lion's head.[37] In the Egyptian tradition Aat can be connected to Bastet, which could explain why she is called Artemis in the report;[38] this would correspond to Herodotus' statements about the Delta area. However, an intermediate step linking Aat to Bastet and then the latter to Artemis is unnecessary since Aat herself has a variety of aspects which match some of the Greek goddess': she is dangerous, vindictive, and needs to be appeased in order to protect those who adore her. Like Artemis, and also like many of the dangerous and motherly goddesses of Egypt, the local deity has a number of sides to her identity.

Documents mentioning Artemis can also be found in Naukratis, Canopus, Alexandria and the Fayyum.[39] In most cases, however, they seem to appeal to the Greek goddess and not to an Egyptian deity.[40] A document from Naukratis and one from the Fayyum, for example, clearly state that the divinity meant is the one from Perge, a town situated in the south of modern Turkey.[41] An inscription from the third century BC from Koptos names 'Artemis who bears light (Ἀρτέμιδι Φωσφόρωι)', 'Artemis who is on the road (Ἀρτέμιδι Ἐνοδίαι)', Apollo of Hyle (Ἀπόλλωνι Ὑλάτηι), Leto 'with beautiful children (Λητῶι Εὐτέκνωι)' and Herakles 'of the beautiful victory (Ἡρακλεῖ Καλλινίκωι)'.[42] This dedication appears to be addressed to Greek rather than to Egyptian deities, especially since Apollo is associated with the Cypriot city of Hyle. The epithets Artemis bears connect her with travellers' protection; they are thus linked to the city in which the stela was found. Koptos is indeed the starting point of major caravan routes which lead through the desert to the Red Sea. Although the name of Artemis is apparently not the result of an *interpretatio*, the goddess to whom the dedication is addressed seems to have been chosen in accordance with the Egyptian context in which she appears.

To sum up, in papyrological and epigraphical documents uncovered hitherto in Egypt, Artemis is more often than not a means of naming the Greek goddess.

---

36 Gamal el-Din Mokhtar 1983, 180–183.
37 Depauw et.al. 2004; Perdu 1989; Yoyotte 1988; Vercoutter 1950.
38 Yoyotte 1988, 171–174 (Cairo Museum, *CG* 9430).
39 Naukratis: Bernand 1970, II, 701, no 588; 703, no 608; 707, no 651; 746, no 8. Alexandria: Kayser 1994, no 71; Canopus: Bernand 1992, no 7. Fayyum: Bernand 1981, no 199 and no 208.
40 Henri 2014, 126–129.
41 Bernand 1970, II, 746, no 8; Bernand 1981, no 199.
42 Bernand 1984, no 47.

One single example connects her with an Egyptian deity: Aat of Herakleopolis. Thus, only official documents, such as the Herakleopolitan report, and literary texts, such as Herodotus' work, make use of the Greek theonym to name an Egyptian divinity. When the inhabitants of Egypt, in their everyday life, wished to call on Bastet in Greek, they usually favoured the Hellenised form of her name: Bubastis.[43] This is a slightly different outcome from that forecast by the sole use of literary evidence. Indeed, Herodotus' interpretation of Egyptian religion illustrates the point of view of a Carian visitor, who sees things somewhat differently from the reality perceived by the inhabitants of Egypt. Leaving aside the potsherds of Naukratis dated between the sixth and fourth centuries BC, all other papyrological documentation was written centuries after Herodotus' visit to Egypt. Although this could account for the dichotomy between local material and the literary text, the most important difference between the two types of documents is the audience for which they are intended. The historian's account is addressed to Greeks living in Greece and for whom the description of Egypt was an exotic amusement. The author therefore had to make his depiction understandable to people who had never set foot in the country, and ascribing Greek names to Egyptian gods was certainly one of the methods employed. The papyri, ostraka, and stelae, on the other hand, are written with a more pragmatic purpose. The intention is to obtain a divinity's protection, to describe one's identity (e.g. 'ancient high-priest of Apollo'[44]) or to define a specific place (e.g. 'the sanctuary of Artemis'[45]) or occasion (e.g. 'the festival of Apollo'[46]). The use of Greek rather than Egyptian theonyms is the result of an adaptation to the new language of the written documents, namely Greek; thus such use depends on the frame of reference of the texts' authors. Both literature and papyrology therefore offer complementary evidence helping the modern researcher to better understand the underlying mechanisms of *interpretatio Graeca*.

---

43 Henri 2014, 136–139.
44 *P. Eleph.* 25,6–7 (Elephantine, 223–222 BC).
45 *O. Heid.* 188,1 (Thebes, 113 AD).
46 *SB* VI 9409,57 (Theadelphia, 252 AD).

Bibliography

Ando (2005): Clifford Ando, „Interpretatio Romana", *Classical Philology* 100, 41–51.
Bernand (1970): André Bernand, *Le Delta égyptien d'après les textes grecs*, Mémoires publiés par les Membres de l'Institut Francais d'Archéologie Orientale du Caire 91, Le Caire.
Bernand (1984): André Bernand, *Les portes du désert: recueil des inscriptions grecques d'Antinooupolis, Tentyris, Koptos, Apollonopolis Parva et Apollonopolis Magna*, Paris.
Bernand (1981): Etienne Bernand, *Recueil des inscriptions grecques du Fayoum III*, Bibliothèque d'étude 80, Le Caire.
Bernand (1992): Etienne Bernand, *Inscriptions grecques d'Egypte et de Nubie au musée du Louvre*, Paris.
Borgeaud (2004): Philippe Borgeaud, *Aux origines de l'histoire des religions*, Paris.
Bulté (1991): Jeanne Bulté, *Talismans égyptiens d'heureuse maternité. « Faïence » bleu vert à pois foncés*, Paris.
Burkert (1985): Walter Burkert, „Herodot über die Namen der Götter: Polytheismus als historisches Problem", *Museum Helveticum* 42, 121–132.
Calame (2002): Claude Calame, „Interprétation et traduction des cultures: les catégories de la pensée et du discours anthropologique", *L'Homme* 163, 51–78.
Coche (1970): Christiane M. Coche, „Une nouvelle statue de la déesse léontocéphale Ouadjit wp-t3wy", *Revue d'égyptologie* 22, 51–62.
Clarke et al. (2004): Emma C. Clarke, John M. Dillon, Jackson P. Hershbell (eds.), *Iamblichus: De mysteriis*, Leiden/Boston.
Corteggiani (2007): Jean-Pierre Corteggiani, „Bastet", in: Jean-Pierre Corteggiani, *L'Egypte ancienne et ses dieux*, Paris, 79–80.
Daumas (1959): François Daumas, *Les mammisis de Dendara*, Le Caire.
Delvaux (1998): Luc Delvaux, „Les bronzes de Saïs, les dieux de Bouto et les rois des marais", in: Willy Clarysse, Antoon Schoors, Harco Willems (eds.), *Egyptian Religion. The Last Thousand Years. Studies Dedicated to the Memory of Jan Quaegebeur*, Orientalia Lovaniensia Analecta 84, Leuven, 551–568.
Depauw/Smith (2004): Mark Depauw, Mark Smith, „Visions of Ecstasy. Cultic Revelry Before the Godess Ai/Nehemanit. Ostraca Faculteit Letteren (K.U. Leuven) dem. 1–2", in: Friedhelm Hoffmann, Heinz-Josef Thissen (eds.), *Res Severa Verum Gaudium. Festschrift für Karl-Theodor Zauzich zum 65. Geburtstag am 8. Juni 2004*, Leuven/Paris/Dudley, 67–93.
Derchain (1962): Philippe Derchain, „Mythes et dieux lunaires en Egypte", in: Denise Bernot, Anne-Marie Esnoul, Paul Garelli, Yves Hervouet, Marcel Leibovici, Jean-Paul Roux, Serge Sauneron, Jean Yoyotte (eds.), *La lune. Mythes et rites (SourcOr 5)*, Paris, 19–68.
Derchain (1991): Philippe Derchain, „La lionne ambiguë", in: Luc Delvaux, Eugène Warmenbol (eds.), *Les divins chats d'Egypte: un air subtil, un dangereux parfum*, Louvain, 85–91.
Ellinger (2009): Pierre Ellinger, *Artémis, déesse de tous les dangers*, Paris.
Gamal el-Din Mokhtar (1983): Mohamed Gamal el-Din Mokhtar, *Ihnâsya el-Medina (Herakleopolis Magna). Its Importance and its Role in Pharaonic History*, Bibliothèque d'étude 40, Le Caire.
Germond (1981): Philippe Germond, *Sekhmet et la protection du monde*, Aegyptiaca helvetica 9, Genève.

Godley (1960): Alfred Denis Godley, *Herodotus: The Persian Wars, Books I–II*, The Loeb Classical Library 117, Cambridge/London.

Henri (2014): Océane Henri, „Plusieurs personnes sous un seul masque: l'interpretatio d'Artémis en Egypte", in: Olivier Huck, Frédéric Colin (eds.), *Interpretatio. Traduire l'altérité culturelle dans les civilisations de l'Antiquité*, Strasbourg, 123–145.

Hornung (1992): Erik Hornung, *Les dieux de l'Egypte. L'un et le multiple*, (3rd edition) Paris.

Kahil (1984): Lilly Kahil, „Artemis", *Lexicon iconographicum mythologiae classicae* 2,1, Zürich/München, 618–753.

Kayser (1994): François Kayser, *Recueil des inscriptions grecques et latines (non funéraires) d'Alexandrie impériale (Ier- IIIe s. apr. J.-C.)*, Bibliothèque d'étude 108, Le Caire.

Leclère (2008): François Leclère, *Les villes de Basse Egypte au Ier millénaire av. J.-C. I*, Bibliothèque d'étude 144/1, Le Caire.

Leitz et al. (2002–2003): Christian Leitz, Dagmar Budde, Peter Dils, Frank Förster, Lothar Goldbrunner, Daniela Mendel, Daniel von Recklinghausen, Bettina Ventker, *Lexikon der ägyptischen Götter und Götterbezeichnungen*, Orientalia Lovaniensia Analecta 110–116, 129, Leuven.

Levêque/Séchan (1990): Pierre Levêque, Louis Séchan, *Les grandes divinités de Grèce*, (2nd edition) Paris.

Linforth (1926–1929): Ivan M. Linforth, „Greek Gods and Foreign Gods in Herodotus", California

Publications in Classical Philology 9, 1–25.

Meeks (2006): Dimitri Meeks, *Mythes et légendes du Delta d'après le papyrus Brooklyn 47.218.84*, Mémoires publiés par les Membres de l'Institut Francais d'Archéologie Orientale du Caire 125, Le Caire.

Minas/Hallof (1999): Martina Minas, Klaus Hallof, „Eine griechisch-demotische Inschrift aus Samos", *Archiv für Papyrusforschung und verwandte Gebiete* 45, 26–31.

Munier (1917): Henri Munier, „Fragments des Actes du Martyre de l'Apa Chnoubé", *Annales du Service des Antiquités de l'Égypte* 17, 145–159.

Perdu (1989): Olivier Perdu, „Une autre trace de la déesse Âayt dans l'onomastique hérakléopolitaine et l'origine du chef de la flotte Pakhrof", *Revue d'égyptologie* 40, 195–197.

Perpillou-Thomas (1993): Françoise Perpillou-Thomas, *Fêtes d'Egypte ptolémaïque et romaine d'après la documentation papyrologique grecque*, Studia Hellenistica 31, Louvain.

Quaegebeur (1991): Jan Quaegebeur, „Le culte de Boubastis-Bastet en Egypte gréco-romaine", in: Luc Delvaux, Eugène Warmenbol (eds.), *Les divins chats d'Egypte: un air subtil, un dangereux parfum*, Louvain, 117–127.

Rudhardt (1992): Jean Rudhardt, „De l'attitude des Grecs à l'égard des religions étrangères", *Revue de l'histoire des religions* 209, 219–238.

Rutherford (2005): Ian C. Rutherford, „Down-Stream to the Cat-Goddess: Herodotus on Egyptian Pilgrimage", in: Jas Elsner, Ian C. Rutherford (eds.), *Pilgrimage in Graeco-Roman & Early Christian Antiquity. Seeing the Gods*, Oxford, 131–149.

Seton-Williams (1969): Marjory Veronica Seton-Williams, „The Tell el-Farâ'în Expedition, 1968", *Journal of Egyptian Archeology* 55, 5–22.

Swiderek (1957–1958): Anna Swiderek, „Deux papyrus de la Sorbonne relatifs à des travaux effectués dans les temples de l'Hérakléopolite", *Journal of Juristic Papyrology* 11/12, 59–91.

Vandier (1967): Jacques Vandier, „Ouadjet et l'Horus léontocéphale de Bouto", *Monuments et mèmoires* 55, 7–75.

Vercoutter (1950): Jean Vercoutter, „Les statues du général Hor gouverneur d'Hérakléopolis, de Busiris et d'Héliopolis", *Bulletin de l'Institut français d'archeologie orientale* 49, 85–114.

Vleeming (2001): Sven Pieter Vleeming, *Some Coins of Artaxerxes and Other Short Texts in the Demotic Script Found on Various Objects and Gathered from Many Publications*, Studia Demotica 5, Leuven/Paris/Sterling.

Wagner (1983): Guy Wagner, „Une nouvelle dédicace à Boubastis", *Annales du Service des Antiquités de l'Égypte* 69, 247–252.

Yoyotte (1984–1985): Jean Yoyotte, „Artémis de Bubaste: réflexions sur l'Interpretatio Graeca d'une divinité égyptienne", *Bulletin de la Société Ernest Renan NS* 33, 17–18.

Yoyotte (1988): Jean Yoyotte, „Des lions et des chats. Contribution à la prosopographie de l'époque Libyenne", *Revue d'égyptologie* 39, 155–178.

Frederick E. Brenk
'Searching for Truth'?
Plutarch's *On Isis and Osiris*

In his recent book, *Rethinking the Gods. Philosophical Readings of Greek Religion in the Post-Hellenistic Period*, Peter Van Nuffelen suggests that Plutarch, much like the Stoics, was searching for truth in other religions.[1] It is true, though, that both Van Nuffelen and Boys-Stones[2] usually refer to 'finding truth' rather than 'searching for truth'. Perhaps one could make a distinction. Some philosophers would be actively searching foreign or obscure texts to increase their philosophical knowledge, as is suggested in regard to the Stoics. Others would recognize that there is some truth in these texts and would try to make philosophical and religious sense out of them. As we have seen, Van Nuffelen, like Boys-Stones, would agree that the 'ancient' or 'foreign wisdom' had to be filtered through the philosophy of the finder.[3] Here Van Nuffelen follows the description of the Stoics in George R. Boys-Stones, *Post-Hellenistic Philosophy. A Study of its Development from the Stoics to Origen*.[4] According to Boys-Stones, post-Hellenistic philosophers sought real truth in 'ancient wisdom', in particular in religious texts and rituals, above all, in mystery cults.[5] Both Boys-Stones and Van Nuffelen also put a great deal of emphasis on the philosophy with which the wisdom is extracted. Supposedly the 'ancient wisdom' in turn gave authority to the philosophers.[6] According to the Stoic philosopher Poseidonios, primitive sages with philosophical knowledge created religion. Over time, however, their wisdom, through moral degeneration, became obscure, and needed philosophy to extract it.[7] Actually, Boys-Stones discusses two views of primitive men. In the first view, which is reconstructed from Seneca, the first men lived in *fortunata tempora*, before vice and

---

1 Van Nuffelen 2011, 48–71, esp. 49–50, 55.
2 E.g., Boys-Stones 2001, 30, 35, 51; Van Nuffelen 2011, 28.
3 Van Nuffelen 2011, 45–46.
4 Boys-Stones 2001.
5 Van Nuffelen 2011, esp. 26–27, 41–49, 115, 117.
6 See Van Nuffelen 2011, 17 and note 58, citing Boys-Stones 2001, 111–112; and Boys-Stones 2001, 43, 115–116.
7 Boys-Stones 2001, 26–27; Van Nuffelen 2011, 60–61.

Frederick E. Brenk, Pontifical Biblical Institute, Rome, 831 N. 13th Street, Milwaukee, Wisconsin 53233-1706, fbrenk@jesuits.org

luxury came into the world. They were not wise, but acted as wise men would.⁸ In the second version, that developed by Poseidonios, mankind began in a kind of golden age, but people were ruled by philosophers, who in trying to advance humanity invented technology and the like, which led in turn to the rise of avarice, decadence, and the loss of virtue.⁹

Not only Stoics but also Platonists, according to these authors, embraced this concept of 'ancient wisdom'.¹⁰ According to Van Nuffelen, Plutarch in *On the Festival of the Images of Plataia* and *On Isis and Osiris*, asserts that all nations possess this wisdom.¹¹ In the first passage (45, 369B), the opinion has come down from theologians and lawgivers, but is of unknown origin. It spread not only by word of mouth but also in mystery cults, and sacrifices, both of Greeks and barbarians. The second passage (66, 377F–378A), however, simply declares that the heavenly bodies are the same for all, as is one 'reason' (*logos*) and providence which governs all, and 'serving powers' set over all, but which have different names in different places.¹² To avoid falling into superstition, one needs to use philosophy to interpret the various symbols and rites.¹³

Van Nuffelen's approach differs radically from that of David Dawson in *Allegorical Readers and Cultural Revision in Ancient Alexandria*.¹⁴ Dawson classifies allegorical interpretation as subversive revisionism and domestication of a foreign text. In his view, ancient authors employed allegorical interpretation to appropriate elements of another culture to their own.¹⁵ Christians could interpret

---

8 Boys-Stones 2001, 18–19 (Sen. *epist.* 90,36–38, with 39–44, esp. 36–44); cf. Boys-Stones 2001, 45–49, 51–54, 106–111.
9 Boys-Stones 2001, 19–21 (Sen. *epist.* 90,7–35), but he agrees that there are lots of difficulties in interpreting the text and at one point it seems that Seneca is agreeing with Poseidonios (21).
10 Van Nuffelen 2011, 28–29; Boys-Stones 2001, 49–59.
11 Van Nuffelen 2011, 62, citing *Isid.* 45, 369B, and 66, 377F–378A.
12 See Boulogne 2004. Speaking of *The E at Delphi*, Boulogne notes that Plutarch does not ask his readers to choose between a multiplicity of gods, but only to honor his. Yet, he still finds a negation of traditional polytheism (101). He holds that the gods are not facets of the one divine being that governs the universe, but symbolic representations of the one God, representing the plurality of forms in which we experience him (102). However, it is only Apollo and the Sun which seem to be images of the one God.
13 Boulogne 2004 sees Plutarch as a believer in the universal phenomenon of religion, with all rites having an intrinsic value, even if various people express their devotion clumsily due to imperfect beliefs (104).
14 Dawson 1992.
15 Dawson 1992, cultural accommodation, 7, 10, 35, 47, 50–51; cultural revision, 9–10, 16, 35, 107, 184, 235–237, 240.

many texts of the Old Testament as referring to Christianity, for example, showing that a prophetic passage in Isaiah referred to the virgin birth of Christ.[16] Van Nuffelen, who does not mention Dawson, also passed lightly over Daniel S. Richter's *Plutarch on Isis and Osiris: Text, Cult, and Cultural Appreciation*, much of which appears now in his book *Cosmopolis*.[17] Richter, who follows Dawson, argued that in contrast to Herodotos, Plutarch makes Greek culture and wisdom superior to Egyptian, even to the point that the Egyptian names came from Greece.[18] More recently Polymnia Athanassiadi and Constantinos Macris, *La philosophisation du religieux*, in Corrine Bonnet and Laurent Bricault, *Panthée. Religious Transformations in the Graeco-Roman Empire*, see the Greek philosophers as primarily giving philosophical coherence to these texts, making them comprehensible to their readers, and injecting into them a higher morality and spirituality.[19]

In my review of Van Nuffelen in the *Classical Journal*, I remarked that 'Plutarch and some others' did not really seem to be searching for ancient wisdom in other religions.[20] It would have been better simply to have stated 'Plutarch', rather than 'Plutarch and some others'. Most scholars, though, would probably agree that Plutarch in most of his works does not demonstrate a particular interest in finding ancient wisdom or foreign wisdom, in particular to complement his own philosophical or religious thought. According to Boys-Stones, in fact, Platonists believed that Plato had already reconstructed all ancient wisdom.[21] Boys-Stones and Van Nuffelen say virtually nothing about philosophers finding something new in ancient wisdom. Perhaps one can make a distinction here between philosophers actively searching certain foreign or obscure texts to increase their philosophical knowledge and philosophers simply coming across something in accordance with their own thought. In this second case, they might find something which agreed with their own philosophy or which was new and could be

---

16 Dawson (1992) does not mention the 'virgin birth' (*Isaiah* 7,14), though he does mention other passages from *Isaiah*.
17 Richter 2001, 191–216; 2011, 207–229.
18 Richter 2011, 213–217.
19 Athanassiadi and Macris 2013, 41–83, esp. 72–75. The article, though comprehensive, is somewhat superficial, for example on ancient wisdom, and even asserts, without qualification, that Plutarch condemned Egyptian animal worship (75).
20 Brenk 2013a.
21 Boys-Stones 2001, 115–118. Unfortunately, his texts for this assertion are not very direct: Num. fr. 1a Des Places (start out with Plato, then go to Pythagoras, and then to Brahmans, Jews, Magi, and Egyptians, to see if they are in conformity with Plato), and the common assertion that Plato was divinely inspired (116, note 32), or had traveled to many countries (116–117).

incorporated into it. It is suggested, however, in Boys-Stones and Van Nuffelen that the Stoics were actively searching foreign and other texts, such as mystery texts in order to reconstruct this ancient wisdom, and that it was tied in with their conception of human evolution, in which a high type of wisdom existed among the first human beings. This procedure contrasts with the other approach, in which philosophers tried to make philosophical and religious sense out of these texts. Very common in ancient authors is the tendency to note the correspondence between something in another religion or philosophy and that in one's own. As we have seen, Van Nuffelen, like Boys-Stones, would agree that the foreign wisdom had to be filtered through the philosophy of the finder.[22] Van Nuffelen notes that the truth extracted 'depends entirely on the philosophy of the interpreter'.[23] One difficulty with this view is that the foundation of the Stoics' procedure is their belief in either all early human beings being philosophers, or, at an early stage, in philosophers appearing to instruct them or even to create their religion. The theory basically depends upon a Stoic view of early humanity. There is no reason to believe that Plutarch himself embraced the same conception of primitive human beings and their development, and in fact he often sets himself at odds with the Stoics. He probably believed, too, that all the major correct philosophical doctrines can be found in Plato.

That Plutarch recognized elements in other religions which corresponded to those in his own religion or philosophy appears clearly in his *Roman Questions*. This recognition also appears clearly in *On Isis and Osiris*, though he often struggles to force a suitable meaning out of his foreign material. For example, he amazingly insists that the name 'Isis' is really a Greek word and that it indicates the search for truth and wisdom (2, 351F–352A), something apparently having little or nothing to do with the Egyptian background of the name. Christopher Pelling in an article entitled '*Plutarch the Multiculturist: Is West Always Best?*' and Francesco Padovani in an article on Plutarch's reflections on the name of Osiris have looked at things in a slightly different light.[24] Van Nuffelen, who speaks of Plutarch extracting ancient wisdom, sees Plutarch finding 'a fundamental likeness of all traditions', which he probably thought arose independently in the various cultures. The others do not talk about 'extracting ancient wisdom' but do speak about common elements. Pelling asserts that in his *Life of Alexander*, 'Plutarch just does not seem very interested in alien wisdom here, or really very much in

---

22 Van Nuffelen 2011, 45–46.
23 Van Nuffelen 2011, 78–79.
24 Van Nuffelen 2011, 64; Pelling 2016; Padovani 2015.

anything that Indian thought has to offer beyond a spot of nakedness and bizarrerie...' (referring to the chapters about the Gymnosophists, 64–65). But he also argues that 'The end of *Isis and Osiris* is very respectful to Egyptian ideas about religion ...' And he notes that Plutarch stresses that 'the wisest of the Greeks, Solon, Thales, Plato, Eudoxus, Pythagoras and maybe Lycurgus too, themselves came to Egypt to learn what they could from the priests (*Isis and Osiris* 9, 354D–E). Plutarch can even use Egyptian ideas to correct the notions of Democritus, Epicurus, and the Stoics about the destructive powers of nature (45, 369A)'. And Pelling ends his essay with 'Perhaps Ammonius had taught Plutarch more than we think.[25] Something similar appears in Padovani's article. In Plutarch's analysis of the figure of Osiris, Padovani detects a clear attempt to get beyond the superficial differences between one culture and another. He suggests that for Plutarch there is a kernel of universal truth in very ancient but different religious traditions.[26]

Scholars have been somewhat divided on how to interpret Plutarch's approach to Egyptian religion. Following Boys-Stones and Van Nuffelen, one might hold that Plutarch chose the myth of Isis and Osiris to express his deepest thoughts about the cosmos, in the belief that the prestige of Egyptian religion would give weight to his own philosophical speculation. This would be in contrast to Plutarch's general suspicion of non-Greek cults. Jean Hani went so far as to speak of Plutarch finding moral edification in Egyptian (and Persian) religion.[27] Klaas Smelik and Emily Hemelrijk even thought that Plutarch so admired Egyptian religion that he could find a place for animal worship.[28] Richter, in contrast, believes that Plutarch's prime motive for writing *On Isis and Osiris* was to combat the strongly held belief in the culturally derivative status of Greek religion and culture as developed by Herodotos and other authors.[29] Significantly, Plutarch

---

[25] Pelling 2016, 35, 46–47.
[26] Padovani 2015, 122: 'L'analisi della figura di Osiride sintetizza in maniera evidente il tentativo di superare le differenze esteriori tra le culture per ritrovare un nocciolo di verità universal'.
[27] Here Hani (1976, 8) may have been influenced by the contemporary understanding of 'Oriental Religions'. See, e.g. Gordon 2014, 662–663.
[28] Smelik and Hemelrijk 1984, 1964. See Richter 2011, 213, who seems to overstress the philosophical content of *On Isis and Osiris*.
[29] Surprisingly, as Hani 1976, 15 notes. Vasunia 2001 believes claims of Egypt's 'symbolic authority' attached to figures such as Solon, Plato, and other Greeks reveal European cultural anxieties. One had to discover one's wisdom on the banks of the Nile, 'betraying the anxious symptoms of a lack' (242).

never mentions Herodotos in *On Isis and Osiris*.[30] A culturally derivative status would naturally be implied if the origin of Greek wisdom were in Egypt. Richter, however, does not think Plutarch rejected Egyptian myth and religion as worthless. Rather, in his view, Plutarch had a deep respect for Egyptian wisdom but insists on the priority and superiority of Greek philosophy, as, apparently, did Plato.[31] Nor in Richter's opinion are the two views of the origin of Greek culture mutually exclusive. Still, Plutarch's use of the Egyptian cult of Isis, according to Richter, is an attempt to discredit the traditional, if not universally held, view of the derivative status of Greek religion and culture.[32] Without the corrective of Greek philosophy, the Egyptian cult of Isis is barbaric, leading to superstition and a false understanding of the gods. Richter sees Plutarch not trying to enhance the status of Greek philosophy through its supposed reflection of Egyptian wisdom. Rather, beginning with the assumption that philosophy belongs to the Greeks, he asserts that this wisdom alone gives the correct meaning to all forms of cult, whether Greek or barbarian.[33]

For Plutarch, the true worshipper of Isis is one who interprets the texts in a philosophical, that is, allegorical way. For example, the Egyptians misunderstand the meaning of their own cults and are most misguided in their attitude toward animal worship. To worship animals correctly, they must follow the Greek attitude and practice (71, 379D). The Greeks regard, for example, the owl of Athena as an 'attribute' or associated symbol.[34] Smelik and Hemelrijk, who take the Egyptian attitude to be totally different, nonetheless believe that the Greek

---

30 Noted by Hani 1976, 15. According to Hani 1976, 17 (cf. Griffiths 1970, 78–84), Plutarch's principal sources were Eudoxos of Knidos, Hekataios of Abdera and Manethon. Eudoxos was a Platonist with Pythagorean tendencies, while Hekataios was well-disposed toward Egyptian religion, and Manethon was an Egyptian priest. Strabon and Diodoros allocate more space than Herodotos to animal worship. This had developed since the time of Herodotos, stimulated by resistance to the Assyrian and Persian invasions, during which animals were mistreated (Hani 1976, 381).
31 Vasunia 2001, 243, cites Froidefond 1971, 341, for the view that in the last analysis Plato was always persuaded by the superiority of Greek *logos*.
32 Richter 2010, 213.
33 Richter 2010, 223–226. Plutarch's position is quite different from that of the Greek medical writer Thessalos, who employed an astrological tradition of the Nechepso-Petosiris literature to give authority to his writings. See Moyer 2011, 39–40.
34 Hani 1976, 384, claims this was the original Egyptian conception, which later changed to the animal as the abode of the god. He describes at some length the animals Plutarch claims were sacred, sacred animals he omits, and the diversity of animal cult in Egypt (386–439).

practice in this regard made animal worship more accessible to them.[35] Emma Aston has shown how prevalent the depiction of hybrid creatures was in Greek culture and that the worship of 'hybrid' or '*mixanthropoi*' gods in Greek religion was something central, not marginal.[36] As Hani notes, the metamorphoses of gods into animals are common in Homer and in Greek and Roman myth. So Greeks would not have found a falcon-headed Horos, Isis as a cow or uraeus, and other gods as a bull, weasel, cat, or crocodile that foreign and repelling.[37] Still, according to Hani, Plutarch seems unable to believe that Egyptians would not see such creatures as monstrosities, and, thus, is unable to accept their viewpoint.[38] Here Plutarch has exercised a little selectivity. Even more important, as Hani notes, in different parts of Greece there were cults involving gods represented as animals: Pan represented as mostly in goat form, Artemis at Brauron worshipped as a bear, the household Zeus and Dioskouroi as snakes, Demeter as a mare at Phigalie, Dionysos as a goat in Lakonia and according to Plutarch, as a bull at Elis (*QConv*. 299B) and at Argos (*Isid*. 35, 364F). So for Hani, in essence the problem was the same for Greeks as for Egyptians, though he is not sure that Plutarch recognized this.[39] Aston, moreover, notes that in these discussions over the meaning of Egyptian animal worship, Greek authors never draw a connection with the many hybrid gods in Greek religion and culture.[40]

Greeks were also familiar with philosophical and religious metamorphosis, such as in Platonism, in which human souls in different lives could move up and down the chain of animal and human life, enduring a process of punishment and purification. However, in some senses the Greek type of metamorphosis was the opposite of that viewed in Egypt. Metamorphosis in Egypt was a process of purification for all impure souls, and could take on the form of any living thing. The

---

35 Smelik and Hemelrijk 1984, 1859, who discuss the attitude of authors such as Herodotos, Strabo, Diodoros, Philo, Josephus, and others besides Plutarch; for Pliny and Plutarch, see 1961–1966. They quote Plutarch's *QConv*. 4,5 (671B–C), where he calls animal worship a 'barbarous custom'. According to them, however, through the use of allegorical interpretation, Plutarch found a fitting place for it in Egyptian religion, 'which he so much admired' (1964).
36 E.g. in the cult of Dionysos; see Aston 2008, 30–33.
37 Hani 1976, 443–444.
38 Hani 1976, 444.
39 Hani 1976, 442. See also Aston 2008 and 2011, who offers a survey of the Greek attitude to hybrids (2011, 11–53), including that in Egypt and the Near East (2011, 21–26).
40 Aston 2011, 45–46, who believes that in Arcadia the continuation of '*mixanthrôpoi*' allowed for a kind of negotiation between past and present. In her view, Greeks were not so mired in the past as to lose the symbolic valence of these creatures, which were always available for re-invention (251).

changes, however, take place in another world, are voluntary, and the result is the divinization of the soul.[41]

In the conclusion of their long article on animal worship, Smelik and Hemelrijk note that most Graeco-Roman authors regarded animal worship as foolish and despicable, and that those who were favorable resorted to symbolic interpretation. They consider Porphyry to be the only Greek or Roman author who actually understood animal worship, but are appalled at his inability to believe that Egyptians actually worshipped the animals themselves.[42] Not all the positions of these modern scholars are mutually exclusive. However, there is a difference between the bottom-up view, in which the philosopher extracts the 'ancient wisdom' and a top-down view in which one employs one's own philosophy to interpret and domesticate a foreign religion or philosophy, finding some common ground.[43] Actually, in *On Isis and Osiris*, the common ground often seems to be Plutarch's interpretation of Egyptian religion (or perhaps something he has received through the Greek tradition) and his own religious Platonism. This leads easily to a Platonic allegorical, or as Hani prefers, 'symbolic', interpretation. Hani, in fact, does not attribute much originality to Plutarch, since he believes Plutarch's interpretations already existed in his sources, such as Hekataios of Abdera and Diodoros.[44] Nor does Froidefond find Plutarch's symbolic interpretations very convincing, though he does admit that the utilitarian and symbolic explanations might contain some truth.[45] He also notes, for example, that though Plutarch misunderstood the Egyptian attitude toward the oxyrhynchus fish, his explanation had two advantages. It recognized the ambivalence of the sacred and the 'profound finality' of Egyptian sacrificial rites in nourishing a god with the blood of his enemy.[46]

In some cases, such as the cosmic interpretation of the Isis myth, we might think that Plutarch would have introduced his personal theory of the world soul and its generation as in his commentary, *On the Generation of the Soul in the*

---

[41] Hani 1976, 445–446, citing an inscription on the tomb of Nakht-min (Erman 1937, 267; and Lacau 1911, 27–37).
[42] Smelik and Hemelrijk 1998. Aston 2011, 22–23, who relies on Hornung 1971, 100–142, sees animal worship as a highly developed semantic system. She notes, however, that Egyptians acknowledged that there was not a strict correspondence between the outward signs and the god's nature or the inner truth.
[43] Most 2003, 308, notes how ancient philosophers, though profoundly influenced by religion, supplemented it, especially in the domains of cosmology, eschatology, and morality.
[44] Hani 1976, 443.
[45] Froidefond 1988, 160–161.
[46] Froidefond 1988, 162.

Timaios. However, the Platonic allegory simply is based on Plato's *Timaios*, without particular reference to his own theory.⁴⁷ Hani did not find any evidence for allegorical interpretation in extant Egyptian texts, nor any foundation for it. Still, he would not outright discount the ancient testimony for it in Greek sources, and he thinks that sometime such an Egyptian text might actually come to light. He would, however, attribute any interpretation of this sort regarding animal worship as belonging to the final phase of the evolution of the cults rather than to the beginning.⁴⁸ In any case, in his view this does not mean Plutarch has the details right. He and other authors, such as Diodoros, Kelsos (Celsus), and Origen distinguish between the popular mentality and the 'secret doctrine' of the priests. But even if this secret doctrine did exist, in Hani's view Plutarch remains an outsider. He did not, for example, understand the meaning of Egyptian interpretations he rejects, such as those regarding metamorphosis and masks. Accordingly he is at a loss to organize the symbolism into a coherent whole. On the other hand, Hani thinks many of Plutarch's explanations might be probable, even if the details are confused, since he is focused on allegory and theology.⁴⁹ Nonetheless, he finds Plutarch's digressions not without value, even if incomplete, deficient, inexact, and false in many respects, due to the interference of Greek thought. On the whole, though, he finds them sufficiently correct, with the majority of details based on good sources.⁵⁰ In conclusion, he takes Plutarch to be a remarkable religious historian for his age, and he praises him for his curiosity, the assembly of as many relevant facts as possible, his scholarly conscientiousness, a sense of dedication to exactness, and a sensitivity toward linguistic elements.⁵¹ He also admires his intellectual honesty, methodical presentation of relevant theories before judging them and stating his own opinion, and for his understanding of the link between myth and ritual.⁵²

---

47 On Plutarch's allegory, see Froidefond 1988, 67–92 and 93–173; Hirsch-Luipold 2014, 163–176; Hirsch-Luipold 2016, 1024–1025; Dillon 2012 and 2014, esp. 163–168.
48 For apparent animal worship at the Sarapeion in Alexandria and elsewhere in Egypt, see McKenzie, Gibson, and Reyes 2004, 96–97. See also Aston 2008 and 2011, who offers a survey of the Greek attitude to hybrids (2011, 11–53), including that in Egypt and the Near East (2011, 21–26).
49 Hani 1976, 458–459.
50 Hani 1976, 463.
51 Hani 1976, 467. For the Egyptian view of animal worship, see also Pearce 2007, 242–248, who notes that Greeks in Egypt seemed readily to take part in the cult, citing (242–243) Thompson 1988, 190, Dunand 1986, 59–84, and 2004, 83, 119, 131, 278.
52 Hani 1976, 468. He does criticize Plutarch for sometimes an inability to make a choice and simply juxtaposing opinions without drawing any conclusion (468).

Regarding the details, it is generally held that Plutarch's sources were very good, especially when using Manethon. However, Malaise's study of Plutarch's information on Harpokrates is somewhat disturbing. In Plutarch's account, Harpokrates, who is weak in his lower limbs, is the posthumous child of Isis and Osiris. Later he explains the gesture of the child's finger in his mouth as a call to discretion and silence 'from one who directs theological discourse' (68, 378B–C). Malaise explains, for example, that the 'feeble legs' actually belong to the hieroglyph of Harpokrates' name, based on the inability of a small infant to stand. The finger in the mouth gesture also signifies an infant. He notes that the 'silence explanation' evidently was due to Greek or Latin sources employed by Plutarch, since it appears in Varro, Ovid, and Ausonius. He also observes that Plutarch is ignorant of the cosmogonic nature of the infant sitting on a lotus, or the nature of the lotus as a symbol of the rejuvenation of the sun each day. Finally, he mentions Plutarch's misunderstanding of the identity of Haroëris.[53]

Froidefond also considers Plutarch to be one of the great historians of religion.[54] He is, however, a little more critical, enumerating a number of fundamental errors. The first is Plutarch's inability to see, for example in the myth of Osiris, a complex system of historical and cultural meaning, or the expression of a mentality. Rather, he treats it as part of the 'science of the divine', a part of universal knowledge. Next, though his facts are Egyptian, his interpretations remain Greek. Finally, he fails to understand that a ritual might have a complex aetiological meaning without any relationship to the myth. Froidefond, thus, faults Plutarch for not understanding the great heterogeneity of Egyptian religion, in which ancient rites might persist even when the corresponding myth was lost, the juxtaposition of concrete details and abstract elaborations, and the multiplicity of cults, which makes in this respect allegorical interpretation inoperative.[55] A final error, according to Froidefond, is Plutarch's concern to combine once independent myths into a complete narrative with a beginning, middle, and end. Discordant and incompatible elements are, then, treated simply as variants.[56]

A hint of common ground between Egyptian and Greek religion appears in a badly preserved passage of Plutarch's *Dialogue on Love* (*Erotikos, Amatorius*), though this work may have been written after *On Isis and Osiris*. Here he believes

---

53 Malaise 2011, 15–17 and 131. See also Brenk 2014.
54 Froidefond 1988, 162, for the oxyrhynchus fish: 'Cette analyse profonde, que suffit à ranger Plutarque parmi les grands historiens des religions'.
55 Actually Plutarch does seem to be quite attentive to the existence of different rites in different places.
56 Froidefond 1988, 127–129, who believes the process may have begun with Manethon and Chairemon (128).

that the Egyptians have not only two kinds of love (or Eros's) like the Greeks, but three. In the words of his son, Autoboulos in the dialogue:

> Whereupon my father said that the Egyptians recognize two Eros's, just as the Greeks do, Ouranios [Heavenly] and Pandemos [Vulgar or Earthly], but they also believe that the Sun is a third love [or Eros] (764B).[57]

Apart from whether anything like this existed in Egyptian religion, Plutarch probably meant something he develops in *On Isis and Osiris*.[58] In one of his allegorical interpretations of the Isis myth, Osiris plays the same role as Eros in Plato's myth of the ascent of the soul toward the love of perfect, intelligible beauty in the *Symposion*. In Plutarch's Platonic allegory of the Isis myth, Osiris seems to lead the soul to a Middle-Platonic God, identified with or possessing the Forms of the Good and Beautiful.[59] Plutarch then seems to imply that Osiris or Eros could be identified with the Sun.

In *On the Obsolescence of the Oracles* 415A and in *On Isis and Osiris* 45–48, 369B–370E, Plutarch initially suggests some common ground between some Greek forms of extreme dualism and some foreign varieties, and he believes they exist among many peoples. However, he rejects these extreme dualistic systems in favor of a very minor dualism, such as that developed in his treatise, *On the Generation of the World Soul in the Timaios*.[60] He argues there that evil in the world cannot be entirely eradicated, but that the good far overcomes the evil (49, 371A).[61] In *On Isis and Osiris*, he cites first the Chaldaeans (47, 370C) and Greek philosophical traditions, such as Herakleitos (48, 370D) and the Pythagoreans (48, 370E). He ultimately rejects these rather drastic dualistic interpretations, including that of 'Zoroaster'. His Platonic view trumps the Persian and Chaldaean doctrines. The passage, therefore, implicitly suggests the superiority of Greek wisdom, or at least Platonism, and undermines the idea that he was searching for, or finding, 'ancient wisdom' in foreign texts, or that Greeks and foreigners shared a common, correct 'ancient wisdom'. Van Nuffelen cites a fragment from Plutarch's *On the Festival of the Images of Plataia* as an example of an ancient

---

57 'δεομένων δὲ καὶ τῶν ἄλλων ἔφη ὁ <πατήρ>, ὡς Αἰγύπτιοι δύο μὲν Ἕλλησι παραπλησίως Ἔρωτας, τόν τε πάνδημον καὶ τὸν οὐράνιον, ἴσασι, τρίτον δὲ νομίζουσιν Ἔρωτα τὸν ἥλιον [...]'. On this, see Hirsch-Luipold 2002, 106, note 202.
58 Froidefond 1988, 140, notes how in the myth Plutarch exalts family life and conjugal values.
59 Since the two essays appeared late in his life as did *On Isis and Osiris*, it is not surprising to find the reference.
60 Hani 1976, 473, seems to exaggerate the dualism of the treatise.
61 Van Nuffelen 2011, 64, uses the passage on dualism (45–49, 369D–371A) to support the idea of 'ancient wisdom' in Plutarch.

cosmology or φυσικὸς λόγος (natural science explanation) found in myths. This *logos*, which is hidden in riddles and hints, is a kind of 'mystical theology' (as is found in the mystery rites). Plutarch relates this cosmology to 'what is symbolically performed in rituals'.[62] Finding something similar in On Isis and Osiris, Plutarch asserts that all nations possess the same gods, but that they give them different names and honors (67, 377F–378A).[63] The trouble here is his statement that one reason (εἷς λόγος) rules everything, and one providence (μία πρόνοια) oversees the universe, while 'serving powers' (δυνάμεις ὑπουργοί), a very unusual term in Plutarch, are set over all.[64] Can we really believe that in his view all nations, as the supporters of the 'ancient wisdom' theory might hold, once believed in a monotheistic, and at that a Middle-Platonic God, at the top of a polytheistic system? Van Nuffelen then turns to the dualistic section in On Isis and Osiris mentioned above. This passage supposedly represents the doctrine of 'ancient wisdom' and the idea that all nations share the same knowledge, notwithstanding cultural differences. In Van Nuffelen's words, 'Plutarch stresses the higher status of his own interpretation, but also invites the reader to rethink what he has read in the earlier chapter'.[65] Most scholars, however, would probably see Plutarch as rejecting extreme dualism, which had been presented first, and which is passed by, if not rejected. In this sense, Plutarch's position seems to reveal just the opposite of what he himself implies earlier and what Van Nuffelen credits him with. Plutarch's preference is for a mild Platonic form of dualism, for all practical purposes, a non-dualistic position.

What, then, does Plutarch explicitly designate as his objective in writing *On Isis and Osiris*? From the beginning he gives directions to the addressee, Klea, about what she should be looking for. The goal is to arrive at 'true knowledge of the gods' (2, 351E). The method involves an allegorical or symbolic interpretation of the myth or ritual based on his Middle-Platonic philosophy and his particular form of monotheism. 'Looking for the truth is a longing for the divine' (4, 352E–F). Later, the search for wisdom is seen as a longing for the Platonic Form of the

---

62 Van Nuffelen 2011, 50–51 (fr. 157=Eus. *P.E.* 3,1,1–7; and fr. 158= Eus. *P.E.* 3,8,1).
63 Van Nuffelen 2011, 56, 62.
64 See Hani 1976, 473, who later relates the concept to the Egyptian one *hnwt-nḫtw* 'the sovereignty of powers' (476). He also believes Plutarch was the first to apply Platonism to explain religious myth, but essentially Philo did the same before Plutarch, and it is not impossible that Hellenized Egyptian priests had done the same. The 'powers' are very important in the thought of Philo, e.g., at *Conf.* § 34 [i. 431]) and *Gig.* § 2 [i. 263]; see, e.g., Mackie 2009, 25–47, esp. 29–31, citing Runia 2002.
65 Van Nuffelen 2011, 61.

Good and Beautiful, evidently equated with or associated with his Middle-Platonic God, who is Osiris in the Egyptian myth. Reading between the lines, one might divine that Klea, Plutarch's friend, who was a priestess at Delphi and presumably in the Isiac cult, and probably the leader of the group, had asked him for information on the 'real' Egyptian meaning of the cult. Presumably she knew quite a bit about the Hellenistic cult, with which Greeks in Boiotia had a long acquaintance.[66] Actually only about 13 percent of the work consists of allegorical interpretation strictly speaking. A higher percentage, around 36 percent, consists of symbolic interpretation (including allegorical interpretation). But a large percentage is information, on several levels, entirely about the Egyptian cult. Nonetheless, the symbolic and, in particular, the Platonic interpretation is in many respects the *raison d'être* of the work. In a sense, then, while Christian authors used the Old Testament to legitimize Christianity, Plutarch employed Plato to legitimize Egyptian religion.

The essay, then, is balanced between symbolic and allegorical interpretation and a description of the myth and rites, with the largest amount of space given to the latter. However, the interpretative part is the key which presumably opens for Klea an understanding of the religion, or more precisely, 'the truth about the Egyptian gods'. The ultimate aim of the cult is knowledge of 'the first, the lord, and intelligible', whom Isis urges us to seek (2, 352A). So in the soul, intelligence (*nous*) and reason (*logos*), the leader and lord of all is Osiris (49, 371A–B). Isis has an 'innate love for the first and most lordly of all, which is identical with the good, and it is this which she desires and pursues'. (53, 372E–F). When souls depart from this world, and enter 'the realm of the invisible and unseen, and dispassionate, and pure', Osiris becomes their leader and king. On him they become dependent 'for the insatiable contemplation and yearning for that beauty which for human beings is unutterable and unspeakable', a beauty (κάλλος) which Isis is always in love with, pursues, and consorts with (78, 383A).

In Platonic terms, she represents the soul longing for the Form of perfect Good and Beauty, represented by Osiris. Plutarch's purpose, then, seems to be to set Klea and her group (and the reader) straight by interpreting the religion in Platonic terms.[67] In this way she and her group will both avoid superstition and

---

66 For Isiac inscriptions at Chaironeia, see Hani 1976, 11; Schachter 2007, 159, 364–391 (364–370, and 381–382); and Bricault 2005, inscriptions 0878–0895. Egyptian objects, but no inscriptions were found at Delphi (Hani 1976, 11).
67 He probably was not alarmed by her initially taking up the religion, since it had long existed in Chaironeia; see Schachter 2007.

advance toward a higher and more spiritual goal. In any case, the point is to interpret the religion in the 'proper' way. More than once he gives a warning: 'Nothing that is irrational or fabulous or prompted by superstition, as some believe, has ever had a place in their rites ...' (8, 353E); 'Therefore, Klea, you must not imagine that any of these tales actually happened in the manner in which they are related' (11, 355B); 'We must not be swept away by the opinions of some philosophers ...' (57, 374D); 'to put the matter briefly, it is not right to believe that ...' (64, 376F); 'It is necessary to take as our mystagogue, philosophy ...' (68, 378A–B). Basically, then, the allegorical interpretation, along the lines delineated by Dawson, makes the religion rather innocuous and familiar, appropriating it to Plutarch's own religious Platonism. On the other hand, as described by Athanassiadi and Macris, he tries to systematize and make sense of the dizzying complexity of the Egyptian material, and inject into it a higher spirituality (at least from his perspective). In the course of his treatment, however, Plutarch never explicitly says he is looking for new truths, especially something outside Platonism.

Did he find much common ground between the two religions? He continually indicates this, drawing parallels between Egyptian religion and Greek. In actual fact, though, he seems to have difficulty in closing the circle of his allegories. At times he seems to get distracted. Having set up the basic lines of the allegory, he is apparently carried away by strange details on the Egyptian side, as at 49, 371A–C, when explaining the nature of Typhon, or at 56, 373F–374B, which involves treating the myth as an exemplification of his own cosmology.[68] Though he argues that Egyptian and Greek gods are the same, like the cosmology, to make them fit, he seems at times to put them on a Procrustean bed and chop off their limbs. But if we take him at face value, then, yes, he can find in the Egyptian religion an expression of his own religious philosophy. In this sense he finds basic common principles.

Is there any evidence for Plutarch having actually found something new in Egyptian religion, or something which yields an explanation better than something in his own culture? Surprisingly Van Nuffelen cites Hani only once, and that in a footnote. Yet, he might have found support for some of his positions in Hani.[69] For Hani, what is most impressive is the profound influence that Egyptian

---

[68] For a recent study of Typhon in the essay, see Brout 2004, who relates the dualism here to Plato's *Laws* 896D–898C, in which the world has two souls (82). She also observes that evil has a good purpose in Egyptian religion: the death of Osiris instigates the process of new life in a cyclic eternity (84).
[69] Van Nuffelen 2011, only cites Hani once, 65, note 101, and that to list him among modern scholars, such as Flacelière, Brenk, Valgiglio, Feldmeier, and Hirsch-Luipold, who supposedly

religion and culture had upon Plutarch. Notably these are: reinforcement of his faith in his own Greek religion; the discovery of a certain universalism transcending all religions; a unique reason (*logos*) and providence (*pronoia*) which rules the world with its assistant powers; a deeper understanding of religion as such; and a religious dimension to the Platonic God, which could assist in reviving Greek religion. This goes far beyond simply finding monotheism and universalism in the Egyptian religion. More questionable elements which Hani attributes to this contact are: an increase in personal piety and an attraction to adoration and contemplation, such as supposedly found in Egyptian religion.[70]

The evident discovery of something new in Egyptian religion appears, as we have seen, in the *Dialogue on Love*, where Plutarch mentions having found three Eros's in Egyptian religion, one of them identified with the Sun (764B). In this case, he basically contrasts Greek popular religion with Egyptian religion. Apparently Greek religion is inferior here, since it only has two Eros's. However, as in *On Isis and Osiris*, Plutarch might have found a theological explanation in Plato for a higher, third Eros, which then might render Greek philosophy the criterion for the correctness of the Egyptian one.

Oddly, something new does appear in an unexpected quarter, animal worship. This was detested by most Greek and Roman authors, and especially Philo of Alexandria.[71] Sarah J. K. Pearce, in her book *The Land of the Body. Studies in Philo's Representation of Egypt*, like other authors, offers an overview of Greek and Roman opinions on animal worship. In doing so, she notes that Greeks and Romans made concessions to popular piety among different ethnic groups and did not universally or consistently condemn it.[72] In her description, Plutarch sets the subject in the context of understanding certain Egyptian practices deemed superstitious. At first he seems to condemn the practice, claiming that the Greeks

---

have ignored the historical dimension of Plutarch's religious thought. Van Nuffelen might have found support in Hani, however, for his views on ancient wisdom.

70 Hani 1976, 474–475.
71 The major article on the subject is Smelik and Hemelrijk 1984. Much of it, however, simply has to do with the treatment of Egypt in Graeco-Roman authors. They refer to Hornung 1967, 69–84, esp. 71, for the view that a partnership exists between animals and men, since they were created by the same gods.
72 Pearce 2007, 248–264, who notes that Diodoros does not condemn the worship of cats (1,84,4–8; Pearce, 250–253); that Strabo expresses astonishment or regards it as madness, but has no polemic against it like Philo (17,1,22; 28; 38; 39; 40; 44; 49; Pearce 2007, 253–254); that Cicero thought the Egyptians had a greater sense of devotion than the Romans, but regarded the practice as superstition (*Rep.* 3,9,14; *Nat. deor.*1,81; 82; 101; 184; 3,39; 47; *Tusc.* 5,27,78; 79 (Pearce 2007, 257–259). On Plutarch, see Pearce 2007, 259–264, who, besides *Isid.*, also cites *QConv.* 669D–670D.

have the right attitude, since they regard animals, such as the dove, only as the sacred animal of the god (in modern terms, the 'attribute'). But Egyptians 'venerate the animals themselves and treat them like gods', which leads 'the weak and innocent into stark superstition'. The proper belief (which supposedly exists among the educated clergy) is that the animals are venerated 'because they have useful and symbolic qualities'.[73] The final part of the section asserts first that we should not honor the animals but rather the divine (τὸ θεῖον) through them: 'The most respected of the philosophers thought there was an image of the divine even in inanimate objects. So how much more should we honor the divine through animals, as clear mirrors which nature provides, beings who share not only in the beauty of the divine but also in the perception and intelligence (σύνεσις) of the intelligent being (τοῦ φρονοῦντος) by whom the universe is guided' (76, 382A–C).[74]

Several commentators on *On Isis and Osiris* have related Plutarch's views on animal worship to earlier works having to do with vegetarianism and the presence of reason in animals, themes that are closely related in Plutarch.[75] Oddly, though, commentators on his works treating animals do not seem to discuss *On Isis and Osiris*.[76] The essays involving animals are: *Advice about Keeping Well*, *The Cleverness of Animals*, *Beasts are Rational* (or *Gryllos*), and *The Eating of Flesh* I and II. Because of the rhetorical character of some of these and the lack of evidence that in later life Plutarch was a strict vegetarian, they are considered to be early works. But there also are allusions to the belief in animals having reason, in other essays, such as *On the Love of Offspring*, *The Banquet of the Seven Sages*, and *Sympotic Questions* (*Table Talk*).[77] Some of these are dialogues, however, in which not everything said by a speaker need represent Plutarch's thought. The vegetarian ones stress the suffering and horror that come to animals as they are slaughtered, the unhealthiness of eating meat, and the possibility of consuming

---

[73] For the soul of Typhon as dispersed among certain animals, see Vasunia 2001, 188, note 12. She cites *Isid.* (73, 380C= Manethon, *FGrHist* 609 F 22) and adds: '... [it] would appear to indicate symbolically that every irrational and bestial soul participates in the evil *daimon* and that men appease and conciliate that one by tending and worshipping these animals'.
[74] For animals as 'Bilder', see Hirsch-Luipold 2002, 211–224.
[75] Newmyer 2014, 223 observes that Plutarch approached the problem of animal rationality as a moralist, rather than as a natural scientist such as Aristotle.
[76] For the history of the debate, as influencing Plutarch, see Newmyer 2006, 10–30, and on Plutarch's case for animal rationality, 30–47. See also Aston 2008, 17–18.
[77] See Newmyer 2014, 224–231, and 2006, 39.

better foods.⁷⁸ The works also stress the common bond between human beings and animals, since animals, too, have reason and emotions. The other treatises dwell on animals being intelligent in some way and having some participation in reason, even if it is not as developed as in us.⁷⁹ In any case, it is a matter of degree rather than a total absence of reason (*The Cleverness of Animals* 960A).⁸⁰ Against the Stoics, who deny the rationality of animals, Plutarch, or more precisely, one of his speakers, argues that all animals are rational, and that by killing them, human beings lose pity for other human beings. He notes, too, that Pythagoras urged kindness to animals (959F–960A).⁸¹ Plutarch's sympathy for animals as suffering creatures was in general not characteristic of Graeco-Roman attitudes, where sympathy applied to humans but not animals.⁸² Moreover, if animals have a soul (ψυχή) in the Greek sense of possessing life and breath, which is obvious, they must have reason and understanding (λόγος and διάνοια) (960C). Animals also have sensation and appetite, which is related to some sort of intelligence (σύνεσις) (960C).⁸³ Though animals do not have an intellect (*nous*), they do have reason (*logos*) and this, for example, permits them to distinguish between friendly and hostile animals (961B). Animals also have a memory and develop many ingenious strategies for surviving, another proof that they have a reasoning faculty (λογικόν) (961C).⁸⁴ Although they do not have the perfection of reason (ὀρθώτατα λόγου), they do have reason, something imparted to them by nature

---

78 See Newmyer 2006, esp. 6, 92, 96, who sees Plutarch's positions as foreshadowing the modern debate over the massive ill-treatment and contemporary slaughter of animals for food.
79 For the history of the debate in ancient philosophy over animals having reason, see Sorabji 1993 and Osborne 2007. Newmyer 2006, 1, notes that while Sorabji cites Porphyry, who borrowed heavily from Plutarch, he seldom comments at length on Plutarch's animal treatises. Newmyer also observes (8, and note 39) that Cicero, Philo, and Galen, as well as Plutarch give similar examples of animal intelligence. He cites Dickerman 1911, 8 for a probable common source being Alkmaion of Kroton of the 5th century B.C.
80 On this, see Sorabji 1993, ch. 6, 'The Shifting Concept of Reason', 66–77, and ch. 7, 'Speech, Skills, Inference and Other Proofs of Reason', 78–96.
81 On Stoic views, see Sorabji 1993, 71–72, and 114. Aristotle and the Stoics held that animals do not have voluntary actions, since they cannot withhold the assent of reason. The Stoics also held that animals could not have "desire", a rational impulse toward the good (Sorabji, 114). On Plutarch's views, see Sorabji, 178–179 and Newmyer 2006, 8, 27, 38, 44. However, some of Plutarch's treatises deny reason to animals, e.g. *Fort.* 98C, *Frat.* 478E, and *Col.* 1125A, where animals only know pleasure (Newmyer 2006, 7, 61).
82 So Newmyer 2006, 6, who notes that Sen. *epist.* 7,4 sympathized strongly with animals being slaughtered in the arena.
83 Newmyer 2014, 227–229, regards this as the primary motive for Plutarch's vegetarianism and sympathy toward animals.
84 On this, see Sorabji 1993, 66–67.

(962B–C). When the objection is raised by one interlocutor that animals do not aim at virtue, the main speaker, Autoboulos, retorts that they possess to a high degree the love of offspring, which is the foundation of society (962A).[85] Objected again, that men surpass animals in so many astounding ways, Autoboulos turns the argument on its head, asserting that just because humans cannot run as fast, we do not claim they are incapable of running at all (963A). When it is also objected that if we do not eat animals we will perish, Autoboulos counters that even if we eat them, we do not have to torture them (965B).[86]

In the *Dialogue on Love*, Plutarch could relate the Greek concept of Eros or *eros* to Egyptian religion. There our defective text only gives us the equation between this Eros and the Sun, without explaining it. In spite of some contortions, in *On Isis and Osiris*, Plutarch was able to equate Osiris, at least indirectly, with the Form of the Good, the symbol of which in Platonism is the sun, and with the Middle-Platonic God.[87] He could also interpret the Egyptian myth of Isis, Osiris, and Horus as demonstrating Plato's doctrine on the origin of the cosmos. It is not so surprising, then, that he could put 'the most respected of the philosophers', presumably in his view meaning Plato, on the side of animal worship (76, 382A). In the case of animal worship as elsewhere in his analyses of foreign religions, he generously gives others the benefit of the doubt. He presumes that the Egyptian priests must somehow know what they are doing and have a secret doctrine to explain it.[88] This manner of thinking may be sufficient to explain his indulgence toward animal worship. But it may also be a case of discovering real 'ancient wisdom' and new knowledge, going beyond that in his earlier works. Newmyer notes that Plutarch rests his case for kindness to animals overwhelmingly on their intellectual kinship with human beings, whereas Porphyry seems to put it in the

---

85 That is, Plutarch's father, who seems to have been a vegetarian at some stage.
86 On modern animal ethology, see Sorabji 1993, 99, 215–219.
87 At 52, 372B, we learn that in hymns they call upon Osiris, who is hidden in the arms of the Sun. Plutarch (78, 382E–383A) insists that Osiris is not below the earth, but in the heavens; see Baltes and Peitsch 2008, no. 189.3, pp. 74–75, 358–361. Griffiths 1970, 563–564 notes that under Heliopolitan influence Osiris became a god of heaven, but that even in Ptolemaic times, the god continued to be a judge of the dead, while also the 'lord of heaven'. Froidefond, who traces the evolution of aspects of Osiris, believes this can be justified in Egyptian texts. The solar aspects had by the classical period completely absorbed the 'couple' Amun-Re, and in the later period a solarization had taken hold of all Egyptian cults (Froidefond 1988, 144).
88 Hani 1976, 445 on 72, 379F notes that Plutarch rejects the idea of metempsychosis, i.e. that the souls of the dead become the souls of the sacred animals. Apparently Herodotos believed this was the secret teaching of the priests (1,86–190, 2,65 and 2,123). At 20, 359B, Plutarch calls Apis the 'image' (εἴδωλον) of the soul of Osiris; at 29, 362C 'the bodily image (ἔμμορφον εἰκόνα) of the soul of Osiris'; at 43, 368C, 'the animate image (εἰκόνα ἔμψυχον) of Osiris'.

realm of spiritual purity and the spiritual advantages that might accrue to humans from such kindness.[89] However, the fact that Plutarch can seemingly justify animal worship in a religious treatise, suggests that he also saw a spiritual or religious dimension to it, going beyond just a moral or philosophical one. Taking the Egyptian religion, and his own conception of the rationality of animals as his starting point, he seemingly arrives at a new understanding of animal worship in which it is a legitimate form of worship and in conformity with the doctrines of Plato.[90] But not only Plato, in many respects Plutarch's final evaluation is in accordance with the analysis of animal worship by modern Egyptologists.[91]

---

89 Newmyer 2014, 232.

90 Hani goes much farther. Supposedly Egyptian religion reinforced the substance of Plutarch's own Greek faith by making him aware of religious universalism, the transcendental unity of religions, especially the idea of one *logos* and providence, with assisting, subordinate powers (Hani 1976, 474). Moreover, in Hani's view, which seems influenced by the intellectual climate in France at the time he wrote, and somewhat Christianizing in tone, Egyptian religion gave Plutarch a better sense of personal piety, adoration, and contemplation. As such it was in contrast to Platonic intellectual contemplation, suggesting that our efforts do not count so much as divine 'grace'. It is the god who reveals the truth, which Hani interprets as *Maat*, a fundamental concept of Egyptian religion, which Plutarch even expresses in Egyptian terms (Hani 1976, 474).

91 The matter has been thoroughly re-evaluated recently. See the contributions by Fitzenreiter 2003, Kessler 2003, Quack 2003, and Lembke 2012. Kessler goes so far as to state that strictly speaking 'animal worship' never existed in Egypt. According to him neither did Egyptians worship living animals in a cultic setting nor was there a cult of a living sacred animal, in spite of the popular misunderstanding of Ancient Egypt (2003, 36). For Greek and Roman authors, see Feder (2003).

Bibliography

Aston (2008): Emma Aston, „Hybrid Cult Images in Ancient Greece: Animal, human, God", in: Annetta Alexandridis, Markus Wild, Lorenz Winkler-Horacek (eds.), *Mensch und Tier in der Antike. Grenzziehung und Grenzüberschreitung*, Wiesbaden, 481–502.

Aston (2011): Emma Aston, *Mixanthrôpoi. Animal-Human Hybrid Deities in Greek Religion*, Liège.

Athanassiadi/Macris (2013): Polymnia Athanassiadi, Constantinos Macris, „La philosophisation du religieux", in: Laurent Bricault, Corinne Bonnet (eds.), *Religious Transformations in the Graeco-Roman Empire*, Leiden/Boston, 41–83.

Baltes/Peitsch (2008): Matthias Baltes, Christian Peitsch, *Der Platonismus in der Antike 7.1. Die philosophische Lehre des Platonismus. Theologia Platonica*, Stuttgart/Bad Cannstatt.

Boulogne (2004): Jacques Boulogne, „L'unité multiple de dieu chez Plutarch", *Revue de Philosophie Ancienne* 20, 95–106.

Boys-Stones (2001): George R. Boys-Stones, *Post-Hellenistic Philosophy. A Study of its Development from the Stoics to Origen*, Oxford.

Boys-Stones (2003): George R. Boys-Stones, „The Stoics Two Types of Allegory", in: George R. Boys-Stones (ed.): *Metaphor, Allegory, and the Classical Tradition. Ancient Thought and Modern Revisions*, Oxford, 189–216.

Brenk (1999): Frederick E. Brenk, „‚Isis is a Greek Word.' Plutarch's Allegorization of Egyptian Religion", in: Aurelio Pérez Jiménez, José García López, Rosa M. Aguilar (eds.): *Plutarco, Platón y Aristóteles*, Madrid, 227–238 (reprint in: *With Unperfumed Voice. Studies in Plutarch, in Greek Literature, Religion and Philosophy, and in the New Testament Background*, Stuttgart 2007, 334–345.

Brenk (2013a): Frederick E. Brenk, „Review of Peter Van Nuffelen, Rethinking the Gods. Philosophical Readings of Greek Religion in the Post-Hellenistic Period, Oxford/New York 2011", *Classical Journal online* (2013.06.04).

Brenk (2013b): Frederick E. Brenk, „Review of Michel Malaise, À la découverte d'Harpocrate à travers son historiographie, Bruxelles 2011", *Orientalia* 83, 307–309.

Bricault (2005): Laurent Bricault, *Recueil des Inscriptions concernant les Cultes Isiaques*, Paris.

Brout (2004): Nicole Brout, „Au carrefour entre la philosophie grecque et les religions barbares: Typhon dans le De Iside de Plutarque", *Revue de Philosophie Ancienne* 22, 71–106.

Dawson (1992): David Dawson, *Allegorical Readers and Cultural Revision in Ancient Alexandria*, Berkeley/Los Angeles/Oxford.

Dickerman (2011): Sherwood O. Dickerman, „Some Stock Illustrations of Animal Intelligence in Greek Psychology", *Transactions and Proceedings of the American Philological Association* 11, 123–130.

Dillon (2012): John Dillon, „Plutarch and God: Theodicy and Cosmogony in the Thought of Plutarch", in: John Dillon, *The Platonic Heritage. Further Studies in the History of Platonism and Early Christianity*, Farnham, Surrey (reprint from Dorothea Frede, André Laks (eds.), *Traditions of Theology. Studies in Hellenistic Theology, Its Background and Aftermath*, Leiden 2002, 223–238.

Dillon (2014): John Dillon, „Plutarch and Platonism", in: Mark Beck (ed.), *A Companion to Plutarch*, Chichester, 163–176.

Dunand (1986): Françoise Dunand, „La figure animal des dieux en Égypte hellénistique et romaine", in: Pierre Briant et al., *Les grandes figures religieuses. Fonctionnement pratique et symbolique dans l'antiquité*, Paris, 59–84.

Dunand (2004): Françoise Dunand, „Ptolemaic and Roman Egypt", in: Françoise Dunand, Christiane Zivie-Coche (eds.), *Gods and Men in Egypt, 3000 BCE to 395 BC*, Ithaca (original, Dieux et hommes en Égypte, Paris 2002), 197–338.

Dunand/Zivie-Coche (2004): Françoise Dunand, Christiane Zivie-Coche (eds.), *Gods and Men in Egypt, 3000 BC. to 395 CE*, Ithaca (original, Dieux et hommes en Égypte, Paris 2002).

Erman (1937): Adolf Erman, *La religion des Égyptiennes*, Paris (original, Die aegyptische Religion, Berlin 1905).

Feder (2003): Frank Feder, „Der ägyptische Tierkult nach den griechischen und römischen Autoren", in: M. Fitzenreiter, S. Kirchner (eds.), *Tierkulte im pharaonischen Ägypten und im Kulturvergleich*, Berlin, 159–166.

Feldmeier (2005): Reinhard Feldmeier, „Osiris: Der Gott der Toten als Gott des Lebens", in: Rainer Hirsch-Luipold (ed.), *Gott und die Götter bei Plutarch. Götterbilder, Gottesbilder, Weltbilder*, Berlin, 215–228.

Fitzenreiter (2003): Martin Fitzenreiter, "Die ägyptischen Tierkulte und die Religionsgeschichtsschreibung", in: M. Fitzenreiter, S. Kirchner (eds.), *Tierkulte im pharaonischen Ägypten und im Kulturvergleich*, Berlin, 229–263.

Frazier (2008): Françoise Frazier, „Philosophie et religion dans le pensée de Plutarque: Quelques reflexions autour des emplois du mot πίστις", *Études platoniciennes* 5, 41–62.

Froidefond (1971): Christian Froidefond, *Le mirage égyptien dans la littérature grecque d'Homére à Aristote*, Aix-en-Provence.

Froidefond (1988): Christian Froidefond, *Plutarque. Oeuvres Morales. Isis et Osiris*, Paris.

Griffiths (1970): John Gwyn Griffiths, *Plutarch. De Iside et Osiride*, Cardiff.

Gordon (2014): Richard L. Gordon, „Coming to Terms with the 'Oriental Religions' of the Roman Empire", *Numen* 61, 657–672.

Hani (1976): Jean Hani, *La religion égyptienne dans la pensée de Plutarque*, Paris.

Hirsch-Luipold (2002): Rainer Hirsch-Luipold, *Plutarchs Denken in Bildern. Studien zur literarischen, philosophischen und religiösen Funktion des Bildhaften*, Tübingen.

Hirsch-Luipold (2005): Rainer Hirsch-Luipold, „Der eine Gott bei Philon von Alexandrien und Plutarch", in: Rainer Hirsch-Luipold (ed.), *Gott und die Götter bei Plutarch. Götterbilder, Gottesbilder, Weltbilder*, Berlin, 141–168.

Hirsch-Luipold (2014): Rainer Hirsch-Luipold, „Religion and Myth", in: Mark Beck (ed.), *A Companion to Plutarch*, Chichester, 163–176.

Hirsch-Luipold (2016): Rainer Hirsch-Luipold, „Plutarch", in: Georg Schöllgen, Heinzgerd Brakmann et al. (eds.), *Reallexikon für Antike und Christentum*, vol. 26, Stuttgart, 1009–1038.

Hornung (1967): Erik Hornung, „Die Bedeutung des Tieres im alten Ägypten", *Studium Generale* 20, 69–84.

Hornung (1971): Erik Hornung, *Conceptions of God in Ancient Egypt. The One and the Many*, London (original, Der Eine und die Vielen. Altägyptische Götterwelt, Darmstadt).

Kessler (2003): Dieter Kessler, „Tierische Missverständnisse: Grundsätzliches zu Fragen des Tierkultes", in: Martin Fitzenreiter, Stefan Kirchner (eds.), *Tierkulte im pharaonischen Ägypten und im Kulturvergleich*, Berlin, 33–68.

Lacau (1911): Pierre Lacau, *Textes religieuses. Recueil de travaux relatifs à la philologie et à l'archéologie égyptiennes et assyriennes*, Institut Français d'Archéologie Orientale al-Qāhira 33.

Lembke (2012): Katja Lembke, „Interpretatio Aegyptiaca vs. Interpretatio Graeca?: Der Ägyptische Staat und seine Denkmäler in der Ptolemërzeit", *Mediterraneo Antico* 14, 1–17.

Mackie (2009): Scott D. Mackie, „Seeing God in Philo of Alexandria: The Logos, the Powers, or the Existent One?", *Studia Philonica Annual* 21, 25–47.

Malaise (2011): Michel Malaise, *À la découverte d'Harpocrate à travers son historiographie*, Bruxelles.

McKenzie/Gibson/Reyes (2004): Judith S. McKenzie, Sheila Gibson, Andres T. Reyes, „Reconstructing the Serapeum in Alexandria from the Archaeological Evidence", *Journal of Roman Studies* 94, 73–121.

Most (2003): Glenn W. Most, „Philosophy and Religion", in: David Sedley (ed.), *The Cambridge Companion to Greek and Roman Philosophy*, Cambridge, 300–322.

Moyer (2011): Ian S. Moyer, *Egypt and the Limits of Hellenism*, Cambridge.

Newmyer (2006): Stephen T. Newmyer, *Animals, Rights and Reason in Plutarch and Modern Ethics*, New York/London.

Newmyer (2014): Stephen T. Newmyer, „Animals in Plutarch ", in: Mark Beck (ed.), *A Companion to Plutarch*, Chichester, 223–234.

Osborne (2007): Catherine Osborne, *Dumb Beasts and Dead Philosophers. Humanity and the Humane in Ancient Philosophy and Literature*, Oxford.

Padovani (2015): Francesco Padovani, „Il nome di Osiride nella riflessione di Plutarco", *Materiali e Discussioni per l'Analisi dei Testi Classici* 74, 119–142.

Pearce (2007): Sarah J. K. Pearce, *The Land of the Body. Studies in Philo's Representation of Egypt*, Tübingen.

Pelling (2016): Christopher Pelling, „Plutarch the Multiculturist: Is West Always Best?", *Ploutarchos* 13, 33–52.

Quack (2003): Joachim Friedrich Quack, „Die Rolle des heiligen Tieres im Buch vom Tempel", in: Martin Fitzenreiter, Stefan Kirchner (eds.), *Tierkulte im pharaonischen Ägypten und im Kulturvergleich*, Berlin, 111–124.

Richter (2001): Daniel S. Richter, „Plutarch on Isis and Osiris: Text, Cult, and Cultural Appreciation", *Transactions of the American Philological Association* 131, 191–216.

Richter (2011): Daniel S. Richter, *Cosmopolis. Imagining Community in Late Classical Athens and the Early Roman Empire*, Oxford/New York.

Runia (2002): David T. Runia, „The Beginnings of the End: Philo of Alexandria and Hellenistic Theology", in: Dorothea Frede, André Laks (eds.), *Traditions of Theology. Studies in Hellenistic Theology, Its Background and Aftermath*, Leiden/Boston, 281–316.

Schachter (2007): Albert Schachter, „Egyptian Cults and Local Elites in Boiotia", in: Paul G. P. Meyboom, Miguel J. Versluys, Laurent Bricault (eds.), *Nile Into Tiber: Egypt in the Roman World*, Leiden/Boston.

Sedley (2003): David Sedley, *Plato's Cratylus*, Cambridge.

Smelik/Hemelrijk (1984): Klaas A. D. Smelik, Emily A. Hemelrijk, „Who Knows What Monsters Demented Egypt Worships?: Opinions on Egyptian Animal Worship in Antiquity as Part of the Ancient Concept of Egypt", *Aufstieg und Niedergang der Römischen Welt* 2,7,4, 1853–2000.

Sorabji (1993): Richard Sorabji, *Animal Minds and Human Morals. The Origins of the Western Debate*, Ithaca.

Thompson (1988): Dorothy Thompson, *Memphis under the Ptolomies,* Princeton.
Van Nuffelen (2001): Peter Van Nuffelen, *Rethinking the Gods. Philosophical Readings of Greek Religion in the Post-Hellenistic Period*, Oxford.
Vasunia (2001): Phiroze Vasunia, *The Gift of the Nile. Hellenizing Egypt from Aeschylus to Alexander*, Berkeley.
Zivie-Coche (2004): Christiane *Zivie-Coche*, „Pharaonic Egypt", in Françoise Dunand, Christiane Zivie-Coche, *Gods and Men in Egypt, 3000 BCE to 395 BC, Ithaca, (original, Dieux et hommes en Égypte, Paris 2002)*, 5–196.

Svenja Nagel
Mittelplatonische Konzepte der Göttin Isis bei Plutarch und Apuleius im Vergleich mit ägyptischen Quellen der griechisch-römischen Zeit

1 Einleitung

Die Frage nach der Zuverlässigkeit der kaiserzeitlichen Schriftsteller Plutarch (Ende 1. bis Anfang 2. Jhd. n. Chr.) und Apuleius (Mitte 2. Jhd. n. Chr.) in Bezug auf die ägyptische Religion und insbesondere den Kult der Göttin Isis, der zu ihrer Zeit im ganzen Mittelmeerraum verbreitet war, ist ein in der Forschung vieldiskutiertes Problem. Die für diese Thematik relevanten Werke, Plutarchs *De Iside et Osiride* und Apuleius' 11. Buch der *Metamorphosen*, wurden tatsächlich lange Zeit als Hauptquellen für den Osiris-Mythos einerseits und den (römischen) Isiskult andererseits, sowie die jeweils dahinterstehenden religiösen Konzepte herangezogen. Viele darin enthaltene Aussagen und Deutungen konnten jedoch früher nicht mit originär ägyptischen Quellen in Verbindung gebracht werden, was unter anderem an der noch unzureichenden Erschließung und Auswertung ägyptischer religiöser Texte der Spätzeit und griechisch-römischen Epoche lag. Die in jüngerer Zeit stark zunehmende Beschäftigung mit diesem reichen Material von ägyptologischer Seite ermöglicht nun eine Analyse der beiden kaiserzeitlichen Werke auf breiterer und zeitlich den beiden Autoren nahestehender Materialbasis.[1]

Anmerkung: Der vorliegende Aufsatz basiert auf Ergebnissen meiner Dissertation mit dem Titel „Die Ausbreitung des Isiskultes im Römischen Reich: Tradition und Transformation auf dem Weg von Ägypten nach Rom. Eine Untersuchung zur Entwicklung des Isiskultes im griechisch-römischen Ägypten und zu seiner Adaption in Rom und dem westlichen Mittelmeerraum", Universität Heidelberg, 2015 (Publikation in Vorbereitung in der Reihe Philippika, Wiesbaden), und enthält gekürzte und modifizierte Auszüge aus einigen Kapiteln dieser Arbeit.

1 Vgl. hierzu den Beitrag von M. A. Stadler in diesem Band.

Svenja Nagel, Universität Heidelberg, Ägyptologisches Institut, Marstallhof 4, DE-69117 Heidelberg, nagel@asia-europe.uni-heidelberg.de

Wie Plutarch, der ganz gezielt den ägyptischen Mythos heranzieht, um sein philosophisches Deutungsmodell der Welt daran aufzuzeigen,[2] war auch Apuleius ein Vertreter des Mittelplatonismus: er bezeichnet sich selbst als *philosophus Platonicus*.[3] So ist z. B. in einem 2011 erschienenen Sammelband die Problematik der Interpretation von Apuleius' *Metamorphosen* (Buch XI) im Hinblick auf ein dahinterstehendes mittelplatonisches Denkmodell ähnlich Plutarch verschiedentlich diskutiert worden.[4] Aber nimmt Apuleius direkt Bezug auf Plutarch? Hierbei stellt sich außerdem vor allem die Frage, an welchen Schnittstellen der Beschreibungen und Deutungen jeweils die ägyptische Religion aufhört und „eigene" platonische Auslegung beginnt, bzw. ob es gar größere Schnittmengen gibt, die für spätägyptische bzw. kaiserzeitliche Religion einerseits und für den Mittelplatonismus andererseits gültig sind. Und wer hat hier wen beeinflusst? Zu bedenken ist außerdem, dass Plutarch und Apuleius natürlich keineswegs die ersten Griechen und Römer waren, die sich mit ägyptischer Religion auseinandersetzten, sondern bereits auf zahlreiche Generationen von Gelehrten – angefangen bei Herodot – und ihre Werke zurückgreifen konnten, die uns leider in vielen Fällen nicht mehr zugänglich sind.[5] Dies erschwert die genaue Erforschung der Wege und Neudeutungen, die bestimmte Traditionen durchlaufen haben, erheblich, wenngleich zumindest Plutarch an vielen Stellen explizit seine Quellen angibt.[6] In der Vergangenheit wurde teilweise postuliert, dass gerade Plutarch einen ‚veralteten' Zustand der ägyptischen Religion resümiert und sich nicht oder kaum mit der aktuellen Entwicklung des Isiskultes in der römischen Kaiserzeit auseinandersetzt.[7] Auch diese Ansicht muss im Lichte der heute bekannten Quellen erneut hinterfragt werden.[8]

Es ist offensichtlich, dass sich anhand der uns erhaltenen Zeugnisse nicht alle Fragen eindeutig beantworten lassen können. Auch gibt es verschiedene

---

2 Zu Plutarchs Platonismus-Konzept siehe z. B. Schoppe 1994; Dillon 1986.
3 Z. B. in *apol.* 10; 64.
4 Keulen/Egelhaaf-Gaiser 2011; besonders die Beiträge von Van der Stockt 2011 und Finkelpearl 2011 diskutieren den Plutarch-Bezug von Apuleius' 11. Buch; außerdem Gasparini 2011 zur Frage des dämonologischen Interpretationsmodells. Zu direkten Bezügen auf Platon Harrison 1996. Über Apuleius' genaue platonische Ansichten ist allerdings recht wenig bekannt, vgl. Dillon 1986, 224.
5 So sind nach Brenk 1993, 149 platonische Vorstellungen, mit denen der Isiskult bei Plutarch und Apuleius durchwoben ist, möglicherweise bereits seit hellenistischer Zeit von Gelehrten mit ägyptischer Religion verbunden worden.
6 Überlegungen zu Plutarchs Quellen z. B. bei Griffiths 1970, 75–100.
7 So das für diese vorherrschende Meinung sicherlich grundlegende Urteil von Griffiths 1970, 46.
8 Vgl. den einführenden Beitrag von M. A. Stadler in diesem Band.

Themenbereiche, bei denen man ansetzen kann und es teilweise auch bereits getan hat: so z. B. ein Vergleich der beschriebenen Realia des Kultes mit archäologischen Befunden in hellenistischen und kaiserzeitlichen Isisheiligtümern[9] oder die Versuche, stückchenweise ägyptische Quellen zu finden, die die Einzelheiten der von Plutarch wiedergegebenen Version des Osirismythos oder der damit zusammenhängenden Kulthandlungen bestätigen.[10] Ich möchte mich im Folgenden jedoch weniger mit Realia des Kultes und der Heiligtümer oder mit Teilen des Mythos auseinandersetzen, wenngleich diese auch eine Rolle spielen werden. Vielmehr soll mein Beitrag den Fokus auf das Bild der Göttin Isis legen, wie es bei Plutarch und Apuleius – vor ihrem mittelplatonischen Hintergrund – entworfen wird, und untersuchen, inwieweit sich die beiden Autoren dabei auf ägyptische Quellen und die tatsächliche Weiterentwicklung des Konzepts Isis in der Kaiserzeit stützen konnten. Ich werde dabei insbesondere auf zwei mir besonders wichtig und interessant erscheinende Aspekte eingehen, die gleichzeitig zwei verschiedene Ebenen der (möglichen) Adaption repräsentieren:

1. Die inhaltlich-konzeptuelle Ebene: Welche Rolle nimmt Isis bei Plutarch und Apuleius ein, wie wird diese symbolisch gedeutet und was ist ihre Bedeutung für den Menschen? Lässt sich Vergleichbares aus den ägyptischen Quellen herauslesen? Hierfür können insbesondere die ägyptische und graeco-ägyptische Literatur sowie Zeugnisse der privaten Kultpraxis, wie Gebete, Weihinschriften und magische Texte des griechisch-römischen Ägypten herangezogen werden.

2. Die text-kompositorische Ebene: Anders als bei Plutarchs einheitlich im ‚trockenen', diskursiven Stil theoretischer Abhandlungen gehaltenen *De Iside et Osiride*, werden in dem sprachlich und kompositorisch komplexen Roman des Apuleius häufig traditionelle Formen religiöser Textgattungen beziehungsweise religiöser Rede eingebunden. Dies häuft sich im 11. Buch aufgrund des zentralen Themas der Einweihung in den Isiskult naturgemäß besonders.[11] So finden sich darin:
   – Gebete an Isis (Kap. 2; 25)
   – eine Aretalogie der Isis in Ich-Form (5–6)

---

9 Siehe besonders Egelhaaf-Gaiser 2000; Kleibl 2009; Bommas 2005.
10 Unter zahlreichen Einzelbeiträgen können hier stellvertretend nur einige genannt werden: Thissen 2009; Kucharek 2010, 799 (Index, s. v. „Plutarch, De Iside et Osiride"); Quack 2004b; Quack 2017.
11 Vgl. Griffiths 1975, 57.

- ein sogenannter ‚Makarismus' (eine Seligpreisung) durch einen Isispriester (16)
- eine Epithetareihe des Osiris (27)
- Beschreibungen von Göttererscheinungen in (Traum-)Visionen (3–4; 20; 26; 27; 30)

Diese Partien bieten eine recht breite Grundlage für den Vergleich mit entsprechenden Texten, die der realen religiösen Praxis des Isiskultes entstammen und sowohl in als auch außerhalb Ägyptens erhalten sind. Die folgenden Ausführungen konzentrieren sich auf die inhaltlich-konzeptuellen Fragen. In Zusammenhang damit soll unten jedoch auch ein Beispiel aus dem 2. Bereich angeführt werden.

2 Die inhaltlich-konzeptuelle Ebene: Plutarch, *De Iside et Osiride*

Plutarch zitiert, neben der Erzählung des Osiris-Mythos an sich, mehrere verschiedene Deutungen der einzelnen Elemente und damit auch der Göttin Isis. Es ist dabei zu unterscheiden zwischen der bloßen Wiedergabe der Interpretationen durch Ägypter beziehungsweise andere Schriftsteller und philosophische Strömungen einerseits und den von Plutarch selbst favorisierten und von ihm ausgearbeiteten Vorstellungen andererseits. Im Folgenden sollen seine Aussagen über das Wesen und die Bedeutung der Göttin, so weit möglich nach diesen Kategorien geordnet, kurz zusammengestellt werden, um dann auf einige davon im Vergleich mit den korrespondierenden ägyptischen Quellen näher einzugehen. In der Tabelle 1 habe ich versucht, die von Plutarch zitierten Interpretationen anderer, die ihm nicht weit genug gehen, seinen in den Grundmotiven entsprechenden eigenen Konzepten, die eine tiefere Erkenntnis bringen sollen, gegenüber zu stellen.

Tab. 1: Interpretationen der Göttin Isis nach Plutarch

Stelle	Interpretationen nach anderen Quellen	Stelle	Plutarchs Interpretationen
52, 372D	„Sie sagen..." (Ägyper): Isis = Mond	2–3	Isis als Weise, Weisheit und Streben zur Weisheit/Wahrheit

Stelle	Interpretationen nach anderen Quellen	Stelle	Plutarchs Interpretationen
	Statuen mit schwarzer Kleidung repräsentieren Verdunkelungen und Schatten auf der Suche nach Sonne		Etymologie: Isis als „Wissen" und „Verstehen" Etymologie: Iseion als Erkennen und Wissen des wahrhaft Seienden
		3, 352B	Eingeweihte und Kultdiener kümmern sich um die Kleidung, die teils dunkel und teils hell ist; tragen außerdem im Herzen Wissen über die Götter und ihr dadurch symbolisiertes Wesen
		60, 375C–D	Etymologie: Isis als Bewegung mit Verständnis, Intelligenz
52, 372D–E	Ägypter: sie rufen den Mond in Liebesangelegenheiten an Eudoxus: Isis ist für sexuelle Liebe zuständig (vgl. 64, 377A)	2–3	Isis hilft Gläubigen durch Einweihung und asketischen Dienst sich auf Suche nach Wahrheit (= Osiris) zu konzentrieren, die ihr nahe ist; sie zeigt heilige Objekte ihren Eingeweihten
27, 361D–E	Dämonologische Interpretation: Isis stiftete Vorbild und Ermutigung für Menschen in Notsituationen; wegen ihrer Tugenden wurden Isis und Osiris zu Göttern erhoben	53, 372E–F	Isis empfindet tiefe Liebe zu dem Obersten = dem Guten und strebt nach ihm Isis repräsentiert menschliche Seele und ihr Streben nach Wahrheit
		58, 374F–375A	Isis begehrt Osiris aus Liebesverlangen nach dem Guten und Schönen
		78, 383A	Isis begehrt und vereinigt sich mit dem Guten und Schönen und erfüllt „bei uns" alles damit
32, 363D	Physikalische Allegorie: Osiris = Nil, der sich mit Isis = Erde vereint	53, 372E–F	Isis ist empfangende, weibliche Materie, auf die die Prinzipien Gut und Böse einwirken können, die aber selbst aktiv dem Guten zuneigt, sie bringt Abbilder des Seienden (Osiris) hervor
38, 366A	Naturprinzipien-Allegorie: Nil = Ausfluss des Osiris, Erde bzw. Fruchtland = Körper der Isis		

Stelle	Interpretationen nach anderen Quellen	Stelle	Plutarchs Interpretationen
40, 367A	die Göttin, die die Erde regiert, war milde gegenüber dem feurigen, trockenen Element (Typhon) und ließ es frei, da die Welt ohne es nicht komplett wäre	54, 373A–B	Isis als Materie bringt Horus hervor als Bild des Intelligiblen, er ist die erfassbare Welt
56, 374B	Die Ägypter: Isis wird auch Mut „Mutter", Athyri (Hathor) „kosmisches Haus des Horus" und Methyer „voll und gut" genannt	64, 377A	Der Gott gibt die anfänglichen Samen, die Göttin empfängt und verteilt sie, daraus entsteht alles Gute in der Natur. Das Geordnete, Gute und Nützliche ist Werk der Isis und Bildnis, Nachahmung und Logos des Osiris.
43, 368C	Astronomische Allegorie: Die Ägypter: Eintritt des Osiris (= Sonne) in Mond (= Isis). Macht des Osiris im Mond zu lokalisieren und Isis als schöpferisches Prinzip vereint sich mit ihm; sie verteilt daraufhin zeugende Impulse in der Luft	56, 373F	Isis als Mutter, Amme, Sitz und Ort der Schöpfung; Basis des perfekten Dreiecks
38, 365F; vgl. 21, 359C; 22, 359E; 38, 365F; 61, 376A	Astronomische Allegorie: Sirius gehört zu Isis, da er Wasser bringt		
53, 372E	die meisten Leute nennen sie Myrionymos (10000-namige)	53, 372E	Erklärung von Myrionymos: weil sie durch Logos verwandelt ist und alle körperlichen und geistigen Formen empfängt

Viele der von Plutarch zitierten Vorstellungen haben klare Vorbilder und Entsprechungen in ägyptischen und griechischen Zeugnissen besonders des griechisch-römischen Ägypten, wie im Folgenden demonstriert werden soll.

2.1 Osiris Nil/Feuchtigkeit und Isis Erde/Fruchtland beziehungsweise Sirius/Sothis

Nach der physikalischen Auslegung bzw. der Auslegung als Naturprinzipien wird Osiris als Nil bzw. feuchtes Prinzip, Isis als Erde bzw. vom Nil getränktes Fruchtland sowie als Sothis (=Sirius) erklärt:

- Plut. *Isid.* 32, 363D:[12]

    „So ist bei den Ägyptern Osiris der Nil; er wohnt Isis bei, das heißt der Erde."

- Plut. *Isid.* 38, 366A:

    „Ebenso wie sie den Nil als Ausfluß des Osiris ansehen, so behandeln und betrachten sie die Erde als den Leib der Isis; allerdings (...) den Teil, welchen der Nil besteigt, sie besamend und durchdringend."

- Plut. *Isid.* 38, 365F:

    „Unter den Gestirnen sehen sie den Sirius als Stern der Isis an, weil er Wasser bringt."

- Plut. *Isid.* 21, 359C:

    „So werde die Seele der Isis von den Griechen ‚Hund' genannt, von den Ägyptern ‚Sothis'."

(vgl. auch Plut. *Isid.* 22, 359E; 61, 376A)

Solche komplementären Gegenüberstellungen von Isis und Osiris zugeordneten Naturphänomenen finden sich auch in ägyptischen Texten, besonders in der griechisch-römischen Zeit, wenngleich die Wurzeln für diese Vorstellungen weitaus älter sind.[13] So wird das Götterpaar zum Beispiel in einer unter Ptolemaios VIII. angebrachten Inschrift im Isistempel von Philae gemeinsam gelobt und dabei nacheinander unter anderem als Orion und Sothis, und als Nil und Feld (= Fruchtland) bezeichnet.[14] In ähnlicher Weise werden in einem demotischen Brief an Götter (wohl aus dem 1. Jhd. v. Chr.) Isis und Osiris mit Wasser und Feld gleichgesetzt:

---

[12] Die deutschen Übersetzungen der Plutarch-Zitate sind der Ausgabe von Görgemanns 2003 entnommen, wurden von mir an einigen wenigen Stellen aber etwas modifiziert.
[13] Zu den älteren Vorläufern dieser Konzepte siehe Münster 1968, 198–200.
[14] Philae, Berliner Photo 1298, siehe Beinlich 2013. Eine Textedition wird im 4. Band der Edition der Inschriften des Tempels von Philae von E. Winter u. H. Kockelmann (Philä IV) erscheinen.

> „Wehe dem Wasser, das Osiris ist!
> Wehe dem Feld, das Isis, die große Göttin, ist!"
>
> (pBerlin P 15660, Z. 11–12)[15]

Das Zusammenwirken von Nil und Fruchtland, wie es bei Plutarch beschrieben wird, verdeutlicht auch die Begleitinschrift einer in hadrianischer Zeit – also ungefähr kontemporär mit der Entstehung von *De Iside*! – angebrachten Ritualszene im Tempel der Tempel der Isis von Deir el-Schelwit in Theben, wo die Göttin bezeichnet wird als:

> „Die gute Feldgöttin auf der Erde, das Fruchtland, das das Getreide entstehen läßt, deren Leib zum Jahresbeginn erneuert wird durch Osiris, den Großen, als Stier, der die Flut steigen läßt."[16]

Isis-Sothis[17] wiederum wird in zahlreichen Hymnen und Litaneien auf den Tempelwänden und in Papyri der Tempelarchive als Bringerin der Nilflut gelobt, was auf mythologischer Ebene häufig mit der Wiederbelebung des Osiris durch die von der Göttin ausgeführte Bestattung und den Totenkult verknüpft wird.[18]

Eine etwas andere Tradition, die aber ebenfalls Isis und Osiris mit Feuchtigkeit in Verbindung bringt und damit als Garanten von Fruchtbarkeit und Gedeihen kennzeichnet, spiegelt ein griechischer magischer Text aus einem griechisch-demotischen Handbuch der späten Kaiserzeit wider. In einer Rezitation identifiziert sich der Magier darin mit verschiedenen Gottheiten, darunter:

> „Ich bin Osiris, genannt Wasser. Ich bin Isis, genannt Tau."
>
> (PGM XII 234–235)[19]

Gerade die Zuordnung von „Tau" an Isis ist auch in verschiedenen anderen demotischen und griechischen Texten aus Ägypten gut belegt.[20]

Einige der von Plutarch zitierten Charakteristika haben sich erst im Kontakt mit griechischer und römischer Kultur entwickelt und rekurrieren eindeutig auf reale Merkmale des zeitgenössischen Kultes:

---

15 Siehe Zauzich 1992/3, 167–168 und 172.
16 Zivie-Coche 1986, Nr. 154 (Göttliche Randzeile).
17 Zu Isis-Sothis siehe z. B. Münster 1968, 153–154; Clerc 1978.
18 Z. B. Dend. II, 201, 15; Dend. Isis, 151, 13– 52, 8; Dend. Isis, 307, 17–308, 11; Bénédite 1893, Taf. 40; Zivie-Coche 1986, Nr. 156.
19 In dem Charitesion PGM XII 201–269; siehe M. Smith, in: Betz 1986, 161–163; vgl. zu dieser Passage auch Dieleman 2005, 153–154.
20 pOxy. 1380, Z. 171–174 und 222–230; pCarlsberg 652 vs., Frgm. B–D, x+4 (Edition Quack i. Dr.). Vgl. Plut. *Isid.* 12, 355F–365A; 33, 364B; Griffiths 1970, 303; 420; 424.

2.2 Isis als Mond und Liebesgöttin

– Plut. *Isid.* 52, 372D–E:

„Isis, so erklären sie, sei nichts anderes als der Mond; wenn daher ihre Kultbilder Hörner trügen, so sei das eine Nachahmung der Mondsichel, und wenn sie schwarz gekleidet seien, so veranschauliche das ihr Verschwinden und die Schattengestalten, die sie annimmt, wenn sie voller Sehnsucht die Sonne verfolgt. Darum rufen sie den Mond in (erotischen) Liebesdingen an, und auch Isis waltet nach Eudoxus über Liebesdinge".

– vgl. Plut. *Isid.* 43, 368C:

zum Fest „Eintritt des Osiris in den Mond": „Auf diese Weise geben sie der Macht des Osiris ihren Platz im Mond und sagen, dass Isis, welche das Werden ist, sich mit ihm vereinige. Darum nennen sie den Mond auch ‚Mutter der Welt' und meinen, er habe ein mannweibliches Wesen: er werde von der Sonne voll und schwanger gemacht, sende aber andererseits selber zeugende Impulse als Samen in die Atmosphäre hernieder."[21]

Die Gleichsetzung der Isis mit dem Mond erfolgte erst durch die Identifikation der Isis-Hathor mit griechisch-römischen Göttinnen wie Selene und Hekate,[22] könnte aber parallel auch von dem in einigen ägyptischen und griechischen Texten betonten Vater-Tochter-Verhältnis zwischen Thoth und Isis[23] beeinflusst worden sein. Gerade Plutarchs Assoziation von Isis bzw. dem Mond mit „Liebesdingen" (ἐρωτικά) scheint prominent in einer bestimmten Textgruppe aus dem kaiserzeitlichen Ägypten auf: den in griechisch und demotisch geschriebenen magischen Texten (PGM und PDM), speziell den Liebeszaubern. Darin wird nicht nur die innige Liebe und Treue der Isis zu Osiris, die in diesem Zusammenhang eindeutig auch stark sexuell konnotiert wird, als Vorbild par excellence für das gewünschte Ergebnis des Zauberspruchs instrumentalisiert.[24] Speziell in den griechischsprachigen Vertretern wird Isis oft mit Aphrodite und Selene zusammen angerufen

---

21 Vgl. dazu und zu der üblichen Auffassung von Osiris als Mond besonders Kucharek 2010, 136–138 u. 656–661; ferner Griffiths 1970, 463–464; Griffiths 1976; Griffiths 1979; Graefe 1979; Doetsch-Amberger 2002. Vgl. auch Isis' Aussage in einer Aufzählung ihrer Leistungen in pBM 10209 (Papyrus des Nesmin), 3, 3–4: „Ich habe veranlaßt, daß du (= Osiris) in das linke Auge eintrittst, so daß du zum Mond wurdest und der Himmel mit dem Horusauge jubelt." Siehe zu diesem Text Haikal 1970, 36; Haikal 1972, 20; M. Smith 2009, 188–189; Kucharek 2010, 136.
22 Griffiths 1970, 500–501; ausführlich dazu Delia 1998.
23 Siehe dazu mit Belegen Budde 2000, 145–146; Quack 2003, 340–341; Stadler 2009, 153–155. Vgl. auch unten zu „Isis als Weise, Weisheit, Streben zur Weisheit".
24 Siehe dazu Nagel/Wespi 2015, 259–262.

oder sogar gleichgesetzt.²⁵ Isis wird dabei zusätzlich manchmal mit den Göttinnen Hathor und Bastet identifiziert, die nach ägyptischer Tradition besonders mit sexueller Liebe verbunden waren. So gibt sich der sogenannte „Mondzauber des Claudianus" (PGM VII 862–918)²⁶ als Schrift aus, die in Aphroditopolis, bei der „größten Göttin Aphrodite Urania, die das Universum umfängt", aufgefunden worden sein soll (PGM VII 862–865). Mit diesem ‚Fundort' dürfte der Tempel der in Aphroditopolis in Form der Himmelskuh verehrten Hathor-Isis gemeint sein, die hier mit einer Interpretatio Graeca als himmlische Aphrodite benannt ist.²⁷ Um die Göttin zu beeinflussen, soll eine Lehmfigur der „Herrin Selene, der Ägypterin"²⁸ angefertigt werden, und zwar „in der Form des Universums".²⁹

2.3 Schwarze Kleidung der Isis und ihrer Diener

In der zitierten Passage über Isis und den Mond sowie an mehreren weiteren Stellen spricht Plutarch von schwarzen Gewändern, welche die Kultbilder der Isis bekleiden:

- Plut. *Isid.* 52, 372D:

    „Isis, so erklären sie, sei nichts anderes als der Mond; wenn daher ihre Kultbilder (...) schwarz gekleidet seien, so veranschauliche das ihr Verschwinden und die Schattengestalten, die sie annimmt, wenn sie voller Sehnsucht die Sonne verfolgt."

---

25 Vgl. dazu Sfameni Gasparro 2004, 401.
26 Siehe E. N. O'Neil, in: Betz 1986, 141–142.
27 Zur Verehrung der Hathor von Kusae als Aphrodite Urania vgl. auch Ael. *N.A.* 10,27; siehe dazu Allam 1963, 25. Es sei außerdem darauf hingewiesen, dass Plutarch selbst in *Isid.* 19, 358D–20, 358E, gerade den in der ägyptischen Kulttopographie eng mit Atfih verbundenen Mythos von der Köpfung der Göttin und ihrem Ersatzkopf in Kuhgestalt erwähnt.
28 Zu Isis/Hathor als Herrin des Himmels und Mondgöttin siehe Delia 1998, speziell 548 zu Isis als Mondgöttin in den magischen Papyri; Bleeker 1973, 46–48; zu Isis/Hathor als Mondgöttin in den Tempeltexten der griech.-röm. Zeit Budde 2011, 16–17 m. Anm. 30 (die Bemerkungen zur angeblichen Existenz von weiblichen Mondgottheiten vor der Ptolemäerzeit sind m. E. allerdings problematisch). Zur Bedeutung des Mondes im Liebeszauber siehe z. B. auch Michel 2004, 212–213.
29 Es wird auf eine Zeichnung der Figur weiter unten verwiesen, die im Papyrus allerdings fehlt.

– Plut. *Isid.* 3, 352B:

(über Kultdiener:) „Dies sind die, die das Heilige Wort von den Göttern (...) in der Seele ‚tragen' wie in einem Schrein und es ‚bekleiden'; sie deuten darauf hin, dass in unseren Annahmen über die Götter manches schwarz verschattet, anderes hell leuchtend ist, wie man es auch bei dem heiligen Gewand sehen kann."

– Plut. *Isid.* 39, 366D:

„Insbesondere stellen sie eine vergoldete Kuh zur Schau, die in ein schwarzes Tuch aus Byssos gehüllt ist wegen der Trauer der Göttin; denn sie betrachten die Kuh als Abbild der Isis und der Erde."

– Plut. *Isid.* 77, 382C:

„Die (kultischen Gewänder) der Isis sind buntgefärbt, denn ihr Machtbereich ist die Materie, die zu allem wird und alles aufnimmt, Licht und Dunkel, Tag und Nacht, Feuer und Wasser, Leben und Tod, Anfang und Ende."

Bei den Gewändern der Isis handelt es sich zwar an sich um Realia des Kultes, die nicht im Fokus dieses Beitrags stehen, doch leitet Plutarch daraus Aussagen über das Wesen der Göttin ab.[30] Die schwarze Farbe verbindet er mit Isis' Trauer um Osiris, den Mondphasen und den dunklen Aspekten ihres Wesens, das er in Kap. 3 und 77 anhand der verwendeten Farben schwarz und weiß (bzw. bunt) als dualistisch, und damit alle Gegensätze der Schöpfung umfassend, auslegt.

In Ägypten ist schwarz keine traditionelle Trauerfarbe,[31] kann aber zumindest symbolisch für Tod und Unterwelt sowie die Fruchtbarkeit der Erde, die nach Plutarch ja von Isis symbolisiert wird, stehen.[32] Auch sollen nach dem Choiaktext von Dendara beim Beackern des „Feldes des Osiris" zur Aussaat des Korns für die Herstellung der Chontamenti-Figur (d. h. des Kornosiris) zwei schwarze Kühe vor den Pflug gespannt werden, deren Farbe symbolisch mit diesen Themen verbunden ist.[33] Für eine schwarze Gewandung bzw. Gewandteile der Isis und ihrer Kultdiener gibt es zahlreiche schriftliche sowie bildliche Zeugnisse aus griechisch-

---

30 Siehe zu den Farben der Gewänder auch Schilm 1999, 124–127; zu Plutarchs Interpretation weiterer ägyptischer Götterbilder vgl. Hirsch-Luipold 2002, 190 m. Anm. 107.
31 Vgl. auch Malaise 1992, 339; Bricault 1992, 49.
32 Siehe Brunner-Traut 1977, 123; Kees 1943, 416–425. S. 422 bezeichnet Kees Schwarz allerdings tatsächlich als „Farbe der Dunkelheit und Trauer", ohne jedoch für letztere Konnotation Belege zu nennen.
33 Dend. X, 35, Kol. 60; siehe Cauville 1997, 20; Chassinat 1966, I, 67–68; vgl. dazu auch Griffiths 1970, 63 u. 449–451.

römischer Zeit;³⁴ so wird die Göttin auch in griechischen Inschriften aus Ägypten mehrfach „Schwarzgewandete" genannt, und entsprechend ist für ihre Kultdiener die Bezeichnung „Melanephoren" ebenfalls bezeugt.³⁵ Isidoros, der Verfasser von vier griechischen Hymnen am (Isis-)Thermuthis Tempel in Medinet Madi, wendet sich wohl zu Beginn des 1. Jhds. v. Chr. in seinem persönlichen Schlussgebet des 3. Hymnus an die „schwarzgewandete, barmherzige Isis" (μελανηφόρε Ἴσι ἐλήμων) und ihre *synnaoi theoi* mit der Bitte, ihm doch den Heilgott Paean³⁶ zu senden.³⁷ Damit appelliert er an das Mitgefühl der Göttin, die im Mythos selbst leiden musste durch den Tod ihres Gatten; darauf bezieht sich wahrscheinlich das Attribut μελανηφόρος.³⁸ Weitere Belege für eine schwarze Gewandung der Isis liefert wieder das Textcorpus der magischen Texte aus dem römischen Ägypten: in mehreren griechischen Rezepten wird die Verwendung eines „schwarzen Bands" oder „Stoffes der Isis" vorgeschrieben, die jeweils in einen osirianisch geprägten rituellen Kontext eingebunden sind.³⁹ In diesem Zusammenhang könnte auch die Nutzung verschiedener Produkte einer „schwarzen Kuh", die wahrscheinlich – ähnlich wie bei Plutarch – als Verkörperung der Isis zu deuten ist, in diversen demotischen und griechischen Zauberpraktiken interessant sein.⁴⁰

---

34 Siehe z. B. die Wandmalereien im Isistempel von Pompeji (Rückführung der Barke mit dem Osirisleichnam), De Caro 1992, 59–60, Kat. 1.74; und die Bilder mit Isisritualen aus Herculaneum, Tran Tam Tinh 1971, 29–48 u. 83–86, Kat. 58–59; Abb. 40–41.
35 Siehe zur schwarzgewandeten Isis Baslez 1975; Bricault 1992, 48–49.
36 Es handelt sich nach Vanderlip 1972, 62–63 möglicherweise um eine Bezeichnung für eine aus Imhotep, Apollo und Asklepios verschmolzene graeco-ägyptische Gottheit. Vgl. aber auch die Gleichsetzung des Mandulis mit (Apollon-)Paian in einem griechischen Hymnus am Tempel von Kalabscha (Bernand 1969, Nr. 167).
37 Bernand 1969, Nr. 175, III, Z. 34–36; siehe auch die kommentierte Edition von Vanderlip 1972.
38 Interessanterweise wird in Verbindung mit Isis und Mandulis-Paian in der Anm. 36 genannten Kalabscha-Hymne (Bernand 1969, Nr. 167) in zerstörtem Zusammenhang ebenfalls eine schwarze Gewandung (μελανόστολου) erwähnt.
39 PGM I 58–59; IV 176; VII 227–232; VIII 65–68.
40 Milch (PGM III 383; PGM XIII 129; 359–360; 686; pMag. LL, 3, 31; pLouvre E 3229, 4, 29), Dung (PGM IV 1439–1440), Blut (pMag. LL, 25, 25 u. 28). In der Lampendivination pMag. LL, 6, 1–8, 11, die insgesamt einen stark osirianisch geprägten Hintergrund aufweist, droht der Zauberer der verwendeten Lampe damit, ihr Feuer an die schwarze Kuh zu legen (pMag. LL, 6, 15–16 und 7, 1), neben ähnlichen Drohungen, die Osiris und Anubis schädigen würden. Vgl. die oben im Text genannten schwarzen Kühe, die dem Choiaktext von Dendara zufolge zum Pflügen des „Feldes des Osiris" eingesetzt werden.

Möglicherweise resultiert die in ägyptischen Texten nicht belegte[41] Vorstellung vom schwarzen Gewand der Isis aus einer Überlagerung der genannten ägyptischen Traditionen mit Einflüssen aus dem Demeterkult,[42] denn in dem aus dem 7. oder 6. Jhd. v. Chr. stammenden „Homerischen Hymnus" an Demeter, der den Persephone-Mythos wiedergibt, wird diese Göttin charakterisiert als „die mit dem dunklen Peplos" (κυανόπεπλον, Verse 360 und 374), was dort ihre Trauer um die mit Hades in die Unterwelt entschwundene Tochter ausdrückt.[43]

2.4 Isis Myrionymos

– Plut. *Isid.* 53, 372E:

> „Isis ist die weibliche Seite der Natur, das heißt: das, was jegliches Werden in sich aufnimmt, in dem Sinne wie sie von Platon ‚Amme' und ‚allempfangend' genannt wird, im allgemeinen Sprachgebrauch aber ‚Zehntausendnamige' (μυριώνυμος), insofern sie unter dem Einfluss des Logos alle möglichen Gestalten und Formen annimmt."

Plutarch zitiert den Isis-Beinamen Myrionymos – „Zehntausendnamige", um ihn mit seinem Konzept der Göttin innerhalb des platonischen Weltbildes zu verbinden. Er verortet den Namen zu Recht im „allgemeinen Sprachgebrauch", wie unter anderem zahlreiche private Weihinschriften und Graffiti aus ganz Ägypten demonstrieren.[44] Der Titel ist, auch außerhalb Ägyptens, ausschließlich für Isis belegt und stellt eine griechische Weiterentwicklung des für verschiedene Gottheiten verwendbaren ägyptischen Epithetons ꜥꜣ(.t) rn.w – „mit vielen Namen" dar.[45] Letzteres wird Isis entgegen Griffiths' hier veraltetem Kommentar bereits in einem Grab des Neuen Reiches zugeschrieben,[46] gewinnt aber ab der Ptolemäerzeit enorm an Relevanz insofern, als Isis in zahlreichen Litaneien

---

41 In den Texten zur Isisgeburt aus Dendara wird Isis immer wieder als „schwarzrote Frau" (*s.t km.t dšr.t*) bezeichnet, was jedoch nicht in Zusammenhang mit obenstehender Thematik stehen dürfte, siehe zur Diskussion dieses Dendara-spezifischen Isisepithetons Leitz 1993.
42 Die Gleichsetzung der Isis mit Demeter ist bereits im 5. Jhd. v. Chr. bei Herodot (2,59 und 156) bezeugt, vgl. dazu Kolta 1968, 42–51; Tobin 1991; Thompson 1998; teilweise problematisch ist Pachis 2004.
43 Siehe z. B. Foley 1994, 57.
44 Bernand/Bernand 1969, Nr. 162; 168; 180–181; Bernand 1969, Nr. 166; SB 7791; Kayser 1994, Nr. 60.
45 Siehe dazu Bricault 1994.
46 Griffiths 1970, 502–503. Zivie 2009, Taf. 33: ꜥꜣ(.t) rn.w m njw.wt spꜣ.wt – „mit zahlreichen Namen in den Städten und Gauen". Bricault 1994 war dieser Beleg noch nicht bekannt, weshalb er S. 68 konstatierte, dass Isis erstmals in ptolemäischer Zeit so genannt worden sei.

in ägyptischer und griechischer Sprache systematisch mit den Namen diverser anderer Göttinnen angesprochen wird, die so als ihre Erscheinungsformen an verschiedenen Orten ausgedeutet werden.[47] Sie nimmt also ganz im Sinne der Plutarch'schen Auslegung „alle möglichen Gestalten und Formen an" und wird damit zu *der* weiblichen Gottheit par excellence. Eben dies führt Plutarch auch mit einigen programmatischen Aussagen über die Verehrung der im Grunde selben Gottheiten bei allen Menschen aus:

- Plut. *Isid.* 66, 377C–D:

    Erstens lasse man uns die Götter als Gemeingut und mache keine ägyptischen Sondergötter daraus (...). Andere haben keinen Nil, kein Butos und kein Memphis, aber alle haben und kennen eine Isis und die mit ihr verbundenen Götter; manche haben sie zwar erst vor kurzem mit ihren ägyptischen Namen zu nennen gelernt, aber ihre Bedeutung kennen und ehren sie seit je.

- Plut. *Isid.* 67, 377F:

    Es sind nicht die einen Götter bei diesem, die andern bei jenem Volk, keine Barbaren- und Hellenengötter, keine südlichen und nördlichen; sondern wie Sonne und Mond, Himmel, Erde und Meer allen gemeinsam sind, aber von den einen so, von den anderen anders genannt werden, so ist es ein einziger Logos, der dies alles ordnet, eine einzige Vorsehung, die darüber waltet, und es gibt dienende Mächte, die für alle Bereiche der Welt eingesetzt sind; und für all diese Wesen gibt es verschiedene Ehren und Benennungen bei den verschiedenen Völkern nach ihrem Brauch...

Mit letzterer Deutung der Isis ist bereits die Seite von Plutarchs eigenen Interpretationen der Göttin erreicht (vgl. die Tabelle oben), die jedoch häufig ein allgemein bekanntes Charakteristikum oder sogar andere Deutungen als Ausgangspunkt nehmen.

2.5 Isis als Weise, Weisheit, Streben zur Weisheit

Ebenso verhält es sich mit Plutarchs gleich zu Beginn des Werkes ausführlich entworfenem, programmatischem Bild von Isis als Göttin des Wissens und der Weisheit, die auch dem Menschen als Vorbild für die Suche nach der Wahrheit dienen soll.

---

47 Umfassend dazu Nagel 2017. Ich bezeichne diesen Texttypus als „Kulttopographische Litanei"; Assmann 1996 und Assmann 1998, 73–82, spricht in Bezug auf entsprechende Texte vom „Namen der Völker"-Motiv.

- Plut. *Isid.* 2, 351E–F:

    (über die Suche nach Wahrheit bzw. das Streben nach Göttlichkeit:) Sie ist insbesondere jener Göttin lieb und wert, welche du verehrst: einer überaus weisen und weisheitsliebenden Göttin, wie schon ihr Name ja kundzutun scheint, dass vor allem das Wissen und die Wissenschaft ihrem Bereich angehört.

- Plut. *Isid.* 2, 352A – 3, 352B:

    Dieses Heilige Wort (so wird Osiris ausgedeutet) zu suchen mahnt die Göttin; es ist bei ihr und mit ihr vereint. Ihr Heiligtum verheißt schon mit seinem Namen ganz deutlich Erkenntnis und Wissen vom Sein: es heißt Iseion, und das soll besagen: ‚wir werden wissen das Seiende', wenn wir mit Vernunft und Frömmigkeit dem heiligen Bereich der Göttin nahen. Ferner findet man bei vielen Autoren die Feststellung, sie sei eine Tochter des Hermes (...). Daher nennt man auch die erste der Musen in Hermopolis Isis und Gerechtigkeit (*Dikaiosyne*) zugleich: sie sei weise – wie wir schon gesagt haben – und sie zeige das Göttliche denen, die in Wahrheit und mit Recht die Titel ‚Heiligtumsträger' (*Hieraphoroi*) und ‚Heiligtumsbekleider' (*Hierostoloi*) tragen.

- Plut. *Isid.* 3, 352C:

    Vielmehr ist ein Isis-Anhänger in Wahrheit derjenige, welcher das, was im Kult der Götter gezeigt und getan wird, nachdem es ihm dem Brauch gemäß anvertraut wurde, mit dem Verstand durchdringt und über die darin liegende Wahrheit philosophische Betrachtungen anstellt.

- Plut. *Isid.* 60, 375C–D:

    Die Bewegung des zeugenden und bewahrenden Prinzips in der Natur ist auf ihn (Osiris) gerichtet und auf das Sein; (...). Darum nennt man das erstere ‚Isis'; der Name ist abgeleitet vom ‚Eilen mit Wissen' (ἵεσθαι μετ' ἐπιστήμης), dem raschen Lauf, weil sie eine mit Seele und Vernunft begabte Bewegung (κίνεσιν ἔμψυχον καὶ φρόνιμον) ist. (...) So nennen wir also diese Göttin gleichzeitig nach ihrem Wissen und ihrer Bewegung ‚Isis', und ‚Isis' heißt sie auch bei den Ägyptern.

Wenngleich Plutarch zur Unterstützung seiner Deutungen etymologische Ableitungen von griechischen, nicht ägyptischen Wurzeln heranzieht, beruht seine Interpretation der Isis als Weise, Weisheitsliebende und -suchende wiederum auf einem in griechisch-römischer Zeit besonders prominenten Charakterzug der

Göttin,⁴⁸ der allerdings wie das Epitheton Myrionymos auf ältere Traditionen zurückgeht. In vielen Fällen erscheint Isis' Wissen dabei allerdings mit ihrer ebenfalls herausragenden Zauberkraft kombiniert.⁴⁹ So lässt sich ihr Ruf als Weise und Magierin bereits ab dem Mittleren Reich belegen.⁵⁰ Mit diesem Charakteristikum stellt sie sich selbst mehrfach in Ich-Aussagen innerhalb verschiedener Texte vor, häufig mit der Intention einer Machtdemonstration gegenüber anderen Göttern, unter denen sie so eine Sonderstellung einnimmt.⁵¹ Das bekannteste und gleichzeitig älteste Beispiel ist ihre wörtliche Rede im Sargtext-Spruch CT 148, in dem sie zunächst die Götter um Schutz für ihren Sohn bittet, den sie als zukünftigen Herrscher der Götter prophezeit.⁵² Auf die kritische Nachfrage durch Re-Atum, woher Isis denn wisse, dass es der Gott, Herr und Erbe der Götterneunheit sei, den sie im Leib trage, antwortet sie selbstbewusst:

> „Ich bin Isis, die zaubermächtiger (ꜣḫ) und erhabener (šps) ist als jeder (andere) Gott!"
>
> (CT 148, § 216c)

Ihr Wissen um die Zukunft wird hier also als ihrer Natur zugrunde liegend und damit selbstverständlich angesehen. Auch zu Beginn der in ein magisch-medizinisches Rezept integrierten Erzählung von der „List der Isis"⁵³ betont eine ausführliche Charakterisierung ihre geistige Vormachtstellung:

> Nun war Isis eine kluge Frau (s.t sꜣr.t). Ihr Herz war rebellischer (ḫꜣk ib=s) als das einer Million von Leuten. Sie war hervorgehoben (stp) gegenüber einer Million von Göttern. Ihre Wahrnehmung (ip.t) war mehr als die von Millionen von Ach-Geistern (ꜣḫ.w). Es gab nichts, was sie nicht kannte im Himmel und auf der Erde wie Re, der den Bedarf der Erde ausführt.⁵⁴

Über sich selbst spricht sie dementsprechend:

---

48 Vgl. z. B. auch einige Epitheta in der kulttopographischen Litanei von pOxy. 1380: Vorsehung (πρ[ό]νοιαν) in Catabathmus (Z. 43–44), Verstand (φρόνησιν) in Apis (Z. 44), Einsicht (ἐπίνοιαν) in Schedia (Z. 60–61), und Wahrheit (ἀλήθιαν) in Menouthis (Z. 63).
49 So bereits Griffiths 1970, 70.
50 Vgl. dazu Münster 1968, 12 u. 192–197; Bergman 1968a, 285–289; Quack i. Dr., 54–55. Zu Isis als Magierin siehe auch Kákosy 1997; einige Textzitate auch bei Ritner 1993, 30–49.
51 Zu Isis' Sonderstellung als Zauberin Münster 1968, 196.
52 Siehe dazu Münster 1968, 6–9 und 196; ferner zur Übersetzung und Interpretation des Spruches Hannig 1990; Faulkner 1968; Gilula 1971; O'Connell 1983; Stadler 2004, 201–203.
53 Siehe dazu Borghouts 1978, 51–55, Nr. 84; Koenig 1994, 158–161; Münster 1968, 80 u. 196; Bergman 1968a, 287–288; Roccati 2011, 135–144.
54 pTurin 1993, 1, 14–2, 1; pChester Beatty XI, 1, 5–6; vgl. Stadler 2004, 199.

[Ich bin] Isis, die göttlich ist durch die Formeln meines Mundes und durch die Weisheit meines Herzens, die mein Vater, der Gott, mir gegeben hat.[55]

Durch eine List, mit der sie gleichzeitig ihre Zaubermacht beweist, erfährt sie dem Text zufolge schließlich auch noch das letzte Geheimnis, den geheimen Namen des Re.

Diese Eigenschaften verbinden sie engstens mit Thoth (griech. Hermes), der in ägyptischen und griechischen Quellen ab der Ptolemäerzeit häufig als ihr Vater gilt.[56] Als Bewahrerin geheimen Wissens und großer Zauberkraft ist sie prädestiniert für die Ausweitung dieser Rolle in den magischen, alchemistischen und hermetischen Corpora der Römerzeit. Darin fungiert sie tatsächlich als Vorbild und Identifikationsfigur des Menschen auf der Suche nach der Gottheit bzw. der Wahrheit – nämlich bei Divinationsritualen –, oder führt ihren Sohn Horus (und damit den Benutzer) in die Geheimnisse der Alchemie und in göttliches Wissen ein.[57] In einer demotischen Anleitung zur Wahrsagung mit Hilfe einer Schale soll z. B. vom Anwender rezitiert werden:

„Komm zu den Mündungen dieses Gefäßes heute und gib mir Antwort in Wahrheit auf alles, was ich erfrage, indem keine Lüge darin ist, denn ich bin Isis, die Weise, und was mein Mund sagt, geschieht!"

---

55 pChester Beatty XI, Frgm. A, 2; Gardiner 1935, 118; Taf. 66; vgl. Bergman 1968a, 229, Anm. 2, u. 287. Es gibt im Text keinen eindeutigen Hinweis darauf, welcher Gott mit dem ‚Vater' der Isis hier gemeint ist. In der Historiola spricht Isis den Allgott Re selbst immer wieder mit „mein göttlicher Vater" an. Thematisch würde Thoth am besten zu der obigen Aussage passen, vgl. dazu oben, Anm. 23, und unten. In einer eng verwandten, ebenfalls anonymen Formulierung in Spruch VI der Metternichstele heißt es: „Ich bin eine Tochter, eine Wissende (rḫ.t) in ihrer Stadt, die die Giftschlange mit ihrem Ausspruch vertreibt, nachdem mein Vater mich Wissen gelehrt hat!" (Z. 57), siehe Sander-Hansen 1956, 35–43. In diesem Text verdeutlich jedoch Z. 61, dass nach heliopolitanischer Tradition offenbar Geb gemeint ist: „Isis, die Göttliche, die Zauberreiche an der Spitze der Götter, der Geb seine Zaubermacht (ꜣḫ.w) gegeben hat".
56 Vgl. die vorige Anm.
57 Letzteres z. B. im Corpus der griechischen Alchemisten (Ende 2. – Anfang 3. Jhd. v. Chr.), siehe Berthelot u. Ruelle 1967, II, 28–35; III, 31–36; Mertens 1988; Mertens 1989; Kákosy 1997, 147; Richter 2007; Stadler 2004, 200–201; und im *Corpus Hermeticum*, SH 23–27, siehe Fowden 1993, 33; Sfameni Gasparro 1999, 405.

Bereits der unter Ptolemaios VI. im Sarapeion von Memphis tätige Priester Hor aus Sebennytos, dessen demotisches Ostraka-Archiv von einer besonders innigen Beziehung zu den Göttern Isis und Thoth zeugt,[58] lobt Isis, die ihm mehrfach in Träumen erscheint, als Verkünderin von Wahrheit:

> Isis spricht Wahrheit zu denen(?), die wahrhaftig sind.
>
> (oHor 11, vs. 7)

Von der griechischen Isisaretalogie, die sich selbst im Text als Kopie einer Inschrift in Memphis ausgibt, werden sowohl die enge Beziehung der Isis zu Thoth-Hermes als auch ihre Sorge für die Wahrheit aufgenommen, und dies sogar gleich an mehreren Stellen, z. B.:

> „Ich habe bestimmt, daß das Wahre als gut angesehen wird."
>
> (M 29)[59]

Die von Plutarch im Zusammenhang des Strebens nach tieferer Erkenntnis göttlicher Wahrheit angedeutete Funktion der Isis als Leiterin und Vorbild der Menschen kommt auch an anderen Stellen des Werkes innerhalb unterschiedlicher Interpretationsmodelle zum Tragen.

2.6 Isis als Vorbild in Lebenskrisen

So heißt es innerhalb der dämonologischen Deutung des Mythos in Kap. 27, dass Isis' Erlebnisse und ihr Handeln im Mythos durch die von der Göttin selbst gestifteten Darstellungen und Riten Vorbild und Trost für Menschen in Krisensituationen liefern.

- Plut. *Isid.* 27, 361D–E:

> Die Vollzieherin der Rache für Osiris, seine Schwester und Gattin, ließ, als sie das Wüten Typhons gestillt und beendet hatte, die Abenteuer und Kämpfe, die sie bestanden hatte, ihre eigenen Irrfahrten, die vielen Erfolge ihrer Weisheit und die vielen Siege ihrer Tapferkeit nicht der Vergessenheit und dem Schweigen anheimfallen, sondern fügte Gleichnisse,

---

58 Ray 1976; vgl. dazu auch die Bemerkungen von Hoffmann 2000, 187–194; Dousa 2002, 158–159 u. 166–167; Quack 2005, 91–92; Stadler 2012, 74–81.
59 Vgl. dazu Bergman 1968a, 181–188.

Andeutungen und Abbilder[60] der leidvollen Ereignisse von damals in hochheilige Einweihungsriten ein und stiftete damit Lehren der Frömmigkeit und Trost für Männer und Frauen in ähnlichen Nöten. Sie selbst aber und Osiris wandelten sich kraft ihrer tätigen Bewährung von guten Dämonen zu Göttern...

Damit wird ein mythisches, göttliches Modell für die persönliche psychologische Entwicklung durch Leid und seine Überwindung geboten, das durch die Teilnahme am Kult, wohl insbesondere an den Mysterien, mitvollzogen werden konnte und somit als Ventil fungierte.[61]

Ist Isis in Plutarchs Einleitung die Führerin zur **philosophischen** Erhöhung des Menschen, so könnte man sie hier als Vorbild zu seiner **psychischen** Entwicklung sehen.

Dieses Konzept lässt sich anhand von Plutarchs allegorischer Ausdeutung des Mythos als Beispiel für seine platonische Ontologie weiter ausführen:

2.7 Isis als weibliches Schöpfungsprinzip, das zum Guten strebt

- Plut. *Isid.* 53, 372E–F:

    Isis ist die weibliche Seite der Natur, das heißt: das, was jegliches Werden in sich aufnimmt, in dem Sinne, wie sie von Platon ‚Amme' und ‚allempfangend' genannt wird (...). Sie besitzt aber einen angestammten Drang nach dem Ersten und Obersten von allem (= Osiris), welches mit dem Guten identisch ist; nach diesem begehrt und strebt sie. Für beiderlei Kräfte bildet sie den Raum und Stoff, neigt aber doch stets aus eigenem Antrieb zum Besseren (...)

- Plut. *Isid.* 54, 373A–B:

    die Abbilder (des Seienden, Guten) (...) werden von der Macht der Unordnung und Störung erfaßt, die aus den Regionen in der Höhe zu der unsrigen verbannt ist und gegen Horus kämpft, welcher der sinnliche Kosmos ist, den Isis als Abbild des intelligiblen Kosmos gebiert.

---

60 Zu möglichen Deutungen der einzelnen von Plutarch genannten Medien siehe rezent Gasparini 2011, 711.
61 Vgl. die psychologische Interpretation von Plutarchs *De Iside* durch Schilm 1999. Auch Firm. *err.* 22, überliefert einen Ausspruch in ähnlichem Sinne: „Seid mutig, Mysten; da der Gott gerettet ist, so wird auch uns nach Leiden Heil." Siehe dazu Junge 1979, 108.

- Plut. *Isid.* 58, 374F–375A:

 Im Anschluß hieran hat man sich vorzustellen, daß die Göttin Isis an dem ersten Gott in dieser Weise stets Anteil hat und ihm beiwohnt aus Liebesverlangen nach dem Guten und Schönen, das ihm zu eigen ist; sie ist kein Gegenpol zu ihm, sondern – wie wir von einem wohlgesitteten und rechtschaffenen Mann sagen, daß er in allem Anstand verliebt ist, und von einer braven Frau, die mit einem Mann verheiratet ist und Verkehr hat, dennoch sagen, daß sie ihn begehre, – so verlangt Isis stets nach Osiris, hängt an ihm und wird von ihm mit seinen wesentlichsten und reinsten Teilen erfüllt.

- Plut. *Isid.* 64, 377A–B:

 vielmehr treffen wir wohl das Richtige, wenn wir (...) die Ordnung, das Gute und Nützliche als Werk der Isis und als Abbild, Nachahmung und Logos des Osiris verehren und achten. (...) Was auch immer die Natur an Schönem und Gutem enthält, das hat sie ihnen zu verdanken: Osiris stiftet dafür die Grundprinzipien, Isis nimmt diese auf und vermittelt sie an die einzelnen Wesen.

- Plut. *Isid.* 78, 383A:

 Menschliche Seelen (...) haben keine Gemeinschaft mit dem Gott, außer daß sie ein undeutliches Traumbild von ihm erfassen durch Denken mit Hilfe der Philosophie. Aber wenn sie, vom Körper gelöst, hinübergehen zum Unsichtbaren, Unanschaubaren, Leidlosen, Reinen, dann ist dieser Gott ihnen Führer und König; sie hängen gleichsam an ihm (*vgl. Aussage über Isis in 375A!*), sie schauen und ersehnen ohne Sättigung die für Menschen unaussprechliche, nicht mitteilbare Schönheit. Nach ihm, so besagt die alte Lehre, begehrt Isis stets in Liebe, sie eilt ihm nach, vereinigt sich mit ihm und erfüllt hier bei uns alles, was am Werden teilhat, mit lauter Schönem und Gutem.

vgl. auch:
- Plut. *Isid.* 40, 367A: (Isis hat Typhon nicht ganz zerstört)
- Plut. *Isid.* 56, 373F: (Osiris, Isis und Horus als Seiten des perfekten Dreiecks)

Isis ist nach dieser Auffassung die Vermittlerin zwischen der Welt der Ideen (Osiris) und der sinnlich erfahrbaren Welt (Horus); sie gebiert bzw. erschafft letztere geradezu nach dem Vorbild der ersteren.[62] Da sie selbst zum Guten, dem obersten Gott, hinstrebt, vermittelt sie dies auch an die irdischen Wesen weiter. Gleichzeitig ist sie milde gegenüber Typhon und vernichtet dieses chaotische, zerstörerische Prinzip nicht ganz, um das notwendige Gleichgewicht der Welt zu halten (*Isid.* 40, 367A).[63] Auch die bereits angesprochene vorbildhafte Liebesbeziehung

---

62 Zum Verständnis von Plutarchs Ontologie siehe Schoppe 1994, bes. 144–165 u. 259–269.
63 Vgl. zur Grundlage im Mythos *Isid.* 19, 358D – 20, 358E.

der Isis zu Osiris im Mythos wird hier als Metapher für das leidenschaftliche Verlangen nach dem Guten, Vollkommenen ausgedeutet. Ihr Sehnen wird in Kap. 78, das als finales Resümee von Plutarchs Deutung gelten kann, mit demjenigen der menschlichen Seelen gleichgesetzt, das jedoch erst nach ihrer Loslösung vom Körper, also nach dem Tod, ganz erfüllt werden kann. Hier fungiert Isis also schließlich als Ideal der **ethischen** Entwicklung des Menschen.

Das *tertium comparationis* der von Plutarch angebotenen Interpretationen ist jeweils die bereits durch seine griechische ‚Etymologie' des Namens Isis hervorgehobene Bewegung *(Isid.* 60, 375C–D), d. h. im Mythos die Suche der Isis nach Osiris. Dieses Grundmotiv des Suchens – und des Findens – bildet auch in vielen Quellen aus Ägypten einen zentralen Ausgangspunkt für weitere Ausdeutungen oder damit zusammenhängende Konzepte.[64] So bildet die Suche der Isis nach Osiris in mehreren Anweisungen für Divinationsrituale das mythologische Vorbild für die reale Suche des Anwenders nach einer Begegnung mit Gott (im Traum oder in einer Vision).[65]

Bevor ich, wie zuvor anhand der ‚einfacheren' Aussagen über Isis, versuchen werde, Plutarchs komplexere Konzepte der Isis als Vorbild und Führerin des Menschen anhand von Zeugnissen aus der realen Kultpraxis nachzuvollziehen, soll zunächst noch der Roman des Apuleius in die Diskussion mit einbezogen werden.[66]

3 Die inhaltlich-konzeptuelle und die textkompositorische Ebene: Apuleius, *Metamorphosen*

Lässt sich – im Hinblick auf das Isisbild – in Apuleius' *Metamorphosen* ein Bezug auf Plutarchs Abhandlung erkennen, und wenn ja, wie sieht dieser aus? Zunächst sei darauf hingewiesen, dass aufgrund der ganz anderen literarischen Gattung –

---

[64] Bereits Griffiths 1970, 101 führt die Möglichkeit original ägyptischer Einflüsse auf solche allegorischen Ausdeutungen an und vergleicht dafür z. B. die Geschichte von der Blendung der Wahrheit, mit den allegorischen Charakteren ‚Wahrheit', dessen Sohn und ‚Falschheit', die wohl Osiris, Horus und Seth entsprechen.
[65] pMag. LL, 1,1–3,35; 6,1–8, 11; 28,11–15; PGM XXIVa.
[66] Vgl. zu der Stelle Plut. *Isid.* 27, 361D–E (s. o., „Isis als Vorbild in Lebenskrisen") im Vergleich mit den griechischen und lateinischen ‚Isisromanen' insgesamt auch Merkelbach 2001, 340.

philosophischer Traktat vs. Roman mit burleskenhaften Zügen – das Thema natürlich in ganz anderer Weise präsentiert wird.[67] Die Basisgeschichte von Apuleius' Roman um einen Menschen, der in einen Esel und schließlich wieder zurückverwandelt wird, beruht auf einer bereits länger bekannten Erzähltradition. Diese könnte nach Griffiths möglicherweise ihren Ursprung in einem Volksmärchen aus Ägypten haben,[68] da der dumme, triebgesteuerte Charakter des Esels auf die ägyptische Auffassung dieses Tiers als Verkörperung des Seth zurückgeht, die auch von Plutarch beschrieben wird.[69] Tatsächlich bestehen einige Parallelen zu einem demotischen, ptolemäerzeitlichen Papyrus mit einem burleskenhaften Kultspiel um einen Seth verkörpernden Esel, das wohl im Rahmen der Choiakriten aufgeführt wurde.[70] Der von verschiedenen Kommentatoren der *Metamorphosen* als problematisch im Hinblick auf das 11. Buch, das sog. ‚Isisbuch', empfundene satirisch-komische Ton des Werkes[71] widerspricht also keinesfalls realem ägyptischem Kult. Vielmehr ist er den darin zu vermutenden Vorlagen sogar bereits inhärent. Auch das Thema der Magie und der magischen Verwandlungen ist gut aus ägyptischen narrativen Texten bekannt.[72] Gleich im Prolog, dem neben dem 11. Buch meist diskutierten Teil des Werkes,[73] spricht Apuleius von einem „ägyptischen Papyrus, beschriftet mit der Raffinesse einer

---

67 Vgl. dazu auch Walsh 1981, 24.
68 Griffiths 1975, 22–31, zum ägyptischen Hintergrund.
69 *Isid.* 30, 362E – 31, 363D; 49–50, 371C.
70 Edition Gaudard 2005. Vgl. zur Parallele bereits eine kurze Bemerkung bei Rutherford 2013, 31 Anm. 46.
71 Zur Deutungsproblematik und den kontroversen Interpretationen des Isisbuches sowie des Gesamtwerkes siehe den Überblick bei Harrison 1996, 506–509 mit Harrisons eigenem Interpretationsversuch S. 510–516; außerdem Harrison 2011, bes. 76; van Mal-Maeder 1997; Graverini 2011. Einen gewissen Konsens hat eine generell vielschichtige Deutung erreicht, die sowohl die literarische, stilistische und humoristisch-unterhaltende Intention berücksichtigt als auch geschickt eingewobene ernstere philosophische (speziell platonische) und religiöse Motive, Rätsel und Gedankenspiele in diesem literarischen Rahmen anerkennt. Ich möchte hier nicht näher auf dieses Thema eingehen, da mein Hauptanliegen ist, zu zeigen, dass Apuleius solide Kenntnisse der kaiserzeitlichen Isis und ihrer Grundlagen in Ägypten besaß und wie er diese verarbeitet hat, und nicht, was er selbst davon hielt oder mit der Gestaltung dieses Themas letztlich bezweckte. Zur Frage von autobiographischen Zügen des Werkes siehe aber z. B. Griffiths 1975, 3–6; speziell zum plötzlichen Verweis auf den „Mann aus Madauros" am Ende des Werkes W. Smith 2011.
72 Vgl. Griffiths 1975, 22–23.
73 Dem Prolog allein ist ein ganzer Sammelband von Aufsätzen gewidmet: Kahane/Laird 2001.

Nilbinse",⁷⁴ was einerseits auf die Nutzung ursprünglich ägyptischer Quellen, andererseits auf die Thematik des letzten, des 11. Buches hinweisen könnte.

Apuleius konnte mindestens für die Basisgeschichte auf eine wenig früher entstandene griechische Verarbeitung des Stoffes, vorgeblich durch Lukian (Lucius oder der Esel), zurückgreifen, die uns nur noch in Form einer Epitome erhalten ist.⁷⁵ Anhand von dieser wird üblicherweise angenommen, dass Apuleius mindestens sowohl die ausführliche, tiefgründige Geschichte von Amor und Psyche (4,28–6,24)⁷⁶ als auch das sog. ‚Isisbuch', das die schließliche Erlösung des Lucius durch Einweihung in den Isis- und Osiriskult thematisiert, selbst hinzugefügt hat.⁷⁷

3.1 Bezüge zu Plutarch

Immer wieder ist von Kommentatoren auf Bezüge des Apuleius auf Plutarch hingewiesen und der Roman bzw. einzelne Teile m. E. überzeugend vor dem Hintergrund der auch von Apuleius vertretenen platonischen Philosophie interpretiert worden.⁷⁸ Gleich zu Beginn der Erzählung – unmittelbar nach dem Prolog – wird sogar ein expliziter Hinweis auf Plutarch gegeben, denn der Ich-Erzähler behauptet, dass er auf mütterlicher Seite mit diesem verwandt sei (wobei er ihn allerdings fiktiv in Thessalien verortet).⁷⁹ Auch Parallelen und Übereinstimmungen in den Beschreibungen der Realia des Kultes wie z. B. der Priestertracht, Fastengeboten und der Kultbilder sind häufig festgestellt worden, wobei allerdings auch zu bedenken ist, dass es sich teilweise um zu dieser Zeit allgemein gut bekannte Fakten bzw. Topoi handelte, die in der griechisch-römischen Literatur gerne aufgegriffen wurden.⁸⁰

---

74 Vgl. dazu Griffiths 1975, 27–28; Fick-Michel 1991, 259–260; Grimal 1971; Harrison 2013; Drews 2011, 131, mit verschiedenen, teils auch sich überschneidenden Deutungen der Stelle. Die deutschen Übersetzungen der Auszüge richten sich nach Brandt/Ehlers 2012 und Griffiths 1975, wurden von mir an einigen wenigen Stellen aber modifiziert.
75 Siehe dazu Harrison 1996, 500–502.
76 Merkelbach 1962, 1–55, deutete die Geschichte von Amor und Psyche als exakte Allegorie der Isis-Initiation (Buch XI) selbst, was heute trotz der Anerkennung grundsätzlicher Parallelen zu Lucius' Geschichte als Ganzem zu Recht skeptisch betrachtet wird; vgl. z. B. Harrison 1996, 507.
77 Griffiths 1975, 3.
78 Wichtige Grundlagen z. B. bereits bei Walsh 1981.
79 Apul. *met.* 1,2. Wiederholt in 2,3. Vgl. zu dieser Stelle z. B. Finkelpearl 2011, 199.
80 Vgl. die Übersicht der Übereinstimmungen bei Griffiths 1970, 49–51.

Wie stellt sich aber das Bild der Isis bei Apuleius dar? Hier wurden von bisherigen Forschern eher Unterschiede als Gemeinsamkeiten festgestellt und hervorgehoben.[81] Im Folgenden möchte ich anhand einiger der bereits für Plutarch besprochenen Charakteristika der Isis zeigen, wie nahe sich die Isis-Bilder der beiden Schriftsteller tatsächlich stehen.

3.2 Isis als Mondgöttin

Die erste Begegnung des Lucius mit Isis erfolgt am Strand von Kenchreai, wohin er sich, am Tiefpunkt seines Lebens angekommen, geflüchtet hat und zunächst einschläft. Plötzlich aufgeschreckt, ruft er verzweifelt den aufgegangenen Vollmond mit den Namen verschiedener griechischer Göttinnen an, ihn zu erlösen, da er den wahren Namen der Gottheit, wie er selbst zugibt, noch nicht kennt:

- Apul. *met.* 11,2:

    Königin des Himmels, (...) mit welchem Namen immer, nach welchem Brauch immer, unter welcher Gestalt immer man dich rufen muß (...)

Trotz seines angeblichen Unwissens charakterisiert er aber ganz wie Plutarch den Mond als die Welt lenkende und mit Leben erfüllende Gottheit:

- Apul. *met.* 11, 1:

    Auch fühle ich mit Sicherheit, wie die Göttin droben all-erhaben waltet; wie sie die Menschenwelt ganz mit ihrer Obhut lenkt; wie nicht nur, was kreucht und fleucht, sondern selbst das Unbeseelte von ihrer Helle und ihrem heiligen Willen Leben empfängt..."

vgl. Plut. *Isid.* 43, 368C

An der Schwelle zwischen Wachen und erneutem Schlaf erscheint ihm schließlich die Göttin in Person, und auch in der ausführlichen Beschreibung ihres Erscheinungsbildes äußert sich ihre Verbindung zum Mond:

---

81 Z. B. Van der Stockt 2011, 180; Fick-Michel 1991, 495 Anm. 1; Griffiths 1975, 51.

– Apul. *met.* 11, 3:

In seiner Mitte über der Stirn ließ eine runde Scheibe wie ein Spiegel, nein, wie ein Modell des Mondes, schimmerndes Licht erstrahlen.

Für die bereits diskutierte Verbindung der Isis zum Mond, aber auch konkret die gleichzeitige Konnotation eines Spiegels lässt sich eine weitere Anrufung aus den griechischen magischen Handbüchern heranziehen (die „Anrufung an den abnehmenden Mond" PGM IV 2241–2358).[82] Darin wird die nächtliche Göttin aufgefordert, sich im Spiegel zu betrachten, in welchem sie sodann die „Schönheit der Göttin/Herrin des Nils (Νειλωίτιδος)" erblicken werde (2297–2298). Spiegel werden tatsächlich im ägyptischen Tempelritual häufig als Gaben an Isis oder Hathor gereicht, wobei die Begleittexte üblicherweise ihren Charakter als leuchtende Gestirnsgottheit, d. h. als Verkörperung der Sothis und damit dem weiblichen Gegenstück zum Sonnengott, betonen.[83] Tatsächlich werden der Göttin auch in Apuleius' Beschreibung des Festes *Navigium Isidis* in Kap. 9 Spiegel von Kultdienerinnen entgegen gehalten.[84] Die genannten ägyptischen Traditionen könnten unter griechischem Einfluss in einen lunaren Zusammenhang transponiert worden sein.

3.3 Farbkontraste in Isis' Kleidung

Die Kleidung der erscheinenden Göttin wird ähnlich wie bei Plutarch vor allem mit Kontrasten zwischen Hell und Dunkel beschrieben (Apul. *met.* 11,3). Sie trägt auch hier einen schwarzen Mantel, der mit ihrer eigenen Trauer um Osiris konnotiert ist. Für Lucius bringt Isis Licht ins Dunkel der Trauer;[85] die Metapher der Hell-Dunkel-Kontraste wird im Text immer wieder aufgenommen, z. B. in Kap. 7: „Da weicht das schwarze Nachtgewölk und golden steigt die Sonne empor."

---

[82] Zu diesem Zauberspruch, in dem unter anderem auch Thoth als Vater der Isis auftritt, siehe E. N. O'Neil, in: Betz 1986, 78–81; Mo. Smith 1981.
[83] Vgl. z. B. die korrespondierenden Szenen *Edfou* V,77,8–17 und 173,10–174,4, siehe dazu Husson 1977, 83–86. Vgl. auch die Anrede der Hathor-Tefnut als „goldener Spiegel" in pMag. LL, 12, 24, siehe dazu Quack 2009, 145.
[84] Auch Fick-Michel 1991, 515, stellt die motivische Verbindung beider Stellen in den *Metamorphosen* fest, allerdings ohne weitere Interpretation.
[85] Zum erleuchtenden Charakter der Isis und ihrer Einweihung vgl. Podvin 2011, 179–180.

3.4 Isis als Vielnamige und universelle Göttin

In ihrer an Lucius gerichteten Rede im Stil einer Aretalogie stellt Isis sich ganz als die eine, universelle aber vielnamige Göttin dar, die auch Plutarch für alle Völker als gemeinsam postuliert.

Tab. 2: Isis als Vielnamige und universelle Göttin bei Apuleius und Plutarch

Stelle	Apuleius	Stelle	Plutarch
11, 5	„Ich (...), die eine/einheitliche Form (*facies uniformis*) aller Götter und Göttinnen, (...) deren eine/einzige Gottheit (*numen unicum*) von der ganzen Welt verehrt wird in variierenden Formen (*multiformi specie*), in unterschiedlichen Riten (*ritu vario*) und mit vielen, verschiedenen Namen (*nomine multiiugo*)."	53, 372E	„...im allgemeinen Sprachgebrauch aber ‚Zehntausendnamige' (μυριώνυμος) (genannt wird), insofern sie unter dem Einfluss des Logos alle möglichen Gestalten und Formen annimmt."
		66, 377C	„alle haben und kennen eine Isis und die mit ihr verbundenen Götter; manche haben sie zwar erst vor kurzem mit ihren ägyptischen Namen zu nennen gelernt, aber ihre Bedeutung kennen und ehren sie seit je."
		67, 377F	„für all diese Wesen gibt es verschiedene Ehren und Benennungen bei den verschiedenen Völkern nach ihrem Brauch..."

Daran schließt sich eine Aufzählung ihrer Namen bei verschiedenen Völkern nach Vorbild ägyptischer und griechischer kulttopographischer Isis-Litaneien an, an deren Ende jedoch – wie bei den Zeugnissen aus dem realen Kult – ihr „wahrer" ägyptischer Name Isis steht:[86]

- Apul. *met.* 11,5:

    (...) doch die Äthiopier (...), Afrikaner und die Ägypter, die durch ihre ursprüngliche Lehre herausragen, verehren mich mit meinen eigenen Riten und geben mir meinen wahren Namen ‚Königin Isis'.

---

[86] Siehe dazu Nagel 2017; Nagel 2013, 161–162.

3.5 Isis als Kuh und allesgebärende Mutter

In Kap. 11, bei der Beschreibung der Festprozession anläßlich des *Navigium Isidis*, nennt Apuleius ein Abbild der Isis in Kuhgestalt, das er als Fruchtbarkeits-Sinnbild der göttlichen Allmutter deutet:

– Apul. *met.* 11,11:

    eine Kuh als Fruchtbarkeits-Sinnbild der göttlichen Allmutter

Plutarch erwähnt die Erscheinungsform der Isis als Kuh an mehreren Stellen (s. o.). Apuleius' Interpretation als Abbild der fruchtbaren Mutter von allem (*omniparentis deae fecundum simulacrum*) kommt Plutarchs Verständnis der Isis als weibliches, die ganze erfassbare Welt gebärendes Prinzip sehr nahe. Mit ganz ähnlichen Worten kennzeichnet sich die Göttin selbst in ihrer aretalogischen Vorstellung in Kap. 5:

– Apul. *met.* 11,5:

    Mutter der Natur, Herrin aller Elemente, Keimzelle der Geschlechter
    (*rerum naturae parens, elementorum omnium domina, saeculorum progenies initialis*)

In Ägypten konnte Isis mit verschiedenen kuhgestaltigen Göttinnen gleichgesetzt werden, darunter die um Osiris trauernde Schentait, die wohl mit der in schwarzes Tuch gehüllten Kuh bei Plut. *Isid.* 39, 366E gemeint ist. Ein Text im römerzeitlichen Isis-Tempel von Deir el-Schelwit in Theben lobt sie dagegen als urzeitliche Himmelskuh, die der Deutung bei Apuleius entspricht: „die Himmelskuh, die gebiert, ohne geboren worden zu sein".[87]

3.6 Isis als Helferin und Vorbild bei menschlicher Überwindung von Leid und ‚typhonischen' Eigenschaften

Die Hauptfunktion der Isis innerhalb der persönlichen Geschichte des Protagonisten Lucius ist jedoch die der gütigen, mitleidsvollen Retterin, die eingreift, um seinem Leben die entscheidende Wendung zu geben. Als Lucius am Strand von Kenchreai die ihm noch unbekannte Göttin anfleht, ist er am Tiefpunkt seines

---

[87] Zivie-Coche 1982, Nr. 11. Vgl. auch den oben bereits angeführten „Mondzauber des Claudianus" (PGM VII 862–918, siehe Anm. 26), der Aphrodite/Hathor-Isis von Aphroditopolis, die dort in Kuhgestalt verehrt wurde, als Herrin des Universums lobt.

Lebens angekommen und äußert am Ende seines Gebets sogar seinen geschwundenen Lebenswillen bzw. Todessehnsucht:

– Apul. *met.* 11,2:

„'...erlaube mir wenigstens zu sterben, wenn ich schon nicht wirklich leben darf!

Isis selbst antwortet ihm nach ihrer bereits erwähnten Selbstvorstellung:

– Apul. *met.* 11,5:

„Aus Erbarmen mit deinen Nöten bin ich da, bin da in Huld und Gnade. Laß jetzt das Weinen und laß gehen die Klagen, den Gram wirf ab! Jetzt dämmert dir dank meiner Vorsorge (*providentia*) der Tag des Heils herauf."

Dabei offenbart sich ihre Macht über das menschliche Schicksal und sie wird im Kontrast zur ‚blinden, grausamen Fortuna' als vorsorgende, mitfühlende Providentia dargestellt.[88] Nach Lucius' Rückverwandlung in einen Menschen durch einen Kranz aus Rosen, den er aus der Hand des Hohepriesters bei der Festprozession frisst (Apul. *met.* 11,13),[89] fasst der Priester seine Irrungen und die schließliche Wandlung mit Hilfe einer Seefahrts-Metapher zusammen:

– Apul. *met.* 11,15:

„Viele Leiden mancher Art hast du bestanden, heftige Stürme des Schicksals und die heftigsten Orkane haben dich umhergetrieben; aber endlich, Lucius, bist du zum Hafen des Friedens und zum Altar des Erbarmens gelangt. Nirgends waren dir deine Abkunft, wenigstens dein Stand oder selbst deine prächtige Bildung nütze; sondern in haltlos-unreifem Jugendungestüm bist du in niedere Wollust gefallen und hast für unangenehme Neugier schlimmen Lohn davongetragen. (...) In seine Obhut hat dich jetzt ein Schicksal aufgenommen, aber ein sehendes, dessen Lichtglanz auch die anderen Götter bestrahlt."

Die Rede des Priesters, die häufig auch als Makarismus – Seligpreisung – bezeichnet wird, offenbart Lucius' vergangene Sünden, die er aufgrund seiner un-

---

88 Siehe zu der zentralen Verbindung der Isis mit Providentia in den *Metamorphosen* (im Kontext anderer, auch ägyptischer Quellen) besonders Bergman 1968b; rezent auch Dousa 2002, 175–180; Alvar 2008, 28–29; Graverini 2011; Sternberg-El-Hotabi 2008; ferner Drews 2011.
89 Zur Deutung der Rose – ein Motiv, das auch in den vorigen Büchern der *Metamorphosen* immer wieder erscheint – und ihrem Bezug zum Isiskult siehe Koemoth 2011; zur ägyptischen und griechisch-römischen Symbolik Amigues 2001, 431–434.

reifen Jugend begangen hat: Wollust und unangebrachte Neugier. Die Einweihung in den Isiskult soll ihn lehren, sich zu mäßigen und ein neues Leben zu beginnen, das der Gottheit gewidmet ist.

Auch Lucius' eigenes Dankgebet an die Göttin in Apul. *met.* 11,25 bringt ihre Fürsorge den leidenden Menschen gegenüber zum Ausdruck:

- Apul. *met.* 11,25:

    „Heilige Frau und Menschheitsretterin immerdar, allzeit hilfreicher Hort der Erdenkinder, ja du erweist süße Mutterliebe den Elenden und Geschlagenen! Nicht Tag noch Nacht oder auch nur ein einziger Augenblick vergeht ohne deine Gnadenwirkung; keiner, da du nicht zu Meer und Land die Menschen behütest, Gewitter des Lebens verscheuchst und deine Rechte zur Hilfe reichst, sie, die selbst unentwirrbar verstrickte Parzenfäden auflöst, Schicksalsstürme besänftigt und böse Sterne in ihrem Lauf hemmt. (...)"

3.7 Isis als Führerin zu Osiris

Lucius ließ sich bei seinen Abenteuern den Worten des Priesters zufolge von zwei Faktoren antreiben: sexuellem Trieb und Neugier; es handelte sich also um eine Jagd nach Eros und Erkenntnis,[90] allerdings eine fehlgeleitete, die nicht der von Plutarch propagierten höheren Erkenntnis des Göttlichen diente. Zu dieser wird Lucius erst im 11. Buch durch das Eingreifen der Isis bekehrt. Die Grundthemen von Plutarch sind bei Apuleius also ebenfalls zentral: die Suche der Seele nach dem wahren Göttlichen und vollkommenen Schönen und Guten, das Lucius schließlich in der Schau der Götter Isis und Osiris erkennt, wie die euphorische Beschreibung ihrer Traumerscheinungen sowie ihrer Götterbilder deutlich macht.[91] Um sein Leid sowie seine ethisch unvollkommene, typhonische Natur (symbolisiert durch die Eselsgestalt) zu überwinden, muss er, wie der Priester ihn mehrfach ermahnt, seine Neugier und Ungeduld zügeln und sich durch enthaltsames, asketisches Leben (11,21) auf drei mit einigem Abstand aufeinander folgende Einweihungen vorbereiten. Außerdem wird ihm dadurch eine Belehrung zuteil (11,27) und er erhält den Ansporn, mit einer Anwaltstätigkeit Geld zu verdienen, um seine Armut zu überwinden und schließlich sogar in gewissem Wohlstand zu leben (11,28 und 30). Die asketischen Verhaltensregeln sind laut Plutarch (*Isid.* 2–3) ein Hilfsmittel der Isis, mit dem sich die Eingeweihten auf die Suche nach Wahrheit bzw. Osiris konzentrieren können:

---

90 Zu diesen Leitthemen vgl. Griffiths 1975, 53; Fick-Michel 1991, 386–391.
91 Zur Interpretation der Abenteuer des Lucius als Suche nach dem Guten und Schönen siehe die Analyse von Fick-Michel 1991, vgl. auch die vorige Anm. 90.

- *Isid.* 2, 351F–352A

  Da vollzieht sich ein Göttlich-Werden, welches durch eine stets maßvolle Lebensführung und mancherlei Enthaltungen von Speisen und Liebesverkehr das zuchtlose, auf Lust gerichtete Element beschneidet und die Menschen gewöhnt, in einem kargen und strengen Dienst im Heiligtum auszuharren, wobei das Ziel die Erkenntnis des Ersten und Eigentlichen und Intelligiblen ist.

Auch in Apuleius' Roman führt Isis Lucius schließlich hin zu Osiris, der sich gegen Ende als höchster Gott identifiziert:

- Apul. *met.* 11,30:

  „Schließlich erschien mir nach einigen wenigen Tagen im Traum der Gott, der von den großen Göttern der mächtigste ist und von den mächtigsten der höchste und von den höchsten der größte und bei den größten König, Osiris.[92] Er zeigte sich nicht unter irgendeiner fremden Maske, sondern von Angesicht zu Angesicht würdigte er mich seiner ehrfurchtheischenden Ansprache und Zusage."

Zum Schluss tritt Lucius sogar selbst in das Kollegium der Pastophoren des Osiris ein (Apul. *met.* 11,30),[93] wird also vom Feind des Osiris (dem Esel/Typhon) zu seinem Diener. Bei Plutarch sind es drei ontologische Grundlagen Osiris, Isis und Horus, die zusammen gegen den Antagonisten Typhon stehen. Die Zahl 3 wird auch durch seine geometrische Metapher der drei Gottheiten/Prinzipien als perfektes Dreieck hervorgehoben (Plut. *Isid.* 56, 373F). Des weiteren wurde oben dargelegt, dass Isis bei Plutarch den Menschen auf drei Ebenen anleitet: einer psychologischen, einer ethischen und einer philosophischen. Diese Zahl findet sich auch bei Apuleius wieder, in den drei Einweihungen – von denen wir nicht wissen, ob sie tatsächlich im Isis- und Osiris-Kult der Römerzeit üblich waren.[94] Vor der dritten Initiation sagt ihm ein Traumgesicht:

---

92 Vgl. zu den Titeln des Osiris Griffiths 1975, 65 u. 341–342; Brenk 2001, 89.

93 Zum Kollegium der Pastophoren in Rom, das Apuleius zufolge auf die Zeit Sullas zurückgeht, siehe z. B. Bricault 2012, 91–93; zum Amt und seiner Bedeutung jüngst Hoffmann/Quack 2014. Vgl. zur Rolle des Pastophoren bei Apuleius auch Egelhaaf-Gaiser 2011.

94 Vgl. zu dieser Problematik Griffiths 1975, 337; Fick-Michel 1991, 506–508; Malaise 1986; generell kritisch zu den Einweihungen bei Apuleius Steinhauer 2017. Immerhin deutet auch Diodor 1,96,5 an, dass es separate Riten für Osiris (die mit denen des Dionysos identisch seien) und der Isis (die denen der Demeter ähnlich seien) gab. M. E. ist es nicht unwahrscheinlich, dass es mehrere Einweihungen gab, die unterschiedliche Abstufungen von Spezialwissen über die ägyptischen Kulte, ihren Mythos und ihre Theologie lehrten. Dies dahingestellt, halte ich die von Apuleius angegebene Anzahl der drei Einweihungen im Kontext des Romans für eine eher symbolische.

- Apul. *met.* 11,25 (Auszug):

    „frohlocke lieber, dreimal zu sein, was anderen höchstens einmal vergönnt wird, und entnimm – du darfst es – aus dieser Zahl die Gewißheit deiner ewigen Seligkeit."

Die drei Einweihungen sind nicht systematisch, aber doch insgesamt ebenfalls mit einem psychologischen sowie moralisch-ethischen Fortschritt des Lucius verbunden,[95] und letztlich gewinnt er auch an Wissen, wie die Erwähnung von Belehrungen und seine Weiterbildung als Anwalt zeigen.

4 Isis als Vorbild und Leiterin der Menschen in ägyptischen Quellen

Wie stellt sich das oben dargelegte, bei Plutarch und Apuleius zentrale Konzept der Isis als Vorbild und Leiterin der Menschen auf ihrem persönlichen Lebensweg nun in den ägyptischen Quellen dar? Am ergiebigsten für diese Frage sind demotische und griechische Zeugnisse der privaten Gebets- und Weihepraxis, z. B. Graffiti und Votivinschriften, außerdem aufwendigere Textkompositionen mit Hymnen an Isis. Daneben lässt sich gerade in demotischen literarischen Texten häufig eine gewichtige Rolle der Göttin erkennen, die durch strafendes oder helfendes direktes Eingreifen eine Wendung des Geschehens herbeiführt. Damit liegt also auch eine gattungsmäßige Parallele zu Apuleius' *Metamorphosen* vor.

4.1 Tempelinschriften

Selbst in den offiziellen Wandinschriften der ägyptischen Tempel, die an sich weniger auf den Menschen ausgerichtet sind, finden sich vereinzelt allgemeine Abschnitte, die sich um die persönliche Fürsorge der Isis drehen. So lobt ein Text in Dendara sie:

   die Wesirin, die Gebieterin der Beiden Länder, die Herrin der rechten Ordnung,
   die für den sorgt, der nicht ihren Grund verläßt (= der nicht illoyal ihr gegenüber ist),
   die den behütet, den sie liebt, am Tag des Schlachtfeldes,
   die das Kommende verkündet, das geschehen wird in ferner Zeit,

---

95 Dies wurde in der Forschung häufig bestritten, vgl. Finkelpearl 2011, 194, die selbst annimmt, dass bei Apuleius bzw. Lucius vor allem Emotionen und religiöse Erfüllung im Mittelpunkt stehen.

in deren Hand das Leben ist, in deren Faust die Gesundheit ist,
nicht kehrt man das um, was aus ihrem Mund kommt (= man widerspricht ihr nicht),
die vortreffliche Beschützerin derer mit Besitz und der Besitzlosen.

(*Dend.* I, 81, 15–82, 6)

Was hier, im Kontext des Tempels, verallgemeinert erscheint – Isis' Zuständigkeit für Gerechtigkeit bzw. die Weltordnung, Leben und Gesundheit, Schutz und Sorge für ihre Anhänger gleich welchen Standes und ihre Kenntnis der Zukunft – wird in den privaten und literarischen Zeugnissen auf konkrete Einzelpersonen zugeschnitten. Da das 11. Buch der *Metamorphosen* aufgrund der bereits hervorgehobenen Gattungsmerkmale eine bessere Basis für einen Direktvergleich konkreter Beispiele bietet, möchte ich die entsprechenden Stellen zum Ausgangspunkt nehmen.

4.2 Demotischer Krugtext

So besteht eine besonders enge und auffällige Parallele zur Isiserscheinung am Strand von Kenchreai (Apul. *met.* 11,2–5) in einer auf einen Krug geschriebenen demotischen Geschichte wohl des 1. Jhds. v. Chr., die ebenfalls aus der Ich-Perspektive erzählt wird.[96] An der entscheidenden Stelle befindet sich der Ich-Erzähler namens Chalamenti ebenfalls am Tiefpunkt seines Lebens: ohnehin arm und hungrig, wurde er außerdem von einer Schlägertruppe seines reichen Bruders fast zu Tode geprügelt und irgendwo liegen gelassen. Wie bei Lucius am Strand bricht schließlich die Nacht herein und Chalamenti sieht über sich plötzlich die „Erscheinungen der Isis, der Großen, der Gottesmutter, der großen Göttin" (Z. 19–20) und betet die „große [Isis] (?)" an. Der Formulierung nach dürften nächtliche Himmelskörper (Sothisstern, Mond, Sterne...?) mit den „Erscheinungen" gemeint sein,[97] was an Lucius' Anbetung des Vollmondes als Göttin erinnert. Chalamenti bittet Isis, seinen Rechtsstreit mit dem Bruder zur Kenntnis zu nehmen. An Stelle einer Antwort findet er augenblicklich ein Goldobjekt, möglicherweise ein Diadem, an seinen Augenbrauen(?).[98] In dem anschließenden überschwänglichen

---

96 Edition Spiegelberg 1912, 18–21, Krug B, Z. 9–21; vgl. die verbesserte Übersetzung von J. F. Quack, in: Hoffmann/Quack 2007, 178–180; Quack 2005, 145–146; außerdem Quack 2004a, 73; Quack 2003, 356; Thissen 2004, 587–594, Nr. 72. Zur Datierung in das 1. Jhd. v. Chr. an Stelle des 1.–2. Jhd. n. Chr. (Spiegelberg) siehe Collombert 2002, 60.
97 Quack 2005, 146; Hoffmann/Quack 2007, 180, Anm. 303.
98 *inḥ*. Übersetzung nach Hoffmann/Quack 2007, 180. Thissen 2004, 589, fasst dagegen das Wort trotz des Fleischdeterminativs wie zuvor Spiegelberg 1912, 45, Anm. 137, als Verb *inḥ* –

Dankgebet an die Göttin behauptet Chalamenti noch, dass das Objekt zuvor verloren gegangen war. Da der Krug, auf den der Text aufgezeichnet ist, danach abbricht, ist unbekannt, wie genau die Geschichte ausgeht, aber das Objekt ist sicherlich als Schlüssel zur glücklichen Wendung anzusehen, parallel zu dem Kranz aus Rosen für Lucius.

4.3 Götterbrief

Die in dem Krugtext geschilderte Situation des verprügelten Unschuldigen, der Isis um Rechtsbeistand bittet, findet eine interessante Parallele in einem Zeugnis aus der realen Praxis: in einem ‚Brief an Götter' aus der Mitte des 2. Jhds. v. Chr. wendet sich ein von einem gewissen Ḥr-šn durch Raub und Gewalt Geschädigter mit ganz ähnlichen Worten wie Chalamenti flehend an Isis-Nephersais („Isis mit vollkommenem Schicksal"), dass sie ihm Recht verschaffen möge:

> „Gebieterin Isis-Ne[phersais], die [große] Göttin, du sollst (mir) mein Recht verschaffen [und meine Ent]scheidung treffen mit dem, der stärker ist als ich [...]!"
> (pKairo 31255, Z. 12–14)[99]

4.4 Weisheitstexte

Die Erzählung des Krugtextes weist außerdem eine enge Verflechtung mit Weisheitstexten auf: Sie ist in der Einleitung ausdrücklich leidenden und verzweifelten Menschen, „„...die täglich den Tod erbitten" (Z. 9–10), gewidmet, was eine belehrende Intention offenbart. Diese wird noch deutlicher durch das anschließend zitierte Sprichwort „Wer lebt, dessen Kraut wächst" (Z. 11). Dabei handelt es sich um ein wörtliches Zitat aus der Weisheitslehre des Chascheschonqi (19,16),[100] wo es unmittelbar vorher heißt:

„umgeben, umfassen" auf. Für die Interpretation als Diadem spricht zumindest die (wahrscheinliche) Platzierung an den Brauen und die Tatsache, dass Isis, die sonst nur ihre üblichen Haupttitel trägt, direkt im Anschluss als „Herrin des [Ur]äus" (Z. 21) bezeichnet wird.

99 Migahid 1986, 54–73, Nr. 4; Taf. 2–3. Zu den demotischen Briefen an Götter siehe außerdem Depauw 2006, 307–313; Quack 2008, 141–142. Zu der im Fayum verehrten Form Isis-Nephersais Quaegebeur 1975, 218; LGG IV, 233a; Kaper/Worp 1995, bes. 115–117.
100 Siehe Thissen 2004, 591; Quack 2005, 146.

> „Sei nicht kleinmütig, wenn du niedergeschlagen bist, so daß du (am Ende noch) den Tod herbeisehnst!" (19,15)

Dies passt bestens zur Situation des Krugtextes, aber auch zu der von Lucius am Strand in Apuleius' Metamorphosen: in seiner Anrufung an Isis in Kap. 2 äußert der Protagonist eben solche Todessehnsucht:

– Apul. *met.* 11,2:

> „...erlaube mir wenigstens zu sterben, wenn ich schon nicht wirklich leben darf!"

Zur Situation von Lucius und Chalamenti passt auch eine Charakterisierung der Isis in der demotischen Isishymne des pTebt. Tait 14 (und Parallelen), die von Thoth gesprochen wird und offenbar in einen literarisch-mythologischen Text eingebettet ist:

> „Ruft zu Isis, die Reichtum/Glück schafft nach [Armut/Elend?]" (x+3).[101]

Das Bild der Isis als Patronin und Vorbild des Bestehens in Lebenskrisen und anschließenden Triumphierens bestätigt sich weiter in der 17. Lehre des großen demotischen Weisheitsbuches (pInsinger, 20,14ff.).[102] Denn dort wird dazu geraten, in schwierigen Situationen durchzuhalten und nicht vor Sorge zu verzweifeln,[103] wobei als mythische Vorbilder Schicksalsschläge von Re, Horus und Isis und deren anschließende glückliche Überwindung angeführt werden. So heißt es von Isis:

> Isis erlangte Glück im Unglück am Ende dessen, was sie durchgemacht hatte.
> (pInsinger, 20,19)

---

101 Lesung und Ergänzung nach Kockelmann 2008, 33 m. Anm. S. 34. Erstedition Tait 1977, 48–53; Neubearbeitung zusammen mit weiteren zugehörigen Fragmenten und Parallelen von Quack i. Dr.
102 Siehe zu dieser Weisheitslehre Lexa 1926; Thissen 1991; Hoffmann/Quack 2007, 239–273; Quack 2005, 96–107 (zur Stelle: 103).
103 Vgl. speziell zu dieser Thematik im pInsinger Lichtheim 1983, 128–132.

4.5 Isis-Orakel des pWien D. 12006

Hierzu lässt sich eine ähnliche Stelle in einem demotischen Orakeltext (pWien D. 12006)[104] anführen, der diverse mythische Problemsituationen der Isis zum Vorbild nimmt und entsprechende Lehrsätze als Antworten anbietet.[105] So fällt innerhalb der genannten 17. Lehre des pInsinger unter anderem der Satz:

> Ein Tag ist anders als der andere bei dem, dessen Herz voll Sorge ist. (20,14)

Zumindest der Anfang desselben Satzes steht im Isisorakel in einem Spruch, der ein nicht ganz klares Problem der Isis behandelt, das ihr gewaltsames Ergreifen und wohl die erwünschte Vergeltung dafür beinhaltet (2,3–7). Isis wird zu Geduld geraten, und der Abschnitt schließt mit dem Versprechen:

> „Besitz wird nicht von dir genommen werden". (2,7)

Im nächsten Orakel, das sich auch thematisch direkt anschließt (Isis fragt „Werde ich stürzen durch Seth, wenn er mich finden wird?" 2,8), wird der Göttin nochmals versichert:

> „Wenn du besonders schwach bist, wirst du stark sein…". (2,10)

4.6 Direkte Adaption ägyptischer Isishymnen bei Apuleius

Ebendieses – Stärke in einer Situation der Schwäche – bewirkt Isis nach der demotischen Hymne des pHeid. dem. 736 vs.[106] auch selbst für Menschen, die zu ihr rufen:

> „(…) [K]omm zu mir, Isis, wie [zu den Schwachen: wenn sie zu dir rufen,] dann werden sie stark!" (Kol. x + 4–5)

Ähnliches besagt wohl auch eine Inschrift im Isis-Tempel von Deir el-Schelwit:

---

104 Edition Stadler 2004.
105 Vgl. Stadler 2004, 169.
106 Erstedition Spiegelberg 1917; Neubearbeitung durch Kockelmann 2008, 6–10 (Nr. 1); außerdem Quack 2013, 262.

stark ist der Schwache wegen ihr/für sie durch ihr Werk(?)[107]

Das gleiche Thema variieren längere Abschnitte in der demotischen literarischen Isishymne von pTebt. Tait 14 (mit Parallelen) und in zwei der griechischen Hymnen des Isidoros in Medinet Madi (Hymnen I und II).[108] In diesen sowie dem zitierten Heidelberger Papyrus (pHeid. dem. 736 vs.) findet sich jeweils ein Textbaustein, in dem die Verehrung oder Anrufung der Göttin durch verschiedene Personengruppen und deren darauf folgende Errettung aus Leid oder Gefahrensituationen systematisch aufgezählt werden – man vergleiche auch die oben zitierte Inschrift aus dem Tempel von Dendara (*Dend.* I,81,15–82,6). So heißt es in der 1. Hymne des Isidoros, dass Isis zum Tod verdammte Gefangene, an Schmerzen Leidende, Reisende in der Fremde und auf See bzw. Schiffbrüchige befreit (Z. 27–34). Weiterhin ist interessant, dass dieser Textbaustein sowohl in der literarischen demotischen als auch in der griechischen Isishymne mit einer kulttopographischen Litanei kombiniert ist, in der jeweils verschiedene Namen bzw. Erscheinungsformen der Isis an verschiedenen Orten bzw. bei verschiedenen Völkern aufgezählt werden.[109] Eine ebensolche ist ja bei Apuleius in die Selbstvorstellung der Isis in Kap. 5 integriert, und Plutarchs Ausführungen in *Isid.* Kap. 53, 372E, Kap. 66, 377C, und Kap. 67, 377F basieren auf dem gleichen Grundprinzip (s. o.). Auch der zweite Textbaustein, das Lob der Isis als Retterin verschiedener Gruppen, taucht aber bei Apuleius wieder auf, und zwar im Dankgebet des Lucius in Kap. 25 (s. o.).

Weitere Stellen, auf die in diesem Rahmen nicht näher eingegangen werden kann, zeigen ebenfalls, dass Apuleius entsprechende Texte aus der realen Kultpraxis des Isis- und Osiriskultes gut gekannt haben muss – wahrscheinlich in griechischer Übersetzung oder freier Adaption ägyptischer Vorlagen.

Isis kann die Rolle als Erretterin aus der Krise sowohl Plutarch als auch den zitierten ägyptischen Quellen zufolge deswegen einnehmen, weil sie selbst in ihrem mythischen Leben einen solchen Tiefpunkt und große Trauer (um Osiris) sowie Angst und Sorge (um Horus) erfahren hat, schließlich aber durch Hartnäckigkeit (bei der Suche nach Osiris) und Kampfeswillen (für Horus gegen Seth) wieder triumphieren konnte. Diese ‚menschliche Seite der Göttin' wird ins-

---

107 Zivie-Coche 1986, Nr. 121. Die Übersetzung ist unsicher, evtl. auch: „Stärke und Schwäche sind für sie als Werk (?)".
108 Bernand 1969, Nr. 175, I–II.
109 Dazu ausführlich Nagel 2017.

besondere in mythologischen und magischen Texten sowie der zitierten Weisheitslehre offenbar, da Isis dort als Vorbild und Präzedenzfall für den Menschen funktionalisiert wird. Wer sich in persönlicher Krise flehend an Isis wendet, dem wird – sowohl durch die Güte und Hilfsbereitschaft der Göttin als auch durch ihr eigenes beispielhaftes Vorbild – geholfen werden, so das Fazit der zitierten Texte. Entsprechend heißt es auch in dem wahrscheinlich auf ägyptische Vorlagen zurückgehenden Hymnus an Isis des pOxy. 1380:[110]

> „Du wirst gesehen von denen, die dich vertrauensvoll anrufen" (Z. 152–153).[111]

Eindringlich zeugt ein demotisches Graffito in Philae von dem Wunsch und Glauben, dass Isis den rechten Lebensweg weisen kann:

> „....unsere Herzen hängen an dir auf dem Weg, um uns auf den Pfad des Lebens zu bringen; und wir rufen zu dir zu allen Zeiten und sagen: ‚Erhöre du uns'. Ich bin dein guter Diener, Isis; es gibt keinen Pfad [ohne dich...], mein Herz hängt an dir in Ägypten, in Meroe und in den Wüsten."[112]

Ein anderes Graffito in Philae berichtet von akuten Schwierigkeiten, in denen ein Mann namens Pachom, Sohn des Lucius, und seine Angehörigen stecken.[113] Pachom bittet daher die Göttin um Gnade und Kraft, und spricht außerdem von Sünden, die er begangen hat, und denen er seine aktuelle Situation wohl zuschreibt. Auch hier sind die Parallelen zur literarischen Figur des Lucius apparent.[114] Dessen Leidensweg bis zur Erlösung durch Isis fasst in Apuleius' Werk der Isispriester mit einer Metapher der stürmischen Seefahrt und schließlichen Ankunft im sicheren Hafen zusammen (Apul. *met.* 11,15). Ein ganz ähnliches Gleichnis für das menschliche Schicksal beschreibt ein Abschnitt in dem theologisch-diskursiven Text des demotischen Mythos vom Sonnenauge, von dem andere

---

110 Vgl. dazu Stadler 2012, 109–112.
111 Vgl. zu dieser Stelle Festugière 1932; Bergman 1968b, 43.
112 Griffith 1937, Ph. 416, Z. 20–21. Ausführliche Neubearbeitung von Pope 2008/9; Übersetzung oben nach G. Vittmann, in: TLA, Stand: 12.08.2013, der die Bearbeitung von Pope berücksichtigt. Vgl. dazu auch Hoffmann 2000, 234–238; Dijkstra 2008, 135–136; Török 1978, 228.
113 Griffith 1937, Ph. 449; vgl. auch Rutherford 1998, 241; Bumbaugh 2011, 67; Übersetzung nach G. Vittmann, in: TLA, Stand: 19.08.2013.
114 Ein Sündenbekenntnis bildete möglicherweise tatsächlich einen festen Bestandteil des Einweihungsrituals in den Isiskult, siehe Quack 2002, 101, mit Verweis auf negative Sündenbekenntnisse im Priestereid und dasjenige des ägyptischen Königs zum Jahreswechsel in Verbindung mit dem Gebet an Isis, ihn von allen Übeln des vorigen Jahres zu befreien, in einer Hymne in Philae; vgl. zum Thema des negativen Sündenbekenntnisses auch Quack 1999, bes. 36–38.

Teile (Tierfabeln u.a.) ja erwiesenermaßen auch in griechischer Version belegt sind.

> Der Mensch mit seinem Geschick ist wie ein Boot, das im Fahrtwind [segelt]. Sein Geschick ist wie das sichere Ufer(?). (...) Die Änderungen des Windes sind wie die Schicksalsschläge. Der Gott ist wie der Schiffer, der es steuert. Wer wohltätig ist in seinem Erfolg, den läßt er an das sichere Ufer kommen. (...) Derjenige, dem er zürnt, den wirft er hinaus; derjenige, dem er gnädig ist, den holt er herein (pLille dem. 31, A, 32-37).[115]

Die Seefahrtsmetapher passt in den *Metamorphosen* besonders gut, da die Rettung des Lucius während des Festes *Navigium Isidis*, der Eröffnung der Seefahrtsaison, stattfindet, die unter der Obhut von Isis als Schützerin der Häfen und Seeleute steht.[116] Die Symbolik der Boots- bzw. Schifffahrt ist sowohl in der ägyptischen als auch der griechischen Vorstellung häufig bezeugt.[117] Im Ägyptischen wird das Wort *mnj* – „anpflocken" für die glückliche Ankunft im Jenseits verwendet. In diesem Zusammenhang ist zu bemerken, dass der Landepflock, *mnj.t*, konkreter *mnj.t wr.t* – „der große Landepflock", eine gängige Bezeichnung der Isis in Jenseitstexten ab den Pyramidentexten ist.[118] Noch eindeutiger drückt ihre Funktion – nämlich dem Verstorbenen (durch die Bestattung) Halt im Jenseits zu geben – der Osiris-Hymnus der Stele Louvre C 286 aus, wo sie als „Landepflock ihres Bruders" (also Osiris) bezeichnet wird.[119]

Die Funktion der Isis im funerären Bereich, ihre Sorge für Osiris und in Übertragung für den verstorbenen Menschen ist eine der ältesten und langlebigsten Rollen. Letztliches Ziel ist die Identifikation bzw. Vereinigung mit Osiris, während Isis diejenige ist, die den Toten in einen verklärten Zustand bringt und dorthin führt. Zahlreiche Texte zeigen, dass ihr in griechisch-römischer Zeit eine ähnliche Funktion für den Menschen bereits zu Lebenszeiten zugeschrieben wird. Damit ist der Bogen geschlagen von ihrer ältesten belegten Rolle hin zu Plutarchs Konzept von Isis als Führerin zu Osiris und über zeitgenössische ägyptische Quellen zur Vorstellung von Isis als derjenigen, die den Anstoß zu einer entscheidenden Wendung menschlichen Lebens geben kann.

---

115 Übersetzung nach Quack, in: Hoffmann/Quack 2007, 201.
116 Zu dieser Funktion der Isis umfassend Bricault 2006.
117 Siehe bereits Bonner 1941.
118 Siehe LGG III, 296b–c.
119 Z. 15. Vgl. Moret 1931, 741–743, Anm. 61. Eine Neuedition des Textes wurde von Daniela Luft in ihrer Dissertation zu Osiris-Hymnen vorgenommen; die Publikation ist in Vorbereitung.

5 Resümee

Das Isisbild bei Plutarch und Apuleius weist m. E. große Gemeinsamkeiten auf. Beide stellen sie als Universalgöttin dar, die allen Menschen – wenn auch unter verschiedenen Namen – gemein ist. Sie ist Mutter und Schöpferin der Natur bzw. des erfahrbaren Kosmos, und dies nach platonischer Theorie nach dem Vorbild der Idee oder des Urgottes Osiris. Dieser ist auch bei Apuleius höchster Gott, wie am Ende offenbar wird. Isis dient jeweils als Mittlerin zwischen Mensch und der höheren Idee vom Ursprünglichen, Wahren und Guten. Auf das menschliche Leben übertragen, bietet sie ein Vorbild der Überwindung irdischer Leiden und Leidenschaften durch ihr eigenes Erleben im Mythos.

Die beiden Schriftsteller geben mit diesen Grundkonzepten weder eigene Erfindungen noch einen veralteten ägyptischen Zustand des Isiskultes wieder, sondern beziehen sich auf die Entwicklung und Verbreitung des Isiskultes ihrer Zeit – in und außerhalb Ägyptens. Der Versuch, verschiedene religiöse, kulturelle und philosophische Systeme zusammenzuführen, ist dabei nicht einzig dem Impetus von Plutarch und Apuleius zuzuschreiben, wenngleich diese natürlich ihre eigenen Ideen und Interpretationen hinzufügten und teils bereits abstrahierte Versionen der kultischen Realien vermitteln. Vielmehr stehen ihre Werke in Einklang mit Phänomenen und Entwicklungen im aktuellen Diskurs, wie insbesondere an der parallelen Entstehung der hermetischen und gnostischen Lehren in Ägypten zu beobachten ist, die sich mit eng verwandten Ideen auseinandersetzten.[120]

---

[120] Vgl. dazu den Beitrag von C. Tornau, „Im Namen des Gottgeziemenden: Mythen und Mythenallegorese in Plutarchs *De Iside et Osiride* und im *Corpus Hermeticum*", in diesem Band.

Literaturverzeichnis

Allam (1963): Schafik Allam, *Beiträge zum Hathorkult (bis zum Ende des Mittleren Reiches)*, Münchner ägyptologische Studien 4, Berlin.
Alvar (2008): Jaime Alvar, *Romanising Oriental Gods. Myths, Salvation and Ethics in the Cults of Cybele, Isis and Mithras*, Études préliminaires aux religions orientales dans l'Empire romain 165, Leiden.
Amigues (2001): Suzanne Amigues, „Les plantes associées aux dieux égyptiens dans la littérature gréco-latine", in: Sydney H. Aufrère (Hg.), *Encyclopédie religieuse de l'univers végétal II*, Orientalia Monspeliensia XI, 401–435.
Assmann (1996): Jan Assmann, „Translating Gods: Religion as a Factor of Cultural (Un)Translatability", in: Sanford Budick u. Wolfgang Iser (Hg.), *The Translatability of Cultures. Figurations of the Space Between*, Stanford, 23–36.
Assmann (1998): Jan Assmann, *Moses der Ägypter. Entzifferung einer Gedächtnisspur*, München/Wien (Dt. Übers. zu: Jan Assmann, *Moses the Egyptian. The Memory of Egypt in Western Monotheism*, Cambridge,Mass. 1997).
Baslez (1975): Marie-Françoise Baslez, „Une association isiaque: les Mélanéphores", *Chronique d'Égypte* 50, 297–303.
Beinlich (2013): Horst Beinlich, *Die Photos der preussischen Expedition 1908–1910 nach Nubien, Teil 7: Photos 1200–1399*, Studien zu den Ritualszenen altägyptischer Tempel 20, Dettelbach.
Bénédite (1893): Georges Bénédite, *Le temple de Philae I*, Mémoires publiés par les membres de la Mission archéologique française au Caire 13, Paris.
Bergman (1968a): Jan Bergman, *Ich bin Isis. Studien zum memphitischen Hintergrund der griechischen Isisaretalogien*, Uppsala.
Bergman (1968b): Jan Bergman, „‚I Overcome Fate, Fate Harkens to Me': Some Observations on Isis as a Goddess of Fate", in: Helmer Ringgren (Hg.), *Fatalistic Beliefs in Religion, Folklore and Literature*, Stockholm, 38–41.
Bernand (1969): Étienne Bernand, *Inscriptions métriques de l'Égypte gréco-romaine. Recherches sur la poésie épigrammatique des Grecs en Égypte*, Paris.
Bernand/Bernand (1969): André, Étienne Bernand, *Les inscriptions grecques de Philae I–II*, Paris.
Berthelot/Ruelle (1967): Marcellin Berthelot, Charles Émile Ruelle, *Collection des anciens alchimistes grecs*, Osnabrück.
Betz (1986): Hans Dieter Betz (Hg.), *The Greek Magical Papyri in Translation, Including the Demotic Spells*, Chicago/London.
Bleeker (1973): Claas J. Bleeker, *Hathor and Thoth. Two Key Figures of the Ancient Egyptian Religion*, Studies in the History of Religions 26, Leiden.
Bommas (2005): Martin Bommas, „Das Isisbuch des Apuleius und die Rote Halle von Pergamon. Überlegungen zum Kultverlauf in den Heiligtümern für ägyptische Gottheiten und seinen Ursprüngen", in: Adolf Hoffmann (Hg.), *Ägyptische Kulte und ihre Heiligtümer im Osten des Römischen Reiches (Internationales Kolloquium 5./6. September in Bergama (Türkei))*, Byzas, Veröffentlichungen des Deutschen Archäologischen Instituts Istanbul 1, Istanbul, 227–245.
Bonner (1941): Campbell Bonner, „Desired Haven", *Harvard Theological Review* 34, 49–67.
Borghouts (1978): Joris F. Borghouts, *Ancient Egyptian Magical Texts*, Leiden.

Brandt u. Ehlers (2012): Edward Brandt u. Wilhelm Ehlers (Hgg.), *Apuleius, Der Goldene Esel, lateinisch – deutsch*, (6. überarbeitete Auflage) Berlin.
Brenk (1993): Frederick E. Brenk, „A Gleaming Ray: Blessed Afterlife in the Mysteries", Illinois Classical Studies 18, 147–164.
Brenk (2001): Frederick E. Brenk, „In the Image, Reflection, and Reason of Osiris. Plutarch and the Egyptian Cults", in: Aurelio Pérez Jiménez u. Francesc Casadesús Bordoy (Hgg.), *Estudios sobre Plutarco. Misticismo y Religiones Mistéricas en la Obra de Plutarco*, Madrid/Málaga, 83–98.
Bricault (1992): Laurent Bricault, „Isis dolente", *Bulletin de l'Institut français d'archeologie orientale* 92, 37–49.
Bricault (1994): Laurent Bricault, „Isis Myrionyme", in: Cathérine Berger-el Naggar (Hg.), *Hommages à Jean Leclant III. Études isiaques, Bibliothèque d'étude 106, 3*, Le Caire, 67–86.
Bricault (2006): Laurent Bricault, *Isis, Dame des flots*, Liège.
Bricault (2012): Laurent Bricault, „Associations isiaques d'Occident", in: Attilio Mastrocinque u. Concetta Giuffré Scibona (Hgg.), *Demeter, Isis, Vesta and Cybele. Studies in Greek and Roman Religion in Honour of Giulia Sfameni Gasparro, Potsdamer Altertumswissenschaftliche Beiträge 36*, Stuttgart, 91–104.
Brunner-Traut (1977): Emma Brunner-Traut, s. v. „Farben", in: *Lexikon der Ägyptologie* 2, Wiesbaden, 117–128.
Budde (2000): Dagmar Budde, *Die Göttin Seschat, Kanobos 2*, Leipzig.
Budde (2011): Dagmar Budde, *Das Götterkind im Tempel, in der Stadt und im Weltgebäude. Eine Studie zu drei Kultobjekten der Hathor von Dendera und zur Theologie der Kindgötter im griechisch-römischen Ägypten, Münchner ägyptologische Studien 55*, Darmstadt/Mainz.
Bumbaugh (2011): Solange Bumbaugh, „Meroitic Worship of Isis at Philae", in: Karen Exell (Hg.), *Egypt in its African Context (Proceedings of the Conference Held at the Manchester Museum, University of Manchester, 2–4 October 2009), British Archaeological Reports, International Series 2204*, Oxford, 66–69.
De Caro (1992): Stefano De Caro (Hg.), *Alla ricerca di Iside. Analisi, studi e restauri dell'Iseo pompeiano nel Museo di Napoli*, Roma.
Cauville (1997): Sylvie Cauville, *Dendera. Les chapelles osiriennes. Transcription et traduction, Bibliothèque d'étude 117*, Le Caire.
Chassinat (1966): Émile Chassinat, *Le mystère d'Osiris au mois de Khoiak. Mémoires publiés par les Membres de l'Institut Français d'Archéologie Orientale du Caire*, Le Caire.
Clerc (1978): Gisèle Clerc, „Isis-Sothis dans le monde romain", in: Margreet B. de Boer u. T. A. Edridge (Hgg.), *Hommages à Maarten J. Vermaseren I, Études préliminaires aux religions orientales dans l'Empire romain 68, 1*, Leiden, 247–281.
Collombert (2002): Philippe Collombert, „Le conte de l'hirondelle et de la mer", in: Kim Ryholt (Hg.), *Acts of the 7th International Conference of Demotic Studies, Copenhagen, 23.–27. August 1999, Carsten Niebuhr Institute Publications 27*, København, 59–76.
Delia (1998): Diana Delia, „Isis, or the Moon", in: Willy Clarysse, Antoon Schoors u Harco Willems (Hgg.), *Egyptian Religion, the Last Thousand Years I, Orientalia Lovaniensia Analecta 84*, Leuven, 539–550.
Depauw (2006): Marc Depauw, *The Demotic Letter. A Study of Epistolographic Scribal Traditions against their Intra- and Intercultural Background, Demotische Studien 14*, Sommerhausen.

Dieleman (2005): Jacco Dieleman, *Priests, Tongues, and Rites. The London-Leiden Magical Manuscripts and Translation in Egyptian Ritual (100–300 CE)*, Religions in the Graeco-Roman World 153, Leiden.

Dijkstra (2008): Jitse H. F. Dijkstra, *Philae and the End of Ancient Egyptian Religion. A Regional Study of Religious Transformation (298–642 CE)*, Orientalia Lovaniensia Analecta 173, Leuven/Paris/Dudley, MA.

Dillon (1986): John M. Dillon, „Plutarch and Second Century Platonism", in: Arthur H. Armstrong (Hg.), *Classical Mediterranean Spirituality. Egyptian, Greek, Roman*, London, 214–229.

Doetsch-Amberger (2002): Ellen Doetsch-Amberger, „Osiris-Iach", *Göttinger Miszellen* 190, 5–13.

Dousa (2002): Thomas M. Dousa, „Imagining Isis: On some continuities and discontinuities in Greek Isis Hymns and Demotic Texts", in: Kim Ryholt (Hg.), *Acts of the 7th International Conference of Demotic Studies, Copenhagen, 23.–27. August 1999*, Carsten Niebuhr Institute Publications 27, København, 149–184.

Drews (2011): Friedemann Drews, „Asinus Philosophans: Allegory's Fate and Isis' Providence in the Metamorphoses", in: Wytse H. Keulen u. Ulrike Egelhaaf-Gaiser (Hgg.), *Aspects of Apuleius' Golden Ass III: The Isis Book. A Collection of Original Papers*, Leiden, 107–131.

Egelhaaf-Gaiser (2000): Ulrike Egelhaaf-Gaiser, *Kulträume im römischen Alltag. Das Isisbuch des Apuleius und der Ort von Religion im kaiserzeitlichen Rom*, Potsdamer Altertumswissenschaftliche Beiträge 2, Stuttgart.

Egelhaaf-Gaiser (2011): Ulrike Egelhaaf-Gaiser, „The Gleaming Pate of the Pastophorus: Masquerade or Embodied Lifestyle?", in: Wytse H. Keulen u. Ulrike Egelhaaf-Gaiser (Hgg.), *Aspects of Apuleius' Golden Ass III: The Isis Book. A Collection of Original Papers*, Leiden, 42–72.

Faulkner (1968): Raymond O. Faulkner, „The Pregnancy of Isis ", in: *Journal of Egyptian Archeology* 54, 40–44.

Festugière (1932): André-Jean Festugière, „Foi ou formule dans le culte d'Isis", in: *Revue biblique* 41, 257–261.

Fick-Michel (1991): Nicole Fick-Michel, *Art et mystique dans les Métamorphoses d'Apulée*, Paris.

Finkelpearl (2011): Ellen Finkelpearl, „Egyptian Religion in Met. 11 and Plutarch's DIO: Culture, Philosophy, and the Ineffable", in: Wytse H. Keulen u. Ulrike Egelhaaf-Gaiser (Hgg.), *Aspects of Apuleius' Golden Ass III: The Isis Book. A Collection of Original Papers*, Leiden, 183–201.

Foley (1994): Helene P. Foley, *The Homeric Hymn to Demeter. Translation, Commentary, and Interpretive Essays*, Princeton/New Jersey.

Fowden (1993): Garth Fowden, *The Egyptian Hermes. A Historical Approach to the Late Antique Pagan Mind*, Princeton.

Gardiner (1935): Alan H. Gardiner, *Hieratic Papyri in the British Museum 3: Chester Beatty Gift*, London.

Gasparini (2011): Valentino Gasparini, „Isis and Osiris: Demonology vs. Henotheism?", *Numen* 58, 697–728.

Gaudard (2005): François P. Gaudard, *The Demotic Drama of Horus and Seth (P. Berlin 8278a, b, c; 15662; 15677; 15818; 23536; 23537a, b, c, d, e, f, g)*, Diss. Chicago (University of Michigan Dissertations).

Gilula (1971): Mordechai Gilula, „Coffin Text Spell 148", *Journal of Egyptian Archeology* 57, 14–19.
Görgemanns (2003): Herwig Görgemanns (unter Mitarbeit von Reinhard Feldmeier u. Jan Assmann), *Plutarch. Drei religionsphilosophische Schriften. Über den Aberglauben, Über die späte Strafe der Gottheit, Über Isis und Osiris*, Düsseldorf/Zürich.
Graefe (1979): Erhart Graefe, „Noch einmal Osiris-Lunus", *Journal of Egyptian Archeology* 65, 171–173.
Graverini (2011): Luca Graverini, „Prudentia and Providentia. Book XI in Context", in: Wytse H. Keulen u. Ulrike Egelhaaf-Gaiser (Hgg.), *Aspects of Apuleius' Golden Ass III: The Isis Book. A Collection of Original Papers*, Leiden, 86–106.
Griffith (1937): Francis Ll. Griffith, *Catalogue of the Demotic Graffiti of the Dodecaschoenus, Les temples immergés de la Nubie*, Oxford.
Griffiths (1970): John Gwyn Griffiths, *Plutarch's De Iside et Osiride*, Cambridge.
Griffiths (1975): John Gwyn Griffiths, *Apuleius of Madauros, The Isis-Book (Metamorphoses, Book 11), Études préliminaires aux religions orientales dans l'Empire romain 39*, Leiden.
Griffiths (1976): John Gwyn Griffiths, „Osiris and the Moon in Iconography", *Journal of Egyptian Archeology* 62, 153–159.
Griffiths (1979): John Gwyn Griffiths, „The striding bronze figure of Osiris-Iꜥḥ at Lyon", *Journal of Egyptian Archeology* 65, 174–175.
Grimal (1971): Pierre Grimal, „Le calame égyptien d'Apulée", *Revue des études anciennes* 73, 343–355.
Haikal (1970): Fayza Haikal, *Two Hieratic Funerary Papyri of Nesmin I, Bibliotheca aegyptiaca 14*, Bruxelles.
Haikal (1972): Fayza Haikal, *Two Hieratic Funerary Papyri of Nesmin II, Bibliotheca aegyptiaca 15*, Bruxelles.
Hannig (1990): Rainer Hannig, „Die Schwangerschaft der Isis", in: *Festschrift Jürgen von Beckerath. Zum 70. Geburtstag am 19. Februar 1990, Hildesheimer ägyptologische Beiträge 30*, Hildesheim, 91–95.
Harrison (1996): Stephen J. Harrison, „Apuleius' Metamorphoses", in: Gareth Schmeling (Hg.), *The Novel in the Ancient World, Mnemosyne Suppl. 159*, Leiden u. a., 508–514.
Harrison (2011): Stephen J. Harrison, „Narrative Subversion and Religious Satire in Metamorphoses 11", in: Wytse H. Keulen u. Ulrike Egelhaaf-Gaiser (Hgg.), *Aspects of Apuleius' Golden Ass III: The Isis Book. A Collection of Original Papers*, Leiden, 73–85.
Harrison (2013): Stephen J. Harrison, „Milesiae Punicae: How Punic was Apuleius?", in: Tim Whitmarsh u. Stuart Thomson (Hgg.), *The Romance between Greece and the East*, Oxford, 211–221.
Hirsch-Luipold (2002): Rainer Hirsch-Luipold, *Plutarchs Denken in Bildern, Studien und Texte zu Antike und Christentum*, Tübingen.
Hoffmann (2000): Friedhelm Hoffmann, *Ägypten. Kultur- und Lebenswelt in griech.-röm. Zeit. Eine Darstellung nach den demotischen Quellen*, Berlin.
Hoffmann u. Quack (2007): Friedhelm Hoffmann, Joachim F. Quack, *Anthologie der Demotischen Literatur, Einführungen und Quellentexte zur Ägyptologie 4*, Berlin.
Hoffmann u. Quack (2014): Friedhelm Hoffmann, Joachim F. Quack, „Pastophoros", in: Aidan Dodson, John J. Johnston u. Wendy Monkhouse (Hgg.), *A Good Scribe and Exceedingly Wise Man. Studies in Honour of W. J. Tait, GHP Egyptology 21*, London, 127–155.
Husson (1977): Constance Husson, *L'offrande du miroir dans les temples égyptiens de l'époque gréco-romaine*, Lyon.

Junge (1979): Friedrich Junge, „Isis und die ägyptischen Mysterien", in: Wolfhart Westendorf (Hg.), *Aspekte der spätägyptischen Religion, Göttinger Orientforschungen IV/9*, Wiesbaden, 93–115.

Kahane/Laird (2001): Ahuvia Kahane u. Andrew Laird (Hgg.), *A Companion to the Prologue of Apuleius' Metamorphoses*, Oxford.

Kákosy (1997): László Kákosy, „Iside. Magia, astrologia, alchimia", in: Ermanno A. Arslan (Hg.), *Iside (Katalog zu Ausstellung, Milano, Palazzo Reale, 22 febbraio – 1o giugno 1997)*, Milano, 143–147.

Kaper/Worp (1995): Olaf E. Kaper u. Klaas A. Worp, „A Bronze Representing Tapsais of Kellis", *Revue d'égyptologie 46*, 107–118.

Kayser (1994): François Kayser, *Recueil des inscriptions grecques et latines (non funéraires) d'Alexandrie (Ier-IIIe siècle apr. J.-C.), Bibliothèque d'étude 108*, Le Caire.

Kees (1943): Hermann Kees, *Farbensymbolik in ägyptischen religiösen Texten, Nachrichten von der Akad. der Wissenschaften zu Göttingen, phil.-hist. Kl. 11*, Göttingen.

Keulen u. Egelhaaf-Gaiser (2011): Wytse H. Keulen u. Ulrike Egelhaaf-Gaiser (Hgg.), *Aspects of Apuleius' Golden Ass III: The Isis Book. A Collection of Original Papers*, Leiden.

Kleibl (2009): Kathrin Kleibl, *ISEION – Raumfunktion und Kultpraxis in den Heiligtümern gräco-ägyptischer Götter im Mittelmeerraum*, Worms.

Kockelmann (2008): Holger Kockelmann, *Praising the Goddess. A Comparative and Annotated Re-edition of Six Demotic Hymns and Praises Addressed to Isis, Archiv für Papyrusforschung und verwandte Gebiete, Beiheft 15*, Berlin.

Koemoth (2011): Pierre P. Koemoth, „Une enquête phytoreligieuse. Isis entre la rose crucifère et le grand épilobe", *Bibliotheca Isiaca 2*, 169–184.

Koenig (1994): Yvan Koenig, *Magie et magiciens dans l'Égypte antique*, Paris.

Kolta (1968): Kamal Sabri Kolta, *Die Gleichsetzung ägyptischer und griechischer Götter bei Herodot*, Diss. Tübingen.

Kucharek (2010): Andrea Kucharek, *Die Klagelieder von Isis und Nephthys in Texten der Griechisch-Römischen Zeit, Altägyptische Totenliturgien 4*, Heidelberg.

Leitz (1993): Christian Leitz, „Die Nacht des Kindes in seinem Nest in Dendera", *Zeitschrift für ägyptische Sprache und Altertumskunde 120*, 136–165.

Lexa (1926): François Lexa, *Papyrus Insinger. Les enseignements moraux d'un scribe égyptien du premier siècle après J.-C.*, 2 vol., Paris.

Lichtheim (1983): Miriam Lichtheim, *Late Egyptian Wisdom Literature in the International Context. A Study of Demotic Instructions, Orbis biblicus et orientalis 52*, Freiburg/Göttingen.

Malaise (1986): Michel Malaise, „Les caracteristiques et la question des antécedents de l'initiation isiaque", in: Julien Ries, Henri Limet (Hgg.), *Les rites d'initiation, Homo religiosus 13*, Louvain-la-Neuve, 355–362.

Malaise (1992): Michel Malaise, „À propos de l'iconographie ‚canonique' d'Isis et des femmes vouées à son culte", *Kernos 5*, 335–336.

van Mal-Maeder (1997): Danielle van Mal-Maeder, „Lector, intende: laetaberis. The Enigma of the Last Book of Apuleius' Metamorphoses", in: *Groningen Colloquia on the Novel 8*, 87–118.

Merkelbach (1962): Reinhold Merkelbach, *Roman und Mysterium in der Antike*, München/Berlin.

Merkelbach (2001): Reinhold Merkelbach, *Isis Regina – Zeus Sarapis. Die ägyptische Religion nach den Quellen dargestellt*, München/Leipzig.

Mertens (1988): Michèle Mertens, „Une scène d'initiation alchimique, la ‚Lettre d'Isis à Horus '", Revue de l'histoire des religions 205, 3–23.

Mertens (1989): Michèle Mertens, „Pourquoi Isis est-elle appelée prophaetis?", Chronique d'Égypte 64, 260–266.

Michel (2004): Simone Michel, Die Magischen Gemmen. Zu Bildern und Zauberformeln auf geschnittenen Steinen der Antike und Neuzeit, Studien aus dem Warburg-Haus 7, Berlin.

Migahid (1986): Abd-el-Gawad Migahid, Demotische Briefe an Götter von der Spätzeit bis zur Römerzeit. Ein Beitrag zur Kenntnis des religiösen Brauchtums im alten Ägypten, Diss. Würzburg.

Moret (1931): Alexandre Moret, „La légende d'Osiris à l'époque thébaine d'après l'hymne à Osiris du Louvre", Bulletin de l'Institut français d'archeologie orientale 30, 725–750.

Münster (1968): Maria Münster, Untersuchungen zur Göttin Isis vom Alten Reich bis zum Ende des Neuen Reiches, Münchner ägyptologische Studien 11, Berlin.

Nagel (2013): Svenja Nagel, „Kult und Ritual der Isis zwischen Ägypten und Rom. Ein transkulturelles Phänomen", in: Andreas H. Pries, Laetitia Martzolff, Claus Ambos u. Robert Langer (Hgg.), Rituale als Ausdruck von Kulturkontakt. „Synkretismus" zwischen Negation und Neudefinition (Akten der Interdisziplinären Tagung des Sonderforschungsbereiches „Ritualdynamik" in Heidelberg, 03.–05. Dezember 2010), Studies in Oriental Religions 67, Wiesbaden, 151–176.

Nagel u. Wespi (2015): Svenja Nagel, „Ägypter, Griechen und Römer im Liebesbann – Antiker ‚Liebeszauber' im Wandel der Zeiten (mit einem Beitrag von Fabian Wespi)", in: Andrea Jördens (Hg.), Ägyptische Magie und ihre Umwelt, Philippika 80, Wiesbaden, 218–280.

Nagel (2017): Svenja Nagel, „One for All and All for One? Isis as una quae es(t) omnia in the Egyptian Temples of the Graeco-Roman Period", in: Svenja Nagel, Joachim F. Quack u. Christian Witschel (Hgg.), Entangled Worlds. Religious Confluences between East and West in the Roman Empire. The Cults of Isis, Mithras, and Jupiter Dolichenus, Oriental Religions in Antiquity 22, Tübingen, 207–231.

O'Connell (1983): Robert O'Connell, „The Emergence of Horus. An Analysis of Coffin Text Spell 148", Journal of Egyptian Archeology 69, 66–87.

Pachis (2004): Panayotis Pachis, „‚Manufacturing Religion' in the Hellenistic Age: The Case of Isis-Demeter Cult", in: Luther H. Martin u. Panayotis Pachis (Hgg.), Hellenisation, Empire and Globalisation: Lessons from Antiquity (Acts of the Panel held during the 3rd Congress of the European Association for the Study of Religion, Bergen, Norway, 8–10 May 2003), Thessaloniki, 163–208.

Podvin (2011): Jean-Louis Podvin, Luminaire et cultes isiaques, Monographies Instrumentum 38, Montagnac.

Pope (2008/9): Jeremy Pope, „The Demotic Proskynema of a Meroïte Envoy to Roman Egypt (Philae 416)", Enchoria 31, 68–103.

Quack (1999): Joachim F. Quack, „Balsamierung und Totengericht im Papyrus Insinger", Enchoria 25, 27–38.

Quack (2002): Joachim F. Quack, „Königsweihe, Priesterweihe, Isisweihe", in: Jan Assmann u. Martin Bommas (Hgg.), Ägyptische Mysterien?, München, 95–108.

Quack (2003): Joachim F. Quack, „‚Ich bin Isis, die Herrin der Beiden Länder' – Versuch zum demotischen Hintergrund der memphitischen Isisaretalogie", in: Sibylle Meyer (Hg.), Egypt – Temple of the Whole World. Ägypten – Tempel der Gesamten Welt. Studies in Honour of Jan Assmann, Numen Book Series, Studies in the History of Religions 97, Leiden/Boston, 319–365.

Quack (2004a): Joachim F. Quack, „Perspektiven zur Theologie im Alten Ägypten: Antwort an Jan Assmann", in: Manfred Oeming u. Andreas Schüle (Hgg.), *Theologie in Israel und den Nachbarkulturen. Beiträge des Symposiums „Das Alte Testament und die Kultur der Moderne" anläßlich des 100. Geburtstages Gerhard von Rads (1901-1971), Heidelberg, 18-21. Oktober 2001, Altes Testament und Moderne 9*, Münster, 63-74.

Quack (2004b): Joachim F. Quack, „Der pränatale Geschlechtsverkehr von Isis und Osiris sowie eine Notiz zum Alter des Osiris", *Studien zur altägyptischen Kultur* 32, 327-332.

Quack (2005): Joachim F. Quack, *Einführung in die altägyptische Literaturgeschichte III. Die demotische und gräko-ägyptische Literatur, Einführungen und Quellentexte zur Ägyptologie 3*, Münster.

Quack (2008): Joachim F. Quack, „Göttliche Gerechtigkeit und Recht am Beispiel des spätzeitlichen Ägypten", in: Heinz Barta, Robert Rollinger u. Martin Lang (Hgg.), *Recht und Religion. Menschliche und göttliche Gerechtigkeitsvorstellungen in den antiken Welten, Philippika 24*, Wiesbaden, 135-153.

Quack (2009): Joachim F. Quack, „*Die Rückkehr der Göttin nach Theben nach demotischen Quellen*", in: Christophe Thiers (Hg.), *Documents de théologies thébaines tardives, Cahiers de l' Égypte nilotique et méditerranéenne 3*, Montpellier, 135-146.

Quack (2013): Joachim F. Quack, „Demotische Hymnen und Gebete", in: Bernd Janowski u. Daniel Schwemer (Hgg.), *Hymnen, Klagelieder und Gebete, Texte aus der Umwelt des Alten Testaments N. F. 7*, Gütersloh, 261-272.

Quack (2017): Joachim F. Quack, „Resting in pieces and integrating the Oikoumene. On the mental expansion of the religious landscape by means of the body parts of Osiris ", in: Darius Frackowiak, Svenja Nagel, Joachim F. Quack u. Christian Witschel (Hgg.), *Entangled Worlds. Religious Confluences between East and West in the Roman Empire. The Cults of Isis, Mithras, and Jupiter Dolichenus, Oriental Religions in Antiquity 22*, Tübingen, 244-273.

Quack (i. Dr.): Joachim F. Quack, „*Ein Lobpreis der Isis (pCarlsberg 652 vs., PSI Inv. D 79+pTebtunis Tait 14 und pHamburg 33 vs.)*", in: Kim Ryholt (Hg.), *The Carlsberg Papyri 11, The Carsten Niebuhr Institute of Ancient Near East Studies Publications*, København.

Quaegebeur (1975): Jan Quaegebeur, *Le Dieu Égyptien Shaï dans la religion et l'onomastique, Orientalia Lovaniensia Analecta 2*, Leuven.

Ray (1976): John D. Ray, *The archive of Hor, Texts from Excavations, Egypt Exploration Society 2*, London.

Richter (2007): Tonio Sebastian Richter, „Miscellanea magica III: Ein vertauschter Kopf? Konjekturvorschlag für P. Berlin P 8313 ro, col. II, 19-20", *Journal of Egyptian Archeology* 93, 259-263.

Ritner (1993): Robert K. Ritner, *The Mechanics of Ancient Egyptian Magical Practice, Studies in Ancient Oriental Civilization 54*, Chicago.

Roccati (2011): Alessandro Roccati, *Magica Taurinensia. Il grande papiro magico di Torino e i suoi duplicati, Analecta orientalia 56*, Roma.

Rutherford (1998): Ian Rutherford, „Island of the Extremity: Space, Language and Power in the Pilgrimage Traditions of Philae", in: David Frankfurter (Hg.), *Pilgrimage and Holy Space in Late Antique Egypt, Études préliminaires aux religions orientales dans l'Empire romain 134*, 229-256.

Rutherford (2013): Ian Rutherford, „Greek Fiction and Egyptian Fiction. Are they related and, if so, how?", in: Tim Whitmarsh u. Stuart Thomson (Hgg.), *The Romance between Greece and the East*, Oxford, 23–37.
Sander-Hansen (1956): Constantin Emil Sander-Hansen, *Die Texte der Metternichstele, Analecta Aegyptiaca consilio Instituti aegyptologici Hafniensis edita 7*, København.
Schilm (1999): Petra Schilm, *Der Osiris-Mythos als Medium der Lebensführung und Lebensbedeutung, THEOS 29*, Hamburg.
Schoppe (1994): Christoph Schoppe, *Plutarchs Interpretation der Ideenlehre Platons, Münsteraner Beiträge zur klassischen Philologie 2*, Münster/Hamburg.
Sfameni Gasparro (1999): Giulia Sfameni Gasparro, „Iside salutaris: aspetti medicali e oraculari del culto isiaco tra radici egiziane e metamorfosi ellenica", in: Nicole Blanc, André Buisson (Hgg.), *Imago Antiquitatis. Religions et iconographie du monde romain. Mélanges offerts à Robert Turcan*, Paris, 403–415.
Sfameni Gasparro (2004): Giulia Sfameni Gasparro, „Fra religione e magia: temi isiaci nelle gemme di età imperiale", in: Laurent Bricault (Hg.), *Isis en Occident. Actes du IIème Colloque International sur les Études Isiaques, Lyon III, mai 2002*, Leiden/Boston, 377–404.
M. Smith (2009): Mark Smith, *Traversing Eternity. Texts for the Afterlife from Ptolemaic and Roman Egypt*, Oxford.
Mo. Smith (1981): Morton Smith, „The Hymn to the Moon, PGM IV 2242–2355", in: Roger S. Bagnall, Gerald M. Browne, Ann E. Hanson u. Ludwig Koenen (Hgg.), *Proceedings of the XVI International Congress of Papyrology*, Chico, 643–654.
W. Smith (2011): Warren S. Smith, „An Author Intrudes into his Narrative: Lucius ‚Becomes' Apuleius ", in: Wytse H. Keulen u. Ulrike Egelhaaf-Gaiser (Hgg.), *Aspects of Apuleius' Golden Ass III: The Isis Book. A Collection of Original Papers*, Leiden, 202–219.
Spiegelberg (1912): Wilhelm Spiegelberg, *Demotische Texte auf Krügen, Demotische Studien 5*, Leipzig.
Spiegelberg (1917): Wilhelm Spiegelberg, „Der demotische Pap. Heidelberg 736", *Zeitschrift für ägyptische Sprache und Altertumskunde* 53, 30–34.
Stadler (2004): Martin A. Stadler, *Isis, das göttliche Kind und die Weltordnung. Neue religiöse Texte aus dem Fayum nach dem Papyrus Wien D. 12006 Recto, Mitteilungen aus der Papyrussammlung der Österreichischen Nationalbibliothek, N. S. 23*, Wien.
Stadler (2009): Martin A. Stadler, *Weiser und Wesir. Studien zu Vorkommen, Rolle und Wesen des Gottes Thot im ägyptischen Totenbuch, Oriental Religions in Antiquity 1*, Tübingen.
Stadler (2012): Martin A. Stadler, *Einführung in die ägyptische Religion ptolemäisch-römischer Zeit nach den demotischen religiösen Texten, Einführungen und Quellentexte zur Ägyptologie 7*, Berlin/Münster.
Steinhauer (2017): Juliette Steinhauer, „Osiris mystes und Isis orgia – Gab es ‚Mysterien' der ägyptischen Gottheiten?", in: Svenja Nagel, Joachim F. Quack u. Christian Witschel (Hgg.), *Entangled Worlds. Religious Confluences between East and West in the Roman Empire. The Cults of Isis, Mithras, and Jupiter Dolichenus, Oriental Religions in Antiquity 22*, Tübingen, 47–78.
Sternberg-El-Hotabi (2008): Heike Sternberg-El-Hotabi, „‚Ich besiege das Schicksal.' Isis und das Schicksal in der ägyptischen Religion", in: Reinhard G. Kratz (Hg.), *Vorsehung, Schicksal und göttliche Macht. Antike Stimmen zu einem aktuellen Thema*, Tübingen, 40–60.

Van der Stockt (2011): Luc Van der Stockt, „Plutarch and Apuleius: Laborious Routes to Isis", in: Wytse H. Keulen u. Ulrike Egelhaaf-Gaiser (Hgg.), *Aspects of Apuleius' Golden Ass III: The Isis Book. A Collection of Original Papers*, Leiden, 168–182.
Tait (1977): William John Tait, *Papyri from Tebtunis in Egyptian and in Greek, Texts from Excavations, Egypt Exploration Society 3*, London.
Thissen (1991): Heinz J. Thissen, „Die Lehre des P. Insinger", in: Günter Burkard, Ingo Kottsieper, Irene Shirun-Grumach, Heike Sternberg-el Hotabi u. Heinz-Josef Thissen (Hgg.), *Weisheitstexte II, Texte aus der Umwelt des Alten Testaments 3/2*, Gütersloh, 280–317.
Thissen (2004): Heinz J. Thissen, „‚Wer lebt, dessen Kraut blüht!' Ein Beitrag zur demotischen Intertextualität", in: Friedhelm Hoffmann u. Heinz J. Thissen (Hgg.), *Res severa verum gaudium. Festschrift für Karl-Theodor Zauzich zum 65. Geburtstsag am 8. Juni 2004, Studia Demotica 6*, Leuven, 583–594.
Thissen (2009): Heinz J. Thissen, „Plutarch und die ägyptische Schrift", *Zeitschrift für Papyrologie und Epigraphik* 168, 97–106.
Thompson (1998): Dorothy J. Thompson, „Demeter in Graeco-Roman Egypt", in: Willy Clarysse, Antoon Schoors und Harco Willems (Hgg.), *Egyptian Religion, the Last Thousand Years I, Orientalia Lovaniensia Analecta 84*, Leuven, 699–707.
TLA: *Thesaurus Linguae Aegyptiae*, http://aaew.bbaw.de/tla/index.html.
Tobin (1991): Vincent A. Tobin, „Isis and Demeter: Symbols of Divine Motherhood", *Journal of the American Research Center in Egypt* 28, 187–200.
Török (1978): László Török, „Two Meroitic Studies. The Meroitic Chamber in Philae and the Administration of Nubia in the 1st–3rd Centuries AD", *Oikumene* 2, 217–237.
Tran Tam Tinh (1971): Vincent Tran Tam Tinh, *Le culte des divinités orientales à Herculaneum, Études préliminaires aux religions orientales dans l'Empire romain 17*, Leiden.
Vanderlip (1972): Vera F. Vanderlip, *The Four Greek Hymns of Isidoros and the Cult of Isis, American Studies in Papyrology 12*, Toronto.
Walsh (1981): Patrick G. Walsh, „Apuleius and Plutarch ", in: Henry J. Blumenthal (Hg.), *Neoplatonism and Early Christian Thought. Essays in Honour of A. H. Armstrong*, London, 20–32.
Zauzich (1992/3): Karl-Theodor Zauzich, „Paläographische Herausforderungen I", *Enchoria* 19–20, 165–179.
Zivie (2009): Alain Zivie, *La tombe de Maïa, Mère nourricière du roi Toutânkhamon et Grande du harem, Les tombes du Bubasteion à Saqqara I*, Toulouse.
Zivie-Coche (1982): Christiane Zivie-Coche, *Le temple de Deir Chelouit I*, Le Caire.
Zivie-Coche (1986): Christiane Zivie-Coche, *Le temple de Deir Chelouit III*, Le Caire.

David Klotz
Elements of Theban Theology in Plutarch and his Contemporaries

1 Introduction

Any investigation into the possible Egyptian sources of Plutarch or other Platonic scholars must take into account the manifold regional traditions in Egyptian mythology. While certain universal narratives, such as the Osiris myth, were believed by the entire populace, each city worshipped its unique divinities, and local traditions could recast standard gods in idiosyncratic roles and iconography.[1] Various Egyptian texts catalogued such regional lore, including papyri containing lengthy accounts of local mythologies,[2] and priestly manuals detailing the various *materia sacra* (e.g. priests, trees, taboos, sacred barques) specific to each district.[3]

Herodotus was already sensitive to the regionality of Egyptian cults, and Plutarch frequently mentions differing local traditions.[4] While researching his comprehensive study on Isis and Osiris, Plutarch would have encountered a bewildering array of opinions and legends surrounding the divine couple. For example, the goddess Isis, generally adored as a human lady throughout Egypt, took the form of a cow in Atfih (Aphroditopolis), a dog in Cynopolis, and a scorpion in Edfu (Apollinopolis).[5] In Karnak, the main temple of Egyptian Thebes (modern Luxor), there were over two dozen temples dedicated to different manifestations of Osiris,[6] and private monuments attest to several specific cults of Isis.[7]

---

1 Quack 2008.
2 Vandier 1961; Meeks 2008; Osing/Rosati 1998.
3 Leitz 2012; 2014; Waitkus 2014.
4 E.g. *Isid.* 7, 353C–D: regional taboos concerning fish.
5 Spiegelberg 1906; Vandier 1966; Goyon 1978; compare also the serpentine representations of Isis-Renenutet (Thermouthis) during the Graeco-Roman Period.
6 Coulon 2010a, 18–19; Klotz 2012, 190–202.
7 Coulon 2010b; Klotz 2012, 126–132.

David Klotz, University of Basel, eikones NFS Bildkritik, Rheinsprung 11, 4051 Basel,
david.klotz@unibas.ch

For this reason, modern Egyptologists have generally eschewed definitive overviews of these major divinities, preferring to investigate more precise local epithets and cultic traditions.[8]

Identifying the local, Egyptian sources for various statements by Plutarch and his contemporaries testifies to the authenticity of at least some of their information. We know that Plutarch studied with an Egyptian named Ammonios in Athens, visited Alexandria, and acquired at least a rudimentary knowledge of the Egyptian language.[9] For his research on Egyptian religion, one would assume he relied primarily on Greek texts (Herodotus, Manetho, Diodorus Siculus) or conversations with the Alexandrian clergy. Nonetheless, certain references to esoteric theological details specific to Upper Egyptian Thebes (e.g. the divine epithet of Amun in Thebes, Kematef; local traditions about Osiris, including Pamyles), or to orthographic details peculiar to Graeco-Roman hieroglyphs (e.g., the spelling of Osiris with the wȝs-scepter), suggest that he also interviewed priests with specific knowledge of Theban traditions.

Tradition maintained that prominent Greek scholars of the Classical Age such as Plato, Pythagoras, and Thales studied with Egyptian priests in Lower Egypt, most prominently in Sais – capital of the philhellenic Twenty-Sixth Dynasty (c. 664–525 BC) – and Memphis.[10] As Jean Yoyotte observed, there are few indications Herodotus ventured far beyond the Mediterranean coast.[11] Yet certain sources, to be discussed below, indicate that discriminating scholars eventually grew dissatisfied with the sources available in the already substantially Hellenized cities of the Delta and actively sought out what they believed to be authentically ancient Pharaonic teachings, from the historic reigns of Sesostris (Middle Kingdom) or Ramesses (New Kingdom) in the more conservative temples of Upper Egypt.

Diodorus Siculus claims (1,46,8) that shortly after Alexander's conquest, in the reign of Ptolemy I Lagus, numerous Greek historians, including Hecataeus of Abdera, visited Thebes to compose more accurate histories of Egypt. More telling is the frame story surrounding the alchemic-botanical treatise of Thessalos of Tralles.[12] As a student in Alexandria, Thessalos attempted to perform spells attributed to Nechepsos (Necho II), a renowned king from Sais (Twenty-Sixth Dynasty), but failed miserably. Humiliated, he journeyed south to Thebes where he

---

8 E.g. for Osiris, see Cauville 1983; 1997; Favard-Meeks 1991; Zecchi 1996; Koemoth 1994; 2009.
9 Thissen 2009.
10 Mathieu 1987; Ryholt 2005, 14–16; Quack 2009.
11 Yoyotte 2013, 556–559.
12 Festugière 1967, 141–167; Friedrich 1968; Moyer 2011, 208–297; Klotz 2012, 25–28.

befriended the Egyptian clergy and inquired about their ancient magic, eventually obtaining an oracular audience with the god Asclepius (Imhotep). Garth Fowden aptly summarized the appeal of Thebes to Roman Period scholars such as Thessalos:[13]

> '[I]f Alexandria was in but not really of Egypt, Thebes distilled the country's very essence and focused the religious traditions for which the whole of Upper Egypt was renowned.'

Theban priests of the Ptolemaic and Roman periods consciously perpetuated the notion that Thebes preserved, perhaps more than any other temple, the authentic culture and theology of the Pharaonic era.[14] No longer possessing the same degree of political or economic influence, Thebans now peddled their cultural capital to Greek and Roman antiquarians. While inscriptions from Edfu, Philae, Dendera claimed these temples were based on Old Kingdom plans, even designed by the divinized Fourth Dynasty architect Imhotep himself,[15] they were completely rebuilt in the Ptolemaic period on the site of earlier temples, of which only minor fragments survive.[16] At Thebes, however, the major edifices of the New Kingdom (including Karnak, Luxor, Deir el-Bahari, and Medinet Habu) remained intact in their original form, with only small modifications and additions under Lagide and Roman rulers. In the Ptolemaic period, some New Kingdom temple inscriptions were even recopied in their original style, the restoration only apparent thanks to later renewal inscriptions.[17]

Purely on a visual level, the antique architecture kept alive the memory of a glorious Egyptian past, before the successive invasions of Assyrians, Persians, Macedonians, and Romans. Self-aggrandizing religious texts from Thebes, meanwhile, frequently emphasize its position as the 'mother city' of all Egypt, through paronomasia based on similarity between Egyptian $mw.t$, 'mother', and $n(i)w.t$, 'city', a frequent designation for Thebes as the archetypal 'City'.[18] Other temples acknowledged the special status of Thebes, and foreign visitors repeated its claims of antiquity. Indeed, this reputation attracted numerous visitors from the

---

13 Fowden 1986, 168.
14 For Thebes in the Roman Period, see Klotz 2012; Łajtar 2012.
15 E.g. Chassinat 1929; Daumas 1973; Quack 1999. As Martin Stadler reminds me, some chapels within these Ptolemaic and Roman temples emulated such archaic shrines; for example, the layout and orthography of inscriptions in the Sokar-Osiris chapels at Edfu, which resemble Old Kingdom pyramid texts – or at least Late Period copies or imitations: see recently Pries 2011.
16 For the pre-Ptolemaic temple remains from Edfu: Loeben 1990; Wade/Winnerman 2014. For Philae: Farag, Wahba u. Farid 1979; Farid 1980.
17 Klotz 2012, 226.
18 Klotz 2012, 44–47.

Graeco-Roman world, many of whom left votive graffiti in the New Kingdom royal tombs in the Valley of the Kings (where some paid homage to Plato),[19] the Colossus of Memnon (Amenhotep III), and the Asklepieion at Deir el-Bahari.[20] Such tourists included Athenian priests, various high officials, and even Roman royalty like Germanicus and Hadrian, both of whom are reported to have marveled at the New Kingdom monuments.[21] These notaries were not visiting a mere 'ville-musée', as André Bataille claimed,[22] but a major religious center where temples continued to flourish and expand throughout the Roman Period.[23]

It is in this context that one must investigate regionally specific allusions to Theban theology in Plutarch and his contemporaries. Rather than mere examples of local color, such references betray an attempt by later writers to move beyond the thoroughly Hellenized metropolises of Lower Egypt (e.g. Alexandria, Memphis, Naukratis, the Fayum), and to engage with the seemingly more authentic ancient Egyptian traditions preserved in the Theban temples. While various authors may have discovered such information in Alexandria or temple libraries, they could have just as easily communicated directly with contemporaneous, bilingual Theban priests, since those temples remained active until the late third century AD. This is exactly the premise of the *De mysteriis* by Iamblichus: namely an explication of Egyptian beliefs and cult practices in Greek terminology, supposedly written by a native priest, Abammon, whose theophoric name points to Thebes.[24]

In all authors under discussion, the connection is clearest through references to Kematef (Greek: Knêph or Kmêph); although not well-known among Classicists – or indeed even among Egyptologists – this form of Amun was central to the theology of Thebes in the Ptolemaic and Roman periods. Heinz-Josef Thissen[25] already studied the primary Greek sources for Kneph/Kmeph, but did not discuss the relevant Egyptian sources. The present contribution will investigate to what extent the Neoplatonists accurately reported specifically Theban religious traditions and cosmogonic systems.[26]

---

19 Foertmeyer 1989, 29.
20 Baillet 1920–1926; Bernand u. Bernand 1960; Łajtar 2006; Łukaszewicz 2010.
21 Tac. *ann.* 2,60 (Germanicus); *I. Colosse de Memnon* 28 and 30 (Hadrian); see Klotz 2012, 21–25, 324.
22 Bataille 1951, 345.
23 Klotz 2012; for Thebes during the Roman Period, see also Łajtar 2012.
24 Klotz 2012, 403–404; Quack in this volume.
25 Thissen 1996.
26 See already Mendel 2003, 181–189; Heilen 2011, 50–52; Klotz 2012, 403–405.

2 Osiris in Thebes

While discussing the different burials of Osiris and sacred animals worshipped across the Egyptian nomes, Plutarch noted: 'The inhabitants of the Thebaïd alone do not [participate].'[27] Regarding the local worship of Osiris, Plutarch is not entirely correct. Extensive mortuary rites were performed for him at his major cult centers (Opet Temple, Karnak, Deir el-Medina), most notably during the month of Khoiak.[28] Yet Plutarch is right to observe that Osiris was worshipped prominently as a living god in Thebes, not simply as a mummified divinity.

For much of Pharaonic history, Osiris was reputed to have come from Lower Egyptian Busiris, where he reigned as the archetypal king of Egypt, and to have been buried in Abydos of Upper Egypt. Regarding the location of his tomb, traditions multiplied in the Late Period. Perhaps most famously, numerous sources claim he was interred on the island of Bigga, near the First Cataract, so the Nile water emerged from his corpse as divine efflux.[29] Moreover, Osiris was incorporated into all Egyptian temples, and the local divine mounds – sacred necropolises – contained simulacra of his tomb in Abydos.

Nonetheless, most Egyptian sources of the Late Period agree that Osiris was born in Thebes, precisely within the Opet temple (Greek: Demetrion) within Karnak.[30] The reliefs and inscriptions from this temple celebrate his divine birth there on the first epagomenal day. In many Ptolemaic and Roman depictions of Osiris throughout the Theban temples, he appears as a typical Egyptian king, not as a mummy, and epithets extol his physical appearance and sovereign powers.[31] Thus it is precisely in Thebes that one would expect to learn details of Osiris' birth, life, and career.

Not surprisingly, Plutarch's treatment of the young Osiris corresponds very closely to hieroglyphic inscriptions from his Opet temple in Thebes, as Jan Bergman and others have discussed.[32] Traditionally, Osiris was the son of Geb (Kronos) and Nut (Rhea). This was also true in Thebes, but there he was also regarded as the descendent and heir of Amun (Zeus), the Theban god of Egyptian kingship.

---

[27] *Isid.* 21, 359D; Griffiths 1970, 151.
[28] Klotz 2012, 190–202, 392.
[29] Junker 1913.
[30] Klotz 2012, 193.
[31] This is especially true for the special form Osiris-*Mryty*: Koemoth 2009; Klotz 2012, 200–201.
[32] Bergman 1970, 73–98; Klotz 2012, 191–195.

After his birth in the Opet Temple, Osiris was brought before Amun to receive the royal inheritance.³³ Plutarch correctly reports this tradition:³⁴

> They relate that on the first of the (epagomenal) days Osiris was born, and at the hour of this birth a voice issued forth saying, 'The Lord of All advances to the light.' But some relate that a certain Pamyles, while he was drawing water in Thebes, heard a voice issuing from the shrine of Zeus [Amun], which bade him proclaim with a loud voice that a mighty and beneficent king, Osiris, had been born; and for this Kronos [Geb] entrusted to him the child Osiris, which he brought up. It is in his honor that the festival of Pamylia is celebrated, a festival which resembles the phallic processions.

Multiple Theban temple inscriptions refer to the 'voice' (ḫrw), or the etymologically related 'oracular decree (ḫry.t)', of Amun (Zeus) issuing from his shrine to confirm the royal inheritance for Osiris.³⁵ Furthermore, the allusion to Pamyles, elsewhere connected to ithyphallic forms of Osiris-Dionysos, may involve a special form of Osiris-pꜣ-mry=s ('he whom she (Isis) loves') worshipped at Karnak.³⁶

In addition, numerous Theban texts spell the name of Osiris (Wsir) in a non-traditional spelling with the wꜣs-scepter hieroglyph ( ), also the emblem of the Theban district, and at least one text explains "he was made (: ir) in Thebes (: Wꜣs.t) ... thus he was called Osiris (: Wꜣs-ir)."³⁷ Plutarch also records this variant spelling, noting:³⁸

> 'For their King and Lord Osiris they portray by means of an eye and a scepter.'

Plutarch need not have communicated directly with Theban priests for this information, since this writing was already described by Diodorus Siculus (1,11), and it occurs regularly in other Graeco-Roman temples.³⁹

Similarly, Plutarch's etymology for the divine name Amun (Isid. 9, 354C–D) shows a basic awareness of the chief Theban divinity, yet he explicitly cites Greek

---

33 Klotz 2012, 194–195.
34 Isid. 12, 355E.
35 Klotz 2012, 189, 194 n. 1284.
36 Coulon 2013, 182–184; for an alternative explanation, see Thissen 2009, 104. Compare also the special form of Amun-pꜣ-mry-nfr ("the beautiful husband/boyfriend (?)") worshipped across the river at Deir el-Medina: Gabolde 2009; Klotz 2012, 68–69; Ryholt 2009, 288–289 (for the epithet mry).
37 Klotz 2012, 192–193; the quotation comes from Opet I, 183, Right, col. 2.
38 Isid. 10, 355A; 51, 371E.
39 Thissen 1985; 2009, 103–104.

sources (Manetho, Hecataeus) for this information.⁴⁰ Anyway, there were many regional forms of Amun worshipped in the Delta – including at strongly Hellenized cities like Alexandria, Canopus, Naukratis, and Memphis⁴¹ so Plutarch need not have ventured into Upper Egypt to obtain this basic information.

3 Kneph, the Ogdoad, and the Theban Cosmogony

In the Pharaonic Period, multiple cosmogonic traditions circulated throughout Egypt. While the details of each narrative vary across sources, one can discern the following major regional creation accounts:⁴²

Heliopolis: A solitary creator god, Atum, produces two offspring (Shu and Tefnut), either through masturbation or expectoration. His offspring reproduce over generations, establishing the so-called Ennead of Heliopolis: Atum, Shu, Tefnut, Geb, Nut, Osiris, Isis, Nephthys, Seth – as well as Horus.

Memphis: The demiurge Ptah (later identified with the Greek god Hephaistos)⁴³ creates the cosmos and the first generation of creator gods, either through immaterial speech, or through his physical handicraft.

Hermopolis: The Ogdoad, four elemental male-female pairs of chaos (usually called 'Inertia, Infinity, Darkness, Obscurity' – although their names sometimes vary) unite to create a cosmic egg within the primeval sea. From this egg hatches a lotus plant bearing the newborn sun, who then creates the cosmos.

While these traditions were always linked to their cities of origin, the relevant divinities were worshipped in temples throughout Egypt and Nubia. In the Ptolemaic and Roman periods, the major temples reinterpreted their local theology through these narratives, in many different ways.⁴⁴ Esna (Latopolis), for example, was home to two creative deities, Khnum and Neith: the former was associated with both Ptah (Memphis) in the main temple, and Shu (Heliopolis) at a nearby

---

40 Sauneron 1952; Thissen 2009, 99.
41 Guermeur 2005.
42 For the details, see Allen 1988; Bickel 1994.
43 Quaegebeur/Clarysse/Van Maele 1985, 26–32.
44 For later cosmogonies, see overviews by Sauneron/Yoyotte 1959; McClain 2011; Stadler 2012, 42–51.

temple to the north (Contra-Latopolis);[45] Neith, meanwhile, performed a role similar to Atum-Kematef (Heliopolis), strongly influenced by the theology of her hometown of Sais in the Delta. At Dendera, the Heliopolitan tradition was altered drastically. Instead of creation through onanism or exhalation, there debris fell from the creator Atum's *eye* and fell to the ground, producing the chief goddess Hathor.[46] Her secondary consort, Harsomtus, was rarely identified with Shu – as one might expect from the Heliopolitan narrative. Rather, he was regarded as the newborn sun who emerged from the lotus of creation, as described in Hermopolitan accounts.[47]

Theban priests of the Late and Graeco-Roman Period synthesized the three great traditions into a single cosmogonic tradition starring the local god Amun-Re at all phases of genesis.[48]

3.1 Kematef

In the first stage of creation, the serpentine Amun-Kematef dwelt alone within the primeval waters of Nun.[49] Without leaving this distant realm, Kematef initiated the first creative act, producing two serpentine offspring: the cosmic snake Amun-Irita (sometimes called the 'eternal serpent ($ḏ.t$)'),[50] and an ophidian form of the goddess Mut, explicitly said to resemble her father.[51]

The epithet Kematef literally means "he whose moment is complete ($km.w$ $ꜣ.t=f$)," a reference to his creative activity, but one might also understand it as 'he whose lifetime is over'.[52] Much like the Heliopolitan creator Atum (whose name means both 'he who is complete' and 'he who is no longer existent'),[53] Kematef represents a solitary creative genius who produces the demiurge, Irita, his successor who actually creates and maintains the physical cosmos.

---

45 Leitz 2001, 253–254.
46 Cauville 1990, 90–92 n. 6, 114.
47 Cauville 2015.
48 Outlined in a classic study by Sethe 1929; the more recent study by the author (Klotz 2012) includes additional references and reaches different conclusions.
49 For Kematef in general, see Klotz 2012, 133–142.
50 Klotz 2012, 171–173.
51 Klotz 2012, 171 n. 1107.
52 Klotz 2012, 134.
53 Atum is even called "Kematef" once in Thebes: *Deir Chelouit* III, 135, 8.

As Thissen pointed out, this name is properly an epithet of Amun, not an independent divinity.[54] While Kematef is always described as a serpent, in temple offering scenes he appears in the traditional guise of Amun: a fully human divinity with blue skin, wearing a crown composed of two ostrich plumes.

The epithet can also qualify other divinities in Upper Egypt,[55] including Harsomtus of Dendera, Sobek at Kom Ombo, and notably the *feminine* goddess Neith at Esna, who still keeps the masculine pronoun in her name ('He whose moment is complete').[56] Nonetheless, the vast majority of examples refer to Amun in Thebes, specifically at Medinet Habu on the West Bank (a.k.a. Djeme, Memnonia). There, Kematef perpetually received periodic sacrifices (daily, weekly, yearly), along with the blessed dead buried in the Theban Necropolis.

3.2 Irita

As noted above, the son of Amun-Kematef was the serpentine Amun-Irita, who emerged from the primeval Nun waters to fashion the cosmos.[57] Some traditions specify that he used the fiery breath of his uraeus-serpent sister, Mut, to form the first dry earth.[58]

This epithet translates as 'he who made the earth (*iri tȝ*)', linking him to Ptah-Tatenen, the demiurge of the Memphite cosmogony, traditionally accompanied by another manifestation of the fiery uraeus goddess, Sakhmet.

Just like his father, Amun-Irita was properly a snake, but he always appears in temple reliefs as the anthropomorphic Amun. Nonetheless, various texts distinguish between him as 'the (physically) manifest spirit (*bȝ šps*)' and Kematef, 'the remote/hidden spirit (*bȝ imn*)'.[59] Moreover, Irita seems to have been a specific form of the youthful, active Amun in his chief temple at Karnak (Eastern Thebes), across the river from the otiose Kematef at Medinet Habu.[60]

---

54 Note however that the Theban Kematef is sometimes referred to simply by his epithet, without mentioning Amun: e.g. *Edfou* I, 289, 7; Stela Berlin 14401, line 2 (Klotz 2012, 278); Medinet Habu (Klotz 2012, 292, col. 1; Zivie-Coche 2013a, 234–235).
55 *LGG* VII, 287.
56 *Esna* III, 247, A; 255, A; *Esna* VI, 507; 513, 12.
57 Klotz 2012, 121–126.
58 Klotz 2012, 123–124, texts 15–18.
59 Klotz 2012, 135–136 The term *šps*, usually translated "august" or "noble", often refers specifically to physical manifestations of a divinity that appeared in public, such as statues or standards: Kruchten 1997, 29, n. 25; Klotz 2012, 136.
60 Klotz 2012, 125–126; further evidence for this division occurs on a private statue from Thebes: Klotz 2015, Doc. 2.

3.3 Amun of Luxor (Amenope) and the Ogdoad

Finally, Theban theologians merged two additional forms of Amun into the Memphite and Hermopolitan cosmogonic traditions. At Luxor temple, south of Karnak, the local form of Amun, Amenope ('Amun of the Opet' or 'Amun of Luxor'),[61] was a southern manifestation of Ptah-Tatenen.[62] Within his 'workshop' or 'laboratory' (*iz̠wy*) of Luxor, Amenope fashioned the four elemental pairs of the Ogdoad.[63] One pair was usually called Amun and Amunet, the chief primeval divinities of Karnak,[64] whose names literally mean 'male and female invisibility'.

According to Theban traditions, the Ogdoad subsequently journeyed north to Hermopolis, where they formed an egg containing the nascent solar god, (Amun)-Re.[65] Having completed this act, they returned to Western Thebes, where they dwelt eternally beside Amun-Kematef in the Nun waters beneath Djeme.[66]

No single, surviving text provides all details of the Theban cosmogony. The order of events is reconstructed from extended epithets to the relevant divinities in offering scenes from over a dozen local temples. One lengthy inscription from Chonsu Temple (Karnak) described all three stages in a continuous narrative, but this important text is marred by lacunae, and the narrative is complicated further by incorporating Chonsu, the chief god of the temple, into the account.[67] In other words, curious Greek-speaking scholars could not have learned the entirety of this doctrine from scanning temple reliefs, observing curious statues, or reading certain papyri in temple libraries.[68] Rather, they would have been required to speak with actual priests for proper exegesis.[69]

Nonetheless, at least two major themes emerge from the fragmentary evidence. First, each stage of creation is performed by another manifestation – or generation – of Amun. The Second Pylon at Karnak, decorated under Ptolemy VIII Euergetes II, depicts the numerous iterations of this god across all the offering scenes of the front surface. Secondly, everything begins and ends with Kematef: from the first moment of creation, to the withdrawal of the Ogdoad to his

---

61 Klotz 2012, 52–58.
62 Klotz 2012, 54–55.
63 For the Ogdoad at Thebes, see Klotz 2012, 174–187; Zivie-Coche 2012; 2013a; 2013b; 2014.
64 For Amunet, see Klotz 2012, 69–75.
65 Klotz 2012, 177–181.
66 Klotz 2012, 181–183.
67 Mendel 2003; Klotz 2012, 105–108, 137, 176, 180.
68 Recall that Plutarch reportedly studied at least the rudiments of Egyptian: Thissen 2009.
69 For some evidence that Roman visitors to Egyptian Thebes discussed ancient hieroglyphic inscriptions with local, educated priests, see Klotz 2012 28, 324.

cavern, even terminating with the ultimate destruction of the created universe, after which only two serpents (Atum-Kematef and Osiris) remain.[70]

4 Greek and Roman Reception

4.1 Plutarch

As discussed above, Plutarch remarked that Thebes was unique among Egyptian cities for not worshipping a deceased god:[71]

> The inhabitants of the Thebaïd alone do not [bury sacred animals], since they believe in no mortal god, but only in him whom they call Knêph, who is unbegotten and immortal.

This statement is reasonably accurate: although the god Amun could be represented as, *inter alia*, a human, ram, or goose, he was never associated with a sacred animal like the Apis bull or ram of Mendes.[72] The sacred Buchis bull was actually worshipped in the neighboring city of Armant, although he occasionally visited Theban temples as well.[73]

More importantly, Plutarch correctly identified Kematef ('Knêph') as the supreme divinity of Thebes, the primeval god who came into existence by himself and never dies.[74] Plutarch mentions Kematef as proof that certain Egyptians, here the Theban priests, disregarded mere idol worship and believed in a transcendent deity more in line with his Platonic ideals. Since his primary focus was Osiris, he had no reason to outline the rest of the Theban cosmogonic system.

---

[70] Otto 1962; Klotz 2012, 199.
[71] *Isid.* 21, 359D; Griffiths 1970, 151.
[72] Gabolde 2013, 33, who briefly noted the account of a Theban sacrificial ram reported by Herodotus 2,42 (33 n. 96); for the possible origins of the latter tradition, see also Klotz 2012, 34–35 n. a.
[73] Goldbrunner 2003; Klotz 2012, 79–80, 398–401.
[74] Although Kematef performed his creative act at the beginning of time, hieroglyphic texts insist that he remained alive within the Nun waters eternally: Klotz 2012, 139.

4.2 Porphyry

Porphyry (*De cultu simulacrorum*, fr. 10)[75] describes the appearance of Amun-Kematef ('Knêph'), with a more detailed narrative of his specific cosmogony. His original source appears to have been Chaeremon of Alexandria, the native Egyptian priest, Stoic philosopher, and eventual tutor of the emperor Nero:[76]

> The demiurge, whom the Egyptians call Kneph, is of human form, but with a skin of dark blue, holding "life" and a scepter, bearing a royal feather on his head, because reason is hard to find, and hidden, and not conspicuous, and because it is life-giving, and because it is king, and because it moves in an intellectual way – that is why the feather has been put upon his head.
> They say that this god put forth from his mouth an egg, from which was born a god whom they themselves call Phtha (Ptah), but the Greeks Hephaistos. And the egg they interpreted as the world.

Daniela Mendel (2003) already drew extensive parallels between this description and a relief accompanied by a cosmogonic text from the temple of Chonsu in Karnak, inscribed only decades before the birth of Chaeremon (reign of Cleopatra VII or Augustus). As noted above, although Kematef and Irita were always described as serpents, they appear in offering scenes in the traditional guise of Amun: fully anthropomorphic, with blue skin, holding the ankh-sign ('life') and a *wꜣs*-scepter, wearing a crown composed of *two* ostrich plumes.

The next paragraph accurately represents the second stage of creation, when the remote Kematef produced the Irita serpent. Porphyry calls this second god Ptah-Hephaistos, not Amun or Irita. But as noted above, the Irita serpent was often associated with the Memphite demiurge Ptah-Tatenen, and that is also the case in the cosmogony from Chonsu Temple. Most hieroglyphic inscriptions simply state that Kematef fashioned Irita, or that Irita emerged from the Nun waters, but the same Chonsu cosmogony specifies that:[77]

> The first serpent (Kematef) made the sky with his heart [...in order to] create the earth/cosmos.
> Heaven spat out an egg like a falcon-egg, because he (Kematef) was [falcon]-headed [...], thus the second snake came into existence (Irita), with the face of he who came about in the same manner (Kematef).

---

[75] *Apud* Eus. *P.E.* 3,11,45ff. For more on the Egyptian section of Porphyry, see von Lieven in this volume.
[76] Text from van der Horst 1987, 29; Mendel 2003, 183–189 (with commentary).
[77] Mendel 2003, Pl. 6, cols. 28–30; Klotz 2012, 137.

Ptah-Tatenen is frequently credited with fashioning the cosmic egg that produced all physical matter.[78] In a Phoenician cosmogony reported by Damascius, the god Chosouros (similar to Chonsu), also called 'the Opener' (< Egyptian *ptḥ*, 'to open',[79] phonetically similar to *Ptḥ*, 'Ptah'), emerges before a cosmic egg which then breaks in half to form heaven and earth.[80]

4.3 Philo of Byblos

In a discussion of various sacred serpents from Phoenicia, Philo of Byblos dwells on the serpentine form of Kematef ('Knêph'). Unlike the anthropomorphic figure found in Porphyry, Philo's testimony presupposes a more intimate knowledge of the relevant Theban inscriptions, since Amun-Kematef is only described as a serpent in hieroglyphic texts, never represented as such in reliefs or statuary:[81]

> It has been discussed by us more fully in the treatises entitled Ethothion, in which it is established that the snake is immortal and that it is resolved into itself as was said above.
> The Phoenecians call it Agathos Daimon. Similarly, the Egyptians name it Kneph. They attribute to it the head of a falcon on account of the falcon's activity. And Epeeis (who was named by them as the greatest hierophant and sacred scribe and whom Areios of Herakleopolis translated into Greek) allegorizes as follows word for word:
> 'The first and holiest being is the serpent which has the form of a falcon and is very pleasing. If it looked forth everything in its birthplace was filled with light. And if it shut its eyes there was darkness.'
> 'Moreover the Egyptians (…) when drawing the world engrave as the circumference an airy and fiery circle and stretched out in the middle a snake in the form of a falcon. The whole figure looks like our Theta. Declaring the circle to be the cosmos, the snake in the middle is Agathos Daimon the connective [bond] of this [cosmos].

Porphyry adds the significant detail that the serpentine Kneph also had a falcon head. Hieroglyphic spellings of Kematef are most often determined with an un-

---

78 Mendel 2003, 44–51, 185–188; Klotz 2014, 46 n. 58.
79 *Wb.* I, 565, 12, claims that *ptḥ*, 'to open; create' is not attested before the Late Period, but earlier examples going back to the New Kingdom are attested (Yoyotte 1954, 104, n. 7; Wilson 1997, 381–382). Whether this verb was a loanword from Semitic, as the editors of the Wörterbuch tentatively suggested, is unimportant here. During the Graeco-Roman period, Egyptian priests consciously associated it with the divine name, Ptah, via paronomasia in multiple cosmogonic texts: Klotz 2012, 176, with nn. 1150–1151.
80 West 1994, 291–293.
81 *Apud* Eus. *P.E.* 1,10,46ff. Translation: Baumgarten 1981, 245–246; cf. Thissen 1996, 153

dulating snake (〰〰), although scribes at Kom Ombo and Esna could substitute images of their corresponding divinities (e.g. crocodile, ram, ram-headed crocodile). Nonetheless, a few Theban inscriptions, including the Chonsu Temple cosmogony translated above, confirm that he was specifically a *hieracocephalic* serpent.[82]

Philo of Byblos elaborates further that Egyptians represent the world by a circle intersected by such a falcon-headed snake. Although not exactly the same, one may compare a magical vignette of a lion-headed ourobouros serpent on *PGM* VII, 583, encircling a magical spell beginning with the divine name 'Knêphis'.[83] Since, however, the most common lion-headed serpent was Khnoubis,[84] this example of Kneph may result from ancient phonetic confusion.[85]

4.4 Iamblichus

In a response to a letter by Porphyry, an Egyptian priest named Abammon wrote a lengthy apologia for his traditional religion. Posterity assigned this letter to Iamblichus, and there is little reason to doubt the traditional attribution. Nonetheless it is significant that within this framework – a detailed exposé of Egyptian theology by a native, potentially Theban,[86] expert – Abammon outlines the specifically Theban cosmogonies involving Kematef:[87]

> Following another system of ordering, he (Hermes) gives the first rank to Kmêph, the leader of the celestial gods, whom he declares to be an intellect thinking himself, and turning his thoughts towards himself; after him, he first appoints the indivisible One and what he calls the "first product," which he also calls Eikton. It is in him that there resides the primal intelligising element and the primal object of intellection (...).
> 'In addition to these, other rulers have been set over the creation of the visible realm. For the demiurgic intellect, who is master of truth and wisdom, when he comes to create and brings into the light the invisible power of the hidden *logoi*, is called Amoun in the Egyptian tongue, when he infallibly and expertly brings to perfection each thing in accordance with truth he is termed Ptah (the Greeks translate Ptah as Hephaistos, concentrating only on his

---

[82] Klotz 2012, 137–138.
[83] Betz 1992, 134; Parsons 2007, Pl. 35.
[84] Dasen u. Nagy 2012.
[85] For modern confusion between Knephis and Khnoubis, cf. Thissen 1996, 155–156.
[86] His theophoric name includes "Amun," the chief god of Thebes. Various explanations have been proposed for its Egyptian etymology: Klotz 2012, 403 n. 2 (with references); Quack in this volume.
[87] Iambl. *Myst.* 8,3. Translation from Clarke/Dillon/Hershbell 2004, 308–313; cf. Thissen 1996, 154; Klotz 2012, 403–405.

technical ability), when he is productive of goods he is called Osiris, and he acquires other epithets in accordance with other powers and activities.

'There is also among them another system of rule over all the elements in the realm of generation and the powers resident in them, four masculine entities and four feminine, which they assign to the sun.'

Iamblichus correctly identifies Kematef ('Kmêph') as the first principle, who remains permanently separated from creation in the realm of intellect (νοῦς)[88] – perhaps a Greek interpretation of the homophonous, primordial Nun waters (recorded elsewhere in Greek as Νουν) where Kematef was supposed to dwell.[89]

The second generation, which Iamblichus calls 'the first product', bears the mysterious name 'Eiktôn'. Various etymologies have been suggested,[90] but the simplest explanation is to emend the manuscript to *Eirtôn, a Greek rendering of Irita.[91]

Next, the rulers of the visible realm are alternately named Amun, Ptah, and Osiris. For this tripartition, one might compare the theology of Amun at Luxor Temple during the Graeco-Roman Period. As noted above, this form of Amun (Amenope) was often linked with Ptah-Tatenen, precisely when he created the Ogdoad within his workshop of Luxor temple. At the same time, this Amenope was also venerated as a deceased ancestor god worthy of receiving mortuary offerings, just like Osiris.[92] In fact, there was a minor cult of Osiris at Luxor itself.[93] This passage might allude to different roles of Amun at Luxor Temple, distinct from the theology of Amun-Kematef (Medinet Habu) and of Amun-Irita (Karnak).

Finally, Iamblichus mentions a group of eight divinities ('four masculine entities and four feminine') in charge of the sun. As discussed above, this refers to the Ogdoad of Hermopolis. According to Theban texts of the Graeco-Roman Period, they were created by Amun in Luxor Temple, before returning to Hermopolis to create the sun.

---

88 Clark 2008.
89 Klotz 2012, 134–135, 140–141, 404 n. 5. For Greek renderings of Egyptian 'Nun', see *PGM* XIII, 789, 809; XXI, 19; with notes by Thissen 1991, 299; Sethe 1929, §92.
90 The recent suggestion to understand the Egyptian word ḥkȝw, 'magic' (Oréal 2003) is problematic, not least because that concept never plays a role in Egyptian cosmogonies of the Graeco-Roman Period.
91 First proposed by Clarke/Dillon/Hershbell 2004, xlv–xlvi, 311 n. 410; see also Klotz 2012, 404.
92 For Osirian aspects of Amun of Luxor, in opposition to the solar Amun-Re at Karnak, see Waitkus 2008, I, 223–267.
93 Jansen-Winkeln 2001, I, 102; 2004, 99, 100 (Abb. 4, line 4), 102 n. 13; Klotz 2015.

By accurately relating all three stages of the Theban, Amun-centric cosmogony (Kematef, Irita, Amenope and the Ogdoad), Abammon-Iamblichus demonstrates a remarkable understanding of the complex theological syncretism from a very specific locale.

5 Conclusion

While Greek and Roman audiences were most interested in Osiris, Seth, and the broader Isiaic circle, these gods of the dead rarely communicate indigenous Egyptian views on the origin of the universe. Neoplatonist scholars investigating questions must have inquired about Egyptian creator gods, the most prominent example of which was Amun. Although numerous regional cults of Amun continued to flourish through the Roman Period, he was most closely linked to Thebes and the glory days of Pharaonic rule, the Middle and New Kingdoms, when he stood as the dynastic god of Egypt.

To conduct research about this god, ancient scholars would have needed to consult Theban sources, and by doing so, they may have believed they had uncovered authentically Egyptian wisdom, not influenced by Greek philosophical debates. Yet while Theban temples and inscriptions were notably conservative and archaizing, and while the Graeco-Roman cosmogonies derive closely from solar theology of the New Kingdom,[94] Kematef and Irita are *never* mentioned before the reign of Ptolemy III (c. 246–222 BC).

In other words, the Theban theology under discussion must date precisely to the Graeco-Roman Period. This chronological detail suggests that Plutarch and the other Platonists (or their original sources) corresponded directly with contemporaneous Theban priests about cosmogonic questions. Such recent information would not have been found in temple archives.

Nonetheless, one should still recognize that these conclusions might be skewed slightly by the excellent preservation of Theban temples compared to similar monuments from the Delta. Certain Greek sources link a Kematef serpent to Memphis: the Oracle of the Potter claims Kmêphis will abandon Alexandria and return there,[95] while a bilingual Memphite priest records a dream in which

---

94 Zandee 1992; Assmann 1995. For developments after the New Kingdom, see also Knigge 2006; Klotz 2006.
95 Koenen 1968, 206–207 (P₂, 36 and P₃, 60); Kerkeslager 1998, 77.

he saw Knêphis on the street.⁹⁶ Multiple inscriptions identify Irita with the Memphite god Ptah.⁹⁷ Finally, a fragmentary Demotic papyrus records a cosmogonic text involving Ptah, a cosmic egg, and the Hermopolitan Ogdoad.⁹⁸ While such congruencies do not prove that the Theban theology of the Graeco-Roman period derived from Memphite models, they at least demonstrate that similar cosmogonic ideas were also circulating in the more Hellenized city.⁹⁹ The same can be said about the Fayum, a region densely populated by Greeks.¹⁰⁰ Finally, Plutarch and other scholars might have encountered similar theological traditions surrounding Amun at one of his many regional cults in Alexandria, Memphis, or elsewhere in the Delta.¹⁰¹

Nonetheless, certain features within these texts specifically index Thebes. Plutarch locates Knêph directly within the Thebaid; Porphyry seemingly describes a very particular bas-relief and accompanying text from Chonsu Temple in Karnak; Philo of Byblos mentions the peculiar falcon-head of Kematef, a detail not mentioned in any of the non-Theban temple inscriptions. Iamblichus, finally, connects Kematef, Irita, Amun, and the Ogdoad into a single representative cosmogony.

It is through such well-informed allusions to Amun Kematef – simultaneously the most important and most obscure divinity of the Theban district – that these scholars reveal the continued relevance of Egyptian Thebes, both as a center for conservative, religious traditions and for vibrant, intercultural discourse through the final centuries of indigenous paganism.

---

96 *UPZ* I, 78; Ray 2006, 200.
97 The Irita-serpent is mentioned often in Memphite contexts: Klotz 2012, 121.
98 Erichsen/Schott 1954; Zivie-Coche 2016, 64–65.
99 For the bilingual, multicultural, intellectual milieu of Ptolemaic Memphis, see recently Legras 2011; Thompson 2012.
100 See primarily the fragmentary Demotic cosmogonic treatise found at Tebtunis (Smith 2002); the Ogdoad also plays a significant role in the Book of the Fayum (Beinlich 1991; Beinlich/Schulz/Alfried 2014). One awaits the final publication of various Demotic hymns to Sobek from the Fayum, but note that the crocodile god was occasionally identified with Kematef at Kom Ombo (e.g. *KO* I, 58, 1; 59, 1; 61, 5; *KO* II, 939, left 1; 958).
101 Guermeur 2005.

Bibliography

Allen (1988): James P. Allen, *Genesis in Egypt: the philosophy of ancient Egyptian creation accounts*, New Haven.
Assmann (1995): Jan Assmann, *Egyptian Solar Religion in the New Kingdom: Re, Amun and the crisis of polytheism* (trans. Anthony Alcock), London/New York.
Baillet (1920–26): Jules Baillet, *Inscriptions grecques et latines des tombeaux des rois ou syringes à Thebes*, Le Caire.
Bataille (1951): André Bataille, „Thèbes gréco-romaine", *Chronique d'Égypte* 26, 325–353.
Baumgarten (1981): Albert I. Baumgarten, *The Phoenician History of Philo of Byblos: A commentary*, Leiden.
Beinlich (1991): Horst Beinlich, *Das Buch vom Fayum*, Wiesbaden.
Beinlich/Schulz/Alfried (2014): Horst Beinlich, Regine Schulz, Alfried Wieczorek, *Die Entstehung der Welt: Schöpfungsmythen aus dem Alten Ägypten nach dem Buch vom Fayum*, Dettelbach.
Bergman (1970): Jan Bergman, *Isis-Seele und Osiris-Ei. Zwei ägyptologische Studien zu Diodorus Siculus I 27, 4–5*, Uppsala.
Bernand/Bernand (1960): André Bernand, Étienne Bernand, *Les inscriptions grecques et latines du Colosse de Memnon*, Le Caire.
Betz (1992): Hans Dieter Betz (ed.), *The Greek Magical Papyri in Translation, including the Demotic Spells*, Chicago.
Bickel (1994): Susanne Bickel, *La cosmogonie égyptienne avant le nouvel empire*, Fribourg/Göttingen.
Cauville (1983): Sylvie Cauville, *La théologie d'Osiris à Edfou*, Le Caire.
Cauville (1990): Sylvie Cauville, „Les inscriptions dédicatoires du temple d'Hathor à Dendera", *Bulletin de l'Institut français d'archéologie orientale* 90, 83–114.
Cauville (1997): Sylvie Cauville, *Le temple de Dendara: les chapelles osiriennes*, Le Caire.
Cauville (2015): Sylvie Cauville, *Le temple de Dendara: Harsomtous*, Leuven.
Chassinat (1929): Émile Chassinate, „Une nouvelle mention du pseudo-architecte du temple d'Horus, à Edfou", *Bulletin de l'Institut français d'archéologie orientale* 28, 1–10.
Clark (2008): Dennis C. Clark, „Iamblichus' Egyptian Neoplatonic Theology in De Mysteriis", *The International Journal of the Platonic Tradition* 2, 1–42.
Clarke/Dillon/Hershbell (2004): Emma C. Clarke, John M. Dillon, Jackson P. Hershbell (eds.), *Iamblichus: De mysteriis*, Leiden/Boston.
Coulon (2010a): Laurent Coulon, „Le culte osirien au Ier millénaire av. J-C. Une mise en perspective(e)", in: Laurent Coulon (ed.), *Le culte d'Osiris au Ier millénaire av. J.-C.*, Le Caire, 1–19.
Coulon (2010b): Laurent Coulon, „Les formes d'Isis à Karnak à travers la prosopographie sacerdotale de l'époque ptolémaïque", in: Laurent Bricault, Miguel John Versluys (eds.), *Isis on the Nile: Egyptian gods in Hellenistic and Roman Egypt*, Leiden/Boston, 121–147.
Coulon (2013): Laurent Coulon, „Osiris chez Hérodote", in: Laurent Coulon, Pascale Giovannelli-Jouanna, Flore Kimmel-Clauzet (eds.), *Regards croisés sur le Livre II de l'Enquête d'Hérodote*, Lyon, 167–190.
Dasen/Nagy (2012): Véronique Dasen, Árpád M. Nagy, „Le serpent léontocéphale Chnoubis et la magie de l'époque romaine impériale", *Anthropozoologica* 47.1, 291–314.

Erichsen/Schott (1954): Wolja Erichsen, Siegfried Schott, *Fragmente memphitischer Theologie in demotischer Schrift (Pap. demot. Berlin 13603)*, Wiesbaden.
Farag/Wahba/Farid (1979): Sami Farag, Gamal Wahba, Adel Farid, „Notizie da File III: inscribed blocks of the Ramesside period and of King Taharqa, found at Philae", *Oriens Antiquus* 18, 281–289.
Farid (1980): Adel Farid, „Re-used Blocks from a Temple of Amasis at Philae: the final results", *Mitteilungen des deutschen archäologischen Instituts, Abt. Kairo* 36, 81–103.
Favard-Meeks (1991): Christine Favard-Meeks, *Le temple de Behbeit el-Hagara: essai de reconstitution et d'interprétation*, Hamburg.
Festugière (1967): André Jean Festugière, *Hermétisme et mystique païenne*, Paris.
Foertmeyer (1989): Victoria Ann Foertmeyer, *Tourism in Graeco-Roman Egypt*, Diss. Princeton.
Fowden (1986): Garth Fowden, *The Egyptian Hermes: A historical approach to the late pagan mind*, Cambridge.
Friedrich (1968): Hans-Veit Friedrich, *Thessalos von Tralles. Griechisch und Lateinisch*, Meisenheim/Glan.
Gabolde (2009): Luc Gabolde, „Amon-Rê, p3 mry nfr, Amon, mry (nṯr) p3 nbj nfrw, au temple de Deir al-Medîna", in: Christophe Thiers (ed.), *Documents de Théologies Thébaines Tardives (D3T 1)*, Montpellier, 29–37.
Gabolde (2013): Luc Gabolde, „Les origines de Karnak et la genèse théologique d'Amon", *Bulletin de la Société française d'égyptologie* 186–187, 13–35.
Goldbrunner (2003): Lothar Goldbrunner, *Buchis: eine Untersuchung zur Theologie des heiligen Stieres in Theben zur griechisch-römischen Zeit*, Turnhout.
Goyon (1978): Jean-Claude Goyon, „Hededyt: Isis-Scorpion et Isis au scorpion. En marge du papyrus de Brooklyn 47.218.50 – III", *Bulletin de l'Institut français d'archéologie orientale* 78, 439–458.
Griffiths (1970): J. Gwyn Griffiths, *Plutarch's De Iside et Osiride*, Cardiff.
Guermeur (2005): Ivan Guermeur, *Les cultes d'Amon hors de Thèbes: recherches de géographie religieuse*, Turnhout.
Heilen (2011): Stephan Heilen, „Some Metrical Fragments of Nechepsos and Petosiris", in: Isabelle Boehm, Wolfgang Hübner (eds.), *La poésie astrologique dans l'Antiquité*, Paris, 23–93.
van den Horst (1987): Pieter Willem van den Horst, *Chaeremon, Egyptian Priest and Stoic Philosopher: the fragments*, Leiden.
Jansen-Winkeln (2001): Karl Jansen-Winkeln, *Biographische und religiöse Inschriften der Spätzeit aus dem Ägyptischen Museum Kairo, I–II*, Wiesbaden.
Jansen-Winkeln (2004): Karl Jansen-Winkeln, „Zwei Statuen der Spätzeit aus der Cachette von Karnak", *Mitteilungen des deutschen archäologischen Instituts, Abt. Kairo* 60, 93–105.
Junker (1913): Hermann Junker, *Das Götterdekret über das Abaton*, Wien.
Kerkeslager (1998): Allen Kerkeslager, „The Apology of the Potter: A Translation of the Potter's Oracle", in: Irene Shirun-Grumach (ed.), *Jerusalem Studies in Egyptology*, Wiesbaden, 67–79.
Klotz (2006): David Klotz, *Adoration of the Ram: five hymns to Amun-Re from Hibis Temple*, New Haven.
Klotz (2012): David Klotz, *Caesar in the City of Amun: Egyptian temple construction and theology in Roman Thebes*, Turnhout.
Klotz (2014): David Klotz, „Thoth as Textual Critic. The Interrupting Baboons at Esna Temple", *Égypte nilotique et méditerranéenne* 7, 33–60.

Klotz (2015): David Klotz, „The Sorrows of Young Nesmin: the early demise of a Theban priest", in: Christophe Thiers (ed.), *Documents de Théologies Thébaines Tardives (D3T 3)*, Montpellier.

Knigge (2006): Carsten Knigge, *Das Lob der Schöpfung: die Entwicklung ägyptischer Sonnen- und Schöpfungshymnen nach dem Neuen Reich*, Fribourg/Göttingen.

Koemoth (1994): Pierre Koemoth, *Osiris et les arbres: contribution à l'étude des arbres sacrés de l'Egypte ancienne*, Liège.

Koemoth (2009): Pierre Koemoth, *Osiris-Mrjtj (le) Bien-Aimé: contribution à l'étude d'Osiris sélénisé*, Genève.

Koenen (1968): Ludwig Koenen, „Die Prophezeiungen des ‚Töpfers'", *Zeitschrift für Papyrologie und Epigraphik* 2, 178–209.

Łajtar (2006): Adam Łajtar, *Deir el-Bahari in the Hellenistic and Roman Periods: A Study of an Egyptian Temple Based on Greek Sources*, Warsaw.

Łajtar (2012): Adam Łajtar, „The Theban Region under the Roman Empire", in: Christina Riggs (ed.), *The Oxford Handbook of Roman Egypt*, Oxford, 171–188.

Legras (2011): Bernard Legras, *Les reclus Grecs du Sarapieion de Memphis: une enquête sur l'Hellénisme Égytien*, Leuven/Walpole.

Leitz (2001): Christian Leitz, „Die beiden kryptographischen Inschriften aus Esna mit den Widdern und Krokodilen", *Studien zur altägyptischen Kultur* 29, 251–276.

Leitz (2012): Christian Leitz, *Geographisch-osirianische Prozessionen aus Philae, Dendara und Athribis*, Wiesbaden.

Leitz (2014): Christian Leitz, *Die Gaumonographien in Edfu und ihre Papyrusvarianten: ein überregionaler Kanon im spätzeitlichen Ägypten*, Wiesbaden.

Loeben (1990): Christian E. Loeben, „Bemerkungen zum Horustempel des Neuen Reiches in Edfu", *Bulletin de la Société d'égyptologie de Genève* 14, 57–68.

Łukaszewicz (2010): Adam Łukaszewicz, „Memnon, his Ancient Visitors, and some Related Problems", in: Katja Lembke, Martina Minas-Nerpel, Stefan Pfeiffer (eds.), *Tradition and Transformation: Egypt under Roman Rule*, Leiden/Boston, 255–263.

Mathieu (1987): Bernard Mathieu, „Le voyage de Platon en Egypte", *Annales du Service des Antiquités de l'Égypte* 71, 153–167.

McClain (2011): Brett McClain, „Cosmogony (Late to Ptolemaic and Roman Periods)", in: Jacco Dieleman, Willeke Wendrich (eds.), *UCLA Encyclopedia of Egyptology*, http://digital2.library.ucla.edu/viewItem.do?ark=21198/zz0028961v (Stand 01.04.2015).

Meeks (2008): Dimitri Meeks, *Mythes et légendes du Delta: d'après le papyrus Brooklyn 47.218.84*, Le Caire.

Mendel (2003): Daniela Mendel, *Die kosmogonischen Inschriften in der Barkenkapelle des Chonstempels von Karnak*, Turnhout.

Oréal (2003): Elsa Oréal, „Héka, πρῶτον μαίευμα. Une explication de Jamblique, De Mysteriis VIII, 3", *Revue d'égyptologie* 54, 279–285.

Osing/Rosati (1998): Jürgen Osing, Gloria Rosati, *Papiri geroglifici e ieratici da Tebtynis*, Firenze.

Otto (1962): Eberhard Otto, „Zwei Paralleltexte zu TB 175", *Chronique d'Égypte* 37, 249–256.

Parsons (2007): Peter Parsons, *City of the Sharp-Nosed Fish: Greek Lives in Roman Egypt*, London.

Pries (2011): Andreas H. Pries, *Die Stundenwachen im Osiriskult: eine Studie zu Tradition und späten Rezeption von Ritualen im Alten Ägypten*, Wiesbaden.

Quack (1999): Joachim Friedrich Quack, „Der historische Abschnitt des Buches vom Tempel", in: Jan Assmann, Elke Blumenthal (eds.), *Literatur und Politik im pharaonischen und ptolemäischen Ägypten (Vorträge der Tagung zum Gedenken an Georges Posener, 5.–10. September 1996)*, Leipzig, 267–278

Quack (2008): Joachim Friedrich Quack, „Lokalressourcen oder Zentraltheologie? Zur Relevanz und Situierung geographisch strukturierter Mythologie im Alten Ägypten", *Archiv für Religionsgeschichte* 10, 5–29.

Quack (2009): Joachim Friedrich Quack, „Fragmente eines enigmatischen Weisheitstextes (Ex P.Oxy. 9/103). Mit Bemerkungen zu den pythagoräischen Akousmata und der spätägyptischen Weisheitstradition", in: Ghislaine Widmer, Didier Devauchelle (eds.), *Actes du IXe congrès international des études démotiques*, Le Caire, 267–298.

Quaegebeur/Clarysse/Van Maele (1985): Jan Quaegebeur, Willy Clarysse, Beatrijs Van Maele, „The Memphite triad in Greek Papyri", *Göttinger Miszellen* 88, 25–37.

Ray (2006): John D. Ray, „The Dreams of the Twins in St. Petersburg", in: Kasia Szpakowska (ed.), *Through a Glass Darkly: Magic, Dreams & Prophecy in Ancient Egypt*, Swansea, 189–203.

Ryholt (2005): Kim Ryholt, *The Carlsberg Papyri 6: The Petese Stories II (P. Petese II)*, København.

Ryholt (2009): Kim Ryholt, „Review of Mark Smith, Papyrus Harkness (MMA 31.9.7) ", *Journal of Egyptian Archeology* 95, 287–289.

Sauneron (1952): Serge Sauneron, „Plutarque : Isis et Osiris (chap. IX)", *Bulletin de l'Institut français d'archéologie orientale* 51, 49–51.

Sauneron/Yoyotte (1959): Serge Sauneron, Jean Yoyotte, „La naissance du monde selon l'Égypte ancienne", in: *La naissance du Monde, Sources Orientales I*, Paris, 17–91.

Sethe (1929): Kurth Sethe, *Amun und die acht Urgötter von Hermopolis. Eine Untersuchung über Ursprung und Wesen des ägyptischen Götterkönigs*, Berlin.

Smith (2002): Mark Smith, *The Carlsberg Papyrus 5: On the Primaeval Ocean*, København.

Spiegelberg (1906): Wilhelm Spiegelberg, „Ein Denkstein auf den Tod einer heiligen Isiskuh", *Zeitschrift für ägyptische Sprache und Altertumskunde* 43, 129–135.

Thissen (1985): Heinz-Josef Thissen, „Osiris der ‚Vieläugige' (zu Plut. Is. 10)", *Göttinger Miszellen* 88, 55–61.

Thissen (1991): Heinz-Josef Thissen, „Ägyptologische Beiträge zu den griechischen magischen Papyri", in: Ursula Verhoeven, Erhart Graefe (eds.), *Religion und Philosophie im alten Ägypten. Festgabe für Philippe Derchain zu seinem 65. Geburtstag am 24. Juli 1991*, Leuven, 293–302.

Thissen (1996): Heinz-Josef Thissen, „Κμηφ – ein verkannter Gott", *Zeitschrift für Papyrologie und Epigraphik* 112, 153–160.

Thissen (2009): Heinz-Josef Thissen, „Plutarch und die ägyptische Sprache", *Zeitschrift für Papyrologie und Epigraphik* 168, 97–106.

Thompson (2012): Dorothy J. Thompson, *Memphis under the Ptolemies*, (2nd edition) Princeton.

Vandier (1961): Jacques Vandier, *Le papyrus Jumilhac*, Paris.

Vandier (1966): Jacques Vandier, „L'Anubis femelle et le nome cynopolite", in: Maria Ludwika Bernhard (ed.), *Mélanges offerts à Kazimierz Michałowski*, Warsaw, 195–204.

Wade/Winnerman (2014): Janelle Wade, Jonathan Winnerman, „The Block Yard Project et Tell Edfu: outline of methodology and preliminary results", in: Kelly Acette et al. (eds.), *Current Research in Egyptology 2013*, Oxford, 184–200.

Waitkus (2002): Wolfgang Waitkus, „Die Geburt des Harsomtus aus der Blüte: zur Bedeutung und Funktion einiger Kultgegenstände des Tempels von Dendera", *Studien zur altägyptischen Kultur* 30, 373–394.
Waitkus (2008): Wolfgang Waitkus, *Untersuchungen zu Kult und Funktion des Luxortempels, I–II*, Gladbeck.
Waitkus (2014): Wolfgang Waitkus, *Edfu: die kulttopographische Inschrift am Sanktuar des Tempels von Edfu*, Gladbeck.
West (1994): Martin L. West, „Ab ovo: Orpheus, Sanchuniathon, and the Origins of the Ionian World Model", *Classical Quarterly* 44, 289–307.
Yoyotte (1954): Jean Yoyotte, „Prêtres et sanctuaires du nome héliopolite à la Basse Époque", *Bulletin de l'Institut français d'archéologie orientale* 54, 83–115.
Yoyotte (2013): Jean Yoyotte, *Histoire, géographie et religion de l'Égypte ancienne: Opera selecta* (Ivan Guermeur, ed.), Leuven/Paris/Walpole.
Zandee (1992): Jan Zandee, *Der Amunhymnus des Papyrus Leiden I 344, verso*, Leiden.
Zecchi (1996): Mario Zecchi, *A Study of the Egyptian God Osiris Hemag*, Imola.
Zivie-Coche (2012): Christiane Zivie-Coche, „Religion de l'Égypte ancienne", *Annuaire de l'École pratique des hautes études. Sciences religieuses* 119, 57–66.
Zivie-Coche (2013a): Christiane Zivie-Coche, „Religion de l'Égypte ancienne", *Annuaire de l'École pratique des hautes études. Sciences religieuses* 120, 33–41.
Zivie-Coche (2013b): Christiane Zivie-Coche, „L'Ogdoade à Thèbes à l'époque ptolémaïque (II). Le périptère du petit temple de Médinet Habou", in: Christophe Thiers (ed.), *Documents de Théologies Thébaines Tardives (D3T 2)*, Montpellier, 227–283.
Zivie-Coche (2014): Christiane Zivie-Coche, „Religion de l'Égypte ancienne", *Annuaire de l'École pratique des hautes études. Sciences religieuses* 121, 77–85.
Zivie-Coche (2016): Christiane Zivie-Coche, „Religion de l'Égypte ancienne", *Annuaire de l'École pratique des hautes études. Sciences religieuses* 123, 61–66.

Joachim Friedrich Quack
(H)abamons Stimme?

Zum ägyptischen Hintergrund der Jamblich zugeschriebenen Schrift *De mysteriis*

Unter der angeblichen Autorschaft eines ägyptischen Propheten namens Abamon existiert ein Werk, das sich als Antwort auf die von Porphyrius aufgeworfenen Probleme bezeichnet, die letzterer an Anebo, einen vorgeblichen Schüler des Abamon gerichtet habe (von dem somit eine Schrift anzusetzen ist, die keine direkten Spuren hinterlassen hat).[1] Es ist seit der Renaissance unter dem Titel *De mysteriis Aegyptiorum, Chaldaeorum, Assyriorum* in Europa bekannt[2] und wird als Werk des neuplatonischen Philosophen Jamblich von Chalkis angesehen.[3] Dabei ist diese Zuschreibung kein Produkt der Neuzeit, sondern beruht auf einer Glosse des Byzantiners Michael Psellus, der damit Traditionen wiedergibt, die auf Proklos, das Haupt der neuplatonischen Schule von Athen im 5. Jhd. n. Chr. zurückgehen.[4] Heutzutage ist sie weitestgehend anerkannt, während nur wenige Forscher glauben, das Buch vielmehr einem seiner Schüler zuschreiben zu sollen.[5]

Anmerkung: Diese Ausführungen bereiten einen Teil dessen auf, was einmal als Forschungsprojekt im Rahmen eines Heisenbergstipendiums (Geschäftszeichen QU98/4-1) geplant war, aber aufgrund meines baldigen Rufes an die Universität Heidelberg nie über einige erste Skizzen hinausgekommen ist. Für die konkrete Ausarbeitung gab mir die Situierung im Exzellenzcluster „Asia and Europe", insbesondere dem Minicluster D 10 „Cultural Plurality", wichtige Impulse.

1 Dagegen halten Saffrey u. Segonds 2012, XXXVI und 2013, LXVIf. das Schreiben des Porphyrios für den Ausgangspunkt. Ihr Ansatz beruht allerdings hinsichtlich des Namens Anebo und der angeblichen „fiction égyptienne" auf einer Fehlanalyse, wie unten genauer gezeigt wird. Vgl. auch die mich nicht überzeugende Deutung als Frage- und Antwort-Gespräch durch Addey 2014, 127–136.
2 Standardedition war bislang des Places 1966; s. jetzt Saffrey u. Segonds 2013.
3 Zu diesem vgl. die Übersicht in Dillon 1987 sowie Athanassiadi 1995, Athanassiadi 1999, 153–156.
4 Saffrey 1993, 145f.
5 So in neuerer Zeit besonders Sodano 1984, 35.

Joachim Friedrich Quack, Ruprecht-Karls-Universität Heidelberg, Marstallhof 4, D-69117 Heidelberg, b08@ix.urz.uni-heidelberg.de

Die erschlossene Identität des unter einem Pseudonym verborgenen Autors hat dazu geführt, dass *De mysteriis* vorrangig im Zusammenhang der neuplatonischen Philosophie diskutiert wurde, wobei das Interesse in den letzten Jahren merklich zugenommen hat.[6] Zunehmend geht man auch dazu über, in diesem Werk nicht mehr ein „Manifest des Irrationalismus"[7] zu sehen, sondern es in seiner Argumentationsstruktur ernst zu nehmen.

Nur selten jedoch hat man in der neueren Forschung versucht, die Berufung des Autors auf ägyptische Traditionen beim Wort zu nehmen.[8] Garth Fowden sieht eine Kombination von traditionellem ägyptischem Material, das mit relativ späten griechischen philosophischen Spekulationen verknüpft worden sei.[9] Unter dem ägyptischen Material befinde sich allerdings nichts, was nicht in griechischer Sprache verfügbar gewesen wäre.[10] Athanassiadi nimmt die Verbindungen zum Hermetismus ernster (und postuliert deshalb einen Aufenthalt in Alexandria),[11] ohne jedoch in eine Detaildiskussion einzutreten. In der französischen Übersetzung und Kommentierung des Werkes durch Michèle Broze und Carine van Liefferinge[12] ist zwar eine Ägyptologin beteiligt, die Anmerkungen gehen jedoch nur auf wenige Punkte vertieft ein.

Spezialstudien von ausgebildeten Ägyptologen sind ausgesprochen selten. Am meisten hat hier Philippe Derchain beigetragen, der auf den realen ägyptischen Hintergrund einiger Passagen hingewiesen hat.[13] Allerdings dürfte es der Aufnahme dieser These durch die klassischen Philologen geschadet haben, dass Derchain damit das Postulat verband, Jamblich sei nicht der tatsächliche Autor des heute mit seinem Namen verbundenen Werkes, sondern dieses könne nur von einem Mitglied des ägyptischen Priestertums stammen.

---

6 Vgl. etwa neuere Übersetzungen und Kommentierungen wie Clarke, Dillon u. Hershbell 2003; Broze u. van Liefferinge 2009; Albanese u. a. 2011, 173–273.
7 So etwa das Urteil von Dodds 1951, 287, und wohl ihm folgend Sodano 1984, 35. In bewusster Anlehnung wie Abgrenzung gegenüber dieser Formulierung steht Clarke 2001; s. dazu die Rezension durch Dillon 2004.
8 Etwas ernster genommen wird der ägyptische Hintergrund von Dalsgaard Larsen 1972, 158f., wenngleich anhand weniger und ganz veralteter ägyptologischer Publikationen, was zu etlichen Irrtümern führt. Die vergleichsweise größte Offenheit gegenüber der Bedeutung Ägyptens für das Verständnis des Werkes zeigt Shaw 1995 (bes. 47 Anm. 6, 96, 132 Anm. 1 u. 238), der 172f. auch reale ägyptische Bilder als Vergleich zu Jamblichs Angaben abdruckt.
9 Fowden 1986, 132–141.
10 Fowden 1986, 138.
11 Athanassiadi 1995, 246.
12 Broze u. van Liefferinge 2009.
13 Derchain 1963.

Sonstige vertiefte Äußerungen von Ägyptologen zum Text sind relativ selten. Assmann verbindet Jamblichs Konzept einer heiligen Sprache, die den Göttern wohlgefällig ist, mit ägyptischer Rede besonders in den Verklärungen.[14] Ebenso thematisiert er Jamblichs Auffassung des symbolischen Schriftsystems der Ägypter, das dieser als Nachahmung des göttlichen Demiurgen versteht.[15] Außerdem hat Gertrud Thausing noch einige Passagen speziell aus dem siebten Buch mit ägyptischen Originaltexten verglichen.[16] Ihr sehr persönlicher, nicht allgemein anerkannter Zugang zur ägyptischen Religion dürfte neben dem weder für Ägyptologen noch für Altphilologen naheliegenden Publikationsort dazu beigetragen haben, dass diese Arbeit wenig rezipiert wurde. Spezifisch zu einem Punkt der numerischen Progression in dem Abschnitt über die Achtheit hat sich Sergio Donadoni geäußert.[17] Ich selbst habe für die Bemerkungen zum Opferkult im fünften Buch aufgezeigt, dass es durchaus mögliche Verbindungen zu ägyptischen Konzeptionen des Opfers gibt.[18] Elsa Oréal hat einen Vorschlag speziell zur Deutung eines Gottesnamens Eikton gemacht.[19] David Klotz betrachtet das Werk besonders als Nachklang thebanischer religiöser Konzeptionen der Römerzeit.[20]

Teilweise wurde in der Forschung der ägyptische Hintergrund allerdings für irrelevant gehalten.[21] Besonders deutlich erkennt man dies am Ansatz von Arthur Hilary Armstrong.[22] Er argumentiert, gerade 18 von 178 Seiten der modernen Textedition würden wirklich von Ägypten handeln, das meiste dagegen betreffe den traditionellen hellenischen öffentlichen Kult, zudem seien andere orientalische Elemente, nämlich die chaldäischen und assyrischen, von größerer Bedeutung. *De mysteriis* sei nichts anderes als die übliche griechische Art, orientalische Weisheit philosophisch zu respektieren, von der man de facto wenig verstände und in der man mittels allegorischer Exegese lediglich die eigene neuplatonische Philosophie sehe.[23]

---

14 Assmann 1997 a; Assmann 2004, 157–163.
15 Assmann 1997 b, 137.
16 Thausing 1962.
17 Donadoni 2000.
18 Quack 2008.
19 Oréal 2003.
20 Klotz 2012, 403f.; ders., in diesem Band.
21 So z. B. Tanaseanu-Döbler 2013, 107, deren Behauptung, das ägyptische Setting sei bereits durch Porphyrios vorgegeben und Jamblich habe die Gestalt des Priesters von ihrem spezifisch ägyptischen Hintergrund gelöst, nur dann überhaupt in Frage kommt, sofern man die Schrift des Anebo, auf die zu reagieren Porphyrios angibt, als Fiktion ansieht.
22 Armstrong 1987.
23 Armstrong 1987, 180.

Eine solche Argumentation geht am Text vorbei. Einerseits kann man schon bezweifeln, ob die von Armstrong genannten 18 Seiten (des Places 1966, 245, 11–272, 15; d. h. 6,5 bis 7, Ende) wirklich alle distinktiv ägyptischen Passagen des Textes abdecken – willkürlich erwähnt seien hier nur die unverkennbar ägyptischen Hintergründe in *Myst.* 5,8 – ,[24] andererseits sind die mehr als 10% Anteil des Gesamttextes, die selbst eine derart minimalistische Lesung dem ägyptischen Element zubilligt, ein erheblicher Bestandteil, der einer angemessenen Interpretation bedarf. Zudem ist, da vieles im Traktat einfach allgemeingültig und abstrakt formuliert ist (keineswegs spezifisch für hellenischen Kult), diese Menge bei weitem der größte Umfang, der irgendeiner in ihren Konturen spezifisch fassbaren Kultur zuzuweisen ist. Die Chaldäer und Assyrer werden dagegen nur kurz für einzelne Details herangezogen.

Relevant für diese Grundfrage ist auch, wie Saffrey argumentiert, dass Jamblich im Text öfters aus der Rolle falle und vergesse, dass er als ägyptischer Priester schreibe.[25] Er weist insbesondere auf verschiedene Zitate aus Heraklit und Platon hin. Ferner sei der Verweis auf die großen früheren Philosophen, die nach Ägypten gereist seien, um zu lernen, im Munde des Jamblich weitaus wahrscheinlicher als in dem eines ägyptischen Priesters Abamon.

Es dürfte einiges über die Befindlichkeiten und Vorurteile eines Faches aussagen, was Saffrey, ohne dies auch nur für erläuterungsbedürftig zu halten, für unvereinbar mit dem Bildungsstand eines ägyptischen Priesters hält. Ein wesentlicher Punkt ist hierbei, dass wir nach allen Belegen davon auszugehen haben, dass die Elite der ägyptischen Priester in der griechisch-römischen Zeit zweisprachig akkulturiert war, also auch über eine griechische Bildung verfügte.[26] Von daher ist es alles andere als überraschend, wenn ein ägyptischer Priester imstande ist, bedeutende griechische Philosophen wie Heraklit oder Platon zu zitieren. Hinsichtlich der Tradition der großen griechischen Weisen, die angeblich nach Ägypten gereist seien, um dort zu lernen, ist im besonderen Maße damit zu rechnen, dass diese Überlieferung den ägyptischen Priestern gefallen hat. Ohne gleich das von Frankfurter entwickelte Modell der „stereotype appropriation"[27] voll zu übernehmen, kann man davon ausgehen, dass ein ägyptischer Priester

---

24 Auch die Ausführungen über Reinheit und getötete Tiere in 6,1–4 berühren sich eng mit ägyptischen Priesterbräuchen bzw. gräkoägyptischer Magie. Meine unten gebotene Analyse, welche die Bereiche 6,1–9,9 in ihrer Grundstruktur mit ägyptischen Konzeptionen vergleicht, deckt bereits etwa 13,5 % des Textes ab.
25 Saffrey 1999.
26 Vgl. Quack i. Dr. c.
27 Frankfurter 1998, 224–237; Frankfurter 2000.

imstande gewesen wäre, damit zu seinen Gunsten zu argumentieren. Als Vergleichsfall kann man darauf verweisen, dass es eine gut fassbare Bestrebung gegeben hat, Homer mit Ägypten zusammenzubringen, die eigentlich nur von Ägyptern vorangetrieben worden sein kann.[28]

Wo man das ägyptische Belegmaterial in der heutigen Forschung heranzieht, geht es wesentlich um eine Klärung der Realien in den besonders evident auf Ägypten zurückgreifenden Sektionen 6,5–8,3,[29] jedoch üblicherweise, ohne dass man den in diesem Bereich so deutlich fassbaren tatsächlichen Übereinstimmungen von Jamblichs Angaben mit Phänomenen der spätägyptischen Religion irgendeine größere Bedeutung für die Gesamtinterpretation beigemessen hätte.[30] Dabei stellt die neue Edition von Jamblichs Werk durch Saffrey und Segonds, wie auch immer man sie hinsichtlich Fortschritten in der Rekonstruktion des Wortlautes oder Erschließung der philosophischen Inhalte im Vergleich zu des Places[31] einschätzen mag, hinsichtlich der Erhellung der ägyptischen Hintergründe sogar einen deutlichen Rückschritt gegenüber der früheren durch des Places dar.[32] Tatsächlich erweckt sie gerade in der Menge dessen, was im Kommentar an Studien *nicht* zitiert wird, obgleich die Autoren es aus älteren Untersuchungen zu *De mysteriis* leicht hätten auffinden können, schon den Eindruck der bewussten Verweigerung eines interdisziplinären Dialogs.[33]

Ein wichtiger Punkt, der vor Beginn der weiteren Untersuchungen zu klären ist, betrifft die Frage nach Art und Umfang des Einflusses, den die sogenannten „Chaldäischen Orakel"[34] auf *De mysteriis* ausgeübt haben. Heutzutage tendiert

---

28 Quack 2005.
29 So etwa in der Edition durch des Places 1966; zu einem Spezialbereich daraus s. Clark 2008.
30 In des Places' Analyse der Einflüsse auf das Werk (1966, 12–21) werden die griechischsprachigen Hermetika kurz angesprochen (1966, 13f.), nicht jedoch die Frage, woher Jamblich seine genauen Informationen über ägyptische Religion haben könnte. Vgl. weiter Elvira Sánchez 2009.
31 Dessen Werk wird in Saffrey u. Segonds 2013, XCI als „un travail hâtif et superficiel" eingestuft und lediglich da zitiert, wo sie es als fehlerhaft aufweisen wollen (so 233 Anm. 2; 235 Anm. 4).
32 Wie wenig der in Saffrey u. Segonds 2013, CXLVII angegebene Anspruch, Parallelen anzugeben, in diesem Bereich wirklich eingelöst wird, erkennt man schon daran, dass zu den Hierogrammatius und Propheten 2 Anm. 7 u. 226 Anm. 4 lediglich Cumont 1937 zitiert wird.
33 Dass für viele Fragen die neuere Forschung ignoriert wird, sieht man z. B. auch daran, dass in Saffrey u. Segonds 2013, 282 Anm. 3 für den Kult des Sabazios lediglich auf Nilsson 1961, 658–667 hingewiesen wird; vgl. an neueren Studien dazu z. B. Lane 1980; Lane 1983–1989.
34 Ursprüngliche Textedition Kroll 1894; neue Edition des Places 1971; s. auch Lewy 1956; Majercik 1989. Vgl. Athanassiadi 1999 mit innovativem Ansatz zur Gesamtdeutung, insbesondere

man vielfach dazu, dieser Schrift einen bedeutenden Einfluss auf Jamblich zuzuschreiben[35] oder sie sogar zur Hauptquelle für *De mysteriis* zu machen.[36]

Die Annahme, Jamblich sei wesentlich von den chaldäischen Orakeln beeinflusst worden, steht in auffälligem Gegensatz dazu, dass er sie in *De mysteriis* nie explizit beim Namen nennt – was von den Proponenten der Theorie immerhin zur Kenntnis genommen, wenn auch mit mancherlei Argumenten heruntergespielt wird.[37] Tatsächlich ist der Ausgangspunkt dafür, die chaldäischen Orakel für das Verständnis von Jamblichs Werk so hoch zu bewerten, die von Julian (*epist.* 12), Marinus (*Vita Procli* 26) und Damaskios (*Pr.* 2,1,7–8 Westerink) überlieferte Tatsache, dass Jamblich einen (heute verlorenen) Kommentar über die chaldäischen Orakel geschrieben habe,[38] sowie Psellos' Bemerkung, Jamblich und Proklos hätten die griechische Art vernünftiger Argumentation zugunsten der chaldäischen Lehre aufgegeben.[39]

Man wird die bislang in der Forschung aufgeführten Berührungspunkte zwischen *De mysteriis* und den chaldäischen Orakeln auf ihre Stichhaltigkeit überprüfen müssen. Hierbei ist die relativ knappe Liste, die des Places (1964) nennt, argumentativ von größerem Gewicht als die monographische Behandlung durch Cremer (1969), die vieles ausgesprochen Unsichere enthält. Aus Platzgründen kann ich hier nur drei Fallbeispiele aufgreifen:

Myst. 2,6 (und 8,8) wird vom Wiederaufstieg der Seele gesprochen, was nach des Places mit dem Orakel bei Psellos PG 122 1125a und 1129c zu vergleichen sei.[40]

Es dürfte schwerfallen, diese Lehre als spezifisch chaldäisch nachzuweisen. Tatsächlich ist die Konzeption vom Aufstieg der Seele in die himmlischen Sphären eine zutiefst hermetische Konzeption, unter Einschluss des Wunsches nach Befreiung von der astralen Heimarmene, der auch bei Jamblich prominent ist, z. B. *CH* 1,24–26; *CH* 10,4; *CH* 16,13–15; NHC 6,58–60.[41] Ebenso gibt es in den gräko-ägyptischen magischen Papyri vergleichbare Konzeptionen, erwähnt sei

---

aus einer Bewertung der Haupttradenten (Proklos und Damaskios) heraus. Vgl. Turner 2008; Seng u. Tardieu 2010.
35 Des Places 1964; des Places 1966, 14–19; des Places 1971, 24–29.
36 Cremer 1969; akzeptiert von Saffrey 1990, 40, 57 u. 71; Nasemann 1991, 10 u. 16; Stäker 1995, 177 Anm. 718. Ansätze zum Widerspruch dagegen bei Shaw 1995, 94 Anm. 26 u. 165.
37 Vgl. etwa Cremer 1969, 6 u. 14; Nasemann 1991, 16; Tanaseanu-Döbler, 107.
38 Van Liefferinge 1999, 128f.
39 Zitiert bei des Places 1971, 24.
40 Des Places 1964, 180.
41 Vgl. Mahé 1993.

nur die berühmte „Mithrasliturgie".⁴² Die Dekoration der Decken römerzeitlicher Gräber zeigt die reale Bedeutung dieser Lehren in Ägypten.⁴³

Weiterhin sei der Ausdruck „zischen" in *Myst.* 3,2 (103,16) u. 3,9 (119,3), so des Places, ein Terminus technicus der chaldäischen Orakel, der bei Procl. *in Parm.* 600,20ff. (fr. 37,1 u. 37,9) überliefert sei.⁴⁴ Ferner sei die von chaldäischem Geist getragene Stelle Aristid. Quint. 2,17–19 zu vergleichen, dazu *Or. Chald.* fr. 107,5.

Nun ist dieser Begriff tatsächlich in einem Fragment der Chaldäischen Orakel erwähnt, man kann jedoch zur Genüge zweifeln, ob er bei Jamblich spezifisch von dort kommen muss. So wird ῥοῖζον „zischend" auch PGM VII 883 im Rahmen eines gräkoägyptischen Liebeszaubers (Mondräucherwerk des Klaudianos) gebraucht, wo die Göttin durch ein Geräusch ein Signal gibt, dass sie dem Adepten einen Parhedros zukommen lässt. Dieser Text weist aber keine evidenten Einflüsse chaldäischer Lehren auf, vielmehr beruft er sich auf einen Bücherfund in Aphroditopolis; das Ritual soll an einem Bild der ägyptischen Herrin Selene vollzogen werden.

Ferner werden von des Places *Myst.* 7,5 und *Or. Chald.* fr. 150 (bei Psell. PG 122,1132 c deb.) hinsichtlich der Aufforderung, die „barbarischen" Namen nicht zu verändern, miteinander verglichen.⁴⁵

Das Motiv ist zweifellos ähnlich, beweist aber nicht das Geringste für irgendeine Abhängigkeit.⁴⁶ Tatsächlich wird einerseits *Corpus Hermeticum* 16,2 speziell für die ägyptische Sprache angegeben, sie habe im Original ihre Wirkung und solle nicht übersetzt werden,⁴⁷ andererseits lässt sich nachweisen, wie sehr eben die Forderung von *Myst.* 7,5 reale weitverbreitete ägyptische Kultpraxis ist, die völlig ohne Einfluss der chaldäischen Orakel auskommt. Letztere mögen sich einer ähnlichen generell orientalischen Tendenz verdanken,⁴⁸ können aber nicht

---

42 Zu diesem oft kommentierten Stück s. besonders die erste monographische Behandlung durch Dieterich 1903 sowie in neuerer Zeit Meyer 1976; Merkelbach 1992; Fauth 1995, 7–33; Stratton 2000; Mastrocinque 1998, 105–120; Betz 2003; Edmonds 2004; Zago 2010; Sfameni Gasparro 2011.
43 Vgl. Quack i. Dr. a.
44 Des Places 1964, 181. Vgl. zu dem Begriff bei Jamblich auch Bussanich 2002, 57f.
45 Des Places 1964, 183.
46 Zu diesem in der damaligen Zeit offenbar ernsten Problem s. Shaw 1995, 179–183.
47 Diese Stelle wird auch in den Kommentaren bei des Places 1964, 183, des Places 1966, 193 Anm. 1 und des Places 1971, 28 als Parallele zitiert. Vgl. von Lieven 2007, 235; Quack 2016, 118. S. auch Scarpi 2013, der allerdings nicht auf die reale Situation von Zweisprachigkeit und Übersetzungsaktivitäten im römerzeitlichen Ägypten eingeht.
48 Man vergleiche etwa, wie in Mesopotamien Keilschrifttexte zur Sicherung der Aussprache mit griechischen Glossen versehen werden, s. Ambos 2014, 352 mit weiteren Verweisen.

als spezifische und ausschlaggebende Quelle eines Abschnittes angesehen werden, der sich so explizit und auch so berechtigt auf Ägypten beruft. Derartige *voces magicae* sind gleichfalls für die gräkoägyptische Magie typisch.[49] Tatsächlich gibt es gute Belege dafür, dass man im römerzeitlichen Ägypten einen Fokus darauf gelegt hat, die korrekte Aussprache der traditionellen Ritualformeln abzusichern. Zum einen gibt es etliche graphische Transponierungen ins Demotische in einem System, welches die korrekte Aussprache erleichtert, aber die semantische Transparenz mindert.[50] Zum anderen kann man sehen, wie Systeme zur fallweisen Vokalnotation oder sogar komplette Interlinearversionen entstehen.[51]

Diese Beispiele dürften zur Genüge zeigen, wie schwach fundiert die bisherigen Versuche sind, die chaldäischen Orakel zur wesentlichen Inspirationsquelle für Jamblich, De mysteriis zu machen. Damit dürfte der Weg frei sein, vielmehr in den Vergleich mit ägyptischen Konzeptionen einzusteigen. Um sich nicht in den Details des relativ umfangreichen Werkes zu verlieren, dürfte es sinnvoll sein, zunächst einmal übergreifend zu betrachten, welches die Hauptthemen von *De mysteriis* sind[52] und inwieweit diese Bezüge zur ägyptischen Kultur aufweisen.

Am Anfang steht eine Einleitung, welche die Grundsituation klärt und die Herangehensweise des Autors erläutert. Es folgt eine Darlegung über die verschiedenen Formen höherer Wesen und woran man sie unterscheiden kann.[53] Dabei wird eine extrem fein ausgearbeitete Hierarchie definiert. Zweites Hauptthema ist die Divination, deren Grundprinzipien und verschiedene technische Ausprägungen sowie göttliche Ursachen abgehandelt werden.[54] Anschließend geht es spezieller um die Theurgie, also die Möglichkeit einer rituellen Einwirkung auf die Götter,[55] wobei Jamblich verschiedene skeptische Fragen des Porphyrios hinsichtlich der konkreten Methoden entkräften möchte. Schließlich gibt es ein generelles Schlusswort, das auch quasi als Anredeformel an Porphyrios dient.

---

[49] Vgl. etwa Martinez 1991, 35f.; Quack 2004. Auf die Parallele zu Jamblich weist auch Gurgel Pereira 2012, 169f. hin.
[50] Quack 2011; Stadler 2012, 118–122; 2016, 37–40; Widmer 2015, 44–47.
[51] Quack i. Dr. b.
[52] Dabei orientiere ich mich an der übergreifenden Analyse des Inhalts durch Saffrey u. Segonds 2013, XCIX–CVII.
[53] Vgl. Plaisance 2013.
[54] Vgl. hierzu Pfeffer 1976, 130–163; Athanassiadi 1993; Addey 2007, 2010, 2013, 2014.
[55] Vgl. Nasemann 1991; Athanassiadi 1993; Stäcker 1995; Finamore 1999; van Liefferinge 1999, 23–126; Bussanich 2002; Elvira Sánchez 2009; Tanaseanu-Döbler 2013, 95–111.

Wie sieht es hinsichtlich der prinzipiellen Zugangsmöglichkeiten dieser Hauptthemen zur ägyptischen Kultur aus? Die Abhandlung über die höheren Wesen ist relativ abstrakt gehalten und erweckt beim Leser oft den Eindruck eines gehörigen Schematismus. Immerhin kann man festhalten, dass die Feinabstufung der Hierarchie im Grundsätzlichen nicht mit der ägyptischen Kultur unvereinbar ist, wo es auch zahlreiche, nicht immer ganz leicht fassbare Unterkategorien des Göttlichen bzw. Übermenschlichen gibt.[56] In griechischer Sprache ist dies bereits bei Manetho im 3. Jhd. v. Chr. nachweisbar, der in der Liste der ägyptischen Herrscherdynastien am Anfang die Götter, Heroen bzw. Halbgötter und Totengeister nennt, bevor die Menschen an die Reihe kommen.[57] Noch sehr viel elaborierter sind die Kategorien dann in den gräkoägyptischen magischen Papyri der Römerzeit, in denen z. B. Götter, Erzengel, Dekane und Myriaden von Engeln erwähnt werden (PGM IV 1201–3).

Bei der Behandlung der Divination geht „Abamon" erkennbar über die Grenzen Ägyptens hinaus, indem er die Orakel der Korybanten, des Sabazios, der (kleinasiatischen) Mutter der Götter, der Nymphen und des Pan sowie lokal fokussiert die von Klaros, Delphi und Didyma anspricht.[58] Dabei ist zu beachten, dass diese Beispiele dem Textautor bereits durch die kritische Frage des Porphyrios vorgegeben waren (vgl. 3,9 = Porph. fr. 38 Smith und 3,11 = Porph. fr. 39 Smith).

Dennoch bedeutet dies keineswegs, dass Divination eine primär unägyptische Praxis wäre. In diesem Punkt wirkt im wissenschaftlichen Bewusstsein möglicherweise nach, dass kein Geringerer als Jan Assmann gemeint hat, Ägypten sei im Gegensatz zu anderen antiken Gesellschaften keine Divinationskultur gewesen.[59] Die Berechtigung dieses Urteils für die älteren Epochen kann ich hier nicht im Einzelnen diskutieren.[60] Für die im Hinblick auf Jamblich allein relevante griechisch-römische Zeit liegen die Verhältnisse aber zweifelsfrei anders. Kim Ryholt hat in seinem Überblick über die in der Römerzeit unter den Papyri aus Tebtynis

---

56 Vgl. etwa Quack 2015 mit weiteren Verweisen.
57 Jacoby 1958, 11–13.
58 Zu letzteren vgl. Busine 2005; Oesterheld 2008; Lampinen 2013; Moretti u. Rabate 2014.
59 Assmann 1996, 233f.; 1999, 15–19; 2005, 113. Noch in rezenter Zeit kann sich Schmitt, 2014, 17f. dem Eindruck von Assmanns Ansatz nicht ganz entziehen, auch wenn er am Ende (leider in nur sehr partieller Kenntnis der neueren ägyptologischen Literatur) urteilt: „Dass Mantik in den Darstellungen der ägyptischen Religion eine untergeordnete Rolle einnimmt, scheint daher wesentlich ein Problem der forschungsgeschichtlichen Fokussierung in der Ägyptologie zu sein".
60 S. als Überblick zur ägyptischen Divination von Lieven 1999 und als wichtige Textsorte bereits im Neuen Reich die Ölwahrsagung, s. Demichelis 2002.

vertretenen Textgattungen angegeben, dass wenigstens 45 inventarisierte Handschriften, und damit etwa ein Sechstel des gesamten Bestandes, divinatorischen Inhalts seien.[61]

Diese Zahlen, die inzwischen bereits etwa 10 Jahre alt sind, können angesichts der fortschreitenden Erschließung der Tebtynis-Handschriften sicher aktualisiert werden, die grundsätzliche Tendenz bleibt jedoch eindeutig. Um eine rezente Zahl einzuwerfen: In einem derzeit in Druck befindlichen Sammelband demotischer (sub)literarischer Texte vor allem aus Tebtynis edieren Kim Ryholt und ich insgesamt 49 verschiedene Handschriften.[62] Davon sind nicht weniger als 21, also knapp die Hälfte, divinatorischer Natur. Das mag etwas unrepräsentativ viel sein und beruht vermutlich auch auf meinen forscherischen Vorlieben. Dennoch ist so manches darunter, was in Ryholts alter Statistik noch gar nicht aufgenommen war, weil die Handschriften erst später in ihrem Inhalt bestimmt wurden. Ebenso gehören divinatorische Texte zu den Bereichen, welche in Oxyrhynchos noch gut in ägyptischer Sprache vertreten sind.[63] Divinationstechniken sind also für Ägypten zeitnah zu Jamblich tatsächlich eines der wesentlichen Themen. Speziell ist auch zu beachten, dass Techniken der Zukunftserkundung besonders durch verschiedene Arten von Visionen in den gräkoägyptischen magischen Papyri der Römerzeit eines der substantiellsten Themen darstellen.[64] Dies ist insofern besonders bedeutsam, als bei den Einzelheiten der theurgischen Techniken, wie sie Jamblich überliefert, schon immer Verbindungen zu eben diesen gräkoägyptischen magischen Papyri erkannt wurden.

Hinsichtlich der theurgischen Techniken handelt es sich im Gesamtwerk um diejenigen Abschnitte, welche am konkretesten auf die Details eingehen. Hier ist ohnehin seit jeher anerkannt, dass ägyptische Hintergründe für das Verständnis unverzichtbar sind.

Zusammengenommen sind die Grundthemen des Werkes also ohne weiteres damit vereinbar, dass die ägyptische Kultur ein wesentlicher Hintergrund ist. Diese Bewertung ermöglicht es, der wiederholt in der Forschung aufgestellten Position entgegenzutreten, Jamblich behandle im Wesentlichen den regulären

---

61 Ryholt 2005, 152.
62 Ryholt i. Dr.
63 Quack 2015, 108 und 115f.
64 Vgl. Hopfner 1921, 1924a; Quack 2010; eine neue Untersuchung durch Ljuba Bortolani u. Svenja Nagel ist in Vorbereitung.

griechischen Kult⁶⁵ bzw. die beiden wesentlichen Praktiken der griechischen Religion der Spätantike.⁶⁶ Es gibt zwar hier und da eine Behandlung von nicht-ägyptischen Elementen, welche auch als solche explizit angegeben werden. Sie ist jedoch bereits durch Porphyrios' Fragestellung vorgegeben, also nicht die freie Entscheidung des Autors.

Es seien noch kurz die inhaltlichen Kernpunkte im hinteren Teil des Werkes aufgelistet, wo die Diskussion so konkret wird, dass ein Abgleich besonders lohnt. Zunächst wird die Frage der Reinheit aufgeworfen, speziell das Verbot der Berührung von Kadavern (6,1–2). Dies passt sicher in den generellen Rahmen der Reinheitsvorschriften, die im ägyptischen Kult sehr ausgeprägt sind.⁶⁷

Danach wird die Divination mit Hilfe von toten Tieren angesprochen (6,3–4). Gerade diese Methode lässt sich hervorragend mit den gräkoägyptischen magischen Handbüchern verbinden. In ihnen wird öfters vorgeschrieben, das betreffende Tier, z. B. ein Falke, solle, wie der Text ausdrückt, „vergottet", d. h. realiter ertränkt werden.⁶⁸ Der Geist des Tieres kann dann insbesondere für die Zwecke der Weissagung instrumentalisiert werden.

Es folgt die bekannte Erörterung über die Bedrohung der Götter (6,5–7). Diese ist in der Tat in der ägyptischen Kultur sehr gut bekannt, für andere antike circummediterrane Kulturen dagegen unbezeugt.⁶⁹

Anschließend werden einige Elemente der symbolischen Theologie der Ägypter angesprochen. Dies betrifft einerseits die Figur des Kindes, das auf dem Lotus sitzt, aus dem Schlamm erscheint und in der Barke fährt (7,1–2). All das sind ab dem Neuen Reich gut bekannte bildliche Motive aus Konzeptionen um den Sonnengott, speziell als Kind beim Sonnenaufgang.⁷⁰ Dieses Bild ist noch auf spätantiken magischen Gemmen nicht selten zu finden.⁷¹ Ebenso real auf ägyptische Vorbilder zurückgeführt werden kann die Konzeption, dass der Sonnengott sich im Verhältnis zum Zodiakos verändert und stündlich eine Gestalt annimmt (7,3). Dies bezieht sich insbesondere auf die Konzeption der Dodekaoros, bei wel-

---

65 So Armstrong 1987, 179.
66 So etwa Saffrey u. Segonds 2012, 20; 2013, LVII. Ähnlich auch Tanaseanu-Döbler 2013, 77, die für den Brief an Anebo annimmt, es würden im Wesentlichen die mantischen Techniken der griechisch-römischen Spätantike behandelt, praktisch ohne spezifisch ägyptische Elemente.
67 Quack 2013.
68 Hopfner 1924a, 65f. § 130.
69 Sauneron 1951; Quack 2002, 55f. S. auch Manisali 2005.
70 So schon von Derchain 1963, 223f. bemerkt. Vgl. Morenz u. Schubert 1954; Schlögl 1977; Ryhiner 1986; Waitkus 2002; Sandri 2006.
71 Bakowska 2004, 302–305; Michel 2004, 64–76 und 269–276.

cher der Sonnengott verschiedene tierische Gestalten annimmt, die nach Doppelstunden organisiert sind, wobei auch eine Korrelation mit dem astronomischen Tierkreis vorliegt.[72] Die bislang ältesten bekannten Zeugnisse dafür stammen aus den gräkoägyptischen magischen Papyri sowie Monumenten wie dem aus Ägypten stammenden Zodiakos Daressy. Die Frage der nicht zu ändernden barbarischen Namen (7,4–5) habe ich oben schon angesprochen.

Für den Abschnitt über die ägyptischen Vorstellungen vom ersten Prinzip (8,1–3) verweise ich auf den Beitrag von David Klotz in diesem Band. Weitere Abschnitte gelten der Frage der ägyptischen Schriften, welche davon Autorität haben, sowie besonders der Frage astrologischer Lehren und des freien Willens (8,4–8). Die realen Bezüge insbesondere zu den griechischsprachigen Hermetika sollten offenkundig sein. Sachlich schließen hieran die Diskussionen über den persönlichen Dämon und die Möglichkeiten der Astrologie an (9,1–9). Sie lassen sich deutlich damit verbinden, dass in den ägyptischen Tempelbibliotheken der Römerzeit astrologische Handbücher ausgesprochen häufig sind und Zeugnisse wie die Narmouthis-Ostraka auch gut zeigen, wie die Erstellung von Horoskopen ein markanter Teil des Tempelbetriebs war.[73]

Schließlich möchte ich auf die Frage nach den Namen der vorgeblichen Autoren Anebo und Abamon eingehen. Der Name Anebo hat verschiedenartige Deutungen erfahren. Verführerisch war es seit jeher, hier eine Zusammensetzung mit dem ägyptischen Gott Anubis zu sehen. So hat Hopfner den Namen zunächst einfach als den des Totengottes Anubis interpretiert,[74] später als Zusammensetzung 'Inp-ꜥꜣ „Anubis ist groß" verstanden.[75]

Thissen dachte dagegen an eine ägyptische Bildung ḥr nb=f „Gesicht seines Herrn".[76] Dabei versteht er es als eine fiktive Bildung, die für einen Schüler passend sei und wohl von Jamblich erfunden worden sei. Letzterer Punkt ist in dieser Form nur dann möglich, wenn es tatsächlich einen ersten Text in der Diskussionskette gegeben hat, der realiter von Jamblich stammt, aber bewusst nicht unter seinem eigenen Namen, sondern unter dem eines fiktiven ägyptischen Priesters verbreitet worden ist. Selbst in diesem Fall bleibt die große Frage, ob Jamblich

---

72 Boll 1903, 295–346; Boll 1912 (= Boll 1950, 99–114 mit Zusätzen 421f.); Gundel 1936, 229–235; Hübner 1990; Merkelbach u. Totti 1990, 104–122; von Lieven i. Dr.
73 Jones 1994, 39–46; Dieleman 2003; Evans 2004; Menchetti 2009; Winkler 2009.
74 Hopfner 1922, VIII; Hopfner 1924b, 3.
75 Hopfner 1946, 13.
76 Thissen 1991, 297.

überhaupt genügend Ägyptischkenntnisse besessen hat, um einen solchen Namen bewusst zu bilden, und für welche Adressaten er eine solche Fiktion gewählt haben sollte, deren Hintergründe kaum ein Leser erkannt hätte. Hinzu kommen lautliche Schwierigkeiten hinsichtlich des Tonvokals, wie unten genauer ausgeführt wird, die m. E. diesen Vorschlag definitiv unmöglich machen.[77]

Zuletzt wollte Oréal den Namen Anebo als ägyptisches ꜥꝫ-nb=f „groß ist sein Herr" erkennen.[78] Sie wendet gegen Thissen ein, sein Vorschlag sei, wie er selbst eingestanden habe, in seiner Gesamtform nicht ägyptisch. Gegen Hopfner macht sie geltend, die Lautform Nechtanoubis für Nḫt-'Inp zeige, dass Anebo nicht die Umschreibung von Anubis sein könne. Bei Anebo handele es sich um einen fiktiven Namen, den Porphyrios gewählt habe, um sich an Jamblich zu wenden. Diese Deutung wird von Saffrey und Segonds aufgegriffen und als Basis für wichtige Postulate hinsichtlich der „ägyptischen Fiktion" verwendet, die sie in der Situierung von *De mysteriis* ansetzen.

Oréals Deutungsvorschlag weist mehrere eklatante Schwächen auf. Der erste ist bereits, dass bei ihm vorausgesetzt wird, Porphyrios habe die ägyptische Sprache aktiv beherrscht und sie auch bewusst in einem Text eingesetzt, der keineswegs spezifisch zur Zirkulation innerhalb Ägyptens bestimmt war. Ersteres ist durch nichts positiv belegt und inhärent unwahrscheinlich,[79] letzteres extrem unplausibel.

Hinzukommen konkrete Probleme mit der Morphologie und Lautform. Oréal verweist zur Stütze ihrer Deutung auf ägyptische Namensbildungen des Typs ꜥꝫ + GN „groß ist der Gott X".[80] Jedoch sind zum einen Namen dieses Typs nur im Mittleren und Neuen Reich belegt. In der Spätzeit und griechisch-römischen Zeit müsste es, da die Konstruktion des Adjektivalsatzes nach dem Typ nfr-sw nicht mehr Teil der lebendigen Sprache ist, unbedingt nꝫ-ꜥꝫ-GN heißen; und realiter sind theophore Personennamen dieses Bildungsmusters in der Spätzeit überhaupt nicht belegt.[81] Zudem passt der im Namen Anebo bezeugte Tonvokal o

---

77 Thissen 1991, 297 Anm. 40 beruft sich auf Vergote 1960, 22 (der aber tatsächlich zu Unrecht die beiden verschiedenen Namen verquickt) und Fecht 1960, § 257. Das ist wohl ein Druckfehler für Fecht 1960, 85 Anm. 257, wo Fecht jedoch nicht etwa den Namen Νεχθανεβω, sondern Νεχθνιβις u. ä. sowie Νεχθεναβυς behandelt.
78 In Saffrey u. Segonds 2012, XXXII–VI.
79 Zur Frage der Sprachkompetenz des Porphyrios vgl. Millar 1997; Johnson 2013, 253.
80 In Saffrey u. Segonds 2012, XXXIII unter Berufung auf Ranke 1935, 57f. (die Angabe „37–38" ist ein Flüchtigkeitsfehler).
81 DemNB I, 616 findet sich als einzige Bildung mit dem Element nꝫ-ꜥꝫ die Form Nꝫ-ꜥ(ꝫ)-tꝫy=f-nḫt „groß ist seine Stärke".

nicht. Oréal verweist zur Stützung ihrer Deutung auf den Königsnamen Nektanebos bei Manetho, den sie als Wiedergabe von ägyptischem *nḫt-nb=f* auffasst.[82] Dabei verfällt sie jedoch nur in einen verbreiteten Irrtum der Ägyptologen, was die Identifizierung der sebennytischen Könige und ihrer Lautform bei Manetho betrifft. Tatsächlich ist Nektanebos nämlich vielmehr die Wiedergabe von *nḫt-Ḥr-(n)-ḥby.t*, während *nḫt-nb=f* als Nektanebes, Nektanebeis u. ä. erscheint.[83] Damit ist Oréals Deutung aber hinsichtlich des Tonvokals ebenso wie der Morphologie und der realen Bezeugung (bzw. ihres Fehlens) hinfällig und muss verworfen werden. Alle daran hängenden weiteren Theorien besonders von Saffrey und Segonds sind ersatzlos zu streichen. Ebenso ist auch Thissens Deutung hinfällig, weil sich gegen die Vokalisation des Schlusselements die gleichen Einwände erheben.

Wenn somit beide neueren Vorschläge zur Deutung des Namens nicht zu halten sind, sollte dennoch ein neuer Versuch unternommen werden. Der Name Anebo klingt doch so sehr im Lautkörper ähnlich wie der des Gottes Anubis, dass man zunächst in diese Richtung suchen sollte. Oréals Argument gegen eine Zusammensetzung mit Anubis betrifft nur den Gottesnamen ohne weitere Satelliten, ist aber hinfällig, sobald man eine Zusammensetzung mit ihm als erstem Element ansetzt. In Komposita erscheint Anubis, sofern er erstes Element ist, tatsächlich unter Reduktion des Tonvokals als Ανε(μ)π,[84] so speziell im Namen Ανεμπευς/Ανεμπεους, der ägyptischem *Inp-iwi* „Anubis ist gekommen" entspricht. Dies ist tatsächlich sogar der einzige spätzeitlich real bezeugte ägyptische Personenname, in dem der Gott Anubis als erster Bestandteil erscheint.[85] Eben deshalb sollte er auch der offensichtliche Kandidat sein, sofern man hinter dem Anebo der Diskussion über Theurgie überhaupt einen real ägyptischen Namen erkennen will.

Das Bildungselement *iwi* „ist gekommen" ist in theophoren Personennamen auch sonst belegt.[86] Häufigste Wiedergabe im Griechischen ist -ευς bzw. -εους, daneben sind aber auch -εως, -ης, -ηους und -ως belegt, gelegentlich auch -ευ ohne gräzisierende Kasusendung. Mit der Form -ως für die Endung sind wir aber

---

82 In Saffrey u. Segonds 2012, XXXIV.
83 Vgl. Quack 2009, 30. Die Angabe bei Stadler 2012, 110, wo Nektanebos statt des im tatsächlich Text stehenden Nektanebes angegeben ist, beruht, wie mir der Autor mitgeteilt hat, nicht auf einer Verwechselung der Herrschernamen, sondern lediglich auf einem Erinnerungsfehler.
84 Brunsch 1978, 87.
85 DemNB I, S. 69. Das von Hopfner 1946, 13 vorgeschlagene *Inp.w-ꜥ₃* ist nur im Mittleren Reich belegt, s. Ranke 1935, 37 Nr. 5–7; von den bei Ranke 1935, 37 und Ranke 1952, 265 aufgeführten Personennamen mit Anubis als erstem Bestandteil ist keiner nach dem Neuen Reich noch belegt.
86 Brunsch 1978, 83–106.

schon sehr nahe; und wenn wir auch hier eine Wiedergabe ohne gräzisierende Endung in den Bereich des Möglichen stellen, hätten wir schon eine quasi-exakte Übereinstimmung zu dem, was in den Handschriften von *De mysteriis* belegt ist. Dabei ist zu beachten, dass ursprüngliches *eu* im Auslaut in manchen koptischen Dialekten zu *o* bzw. *ō* verschoben wird.[87]

Zudem stellt sich die Frage, in welches griechische Flektionsmuster der Name eingepasst wurde. Zur Auswahl stehen insbesondere die attische Deklination (mit Nominativ auf -ως, Akkusativ auf -ων), die 3. Deklination (mit Nominativ und Akkusativ auf -ω) und eine nicht flektierte Form (einheitlich mit Endung -ω).[88] Die Handschriften von *De mysteriis* bezeugen im Akkusativ die Form Ἀνεβώ, die sowohl 3. Deklination als auch unflektiert sein könnte. Augustin bietet den Akkusativ *Anebontem* (*Civ.* 10,11,1–2), und ähnlich findet sich bei Justus von Tiberias der griechische Akkusativ Ἀνέβοντα. Er beruht auf einer Einpassung in die Flexion griechischer Nomina auf -ντ-, die im Nominativ auf -ων enden, im Genitiv auf -οντος und im Akkusativ auf -οντα.

Inzwischen gibt es für den Namen Anebo einen zweifelsfreien Beleg in einem Alltagsdokument aus Ägypten, nämlich im P. Würzb. 7 II, 6 aus dem 2. Jhd. v. Chr., wo nach dem im Internet verfügbaren Photo nicht πρὸς Ἀνέβαν τ[ὸν ...], sondern πρὸς Ἀνέβων τ[ὸν ...] zu lesen ist.[89]

Wolfgang Wegner schlägt mir als alternative Deutung für Anebo demotisches ꜥn-m-ḥr vor,[90] was ebenfalls in der griechisch-römischen Zeit als Eigenname real, allerdings selten[91] belegt ist. Dieser Name erscheint griechisch nach Angabe des Demotischen Namenbuches als Αννως.[92] Allerdings verweist Wegner auf die Form Ἀνεμμους in BGU XVI 2577, (fr. E,) 28.9 (= 489). Selbst wenn man den etwas irregulären, aber nicht prinzipiell unmöglichen Lautwandel von *m* zu *b* in Kauf nimmt, stellt sich dann die weitere Frage, ob das *m* überhaupt noch real in der Aussprache erhalten war, da die Präposition *m* vor Substantiven im Demotischen regulär zu *n* wird.

Für den Namen Abamon sind verschiedene Etymologien vorgeschlagen worden, wobei relative Einigkeit besteht, im hinteren Teil den Namen des ägyptischen Gottes Amun zu erkennen. Besonders explizit verweisen Saffrey und

---

87 Peust 1999, 239.
88 Heilen 2010, 27–29.
89 Den Hinweis darauf (einschließlich der Verbesserung der Lesung) verdanke ich Wolfgang Wegner, Email vom 13.5. 2014.
90 Per Email vom 13.5. 2014.
91 Die vier Belege des demotischen Namenbuches betreffen alle dieselbe Person, nämlich einen Hohenpriester des Ptah im 3. Jhd. v. Chr., s. zu ihm Maystre 1992, 181–184.
92 DemNB I, 97.

Segonds auf Namenbildungen mit Ammon als zweitem Element.⁹³ Es gibt allerdings zwei Probleme dabei. Das erste, vergleichsweise kleinere, ist die Überlieferung Abamon mit nur einem μ in beiden Abschriften des Archetyps (M und V). Das zweite ist der Tonvokal. Hier mag die Differenz zwischen ō und ou auf den ersten Blick vernachlässigbar scheinen, sie hat jedoch erhebliche Relevanz. Die Namensform Ammon geht primär auf den Gott der Westwüste, insbesondere der Oase Siwa, während für die Gottheit im Niltal selbst vielmehr die Form Amoun überliefert ist, und zwar nicht nur bei Plutarch, *Isid.* Kap. 9, 354C, der sie explizit von der modifizierten griechischen Form Ammon unterscheidet, sondern auch von Jamblich selbst (8,3).⁹⁴

Saffrey wollte den Namen zunächst so auffassen, dass er als erstes Element aramäisches *aba* „Vater" ansetzt, was insgesamt dann „Vater des Ammon" ergäbe und wohl eine Parallelbildung zum Ausdruck θεοπάτωρ sei, welcher nach Porphyrios die Bezeichnung für den darstelle, der den höchsten Rang der Tugend erreicht habe.⁹⁵

Dezidiert gegen eine Verbindung des Namens mit Ammon sowie Saffreys Deutung insgesamt wenden sich jedoch Clarke, Dillon und Hershbell.⁹⁶ Sie bemerken zunächst, θεοπάτωρ sei zwar bei Porphyrios, *Aph.* 32,7 als Name für jemanden, der den höchsten Grad der Tugend erreicht habe, belegt, und auch bei Psellos bezeugt, nicht jedoch in Jamblichs eigenen Schriften. Zudem sei der Gott Ammon in Jamblichs Schrift weniger wichtig als andere ägyptische Gottheiten. Auch würde sich Jamblich kaum als Vater eines Gottes bezeichnet haben, da seinen Prinzipien gemäß die menschliche Seele im Rang unter den Göttern stehe; selbst der Theurge im erhabensten Stadium könne niemals über dem Status der Götter stehen. Weiterhin verweisen sie darauf, dass für die Namensform in der Forschung Emendationen vorgenommen worden seien, nämlich die Hinzufügung eines μ an beiden Stellen sowie die Änderung von o in ω an der ersten Stelle. Insofern stellen sie sich auf den Standpunkt, Jamblich habe zwar einen ägyptisch klingenden Namen gewählt, man brauche in ihn aber keine weitere Bedeutung hineinzulesen.

Für mögliche Herleitungen des ersten Elements aus dem Ägyptischen gibt es bislang folgende Überlegungen: Thissen will insgesamt die Bildung *jw=f-n-'Imn* „er gehört Amun" erkennen.⁹⁷ Der Vorteil dieser Deutung besteht darin, dass sie

---

93 Saffrey u. Segonds 2013, 223f. Anm. 1.
94 Saffrey u. Segonds 2013, 195,17.
95 Saffrey 1971, 234f.
96 Clarke, Dillon u. Hershbell 2003, xxxiii–xxxvii.
97 Thissen 1991, 296f.

einen real existierenden Personennamen zugrunde legt. Der Nachteil ist allerdings, dass dieser Name vor allem im Neuen Reich belegt ist. Für das grundsätzliche Bildungsmuster *iw=f n* + Gottesname (und sein feminines Pendant *iw=s n* + Gottesname) bietet Ranke zwar noch eine Reihe von Belegen, die von ihm als „spät" eingestuft werden,[98] keiner davon ist jedoch noch in griechisch-römischer Zeit belegt, und in demotischer Bezeugung liegt kein einziger vor. Thissens Vorschlag muss also wegen seines Anachronismus abgelehnt werden.

Broze und van Liefferinge wollen dagegen die Deutung *ib-n-'Imn* „Herz des Amun" wieder zu Ehren bringen,[99] die Hopfner vorgetragen,[100] aber Thissen verworfen hatte, da sie ihm für einen Menschen wenig angemessen schien. Sie argumentieren wesentlich vom Inhalt des Textes her. Angesichts der Verbindung des Thot mit Logos und Nous scheint ihnen dieser Ausdruck sachlich passend. Dagegen ist zunächst einzuwenden, dass damit methodisch falsch heutiger Kenntnisstand in die Antike zurückprojiziert wird. Es wäre schon unwahrscheinlich genug, dass Jamblich selbst aktiv Ägyptisch beherrscht hat, vor allem genügend, um das nicht mehr in der normalen Umgangssprache verwendete Wort *ib* überhaupt zu kennen. Noch unplausibler ist aber, dass er in einer griechisch abgefassten Schrift bei den Lesern genügend Ägyptischkenntnisse erwartet hätte, um einen derartigen, nur auf Ägyptisch entschlüsselbaren Sinn hineinzustecken.[101] Hinzu kommt ein phonetisches Problem. Für das Wort Herz ist die spätägyptische vokalisierte Aussprache *ep* abgesichert.[102] Dies mit dem im vorliegenden Namen gebrauchten Anlaut *Ab* zu verbinden, fällt relativ schwer. Zudem wäre für das Verschwinden des *n* in der griechischen Wiedergabe eine Erklärung wünschenswert gewesen.

Saffreys Vorschlag, das erste Element als syrisches *aba* „Vater" zu verstehen,[103] würde voraussetzen, dass Jamblich seine mutmaßliche Muttersprache, nämlich das Syrische, da verwendet, wo er dezidiert einen eigentlich ägyptischen Namen kreieren will. Aus sich heraus ist das nicht sonderlich wahrscheinlich, und auch hier stellt sich die Frage, auf welches Publikum eine solche Bildung hätte wirken sollen.

---

98 Ranke 1935, 14f.
99 Vgl. Broze u. van Liefferinge 2002, 44; diese Studie wird von Saffrey u. Segonds, 2013, 224 Anm. 3 nicht herangezogen.
100 Hopfner 1922, VIII.
101 Einspruch in diesem Sinne bereits bei Quack 2003, 605.
102 Osing 1976, 207 Anm. 536; 1998, 84 Anm. 384.
103 Saffrey 1971, 234–239; vgl. Clarke, Dillon u. Hershbell 2003, xxxiiif.

Sofern der Name des Abamon tatsächlich ägyptisch ist, und man die methodische Forderung erhebt, dass zum Vergleich nur ein Name zulässig ist, der nachweislich in griechisch-römischer Zeit verwendet wurde, sehe ich nach intensivem Suchen nur eine Option. Ich trage diese nicht ohne Hemmung vor, möchte sie aber zumindest zur Diskussion stellen. Es gibt in griechisch-römischer Zeit real bezeugt den Personennamen ꜥnḫ=f-n-'Imn „Er lebt für Amun".[104] Für ihn selbst ist keine griechische Wiedergabe erhalten, aber für den strukturell ganz ähnlichen ꜥnḫ=f-n-Ḫnsw „er lebt für Chons" gibt es die Formen Χαπονχωνσις Χαποχωνσις u. ä.,[105] welche zeigen, dass der Anlaut grundsätzlich lautlich abgeschliffen war[106] und das n zumindest fakultativ ausfallen konnte. Demnach wäre eine Lautform als Ḫafamun zumindest denkbar, und Abamon wäre, abgesehen vom Anlaut, für den man eine Wiedergabe mit χ erwartet hätte, eine durchaus akzeptable Wiedergabe dessen. Zudem muss man beachten, dass nach Ausweis des Koptischen ursprüngliches ḫ in den meisten Dialekten mit h zusammenfällt, das in der griechischen Majuskelschrift der damaligen Zeit normalerweise nicht angegeben wird.

In jedem Fall kann man darauf hinweisen, dass seit dem 3. Jhd. n. Chr. auch in griechischen und koptischen dokumentarischen Texten ein Name Απαμμων bzw. Απαμων[107] > ⲀⲠⲀⲘⲰⲚ (P. Ryl. Copt. 215, 5, 13) bzw. ⲀⲠⲀⲘⲞⲨⲚ[108] belegt ist.[109] Diese Bezeugungen zeigen auch, dass das einfache, nicht doppelte μ der Handschriften von *De mysteriis* kein Argument gegen die Identifizierung des Namens darstellt. Sie dürften zweifelsfrei absichern, dass man bei der Autorennennung von *De mysteriis* nicht einen bewusst fiktiven Namen gebildet hat, sondern gerade einen, der zur Zeit des Jamblich real existierte.

Zusammenfassend halte ich fest, dass das bisherige Postulat, wichtigste Quelle für den unter dem Titel *De mysteriis* laufenden Traktat seien die Chaldäischen Orakel gewesen, so nicht zu halten ist; es dürfte ratsam sein, der Eigenbehauptung ägyptischer Wurzeln mehr Vertrauen zu schenken. Die wesentlichen Themen des Werkes, insbesondere diejenigen Passagen, welche in den Details konkreter werden, lassen sich gut mit ägyptischen kulturellen Praktiken der griechisch-römischen Zeit zusammenbringen. Die Namen der angegebenen

---

104 DemNB I, 100.
105 DemNB I, 100.
106 Für eine mögliche Erklärung vgl. Quack 1991, 94–96.
107 Preisigke 1922, 38; Foraboschi 1971, 38.
108 Hasitzka 2007, 14.
109 Den Hinweis darauf verdanke ich Wolfgang Wegner.

ägyptischen Autoren, sowohl Anebo als Verfasser einer vorangegangenen Abhandlung, als auch Abamon als Urheber der konkret erhaltenen, können auf reale ägyptische Ursprünge zurückgeführt werden.

Literaturverzeichnis

Addey (2007): Crystal Addey, „Consulting the Oracle: The Mantic Art and its Causation in Iamblichus' De Mysteriis", in: John F. Finamore u. Robert M. Berchman (Hgg.), *Metaphysical Patterns in Platonism: Ancient, Medieval, Renaissance and Modern Times*, New Orleans, 73–87.
Addey (2010): Crystal Addey, „Divine Possession and Divination in the Graeco-Roman World: The Evidence from Iamblichus' On the Mysteries", in: Bettina E. Schmidt u. Lucy Huskinson (Hgg.), *Spirit Possession and Trance: New Interdisciplinary Perspectives*, London/New York, 171–185.
Addey (2013): Crystal Addey, „Ecstasy between Divine and Human: Re-assessing Agency in Iamblichean Divination and Theurgy", in: John F. Finamore u. John Phillips (Hgg.), *Literary, Philosophical, and Religious Studies in the Platonic Tradition. Papers from the 7th Annual Conference of the International Society for Neoplatonic Studies*, Sankt Augustin, 7–24.
Addey (2014): Crystal Addey, *Divination and Theurgy in Neoplatonism: Oracles of the Gods*, Farnham/Burlington.
Albanese u. a. (2011): Luciano Albanese, Pietro Mander u. Massimiliano Nuzzolo, *La teurgia nel mondo antico. Mesopotamia Egitto. Oracoli Caldaici, Misteri Egiziani*, Genova.
Ambos (2014): Claus Ambos, „'Opfer nach griechischer Art führen sie in Esangila aus'. Kult und Ritual im hellenistischen Mesopotamien zwischen Tradition und Wandel", in: Joachim Friedrich Quack (Hg.), *Ägyptische Rituale der griechisch-römischen Zeit, Orientalische Religionen in der Antike 6*, Tübingen, 339–357.
Armstrong (1987): Arthur Hilary Armstrong, „Iamblichus and Egypt", *Les études philosophiques 1987*, 179–188.
Assmann (1996): Jan Assmann, *Ägypten. Eine Sinngeschichte*, München/Wien.
Assmann (1997a): Jan Assmann, „Unio liturgica: die kultische Einstimmung in götterweltlichen Lobpreis als Grundmotiv ‚esoterischer' Überlieferung im alten Ägypten", in: Hans G. Kippenberg u. Guy G. Stroumsa (Hgg.), *Secrecy and Concealment: Studies in the history of Mediterranean and Near Eastern religions*, Leiden, 37–60.
Assmann (1997b): Jan Assmann, „Rezeption und Auslegung in Ägypten. Das ‚Denkmal memphitischer Theologie' als Auslegung der heliopolitanischen Kosmogonie", in: Reinhard Gregor Kratz u. Thomas Krüger (Hgg.), *Rezeption und Auslegung im Alten Testament und in seinem Umfeld, Orbis biblicus et orientalis 153*, Freiburg/Göttingen, 125–138.
Assmann (1999): Jan Assmann, „Kalendarische und messianische Geschichte, Altägyptische Formen geschichtlicher Semiotik", in: Heinz Dieter Kittsteiner (Hg.), *Geschichtszeichen*, Köln/Weimar/Wien, 15–30.
Assmann (2004): Jan Assmann, *Ägyptische Geheimnisse*, München.
Assmann (2005): Jan Assmann, „Zeitkonstruktion, Vergangenheitsbewußtsein und Geschichtsbewußtsein im alten Ägypten", in: Jan Assmann u. Klaus E. Müller (Hgg.), *Der*

Ursprung der Geschichte. Archaische Kulturen, das Alte Ägypten und das Frühe Griechenland, Stuttgart, 112–214.

Athanassiadi (1993): Polymnia Athanassiadi, „Dreams, Theurgy and Freelance Divination: The Testimony of Iamblichus ", *Journal of Roman Studies* 83, 115–130.

Athanassiadi (1995): Polymnia Athanassiadi, „The Oecumenism of Iamblichus: Latent Knowledge and its Awakening", *Journal of Roman Studies* 85, 244–250.

Athanassiadi (1999): Polymnia Athanassiadi, „The Chaldean Oracles: Theology and Theurgy", in: Polymnia Athanassiadi, Michael Frede (Hgg.), *Pagan Monotheism in Late Antiquity*, Oxford, 149–183.

Bąkowska (2004): Grażyna Bąkowska, „La rappresentazione di Arpocrate sulle gemme magiche", in: Renate Burri u. a. (Hgg.), *Incontro di Studio tra i Dottorandi e i Giovani Studiosi di Roma, Ad Limina 2*, Alexandria, 299–314.

Betz (2003): Hans-Dieter Betz, *The "Mithras Liturgy". Text, Translation, and Commentary, Studien und Texte zu Antike und Christentum 18*, Tübingen.

Boll (1903): Franz Boll, *Sphaera. Neue griechische Texte und Untersuchungen zur Geschichte der Sternbilder*, Leipzig; ND Hildesheim 1968.

Boll (1912): Franz Boll, „Der ostasiatische Tierzyklus im Hellenismus", *T'oung-Pao* 13, 3–22.

Boll (1950): Franz Boll, *Kleine Schriften zur Sternkunde des Altertums*, Leipzig.

Broze u. van Liefferinge (2002): Michèle Broze u. Carine van Liefferinge, „L'Hermès commun du prophète Abamon, Philosophie grecque et théologie égyptienne dans le prologue du De Mysteriis de Jamblique", in: François Labrique (Hg.), *Religions méditerranéennes et orientales de l'antiquité, Bibliothèque d'étude 135*, Le Caire, 35–44.

Broze u. van Liefferinge (2009): Michèle Broze u. Carine van Liefferinge, *Jamblique, Les mystères d'Égypte. Réponse d'Abamon à la lettre de Porphyre à Anébon*, Bruxelles.

Brunsch (1978): Wolfgang Brunsch, „Untersuchungen zu den griechischen Wiedergaben ägyptischer Personennamen", *Enchoria* 8/1, 1–142.

Busine (2005): Aude Busine, *Paroles d'Apollon. Pratiques et traditions oraculaires dans l'Antiquité tardive (II2–VIe siècles), Religions in the Graeco-Roman World 156*, Leiden/Boston.

Bussanich (2002): John Bussanich, „Philosophy, Theology and Magic: Gods and Forms in Iamblichus", in: Theo Kobusch, Michael Erler (Hgg.), *Metaphysik und Religion. Zur Signatur des spätantiken Denkens*, München, 39–61.

Clark (2008): Dennis C. Clark, „Iamblichus' Egyptian Neoplatonic Theology in De Mysteriis", *The International Journal of the Platonic Tradition* 2, 164–205.

Clarke (2001): Emma C. Clarke, *Iamblichus' De Mysteriis. A Manifesto of the Miraculous*, Aldershot u. a.

Clarke, Dillon u. Hershbell (2003): Emma C. Clarke, John M. Dillon u. Jackson P. Hershbell, *Iamblichus: On the Mysteries*, Atlanta.

Cremer (1969): Friedrich W. Cremer, *Die Chaldäischen Orakel und Jamblich's de Mysteriis*, Meisenheim.

Cumont (1937): Franz Cumont, *L'Égypte des astrologues*, Bruxelles.

Dalsgaard Larsen (1972): Bent Dalsgaard Larsen, *Jamblique de Chalcis. Exégète et philosophe*, Aarhus.

Demichelis (2002): Sara Demichelis, „La divination par l'huile à l'époque ramesside", in: Yvan Koenig (Hg.), *La magie égyptienne: à la recherche d'une définition*, Paris, 149–165.

Derchain (1963): Philippe Derchain, „Pseudo-Jamblique ou Abammôn. Quelques observations sur l'égyptianisme du *De Mysteriis*", *Chronique d'Égypte* 38, 220–226.

Dieleman (2003): Jacco Dieleman, „Claiming the Stars. Egyptian Priests facing the Sky", in: Susanne Bickel u. Antonio Loprieno (Hgg.), *Basel Egyptological Prize 1. Junior Research in Egyptian History, Archaeology, and Philology, Aegyptiaca helvetica 17*, Basel, 277–289.

Dieterich (1903): Albrecht Dieterich, *Eine Mithrasliturgie*, Leipzig; (2. Auflage) 1910; (3. Auflage) 1923.

Dillon (1987): John Dillon, „Iamblichus of Chalcis (c. 240–325 A.D.)", in: *Aufstieg und Niedergang der Römischen Welt* 2,36,2, 862–909.

Dillon (2004): John Dillon, „Rezension zu Clarke 2001", *The Classical Review* 54, 349–351.

Dodds (1951): Eric R. Dodds, *The Greeks and the Irrational*, Berkeley/Los Angeles.

Donadoni (2000): Sergio Donadoni, „Su Jambl. de Myst. VIII 3", in: Simona Russo (Hg.), *Atti del V convegno di egittologia e papirologia Firenze, 10–12 dicembre 1999*, Firenze, 113–114.

Edmonds (2004): Radcliffe G. Edmonds III, „The Faces of the Moon: Cosmology, Genesis, and the Mithras Liturgy", in: Ra'anan S. Boustan u. Annette Yoshiko Reed (Hgg.), *Heavenly Realms and Earthly Realities in Late Antique Religions*, Cambridge, 275–295.

Elvira Sánchez (2009): José Iván Elvira Sánchez, „Hermetismo, neoplatonismo y teúrgia", *Revista Internacional de Investigación sobre Magia y Astrología Antiguas* 9, 33–58.

Evans (2004): John Evans, „The astrologer's Apparatus. A Picture of Professional Practice in Greco-roman Egypt", *Journal for the History of Astronomy* 35, 1–44.

Fauth (1995): Wolfgang Fauth, *Helios Megistos. Zur synkretistischen Theologie der Spätantike, Études préliminaires aux religions orientales dans l'Empire romain 125*, Leiden/New York/Köln.

Fecht (1960): Gerhard Fecht, *Wortakzent und Silbenstruktur. Untersuchungen zur Geschichte der ägyptischen Sprache, Ägyptologische Forschungen 21*, Glückstadt/Hamburg/New York.

Finamore (1999): John F. Finamore, „Plotinus and Iamblichus on Magic and Theurgy", *Dionysius* 17, 83–94.

Foraboschi (1971): Daniele Foraboschi, *Onomasticon alterum papyrologicum: supplemento al Namenbuch di F. Preisigke*, Milano.

Fowden (1986): Garth Fowden, *The Egyptian Hermes. A Historical Approach to the Late Pagan Mind*, Princeton.

Frankfurter (1998): David Frankfurter, *Religion in Roman Egypt. Assimilation and Resistance*, Princeton.

Frankfurter (2000): David Frankfurter, „The Consequences of Hellenism in Late Antique Egypt: Religious Worlds and Actors", *Archiv für Religionsgeschichte* 2, 162–194.

Gundel (1936): Wilhelm Gundel, *Neue astrologische Texte des Hermes Trismegistos, Abhandlungen der Bayerischen Akademie der Wissenschaften NF 12*, München.

Gurgel Pereira (2012): Ronaldo Gurgel Pereira, „The 'right way' of Hermetism: Disputes on Gnostic's, Pagan's and Christian's (re-)visions of the Hermetic phenomenon in Late Antiquity", *Revista Lusofona de Ciencia das Religioes* 11, n. 16/17, 153–175.

Hasitzka (2007): Monika Hasitzka, *Namen in koptischen dokumentarischen Texten* (Stand 22. 1. 2007) https://www.onb.ac.at/files/kopt_namen.pdf (Stand 29.12. 2014).

Heilen (2010): Stephan Heilen, „Some metrical fragments from Nechepsos and Petosiris", in: Isabelle Boehm u. Wolfgang Hübner (Hgg.), *La poésie astrologique dans l'Antiquité. Actes du colloque organise les 7 et 8 décembre 2007 par J.-H. Abry (Université Lyon 3) avec la collaboration de I. Boehm (Université Lyon 2)*, Paris, 23–93.

Hopfner (1921): Theodor Hopfner, *Griechisch-ägyptischer Offenbarungszauber. Band 1. Mit einer eingehenden Darstellung des griechisch-synkretistischen Daemonenglaubens und*

den Voraussetzungen und Mitteln des Zaubers überhaupt und der magischen Divination im Besonderen, Leipzig.
Hopfner (1922): Theodor Hopfner, *Jamblichus, Über die Geheimlehren*, Leipzig.
Hopfner (1924a): Theodor Hopfner, *Griechisch-ägyptischer Offenbarungszauber, Band 2: Seine Methoden*, Leipzig.
Hopfner (1924b): Theodor Hopfner, „Abammon", in: *Realencyclopädie der classischen Altertumswissenschaft Suppl.* IV, Stuttgart, 1–7.
Hopfner (1946): Theodor Hopfner, „Graezisierte, griechisch-ägyptische, bzw. ägyptisch-griechische und hybride theophore Personennamen aus griechischen Texten, Inschriften, Papyri, Ostraka, Mumientäfelchen und dgl. und ihre religionsgeschichtliche Bedeutung", *Archiv orientální* 15, 1–64.
Hübner (1990): Wolfgang Hübner, „Zur neuplatonischen Deutung und astrologischen Verwendung der Dodekaoros", in: *Φιλοφρόνημα, Festschrift Martin Sicherl, Studien zur Geschichte und Kultur der Antike, NF 4*, Paderborn, 73–103.
Jacoby (1958): Felix Jacoby, *Die Fragmente der griechischen Historiker (F Gr Hist), Dritter Teil. Geschichte von Staedten und Voelkern (Horographie und Ethnographie) C. Autoren über einzelne Laender Nr. 608a–856* (Erster Band: Aegypten–Geten Nr. 608a–708), Leiden.
Johnson (2013): Aaron P. Johnson, *Religion and Identity in Porphyry of Tyre: The Limits of Hellenism in Late Antiquity. Greek Culture in the Roman World*, Cambridge/New York.
Jones (1994): Alexander Jones, „The Place of Astronomy in Roman Egypt", *Apeiron* 27/4, 25–51.
Klotz (2012): David Klotz, *Caesar in the City of Amun. Egyptian Temple Construction and Theology in Roman Thebes, Monographies Reine Élisabeth 15*, Turnhout.
Kroll (1894): Wilhelm Kroll, *De oraculis chaldaicis*, Breslau.
Lampinen (2013): Antti Lampinen, „Θεῷ μεμελημένε Φοίβῳ – Oracular Functionaries at Claros and Didyma in the Imperial Period", in: Mika Kajava (Hg.), *Studies in Ancient Oracles and Divination*, Roma, 49–88.
Lane (1980): Eugene N. Lane, „Towards a definition of the iconography of Sabazios", *Numen* 27, 9–33.
Lane (1983–1989): Eugene N. Lane, *Corpus Cultis Iovis Sabazii, Études préliminaires aux religions orientales dans l'Empire romain 100*, Leiden.
Lewy (1956): Hans Lewy, *Chaldean Oracles and Theurgy*, Cairo; ND Paris 1978.
van Liefferinge (1999): Carine van Liefferinge, *La théurgie des oracles chaldaïques à Proklos, Kernos Supplement 9*, Liège.
von Lieven (1999): Alexandra von Lieven, „Divination in Ägypten", *Archiv für Orientforschung* 26, 77–126.
von Lieven (2007): Alexandra von Lieven, *Grundriß des Laufes der Sterne. Das sogenannte Nutbuch. The Carlsberg Papyri 8, Carsten Niebuhr Institute, Publications 31*, København.
von Lieven (i. Dr.): Alexandra von Lieven, „From Crocodile to Dragon. History and Transformations of the Dodekaoros", in: David Brown u. Harry Falk (Hgg.), *The Interactions of Ancient Astral Science*, Bremen.
Mahé (1993): Jean-Pierre Mahé, „Le rôle de l'élément astrologique dans les écrits philosophiques d'Hermès Trismégiste", in: Josèphe-Henriette Abry (Hg.), *Les tablettes astrologiques de Grand (Vosges) et l'astrologie en Gaule romaine. Actes de la Table-Ronde du 18 mars 1992 organisée au Centre d'Études Romaines et Gallo-Romaines de l'Université Lyon III (Paris)*, Lyon, 161–167.
Majercik (1989): Ruth Majercik, *The Chaldean Oracles. Text, Translation, and Commentary*, Leiden/New York/København/Köln.

Manisali (2005): Alexander Manisali, „Zur calumnia princeps des Seth in PT 477 – eine Art Klarstellung hinsichtlich des ägyptologischen Verständnisses von Iamblichs De Mysteriis VI, 5", *Göttinger Miszellen* 205, 71–84.
Martinez (1991): David G. Martinez, *P. Michigan XVI. A Greek Love Charm from Egypt (P. Mich. 757)*, American Studies in Papyrology 30, Atlanta.
Mastrocinque (1998): Attilio Mastrocinque, *Studi sul Mitraismo (Il mitraismo e la magia)*, Rom.
Maystre (1992): Charles Maystre, *Les grands prêtres de Ptah de Memphis*, Freiburg/Göttingen.
Menchetti (2009): Angiolo Menchetti, „Un aperçu des textes astrologiques de Médinet Madi", in: Ghislaine Widmer u. Didier Devauchelle (Hgg.), *Actes du IXe congrès international des études démotiques Paris, 31 août – 3 septembre 2005*, Bibliothèque d'étude 147, Le Caire, 223–241.
Merkelbach (1992): Reinhold Merkelbach, *Abrasax, Band 3. Zwei griechisch-ägyptische Weihezeremonien (Die Leidener Weltschöpfung. Die Pschai-Aion-Liturgie)*, Archiv für Religionswissenschaft, Sonderreihe Pap.Col. XVIII, 3, Opladen.
Merkelbach u. Totti (1990): Reinhold Merkelbach u. Maria Totti, *Abrasax. Ausgewählte Papyri religiösen und magischen Inhalts, Band 1: Gebete*, Archiv für Religionswissenschaft, Sonderreihe Pap. Col. XVII, 1, Opladen.
Meyer (1976): Marvin W. Meyer, *The Mithras Liturgy*, Missoula/Montana.
Michel (2004): Simone Michel, *Die magischen Gemmen. Zu Bildern und Zauberformeln auf geschnittenen Steinen der Antike und Neuzeit*, Berlin.
Millar (1997): Fergus Millar, „Porphyre. Ethniticy, Language and Alien Wisdom", in: Jonathan Barnes u. Miriam Griffin (Hgg.), *Philosophia Togata II. Plato and Aristotle at Rome*, Oxford, 241–262.
Morenz u. Schubert (1954): Siegfried Morenz u. Johannes Schubert, *Der Gott auf der Blume*, Artibus Asiae Suppl. 12, Ascona.
Moretti u. Rabate (2014): Jean-Charles Moretti u. Liliane Rabate (Hgg.), *Le sanctuaire de Claros et son oracle. Actes du colloque international de Lyon, 13–14 janvier 2012*, Lyon.
Nasemann (1991): Beate Nasemann, *Theurgie und Philosophie in Jamblichs 'De Mysteriis'*, Beiträge zur Altertumskunde 11, Stuttgart.
Nilsson (1961): Martin Persson Nilsson, *Geschichte der griechischen Religion, Band II2. Die hellenistische und römische Zeit*, München.
Oesterheld (2008): Christian Oesterheld, *Göttliche Botschaften für zweifelnde Menschen. Pragmatik und Orientierungsleistung der Apollon-Orakel von Klaros und Didyma in hellenistisch-römischer Zeit*, Göttingen.
Oréal (2003): Elsa Oréal, „Héka, πρῶτον μάγευμα. Une explication de Jamblique, De Mysteriis VIII, 3", *Revue d'Égyptologie* 54, 279–285.
Osing (1976): Jürgen Osing, *Der Spätägyptische Papyrus BM 10808*, Ägyptologische Abhandlungen 33, Wiesbaden.
Osing (1998): Jürgen Osing, *The Carlsberg Papyri 2. Hieratische Papyri aus Tebtunis 1*, Carsten Niebuhr Institute, Publications 17, København.
Peust (1999): Carsten Peust, *Egyptian Phonology. An Introduction to the Phonology of a Dead Language*, Göttingen.
Pfeffer (1976): Friedrich Pfeffer, *Studien zur Mantik in der Philosophie der Antike*, Meisenheim/Glan.
Des Places (1964): Edouard des Places, „Jamblique et les Oracles Chaldaïques", *Comptes rendus de l'Académie des inscriptions et belles-lettres* 108, 178–184; wiederabgedruckt in deutscher Übersetzung als „Jamblich und die chaldäischen Orakel", in: Clemens Zintzen

(Hg.), *Die Philosophie des Neuplatonismus*, Wege der Forschung 186, Darmstadt 1977, 294–303.
Des Places (1966): Edouard des Places, *Jamblique. Les mystères d'Égypte*, Paris, ND 1996.
Des Places (1971): Edouard des Places, *Les oracles chaldaïques avec un choix des commentaires anciennes*, Paris; (2. Auflage) 1989; ND 1996.
Plaisance (2013): Christopher A. Plaisance, „Of Cosmocrators and Cosmic Gods: The Place of the Archons in *De mysteriis*", in: Angela Voss u. William Rowlandson (Hgg.), *Daimonic Imagination: Uncanny Intelligence*, Cambridge, 64–85.
Preisigke (1922): Friedrich Preisigke, *Namenbuch enthaltend alle griechischen, lateinischen, ägyptischen, hebräischen, arabischen und sonstigen semitischen und nichtsemitischen Menschennamen, soweit sie in griechischen Urkunden (Papyri, Ostraca, Inschriften, Mumienschildern usw.) Ägyptens sich vorfinden*, Heidelberg.
Quack (1991): Joachim Friedrich Quack, „Über die mit ꜥnḫ gebildeten Eigennamen und die Vokalisation einiger Verbalformen", *Göttinger Miszellen* 123, 91–100.
Quack (2002): Joachim Friedrich Quack, „La magie au temple", in: Yvan Koenig (Hg.), *La magie égyptienne: à la recherche d'une définition*, Paris, 41–68.
Quack (2003): Joachim Friedrich Quack, „Rezension zu Françoise Labrique, Religions méditerranéennes et orientales de l'antiquité", *Bibliotheca orientalis* 60, 604–608.
Quack (2004): Joachim Friedrich Quack, „Griechische und andere Dämonen in den demotischen magischen Texten", in: Thomas Schneider (Hg.), *Das Ägyptische und die Sprachen Vorderasiens, Nordafrikas und der Ägäis. Akten des Basler Kolloquiums zum ägyptisch-nichtsemitischen Sprachkontakt Basel 9.–11. Juli 2003*, Alter Orient und altes Testament 310, Münster, 427–507.
Quack (2005): Joachim Friedrich Quack, „Gibt es eine ägyptische Homer-Rezeption", in: Andreas Luther (Hg.), *Odyssee-Rezeptionen*, Frankfurt/M., 55–72.
Quack (2008): Joachim Friedrich Quack, „Spuren ägyptischer Opfertheologie bei Jamblich?", in: Eftychia Stavrianopoulou, Axel Michaels u. Claus Ambos (Hgg.), *Transformations in Sacrificial Practices. From Antiquity to the Modern Times. Proceedings of an International Colloquium, Heidelberg, July 10–12, 2007*, Berlin, 241–262.
Quack (2009): Joachim Friedrich Quack, „Menetekel an der Wand? Zur Deutung der demotischen Chronik", in: Markus Witte u. Johannes F. Diel (Hgg.), *Orakel und Gebete. Interdisziplinäre Studien zur Sprache der Religion in Ägypten, Vorderasien und Griechenland in hellenistischer Zeit*, FAT 2. Reihe, 38, Tübingen, 23–51.
Quack (2010): Joachim Friedrich Quack, „Postulated and Real Efficacy in Late Antique Divination Rituals", *Journal of Ritual Studies* 24, 45–60.
Quack (2011): Joachim Friedrich Quack, „Old Wine in new Wineskins? How to write Classical Egyptian rituals in more modern writing systems", in: Alex de Voogt, Joachim Friedrich Quack (Hgg.), *The Idea of Writing II. Writing across Borders*, Leiden/Boston, 219–243.
Quack (2013): Joachim Friedrich Quack, „Concepts of Purity in Egyptian Religion", in: Christian Frevel, Christophe Nihan (Hgg.), *Purity and the Forming of Religious Traditions in the Ancient Mediterranean World and Ancient Judaism*, Dynamics in the History of Religion 3, Leiden/Boston, 115–158.
Quack (2015): Joachim Friedrich Quack, „Dämonen und andere höhere Wesen in der Magie als Feind und Helfer", in: Andrea Jördens (Hg.), *Ägyptische Magie und ihre Umwelt*, Philippika 80, Wiesbaden, 101–118.
Quack (2016): Joachim Friedrich Quack, „The Last Stand? What remains Egyptian at Oxyrhynchus", in: Kim Ryholt u. Gojko Barjamovic (Hgg.), *Problems of Canonicity and*

Identity Formation in Ancient Egypt and Mesopotamia, Carsten Niebuhr Institute, Publications 43, København, 105–126.

Quack (i. Dr. a): Joachim Friedrich Quack, „The astronomical ceiling in the tomb of Petosiris", in: Colin Hope (Hg.), *Acts of the Dakhla Oasis Conference Poznán 2003*.

Quack (i. Dr. b): Joachim Friedrich Quack, „How the Coptic Script came about", in: Peter Dils, Eitan Grossman, Tonio Sebastian Richter u. Wolfgang Schenkel (Hgg.), *Language Contact and Bilingualism in Antiquity: What Linguistic Borrowing into Coptic Can Tell us about it*.

Quack (i. Dr. c): Joachim Friedrich Quack, „Société hermétique ou société menant vers l'hermétisme?", in: Didier Devauchelle, Ghislaine Widmer u. Vincent Rondot (Hgg.), *Un hellénisme égyptien?*

Ranke (1935): Hermann Ranke, *Die ägyptischen Personennamen, Band I. Verzeichnis der Namen*, Glückstadt.

Ranke (1952): Hermann Ranke, *Die ägyptischen Personennamen, Band II. Einleitung. Form und Inhalt der Namen. Geschichte der Namen. Vergleiche mit anderen Namen. Nachträge und Zusätze zu Band I. Umschreibungslisten*, Glückstadt/Hamburg/New York.

Ryhiner (1986): Marie-Louise Ryhiner, *L'offrande du lotus dans les temples égyptiens de l'époque tardive*, Rites égyptiens 6, Bruxelles.

Ryholt (2005): Kim Ryholt, „On the Content and Nature of the Tebtunis Temple Library. A Status Report", in: Sandra Lippert u. Maren Schentuleit (Hgg.), *Tebtynis and Soknopaiou Nesos. Leben im römerzeitlichen Ägypten. Akten des Internationalen Symposions vom 11. bis 13. Dezember 2003 in Sommerhausen bei Würzburg*, Wiesbaden, 141–170.

Ryholt (i. Dr.): Kim Ryholt (Hg.), *The Carlsberg Papyri 11. Demotic Literary Texts from Tebtunis and beyond*, København.

Saffrey (1971): Henry Dominique Saffrey, „Abamon, pseudonym de Jamblique", in: Robert B. Palmer u. Robert G. Hamerton-Kelly (Hgg.), *Philomathes. Studies and Essays in the Humanities in Memory of Philip Merlan*, Den Hague, 227–239.

Saffrey (1990): Henry Dominique Saffrey, *Recherches sur le néoplatonisme après Plotin*, Histoire des doctrines de l'antiquité classique 14, Paris.

Saffrey (1993): Henry Dominique Saffrey, „Les livres IV à VII du De Mysteriis de Jamblique relus avec la Lettre de Porphyre à Anébon", in: Henry J. Blumenthal u. E. Gillian Clark (Hgg.), *The Divine Iamblichus. Philosopher and Man of Gods*, London, 144–158.

Saffrey (1999): Henry Dominique Saffrey, „Réflexions sur la pseudonymie Abammôn-Jamblique", in: John C. Cleary (Hg.), *Traditions of Platonism. Essays in Honour of John Dillon*, Aldershot, 307–318; wieder abgedruckt in Henry Dominique Saffrey, *Le néoplatonisme après Plotin*, Paris 2000, 39–48.

Saffrey u. Segonds (2012): Henry Dominique Saffrey u. Alain-Philippe Segonds, *Porphyre, Lettre à Anébon l'égyptien*, Paris.

Saffrey u. Segonds (2013): Henry Dominique Saffrey u. Alain-Philippe Segonds, *Jamblique, Réponse à Porphyre (De mysteriis)*, Paris.

Sandri (2006): Sandra Sandri, „Der Kindgott im Boot. Zu einem Motiv der gräko-ägyptischen Koroplastik", *Chronique d'Égypte* 81, 287–310.

Sauneron (1951): Serge Sauneron, „Aspects et sort d'un thème magique égyptien: les menaces incluant les dieux", *Bulletin de la Société Française d'Égyptologie* 8, 11–21.

Scarpi (2013): Paolo Scarpi, „Le discours vide de la parole étrangère (CH XVI 2): Exercises d'ethnocentrisme entre Égypte et Grèce", in: Michel Tardieu, Ana van den Kerchove u. Michela Zago (Hgg.), *Noms Barbares I. Formes et contextes d'une pratique magique*, Turnhout, 123–130.

Schlögl (1977): Hermann Schlögl, *Der Sonnengott auf der Blüte. Eine ägyptische Kosmogonie des Neuen Reiches, AH 5*, Basel/Genève.
Schmitt (2014): Rüdiger Schmitt, *Mantik im Alten Testament, Alter Orient und altes Testament 411*, Münster.
Seng u. Tardieu (2010): Helmut Seng u. Michel Tardieu (Hgg.), *Die chaldaeischen Orakel: Kontext – Interpretation – Rezeption*, Heidelberg.
Sfameni Gasparro (2011): Giulia Sfameni Gasparro, „Χρημάτιζον, κύριε (PGM IV, 718): oracolo e ricetta di immortalità (ὁ ἀπαθανατισμός) tra religione, filosofia e magia", *Revista Internacional de Investigación sobre Magia y Astrología Antiguas* 11, 83–122.
Shaw (1995): Gregory Shaw, *Theurgy and the Soul. The Neoplatonism of Iamblichus*, Pennsylvania.
Sodano (1984): Angelo Raffaele Sodano, *Giamblico, I misteri egiziani. Abammone. Lettera a Porfirio. Introduzione, traduzione, apparati, appendici critiche e indici*, Milano.
Stadler (2012): Martin A. Stadler, *Einführung in die ägyptische Religion ptolemäisch-römischer Zeit nach den demotischen religiösen Texten*, Berlin.
Stadler (2016): Martin A. Stadler, „Textmobilität: Versatzstücke im Täglichen Ritual von Dimê", in: Andreas H. Pries (Hg.), *Die Variation der Tradition. Modalitäten der Ritualadaption im Alten Ägypten, Orientalia Lovaniensia Analecta 240*, Leuven/Paris/Bristol, CT, 29–45.
Stäker (1995): Thomas Stäker, *Die Stellung der Theurgie in der Lehre Jamblichs, Studien zur klassischen Philologie 92*, Frankfurt/M.
Stratton (2000): Kimberly B. Stratton, „The Mithras Liturgy and Sepher Ha-Razim", in: Richard Valantasis (Hg.), *Religions of Late Antiquity in Practice*, Princeton/Oxford, 303–315.
Thausing (1962): Gertrud Thausing, „Jamblichus und das alte Ägypten", *Kairos* 4,2, 91–105.
Tanaseanu-Döbler (2013): Ilinca Tanaseanu-Döbler, *Theurgy in Late Antiquity. The Invention of a Ritual Tradition*, Göttingen.
Thissen (1991): Heinz Josef Thissen, „Ägyptologische Beiträge zu den griechischen magischen Papyri", in: Ursula Verhoeven u. Erhard Graefe (Hgg.), *Religion und Philosophie im Alten Ägypten. Festgabe für Philippe Derchain zu seinem 65. Geburtstag am 24. Juli 1991, Orientalia Lovaniensia Analecta 39*, Leuven, 293–302.
Turner (2008): John D. Turner, „The Chaldean Oracles and the metaphysics of the Sethian Platonizing treatises", *Zeitschrift für Antikes Christentum* 12, 39–58.
Vergote (1960): Jean Vergote, *De Oplossing van een gewichtig probleem: De vocalisatie van de egyptische werkwoordvormen*, Brussel.
Waitkus (2002): Wolfgang Waitkus, „Die Geburt des Harsomtus aus der Blüte. Zur Bedeutung und Funktion einiger Kultgegenstände des Tempels von Dendera", *Studien zur altägyptischen Kultur* 30, 373–394.
Widmer (2015): Ghislaine Widmer, *Résurrection d'Osiris – naissance d'Horus. Les papyrus Berlin P.6750 et Berlin P.8765, témoignages de la persistance de la tradition sacerdotale dans le Fayoum á l'époque romaine*, Berlin/Boston.
Winkler (2009): Andreas Winkler, „On the Astrological Papyri from the Tebtunis Temple Library", in: Ghislaine Widmer u. Didier Devauchelle (Hgg.), *Actes du IXe congrès international des études démotiques Paris, 31 août – 3 septembre 2005, Bibliothèque d'étude 147*, Le Caire, 361–375.
Zago (2010): Michela Zago, *La ricetta di immortalità*, Milano.

Christian Tornau
Im Namen des Gottgeziemenden

Mythen und Mythenallegorese in Plutarchs *De Iside et Osiride* und im *Corpus Hermeticum*

1 Einleitung: Plutarch und das *Corpus Hermeticum*

Was haben Plutarchs Schrift *De Iside et Osiride* und das *Corpus Hermeticum* – eine Reihe von apokalyptisch-philosophischen Traktaten wohl aus dem 2. bis 4. Jhd. n. Chr., in deren Zentrum die im hellenistischen Ägypten in Anlehnung an den Gott Thoth entwickelte Figur des Hermes Trismegistos steht[1] – miteinander gemeinsam? Auf den ersten Blick möchte man sagen: wenig. Zwar sind Plutarch und die Verfasser der hermetischen Texte gleichermaßen Vertreter kaiserzeitlicher Ägyptenrezeption und philosophisch im Mittelplatonismus beheimatet. Aber Plutarchs Anliegen ist es, den Mythos von Isis und Osiris rational zu durchdringen und für die philosophische Gottes- und Welterkenntnis nutzbar zu ma-

---

[1] Man unterscheidet üblicherweise zwischen „technischen" (medizinischen oder alchemistischen) und „philosophischen" Hermetica; nur die letzteren sind Gegenstand der nachfolgenden Überlegungen. Überliefert sind: 1) das *Corpus Hermeticum* im engeren Sinne (*CH*), eine Serie von 18 oft fragmentarischen Traktaten; 2) 29 teils kurze, teils sehr umfangreiche Exzerpte bei Stobaios (hier mit Fowden 1986 abgekürzt als *SH = Stobaei Hermetica*), darunter die 70 Paragraphen lange *Kore Kosmou* (*SH* 23); 3) der *Asclepius*, eine unter den Werken des Apuleius überlieferte, aber wohl erst ins 4. Jhd. zu datierende lateinische Übersetzung des hermetischen τέλειος λόγος; 4) einige Stücke in armenischer und koptischer Übersetzung, darunter der in Nag Hammadi zum Vorschein gekommene Traktat *De Ogdoade et Enneade* (NHC 6,6). Maßgebliche Ausgabe der griechischen und lateinischen Texte: Nock u. Festugière 1960a; Nock u. Festugière 1960b; Festugière 1954; Nock u. Festugière 1954. Annotierte zweisprachige Ausgabe mit Übersetzungen der armenischen und koptischen Texte: Scarpi 2009 u. 2011. Zur Orientierung: Sheppard u. a. 1988; Scarpi 2009, IX–XCIII. Forschungsbericht mit reichen Literaturhinweisen: Löhr 1997, 3–20. Ein Vergleich zwischen *De Iside* und dem hermetischen Schrifttum ist m. W. bisher nicht versucht worden. Kurze, aber gehaltvolle Bemerkungen finden sich in Aland 2014, 192–199.

Christian Tornau, Institut für Klassische Philologie, Julius-Maximilians-Universität Würzburg, Residenzplatz 2, D-97070 Würzburg, christian.tornau@uni-wuerzburg.de

DOI 10.1515/9783110532968-009

chen; die dafür zu erbringende Erkenntnisleistung ist originäre Aufgabe des Menschen, Welt- und Menschenbild entsprechen der griechischen philosophischen Tradition. Im Mittelpunkt der hermetischen Religiosität steht hingegen das Bedürfnis des Menschen nach Erlösung aus dieser Welt. Hierzu muss er zur Erkenntnis des Göttlichen und seines eigenen außerweltlichen, geistigen Ursprungs gelangen;[2] dieses Wissen vermag er nicht aus eigener Kraft zu erreichen, sondern er ist auf Offenbarung durch das Göttliche selbst angewiesen. In diesem Sinne ist die hermetische „Religion des Geistes" (*mentis religio*)[3] ein gnostisches oder zumindest ein mit der ungefähr gleichzeitigen christlichen Gnosis verwandtes Phänomen.[4] Aus der unterschiedlichen Weltsicht ergibt sich die Differenz der Textsorten und Sprechhaltungen. Plutarchs *De Iside* ist eine im Wortsinne mythologische Schrift, die den Mythos von Isis und Osiris erzählt und ihn für eine griechisch gebildete Leserschaft auf seine universale, allgemein-menschliche Bedeutung hin interpretiert. Die Perspektive auf den ägyptischen Mythos ist eine Außenperspektive; den vermeintlichen religiösen Partikularismus der Ägypter, die ihre Götter für die Menschen reservieren wollen, „die einen Nil besitzen", trifft die Polemik des Universalisten Plutarch.[5] Die hermetischen Traktate hingegen sind Offenbarungsschriften mit einer doppelten Aufgabe: Sie transportieren zum einen die geoffenbarten Inhalte, deren Kenntnis Voraussetzung der Erlösung ist; zum anderen aber bilden sie den Offenbarungsvorgang selbst ab. Alle uns überlieferten Hermetica sind Dialoge, in denen uraltes, ursprünglich von einer göttlichen Instanz geoffenbartes Wissen über Welt und Mensch vom Lehrer an den Schüler, vom Vater oder der Mutter an den Sohn weitergegeben wird;[6] einige

---

2 Z. B. *CH* 10,15: τοῦτο μόνον σωτήριον ἀνθρώπῳ ἐστίν, ἡ γνῶσις τοῦ θεοῦ.
3 Das Schlagwort nach *Ascl.* 25. Zur Sache vgl. Fowden 1986, 95–115.
4 Man geht heute vorsichtiger mit der früher üblichen Bezeichnung des Hermetismus als „pagane Gnosis" um. Ob sie berechtigt ist, hängt letztlich von der Beantwortung der nach wie vor heiß diskutierten Frage nach dem historischen Ursprung der christlichen Gnosis ab, die uns hier nicht beschäftigen muss (Überblick über die Forschungsdiskussion des 20. Jahrhunderts: Löhr 1997, 9–12). Unbestreitbar ist, dass Gottes- und Selbsterkenntnis im Hermetismus zentrale Konzepte sind und gern mit dem Schlagwort γνῶσις belegt werden (z. B. *CH* 1,26: τοῦτό ἐστι τὸ ἀγαθὸν τέλος τοῖς γνῶσιν ἐσχηκόσι, θεωθῆναι; 9,4; 10,9; 10,15 etc.). Die geistige Nähe zur christlichen Gnosis ist durch die Präsenz hermetischer Traktate in der koptisch-gnostischen Bibliothek von Nag Hammadi belegt (NHC 6,6–8). Vermittelnd Aland 2014, 195: die Hermetik sei „ins Platonische gewendete Gnosis oder ... ins Gnostische gewendeter Platonismus".
5 Plut. *Isid.* 66, 377C–D. Zum religiösen Universalismus als Grundzug von Plutarchs Mytheninterpretation vgl. Görgemanns 2009, 341.
6 So gibt in der *Kore Kosmou* Isis eine ihr von Kamephis vermittelte Offenbarungsrede des Hermes an Horos weiter (*SH* 23,27; 32). Ansonsten sind die Gesprächspartner meist Hermes Trisme-

Texte führen sogar dramatisch vor, wie im Zuge des Offenbarungsgesprächs beim Schüler die Gnosis wie eine plötzliche, mystische Erleuchtung eintritt.[7] Der letzte Akt dieser über die Generationen hinweg erfolgenden Offenbarung ist die Lektüre des Textes durch den hermetischen Adepten: Der Leser erfährt von dem (fiktiven) Autor Hermes dieselbe Belehrung, die im Dialog der Schüler Tat oder Asklepios von der Lehrerfigur Hermes erhält.[8] In diesem Sinne haben die hermetischen Schriften einen rituellen, praktisch-religiösen Charakter, den sie durch die Verlegung der Dialogszenerie ins Allerheiligste eines Tempels,[9] durch den Ausklang mit einem Gebet[10] und auch durch die für apokalyptische Literatur typische Inszenierung als Geheimlehre akzentuieren.[11] Die Perspektive auf die ägyptische Religion ist eine Innenperspektive; die Götter handeln und sprechen selbst, wir haben es nicht mit mythologischen, sondern mit mythischen Texten zu tun. Oder, wie man in Anlehnung an Matthias Baltes und Michael Erler formulieren könnte:[12] Plutarch versucht die im ägyptischen Mythos kondensierte „Weisheit der Alten" historisch zu erheben und durch allegorische Interpretation platonisch-philosophisch zu aktualisieren; die Hermetica dagegen erheben den Anspruch, selber die alte Weisheit Ägyptens zu sein. Hinzu kommt, dass eine direkte historische Verbindung zwischen Plutarch und dem *Corpus Hermeticum* nicht nachweisbar ist. Abgesehen davon, dass sie Ausdruck einer gemeinsamen religiösen Zeitstimmung sind, scheinen beide also nicht viel miteinander zu tun zu haben.[13]

---

gistos, Asklepios-Imouthes (Imhotep) und Tat. – Wenn die Namensform Ἰμούθης ein Missverständnis der in einigen Papyri überlieferten Form Ἰμούθου ist, dann ist es jedenfalls ein Missverständnis schon der griechischen Quellen und nicht erst der Klassischen Philologie (so Quack 2014, 48): Ἰμούθης ist belegt in *SH* 23,6; 26,9.
7 Vor allem *CH* 13; NHC 6,6.
8 Besonders augenfällig ist das dort, wo der innertextliche Schüler, wie Hermes im *Poimandres* (*CH* 1), zugleich Ich-Erzähler ist. Hierher gehört auch die Aufforderung an den Schüler, das Gehörte und Erlebte inschriftlich zu fixieren (NHC 6,6, p. 61f.). Zur Interaktion von Schüler und Lehrer im Hermetismus vgl. insgesamt Fowden 1986, 104–115 (Kapitel „Gnosis").
9 *Ascl.* 1.
10 *CH* 1,31; 13,17–20; *Ascl.* 41.
11 Z. B. *SH* 23,32: πρόσεχε, τέκνον Ὧρε, κρυπτῆς γὰρ ἐπακούεις θεωρίας. Für mit κρύπτω stammverwandte Formen finden sich im *Corpus Hermeticum* ca. 20 Belege. Zum praktisch-rituellen Charakter der Texte (ἱεροὶ λόγοι, λογικὴ θυσία) vgl. Fowden 1986, 156–158. Stark rituell ausgerichtet (einschließlich magischer Formeln) ist NHC 6,6.
12 Baltes 1999; Erler 2001.
13 „Die Autoren der Gnosis, der Hermetik und Plutarch haben schwerlich voneinander gewusst" (Aland 2014, 199). An einer vieldiskutierten Stelle scheint Plutarch allerdings von theologischen Hermetica zu sprechen, die er freilich nicht aus erster Hand kennt (*Isid.* 61, 375F: ἐν δὲ ταῖς Ἑρμοῦ λεγομέναις βίβλοις ἱστοροῦσι γεγράφθαι; dazu Hopfner 1941, 224–226; Griffiths 1970,

Bei näherem Hinsehen ist die Abgrenzung jedoch weniger eindeutig. Plutarch benennt schon im Eröffnungssatz seines Traktats das Wissen (ἐπιστήμη) von den Göttern als das höchste zu erstrebende Gut,[14] bezeichnet wenig später die Erkenntnis (γνῶσις) des ersten, geistig erkennbaren Gottes (= Osiris) als Endziel sämtlicher Handlungen, die Isis in ihrem Kult von ihren Jüngern verlangt,[15] und fügt hinzu, dass nicht die äußerliche Befolgung der Riten, sondern erst deren philosophische Durchdringung die wahre Religion ausmache:

> Liebe Klea! So wenig der Vollbart und der grobe Mantel den Philosophen ausmachen, so wenig wird man zum Isisanhänger durch das Tragen von Leinen und das Rasieren des Kopfes. Sondern ein echter Isisjünger ist, wer das, was über diese Götter dargelegt und getan wird [= Mythos und Ritual] zunächst aus der Tradition (νόμῳ) übernimmt und dann mittels der Vernunft (λόγῳ) untersucht und über die darin liegende Wahrheit philosophiert.[16]
>
> (Plut. Isid. 3, 352C)

Zwar unterscheidet sich das hier von Plutarch artikulierte Ideal der Gotteserkenntnis von dem hermetischen dadurch, dass es nicht, wie dieses, Offenbarungswissen ist. Trotzdem kommen Plutarch und der Hermetismus in dem Grundsatz überein, dass „Frömmigkeit in der Erkenntnis Gottes besteht" (CH 9,4).[17]

Weiterhin ist allen inhaltlichen Differenzen zum Trotz auch ein Text wie *De Iside et Osiride* aus der Sicht seines Verfassers ein Stück religiöse Praxis, die sich in der Interaktion von Autor und Leser vollzieht. Plutarch beschließt den einleitenden Abschnitt seiner Schrift (*Isid.* 1–11) mit folgenden Worten:

> Wenn du[18] also alle Aussagen über die Götter von den frommen und philosophischen Auslegern des Mythos in dieser Weise annimmst und verstehst und die traditionellen Riten treu

---

519–521; Fowden 1986, 138; Froidefond 1988, 308). Als intellektueller Gott ist Hermes in *De Iside* insgesamt eine prominente Figur (3, 352A; 11, 355B; 12, 355D; F; 19, 358D; 22, 359E; 41, 367D; 54, 373B; 55, 373C; 68, 378B; eine Liste der Attribute und Identifikationen des Hermes bietet Griffiths 1970, 574). Grundmotiv ist meist die hellenistische Allegorisierung des Hermes als Logos (41, 367D; 54, 373B; 55, 373C).

14 Plut. *Isid.* 1, 351C.
15 Plut. *Isid.* 2, 352A (mit etymologischer Herleitung des Namens Εἶσις von εἰδέναι „wissen").
16 οὔτε γὰρ φιλοσόφους πωγωνοτροφίαι, ὦ Κλέα, καὶ τριβωνοφορίαι ποιοῦσιν οὔτ' Ἰσιακοὺς αἱ λινοστολίαι καὶ ξυρήσεις· ἀλλ' Ἰσιακός ἐστιν ὡς ἀληθῶς ὁ τὰ δεικνύμενα καὶ δρώμενα περὶ τοὺς θεοὺς τούτους, ὅταν νόμῳ παραλάβῃ, λόγῳ ζητῶν καὶ φιλοσοφῶν περὶ τῆς ἐν αὐτοῖς ἀληθείας. *De Iside et Osiride* wird zitiert nach der Ausgabe von Froidefond 1988.
17 εὐσέβεια δέ ἐστι θεοῦ γνῶσις. Vgl. Lact. *inst.* 2,15,6 = fr. var. 10 Nock-Festugière.
18 Die direkte Anrede an Klea ist hier wie überall ein Signal erhöhter Bedeutsamkeit. Zur delphischen Priesterin und Isis-Verehrerin Klea vgl. *Isid.* 35, 364E; Görgemanns 2009, 301; 340.

bewahrst und vollziehst – in der Auffassung, dass den Göttern kein Opfer und keine religiöse Handlung willkommener sein wird als die richtige Meinung über sie –, dann wirst du das Übel des Atheismus ebenso gut vermeiden wie das nicht geringere des Aberglaubens.[19]

(*Isid.* 11, 355C–D)

Der fromme und philosophische Exeget ist natürlich Plutarch selbst, der eben zu einer den von ihm benannten zwei Kriterien genügenden Auslegung des Mythos von Isis und Osiris ansetzt. Wenn Klea diese Auslegung liest, so ist das nichts anderes als eine vermittelte Form des ihr im zitierten Text empfohlenen philosophisch-religiösen Gesprächs; und in diesem Sinne ist die Lektüre von *De Iside et Osiride* ebenso gut Gottesdienst wie die eines hermetischen Traktats.

Aber auch Plutarchs griechische Außenperspektive auf das Ägyptische ist im *Corpus Hermeticum* nicht ohne Parallele. Gewiss ist es eine schwer zu entscheidende und in der Forschung umstrittene Frage, ob in den Texten der hermetischen Tradition die griechischen oder die ägyptischen Elemente überwiegen und ob man für den Hermetismus überhaupt ägyptische Wurzeln annehmen darf.[20] Bedenkt man freilich die Herkunft der Texte aus der gräko-ägyptischen Kultur des ptolemäischen und römischen Ägypten, so erstaunt es nicht, dass Griechisches und Ägyptisches sich in den Texten meist nicht rein scheiden lässt. Bezeichnend ist hier gerade ein Text, der die kulturelle Autonomie Ägyptens gegen griechisch-universalistische Vereinnahmungsversuche im Stil Plutarchs zu verteidigen scheint:

Soweit es Dir, o König, also möglich ist – und Dir ist alles möglich –, sorge dafür, dass dieser Text unübersetzt bleibt, damit solche Mysterien nicht unter die Griechen gelangen und damit der arrogante, kraftlose und sozusagen herausgeputzte Stil der Griechen nicht das Feierliche und Gedrängte und die sprachliche Wirkungskraft der Worte verlorengehen lässt. Denn die Griechen haben nur leere Worte, deren einzige Wirkung Beweisgänge sind – das

---

19 οὕτω δὴ τὰ περὶ θεῶν ἀκούσασα καὶ δεχομένη παρὰ τῶν ἐξηγουμένων τὸν μῦθον ὁσίως καὶ φιλοσόφως καὶ δρῶσα μὲν ἀεὶ καὶ διαφυλάττουσα τῶν ἱερῶν τὰ νενομισμένα, τοῦ δ' ἀληθῆ δόξαν ἔχειν περὶ θεῶν μηδὲν οἰομένη μᾶλλον αὐτοῖς μήτε θύσειν μήτε ποιήσειν [αὐτοῖς] κεχαρισμένον, οὐδὲν ἔλαττον ἀποφεύγοιο <ἂν> κακὸν ἀθεότητος δεισιδαιμονίαν.
20 Einen Forschungsüberblick zu dieser Debatte bietet Löhr 1997, 4–9; 15–19. Die Extrempositionen sind einerseits die Erklärung des Hermetismus rein aus der griechischen Tradition und die Reduktion der ägyptischen Elemente auf literarischen Schmuck (Festugière 1950 und eine Reihe weiterer Arbeiten), andererseits die dezidierte Verankerung in der ägyptischen Tradition und Kultur (Mahé 1978; Mahé 1982). Die meisten neueren Forscher nehmen eine vermittelnde Position ein; so liest Fowden 1986 die Hermetica vor allem als Dokument der Religiosität im hellenistischen Ägypten und als Ägypten-Rezeption.

ist die ganze griechische Philosophie, das Geräusch von Worten. Wir aber benutzen nicht Worte, sondern Laute voller Wirkung.[21]

(*CH* 16,2)

Die Ironie dieses Textes ist, dass er schon im Original auf Griechisch geschrieben ist und dass die Perspektive auf die ägyptische Sprache eine rein griechische ist. Die angebliche besondere Wirkkraft der ägyptischen Wörter besteht darin, dass sie gerade keine artikulierten, verständlichen λόγοι, sondern bloße Stimmlaute (φωναί) ohne Sinngehalt sind,[22] und im hermetischen Kontext darf man annehmen, dass die mit ihnen zu erzielende „Wirkung" eine magische ist. Nach dem zitierten Text besteht die ägyptische Sprache also aus einer Ansammlung von Zauberformeln – den *barbara onomata* der griechischen Magie.[23] „Kraftlos" und „herausgeputzt" wiederum sind Schlagworte der griechischen Rhetorik für einen gekünstelten, „verweichlichten" Stil;[24] und die Ablehnung philosophischer „Beweisgänge" erinnert an die in der griechisch-römischen Populärphilosophie übliche Polemik gegen inhaltsleere Dialektik.[25] Kurz: Hermetische Texte wie der zitierte übertragen Ägyptisches in die Vorstellungswelt eines griechisch-philosophisch (und rhetorisch) gebildeten Publikums und knüpfen an dessen Denkgewohnheiten, Vorannahmen und Vorurteile an.[26]

---

21 ὅσον οὖν δυνατόν ἐστί σοι, βασιλεῦ, πάντα δὲ δύνασαι, τὸν λόγον διατήρησον ἀνερμήνευτον, ἵνα μήτε εἰς Ἕλληνας ἔλθῃ τοιαῦτα μυστήρια, μήτε ἡ τῶν Ἑλλήνων ὑπερήφανος φράσις καὶ ἐκλελυμένη καὶ ὥσπερ κεκαλλωπισμένη ἐξίτηλον ποιήσῃ τὸ σεμνὸν καὶ στιβαρόν, καὶ τὴν ἐνεργητικὴν τῶν ὀνομάτων φράσιν. Ἕλληνες γάρ, ὦ βασιλεῦ, λόγους ἔχουσι κενοὺς ἀποδείξεων ἐνεργητικούς, καὶ αὕτη ἐστὶν Ἑλλήνων φιλοσοφία, λόγων ψόφος. ἡμεῖς δὲ οὐ λόγοις χρώμεθα, ἀλλὰ φωναῖς μεσταῖς τῶν ἔργων. Ähnliche Ägyptozentrismen: *Ascl.* 25–27; *SH* 23,32 (siehe unten Anm. 60); *SH* 24,13 (Ägypten als Mitte der Welt und Analogon zum menschlichen Herzen, entsprechend höhere Intelligenz des ägyptischen Menschen). Vgl. auch Scarpi 2009, 223f. mit Hinweis auf Iambl. *Myst.* 8,4, p. 265–268.
22 Die Unterscheidung zwischen φωνή und λόγος entstammt der stoischen Sprachphilosophie und der von ihr beeinflussten hellenistischen Grammatik; vgl. Diog. 7,55–57 = FDS fr. 476 = 33A u. 33H Long-Sedley und dazu Ax 1986, 151–207.
23 Vgl. Nock u. Festugière 1960b, 232f.; Iambl. *Myst.* 7,5, p. 257. Zur Magie in den philosophischen Hermetica vgl. Fowden 1986, 118.
24 Vgl. Theon *Prog.* p. 116,17f. Spengel: μήτε περὶ δεινῶν ἐκλελυμένως (sc. λέγωμεν); Hermog. *Id.* 1,3, p. 232,10f.: λόγου κεκαλλωπισμένου μᾶλλον ἢ ἁπλοῦ τε καὶ καθαροῦ.
25 Sen. *epist.* 45,13: *dialecticis ... nimium subtilibus et hoc solum curantibus, non et hoc*; 49,5.
26 Vgl. Fowdens Kapitel über „Translation and Interpretation" (Fowden 1986, 45–74).

2 Eine gemeinsame Norm: das Prinzip des Gottgeziemenden

Bei einer besonders einflussreichen dieser Denkgewohnheiten setzen die folgenden Überlegungen an. Es handelt sich um den Begriff des Gottgeziemenden (θεοπρεπής, θεοπρέπεια),[27] welcher der Sache nach bis auf die Mythen- und Dichterkritik des Vorsokratikers Xenophanes im 6./5. Jhd. v. Chr. zurückgeht[28] und erstmals von Platon im zweiten Buch der *Politeia* klar formuliert wurde.[29] Gemeint ist damit, dass alles Sprechen über Gott und das Göttliche (θεολογία) die Würde des Göttlichen in der Weise zu wahren hat, dass es bestimmten mit dem Begriff „Gott" untrennbar verbundenen Grundsätzen genügt; verstößt es gegen diese, so muss es in philosophischer Hinsicht als unwahr und in religiöser Hinsicht als blasphemisch gelten. Platon benennt die folgenden Grundeigenschaften des Göttlichen, die ein Dichter nicht in Frage stellen darf, ohne aus dem Idealstaat ausgewiesen zu werden: 1) seine Güte, durch die das Göttliche die Ursache allein des Guten, nicht aber des Schlechten ist und aufgrund von der es nur nützt, aber niemals schadet; 2) seine Unveränderlichkeit, die sich daraus ergibt, dass das Göttliche sich immer schon im Zustand der Vollkommenheit befindet.[30] Diese platonischen Grundsätze sind für die Folgezeit verbindlich geblieben; später gern verwendete Attribute wie Glückseligkeit, Unvergänglichkeit[31] und Affektfreiheit[32] buchstabieren sie lediglich aus. Natürlich hatte das Folgen für den Umgang mit den traditionellen

---

[27] Das Wort ist in der hier in Rede stehenden Bedeutung erstmals bei Philon belegt (*Deus* 69; *Dec.* 48). Synonyme wie τοῖς θεοῖς / τῷ θεῷ πρέπον, ἁρμόττον, ἐπιεικής oder bei negativer Formulierung οὐ θέμις sind aber schon früher gängig. Bei Plutarch vgl. z. B. *Isid.* 78, 383A: Ταῦτα μὲν οὖν οὕτως ἔχει τὸν μάλιστα θεοῖς πρέποντα λόγον.
[28] Xenophanes DK 21 B 26: αἰεὶ δ' ἐν ταὐτῶι μίμνει κινούμενος οὐδέν / οὐδὲ μετέρχεσθαί μιν ἐπιπρέπει ἄλλοτε ἄλληι. Grundlegend zur Begriffsgeschichte von Xenophanes bis Plutarch: Dreyer 1970.
[29] Pl. *Rp.* 379A–383A.
[30] Die beiden platonischen τύποι περὶ θεολογίας (*Rp.* 379A). Vgl. Dreyer 1970, 28–37; Erler 2002, 467–470.
[31] Vgl. Epic. *Rat. Sent.*: τὸ μακάριον καὶ ἄφθαρτον; vgl. Plut. *Isid.* 20, 358E (unten zitiert).
[32] Dreyer 1970, 57–60. Elemente wie die Allmacht oder die Providenz sind im Hellenismus noch partiell umstritten, werden in der Kaiserzeit aber Teil der intellektuellen ‚Koine'; ein Denker wie Epikur gilt damit nicht mehr als diskussionswürdig. Plutarch macht bekanntlich einen Kompromiss bei der Allmacht, um das Theodizeeproblem zu lösen (*Comm. not.* 34, 1076E–F; Dreyer 1970, 52; Dillon 1996, 202–206); er betont aber, dass sein negatives Prinzip nicht dem Guten gleichrangig ist (*Isid.* 46, 369D–E).

griechischen Mythen und ihren klassischen Gestaltern Homer und Hesiod (der Mythos wird in der Diskussion um das Gottgeziemende in der Regel nicht von seiner dichterischen Gestaltung unterschieden). Um das Verbannungsurteil Platons zu vermeiden, entwickelten insbesondere die Stoa und der kaiserzeitliche Platonismus eine Hermeneutik der Allegorese, die gerade im Anstößigen der Mythen das Indiz eines tieferen, verborgenen Sinnes erkannte, den es mit exegetischen Mitteln freizulegen galt.[33]

Die Bedeutung des Konzepts des Gottgeziemenden für Plutarch ist längst erkannt worden.[34] In *De Iside* erhebt er es ausdrücklich zur Richtschnur nicht nur der Auslegung, sondern bereits der Erzählung des Mythos:

> Das ungefähr sind die Hauptpunkte des Mythos – unter Weglassung der abstoßendsten Geschichten, z. B. der Zerstückelung des Horos und der Enthauptung der Isis. Dir muss ich nicht erst sagen, dass man – würden sie dies so glauben und wiedergeben, als sei es wirklich geschehen und der glückseligen und unvergänglichen Natur, als die man das Göttliche zu denken hat, tatsächlich zugestoßen – „ausspeien und den Mund reinigen" müsste, wie Aischylos sagt. Du selbst verabscheust ja alle, die so abnorme und barbarische Ansichten über die Götter hegen.[35]

(Plut. *Isid.* 20, 358E–F)

Der Grundsatz gilt in Plutarchs Augen also nicht nur für griechische, sondern auch für auswärtige Mythen wie den ägyptischen; und da sich Plutarch, wie eingangs angedeutet, für den Mythos von Isis und Osiris interessiert, weil er für ihn ein Dokument ältester Weisheit ist, kann das auch nicht anders sein. Das Theoprepeia-Prinzip regiert seine sämtlichen Auslegungsversuche von dem scheinbar

---

33 Zum Anstößigen und Absurden des Wortsinnes als Legitimation allegorischer Deutung in der christlichen Bibelexegese (Origenes, Augustinus) und der paganen Dichter- und Mythenerklärung (v.a. Porphyrios, Kaiser Julian) vgl. Pépin 1987. Einen Durchgang durch *De Iside* mit Blick auf die dort angewandte allegorische Methode bietet Bernard 1990, 203–67.
34 Überblick und Belege bei Dreyer 1970, 48–67.
35 Ταῦτα σχεδόν ἐστι τοῦ μύθου τὰ κεφάλαια τῶν δυσφημοτάτων ἐξαιρεθέντων, οἷόν ἐστι τὸ περὶ τὸν Ὧρου διαμελισμὸν καὶ τὸν Ἴσιδος ἀποκεφαλισμόν. ὅτι μὲν οὖν, εἰ ταῦτα περὶ τῆς μακαρίας καὶ ἀφθάρτου φύσεως, καθ' ἣν μάλιστα νοεῖται τὸ θεῖον, ὡς ἀληθῶς πραχθέντα καὶ συμπεσόντα δοξάζουσι καὶ λέγουσιν, 'ἀποπτύσαι δεῖ καὶ καθήρασθαι' τὸ 'στόμα' κατ' Αἰσχύλον, οὐδὲν δεῖ λέγειν πρός σέ· καὶ γὰρ αὐτὴ δυσκολαίνεις τοῖς οὕτω παρανόμους καὶ βαρβάρους δόξας περὶ θεῶν ἔχουσιν. Vgl. *Isid.* 12, 355D: λέγεται δ' ὁ μῦθος οὗτος ἐν βραχυτάτοις ὡς ἔνεστι μάλιστα τῶν ἀχρήστων σφόδρα καὶ περιττῶν ἀφαιρεθέντων. Die in *Isid.* 20, 358F–359A folgende Überlegung zur Methode der Allegorese und zum Verhältnis von Mythos und Logos muss uns hier nicht beschäftigen; vgl. dazu Bernard 1990, 212–216.

primitiven euhemeristischen Modell[36] bis zu der seine Exegese krönenden platonischen Prinzipienlehre.[37]

In gleicher Weise erkennt der Hermetismus das Erfordernis gottgeziemenden Sprechens an. Der lateinische *Asclepius* erweckt sogar den Eindruck, dass allein die hermetische *mentis religio* einen legitimen Anspruch darauf erheben kann:

> Aber glaubt mir, wer sich der Religion des Geistes (*mentis religioni*) verschreibt, wird in Lebensgefahr geraten. Neue Rechtssatzungen werden aufgestellt werden, ein neues Gesetz, nichts Heiliges, nichts Religiöses, nichts dem Himmel oder den Himmlischen Geziemendes (*nec caelo nec caelestibus dignum*; griechisch etwa: μήτε οὐρανῷ μήτε τοῖς οὐρανίοις πρέπον) wird zu hören sein oder im Geiste geglaubt werden.[38]
>
> (*Ascl.* 25)

Hier bemerken wir jedoch einen wichtigen Unterschied. Der allegorisierende Mythologe Plutarch erwähnt an eben der Stelle, wo er sich auf das Prinzip des Gottgeziemenden beruft, mit der Zerstückelung des Horos und der Enthauptung der Isis in Form einer rhetorischen *praeteritio* zwei besonders anstößige Züge.[39] Und auch in seiner vermeintlich gereinigten Fassung des Mythos kann ein aufmerksamer Leser Elemente entdecken, die keineswegs gottgeziemend sind: Wenn Horos das Diadem der Isis herabreißt, so ist dies ohne Schwierigkeit als eine entschärfte Fassung der Enthauptungsgeschichte zu erkennen,[40] und die Kastration des Typhon durch Horos, die in der Erzählung fehlt, fließt später en passant ein.[41] Plutarch kann sich solche Andeutungen leisten, weil er mit der philosophischen Mythenallegorese ein bewährtes Mittel zum Umgang mit anstößigem Material besitzt; und er kann nicht auf sie verzichten, weil in der für ihn verbindlichen Hermeneutik gerade das Anstößige als Ansatzpunkt und Legitimation der allegorischen Deutung fungiert.

---

36 *Isid.* 22, 359D – 24, 360D.
37 *Isid.* 49, 371A – 57, 374E.
38 *sed mihi credite, et capitale periculum constituetur in eum, qui se mentis religioni dederit. nova constituentur iura, lex nova, nihil sanctum, nihil religiosum nec caelo nec caelestibus dignum audietur aut mente credetur.*
39 Sie sind aus ägyptischem Material gut parallelisierbar, vgl. Hopfner 1940, 129–142; Hani 1976, 100–104 (mit dem Hinweis auf ägyptische Zeugnisse, die die Enthauptung ebenfalls verschweigen).
40 *Isid.* 19, 358D; vgl. Hopfner 1940, 139. Plutarch verschweigt die durch ägyptische Zeugnisse gut dokumentierte posthume Zeugung des Horos bzw. reduziert sie zu einem Kuss (17, 357D–E); dass sich dahinter etwas anderes verbirgt, ist nur daran zu erahnen, dass Isis ihr Pflegekind in einem Zornanfall tötet, weil es sie beim „Küssen" des toten Osiris beobachtet (Hani 1976, 80–83; Froidefond 1988, 268). Für diese Geschichte ist allerdings Plutarch das einzige Zeugnis.
41 *Isid.* 55, 373C–E; vgl. dazu Hopfner 1941, 229–232.

Den Autoren der hermetischen mythischen Texte stand der Weg der mythologischen Reflexion und expliziten Allegorese nicht oder nur in sehr eingeschränktem Maße offen. Sie mussten faktisch den von Platon in der *Politeia* gewiesenen Weg gehen und neue, den Anforderungen einer sublimierten philosophischen Theologie entsprechende Mythen schaffen. Die Konsequenz ist, dass die Geschichte von Isis und Osiris, die Plutarch ausführlich und nicht ohne Erzählkunst präsentiert, in den hermetischen Schriften überhaupt nicht erzählt wird. In den überlieferten philosophischen Hermetica kommt nur eine, recht harmlose Anspielung auf Typhon vor (Isis spricht zu Horos):

> ... es sei denn, liebes Kind, ein typhonischer Mensch käme her und behauptete, Stiere könnten im Meer und Schildkröten in der Luft leben.[42]

(*SH* 25,8)

„Typhonisch" ist hier nur noch die geistige Perversion und grobschlächtige Dummheit; an die Eselsgestalt des Typhon darf gedacht werden, aber nicht mehr an sein gewalttätiges, auch für Götter schädliches Wesen.[43] Derlei Modifikationen sind in den Hermetica üblich und lassen die hermetischen Gottheiten insgesamt etwas blutleer wirken. Doch handelt es sich dabei wohl weniger um literarisches Unvermögen als um eine implizite Reflexion über das Gottgeziemende, wie sie in mythischen Texten einzig möglich ist.

3 Gottkönigtum und Isisreligion: explizite und implizite Allegorese

Doch war der Weg des frommen Verschweigens nicht immer gangbar. Die traditionelle ägyptische Vorstellung vom Gottkönigtum, wonach die Götter die ältesten Pharaonen waren, war im gräko-ägyptischen und griechischen Kulturraum

---

42 πλὴν εἰ μή τις τῶν Τυφωνίων, ὦ τέκνον, παρελθὼν λέγοι, ὅτι δυνατὸν ταῦρον μὲν ἐν βυθῷ, ἐν δὲ ἀέρι χελώνην διαζῆν. Die alchemistische hermetische Schrift „Isis an ihren Sohn" verwendet allerdings den Kampf des Horos gegen Typhon als erzählerischen Aufhänger: Σὺ μὲν ἐβουλήθης, ὦ τέκνον, ἀπιέναι ἐπὶ τῆς τοῦ Τύφωνος μάχης, ὥστε καταγωνίσασθαι περὶ τῆς τοῦ πατρός σου βασιλείας (Text: Scott u. Ferguson 1936, 145; französische Übersetzung: Festugière 1950, 256).
43 Eselsgestalt: Plut. *Isid.* 30, 362E–F; zur Dummheit des Esels: *Isid.* 31, 363C; 50, 371C. Vgl. Manethons Bericht über die Verbrennung als Τυφών(ε)ιοι bezeichneter Menschen bei lebendigem Leibe (Plut. *Isid.* 73, 380D).

allgemein bekannt.⁴⁴ Die Pharaonen waren Götter in Menschengestalt, die nach Vollbringung ihrer Leistung die Erde wieder verließen – bzw. die Götter der Ägypter waren nichts anderes als ihre verstorbenen Könige, deren Kultstätten zugleich ihre Gräber und deren Mumien ihre Kultbilder waren.⁴⁵ Gerade Isis und Osiris waren Gottheiten, die in ihren Geschichten ein ausgesprochen menschliches Antlitz haben; sie werden geboren und sterben, erleben Liebe, Trauer und Zorn. Das hellenistische Bild des Osiris war das eines Kulturheroen, der, wie es bei Diodor heißt, nach seinem Tod als Lohn für seine zivilisationsbringende Tätigkeit die Unsterblichkeit erhält.⁴⁶ Isis und Osiris als Kulturbringer sind auch in den inschriftlichen Isis-Aretalogien prominent, die zu den überall im Mittelmeerraum verbreiteten Kultorten der Göttin gehören und einen Eindruck von den theologischen Vorstellungen der Anhänger der hellenistischen Isiskulte und -mysterien vermitteln.⁴⁷ Überdies war Osiris der Gott der Toten; Plutarchs Erzählung von der verzierten Kiste (λάρναξ), in die er von Typhon und seinen Mitverschworenen gelockt wird, kann ein Aition für den ägyptischen Brauch sein, den Verstorbenen auf dem Sarkophag mit den Zügen des Osiris darzustellen.⁴⁸ Dass sich aus all dem eine Spannung, wenn nicht sogar ein direkter Widerspruch, zu dem Grundsatz von der Unsterblichkeit und Leidensfreiheit des Göttlichen ergab, liegt auf der Hand.

---

44 Vgl. hierzu Hani 1976, 42 mit Anm. 1. Dem sich durch die ganze ägyptische Geschichte ziehenden Phänomen der Vergöttlichung von Menschen widmet sich die unveröffentlichte Habilitationsschrift von Alexandra von Lieven (von Lieven 2007); einen Vorbericht gibt von Lieven 2004. Zu dem wohl prominentesten Beispiel Imhotep vgl. Quack 2014.
45 von Lieven 2004, 48: „Was sie schließlich den Menschen am nächsten rückte und z. B. von den olympischen Göttern der Griechen unterschied, war die Vorstellung, dass auch die Götter sterben können"; ebd. 48f. zur „Amtsgöttlichkeit" der Pharaonen.
46 Diod. 1,13,1. Hierzu und zu Osiris als Kulturstifter in der altägyptischen Tradition: Hani 1976, 42–46. Die Prominenz dieses Zuges im griechischen Osirisbild wurde natürlich durch die alte Gleichsetzung mit Dionysos befördert (vgl. Griffiths 1970, 53; 56).
47 Die wohl bekannteste solche Aretalogie ist in leicht voneinander abweichenden inschriftlichen Fassungen in Kyme, Thessalonike und auf den Inseln Ios und Andros erhalten. Sie trägt die Attribute und Leistungen der Isis in der ersten Person vor („Ich bin Isis ..."). Diodor berichtet, dieser Text und ein entsprechender über Osiris habe auf den Grabstelen der Götter in Nysa in Arabien gestanden (1,27,3–5; zu den vermeintlichen Grabstätten des Osiris vgl. auch Plut. *Isid.* 20, 359A – 21, 359D). Den Text der Inschrift von Kyme mit Übersetzung und kurzem Kommentar bietet Merkelbach 1995, 113–119; zur Ausbreitung des Isiskults im Mittelmeerraum: ebd. 121–146.
48 Plut. *Isid.* 13, 356B–C und dazu Hani 1976, 49f.

Königtum, Kulturleistung, Tod und Apotheose der ägyptischen Götter werden sowohl bei Plutarch[49] als auch im hermetischen Schrifttum[50] thematisiert. Die Art und Weise, wie man beiderseits exegetisch und theologisch-philosophisch damit umgeht, unterscheidet sich allerdings beträchtlich. Aus griechischer Perspektive schien die Erzählung von Isis und Osiris zu einer euhemeristischen Erklärung einzuladen, wonach die Mythen nicht von Göttern, sondern von Menschen handelten, die nach dem Tod zu den Göttern erhoben wurden oder überhaupt erst in der Erinnerung der Nachgeborenen göttlichen Rang erhielten. Diese Sicht beherrscht etwa den Osiris-Bericht im ersten Buch Diodors.[51] Plutarch lässt auf seine Darstellung des Mythos daher nicht zufällig als ersten Erklärungsversuch den euhemeristischen folgen, dem er immerhin das Verdienst zuerkennt, durch die Übertragung der Leiden (πάθη) der mythischen Gottheiten auf Menschen dem Grundsatz der göttlichen Leidensfreiheit Rechnung zu tragen.[52] Doch nimmt er dieses Zugeständnis alsbald wieder zurück, indem er dem Euhemerismus vorwirft, „die göttlichen Namen auf die Erde herabzuziehen" und den Atheismus zu begünstigen.[53] Darum ersetzt er im nächsten Schritt seiner Argumentation das euhemeristische Erklärungsmodell durch das dämonologische:

> Besser ist es also, wenn man die Erzählungen von Typhon, Osiris und Isis für Erlebnisse (παθήματα) nicht von Göttern oder Menschen hält, sondern von großen Dämonen, von denen Platon und Pythagoras und auch Xenokrates und Chrysipp in der Nachfolge der alten Theologen behaupten, sie seien zwar stärker als die Menschen [...], besäßen das Göttliche aber nicht rein und unvermischt, sondern so, dass es Anteil an der seelischen Natur und der körperlichen Wahrnehmung habe, die für Lust und Schmerz empfänglich sei.[54]
>
> (*Isid.* 25, 360E)

---

49 Vgl. bes. *Isid.* 13, 356A–B zu Königtum und Kulturstiftertum.
50 Vgl. *Ascl.* 37: *avus enim tuus, Asclepi, medicinae primus inventor, cui templum consecratum est in monte Libyae circa litus crocodillorum, in quo eius iacet mundanus homo, id est corpus – reliquus enim vel potius totus, si est homo totus in sensu vitae, melior remeavit in caelum, omnia etiamnunc hominibus adiumenta praestans infirmis numine nunc suo, quae ante solebat medicinae arte praebere. Hermes, cuius avitum mihi nomen est, nonne in sibi cognomine patria consistens omnes mortales undique venientes adiuvat atque conservat? Isin vero Osiris quam multa bona praestare propitiam, quantis obesse scimus iratam!* Die bedrohlichen Züge der Isis erscheinen auch in der Aretalogie von Kyme (Merkelbach 1995, 117). Die *Kore Kosmou* scheint ein Grab des Osiris zu erwähnen (SH 23,7: τῶν Ὀσίριδος κρυφίων).
51 Diod. 1,14–21.
52 Plut. *Isid.* 22, 359D.
53 *Isid.* 23, 359F–360A.
54 Βέλτιον οὖν οἱ τὰ περὶ τὸν Τυφῶνα καὶ Ὄσιριν καὶ Ἶσιν ἱστορούμενα μήτε θεῶν παθήματα μήτ' ἀνθρώπων, ἀλλὰ δαιμόνων μεγάλων εἶναι νομίζοντες, οὓς καὶ Πλάτων καὶ Πυθαγόρας καὶ

Für die von ihm hier auf Pythagoras zuückgeführte, tatsächlich aber auf Platons *Symposion* und die Alte Akademie zurückgehende Lehre von den Dämonen als Zwischen- und Mittlerwesen zwischen Göttern und Menschen zeigt Plutarch auch sonst Interesse und hält sie grundsätzlich für richtig.[55] Ihre gleich zu Anfang hervorgehobene altehrwürdige Tradition unterscheidet sie vorteilhaft vom ‚neumodischen' Euhemerismus (etwas störend wirkt freilich die Anwesenheit des Stoikers Chrysipp). Sachlich ist sie mit diesem indessen durchaus verwandt. Wie der Euhemerismus wahrt die Dämonologie das Prinzip des Gottgeziemenden, indem sie den wahren Göttern nicht anstehende Leiden und Verhaltensweisen auf niedere Wesenheiten überträgt, die eine zwar übermenschliche, aber nichtsdestoweniger affektunterworfene Natur besitzen.[56] Dagegen ist vorerst nicht klar, wie die Dämonologie dem soeben gegen den Euhemerismus erhobenen Vorwurf des Atheismus entgehen kann: Auch sie behauptet ja, dass in den mythischen Erzählungen überhaupt nicht von den Göttern die Rede ist. Eine aus der Sicht des Platonikers Plutarch sicher mögliche Lösung wäre, dass der Begriff des Dämons – als eines Mittlerwesens zwischen Gott und Mensch – notwendig den des Gottes voraussetzt, die Existenz der Götter mit der dämonologischen Deutung also von vornherein anerkannt ist. Plutarch deutet vielleicht etwas Derartiges an, wenn er bemerkt, dass Isis und Osiris „wegen ihrer Arete von guten Dämonen zu Göttern wurden" und daher göttliche wie dämonische Ehren erhalten (*Isid.* 27, 361E, vgl. 30, 362E).[57] Über das Wesen der Götter ist damit indessen noch nichts gesagt. Für sich allein genommen ist das dämonologische Modell also unzureichend; wirkliches Erklärungspotential entfaltet es erst, wenn es durch die theologisch-prinzipientheoretische Exegese ergänzt und kontextualisiert worden ist. Wohl deswegen kennzeichnet Plutarch die dämonologische Erklärung trotz ihrer eingangs betonten philosophischen Herkunft als vorläufig und vorphilosophisch.[58] Anders

---

Ξενοκράτης καὶ Χρύσιππος ἑπόμενοι τοῖς πάλαι θεολόγοις ἐρρωμενεστέρους μὲν ἀνθρώπων γεγονέναι λέγουσι […], τὸ δὲ θεῖον οὐκ ἀμιγὲς οὐδ᾽ ἄκρατον ἔχοντας, ἀλλὰ καὶ ψυχῆς φύσει καὶ σώματος αἰσθήσει [ἐν] συνειληχὸς ἡδονὴν δεχομένῃ καὶ πόνον.
55 Plutarchs Dämonologie ist einer der auffälligsten und meistdiskutierten Züge seiner Philosophie. Die wichtigste Fundstelle außerhalb von *De Iside* ist *Def. orac.* 12, 416B – 15, 418A. Zur Orientierung: Dillon 1996, 216–224; Dillon 2004.
56 Zu dieser Funktion der Dämonologie vgl. Dreyer 1970, 64–66.
57 An der erstgenannten Stelle zieht Plutarch die Apotheose von Herakles und Dionysos zum Vergleich heran. Im Hermetismus vgl. *Ascl.* 5.
58 *Isid.* 32, 363D: ἀπ᾽ ἄλλης δ᾽ ἀρχῆς τῶν φιλοσοφώτερόν τι λέγειν δοκούντων τοὺς ἁπλουστάτους σκεψώμεθα πρῶτον (beim Übergang zur stoischen physikalischen Allegorese, die hier als die „einfachste" der philosophischen Erklärungen bezeichnet wird). Vgl. Froidefond 1988, 33.

als der Euhemerismus wird sie jedoch nicht verworfen, sondern behält auch nach Einführung der prinzipientheoretischen Exegese und in deren Rahmen eine relative Gültigkeit.[59]

Den hermetischen Autoren stand dagegen der Weg einer solchen Mehrfacherklärung nicht offen. Ihre literarischen und philosophischen Strategien zur Lösung des Problems lassen sich am besten an vier längeren Exzerpten des Stobaios studieren, in denen Isis die Übermittlerin und ihr Sohn Horos der Empfänger der Offenbarung ist. Es handelt sich um die *Kore Kosmou* (*SH* 23),[60] den längsten uns auf Griechisch erhaltenen hermetischen Text, und drei weitere, anscheinend zum selben gedanklichen Komplex gehörige Exzerpte (*SH* 24–26).[61] Isis ist hier sowohl Empfängerin des von Hermes offenbarten Wissens als auch Lehrerin des Horos; wie Hermes ist sie eine Emanation der höchsten Gottheit und tritt in der *Kore Kosmou* gemeinsam mit Osiris an einem Wendepunkt des kosmischen Dramas als Erlösergestalt in Aktion.[62] Dieser Traktat, in dem hermetische Gnosis und hellenistische Isisreligion in auch literarisch reizvoller, wenngleich etwas verwirrender Weise miteinander verzahnt sind, erklärt die Situation des Menschen in dieser Welt und die Möglichkeit seiner Erlösung durch Erkenntnis mit einer komplizierten mehrstufigen Kosmogonie und Anthropogonie. Lenker des gesamten Geschehens ist der demiurgische Nous; die traditionellen Gottheiten Hermes, Isis und Osiris sind „Emanationen" (ἀπόρροιαι) dieses höchsten Gottes, die in verschiedenen Phasen als Schöpfungs- oder Erlösungsmittler in das Geschehen eingreifen. In einer sehr frühen Phase, noch vor Erschaffung der sublunaren

---

59 Der Mythos kann ja durchaus eine Mehrfacherklärung zulassen und sich sowohl auf Dämonen als auch auf Götter beziehen. Im späteren Neuplatonismus sind die Dämonen mit den ihnen in der jeweiligen Seinshierarchie („Kette", σειρά) gehörenden Göttern namensgleich (Procl. *in Rp.* 1,92,2–12; Bernard 1990, 175f.). Gut zur dialektischen, gestuften Argumentationsweise Plutarchs in *De Iside*: Froidefond 1988, 24–44.

60 Der Titel bedeutet wohl „Pupille (= Liebling) der Welt" und meint möglicherweise Ägypten (vgl. Plut. *Isid.* 33, 364C). In *SH* 23,32 spricht Isis davon, dass sie die „vollkommene Schwärze" erhalten habe, womit vermutlich das vom Nil fruchtbar gemachte ägyptische Land gemeint ist; das erinnert an die Deutung von Isis als der ägyptischen Erde im naturphilosophischen Teil bei Plutarch und ist ein Zug des religiösen Partikularismus.

61 Zu Themen, Struktur und eventuellen Entstehungsschichten: Festugière 1954, CXXVI–CXXVIII; Holzhausen 1999; Scarpi 2009, 261–266.

62 In zwei Fragmenten erscheint Osiris auch als Schülerfigur (fr. var. 31 und 32a Nock-Festugière); die Lehrergestalt ist dort aber nicht Isis, sondern Agathos Daimon bzw. Hermes.

Welt, emaniert Hermes, der sein Wissen um das Handeln des Nous schriftlich fixiert und (anachronistisch) „beim Verborgenen des Osiris"[63] hinterlegt. Hierdurch legt er den Grund für die Erlösung der zu diesem Zeitpunkt noch nicht geschaffenen Seelen, die indessen künftig des erlösenden Wissens bedürftig sein werden. Nach einem Gebet zum höchsten Gott begibt er sich zurück in den Himmel (SH 23,5–7). Zum zweiten Mal emaniert Hermes, um die menschlichen Körper zu schaffen, die – mit einer für die *Kore Kosmou* und wohl für die Hermetica insgesamt charakteristischen Ambivalenz[64] – zugleich gute Schöpfung und Strafort für die Seelen wegen deren präexistenter Versündigung (τόλμα)[65] sind (SH 23,25–48). Das Muster der ersten Emanation des Hermes wiederholt sich bei Isis und Osiris. Ihre Entsendung wird notwendig, weil die neugeschaffenen Menschen sich zunächst barbarisch verhalten und zivilisatorischer Fürsorge bedürfen. Das Götterpaar tritt also als Kulturbringer auf, so wie es aus Diodor, Plutarch und den hellenistischen Isis-Aretalogien geläufig ist. Darüber hinaus findet es jedoch die am Anfang des Traktats von Hermes hinterlegten Schriftstücke auf und vermittelt den Menschen nach sorgfältig bedachter Auswahl das darin enthaltene gnostische Wissen.[66] Wie einst Hermes kehren Isis und Osiris nach erfülltem Auftrag mit einem Gebet zu Gott zurück (SH 23,62–69).

Wie in den hermetischen Texten üblich werden die menschlichen Züge des Götterpaars reduziert; von dem Kampf mit Typhon ist nicht die Rede, der Tod des Osiris wird durch die Rückkehr in den Himmel ersetzt (SH 23,69;), und die näheren Umstände der Geburt der Götter werden mit Mysterienschweigen belegt.[67] Da-

---

63 SH 23,7: πλησίον τῶν Ὀσίριδος κρυφίων. Damit können das Grab oder die Mumie des Osiris, möglicherweise aber auch geheime Kultgegenstände gemeint sein (Festugière 1954, CLV mit Anm. 3 und 4).
64 Zum Ineinander von Monismus und Dualismus, Optimismus und Pessimismus in den Hermetica vgl. Fowden 1986, 102–104. Die Ambivalenz ist im Platonismus von Anfang an gegeben, wie beispielsweise Plotin erkannte (4,8).
65 SH 23,24. Es handelt sich um ein Leitmotiv der *Kore Kosmou* (6 Belege für τόλμα und stammverwandte Wörter). Vgl. Plot. 5, 1,1,3f.: Ἀρχὴ μὲν οὖν αὐταῖς (= für die gefallenen Seelen) τοῦ κακοῦ ἡ τόλμα. Zur (neu-) pythagoreischen Bezeichnung der Zweiheit als τόλμα vgl. Plut. *Isid.* 75, 381F (Froidefond 1988 nimmt hier zu Unrecht Reiskes Konjektur Πόλεμον statt des überlieferten τόλμαν in den Text auf).
66 SH 23,66.
67 SH 23,64: Παραιτοῦμαι γένεσιν ἱστορεῖν· οὐ γὰρ θεμιτόν σῆς σπορᾶς καταλέγειν ἀρχήν, ὦ μεγαλοσθενὲς Ὧρε, ὡς μήποτε ὕστερον εἰς ἀνθρώπους ἀθανάτων ἔλθῃ γένεσις θεῶν· πλὴν ὅτι γε ὁ μόναρχος θεός, ὁ τῶν συμπάντων κοσμοποιητὴς καὶ τεχνίτης, † τι † τὸν μέγιστόν σου πρὸς ὀλίγον ἐχαρίσατο πατέρα Ὄσιριν καὶ τὴν μεγίστην θεὰν Ἶσιν, ἵνα τῷ πάντων δεομένῳ κόσμῳ βοηθοὶ γένωνται.

gegen sucht der Verfasser unverkennbar den Anschluss an die hellenistische Isisreligion, indem er das Handeln des Götterpaares auf Erden in Form einer traditionellen Aretalogie beschreibt:

> Sie haben das Leben der Menschen mit dem Lebensnotwendigen ausgestattet.
> Sie haben das wilde gegenseitige Morden beendet.
> Sie haben den Ahnengöttern Tempel und Opferriten geweiht.
> Sie schenkten den Sterblichen Gesetze, Nahrung, ein Dach über dem Kopf.
> „Sie werden", sprach Hermes, „die Geheimnisse meiner Schriften erkennen und beurteilen; und wenn sie einiges davon für sich behalten, werden sie doch, was dem Nutzen der Menschen dient, auf Stelen und Obelisken einmeißeln."
> Sie haben als erste Gerichtsverfahren entwickelt und alles mit Gesetzmäßigkeit und Gerechtigkeit erfüllt.[68]

(*SH* 23,65–67)

Diese Liste, die noch einige Paragraphen weiter geht und Errungenschaften wie Magie, Philosophie und Medizin enthält,[69] lässt sich fast Punkt für Punkt aus den aretalogischen Inschriften parallelisieren. Es ist gut möglich, dass der hermetische Autor eine vorhandene Aretalogie in seinen Text übernommen hat.[70] Wenn das so ist, dann hat er jedenfalls dafür gesorgt, dass die ursprüngliche Textsorte erkennbar bleibt, und die Stelle, an der er geändert hat – die wörtliche Rede des Hermes mit dem Rückverweis auf die Hinterlegung seiner Schriften „bei Osiris" am Anfang der Erzählung (*SH* 23,7) –, in fast aufdringlicher Weise markiert. Der Sinn dieses Vorgehens ist nicht schwer zu sehen: Der alte Text aus dem Isiskult, und damit auch der Isiskult selbst, wird für das hermetische Weltbild in Anspruch genommen. Die Vorstellung von Isis und Osiris als Kulturstiftern ist – so suggeriert der Verfasser – zwar jedermann aus Kult und Mythos geläufig; doch

---

68 οὗτοι βίου τὸν βίον ἐπλήρωσαν.
οὗτοι τὸ τῆς ἀλληλοφονίας ἔπαυσαν ἄγριον.
τεμένη προγόνοις θεοῖς οὗτοι καὶ θυσίας καθιέρωσαν.
νόμους οὗτοι καὶ τροφὰς θνητοῖς καὶ σκέπην ἐχαρίσαντο.
«Οὗτοι τὰ κρυπτά», φησὶν Ἑρμῆς, «τῶν ἐμῶν ἐπιγνώσονται γραμμάτων πάντα καὶ διακρινοῦσι, κἄν τινα μὲν αὐτοὶ κατασχῶσιν, ἃ δὲ καὶ πρὸς εὐεργεσίας θνητῶν φθάνει, στήλαις καὶ ὀβελίσκοις χαράξουσιν».
οὗτοι πρῶτοι δείξαντες δικαστήρια εὐνομίας τὰ σύμπαντα καὶ δικαιοσύνης ἐπλήρωσαν.
69 *SH* 23,68. Als Stifterin von Mysterien erscheint Isis auch bei Plutarch (*Isid.* 27, 361D; Griffiths 1970, 390; 407.
70 So Festugière 1954, CXLVII–CXLIX. Es kommt für unsere Zwecke nicht darauf an, ob der Autor oder Redakteur der *Kore Kosmou* einen älteren hermetischen Text mit Elementen aus dem Isiskult angereichert (Festugière) oder einen älteren Isis-Text in seinen hermetischen Traktat eingebaut hat. Das Ergebnis ist in jedem Fall die Integration des Isiskults in den Hermetismus.

erst durch die Einbettung in die geheime Offenbarungsrede des Hermes enthüllt sich ihr wahrer, verborgener Sinn, nämlich dass an einem bestimmten Punkt des kosmischen Dramas das Menschengeschlecht zu verrohen begann und einer vom höchsten demiurgischen Nous gesandten göttlichen Hilfe bedurfte. Die wichtigste dieser Hilfsleistungen – die Auffindung der einst von Hermes hinterlegten Schriften[71] – ist gerade diejenige, welche in den bekannten Aretalogien fehlt, worauf der Verfasser durch die veränderte sprachliche Form aufmerksam macht. Auf diese Tat hin sind alle Handlungen des Götterpaars orientiert, erst von ihr her gesehen wird die Funktion der in den Aretalogien gepriesenen Handlungen im Weltenplan des höchsten Gottes verständlich. Für diese Einsicht bedarf man aber einer gesonderten, nicht dem Isisjünger, sondern nur dem Hermetiker zugänglichen Offenbarung, wie die Unterbrechung der Aretalogie mit der wörtlichen Rede des Hermes zeigt. Durch diese Neukontextualisierung unterzieht der hermetische Autor den hellenistischen Kulttext und den hinter ihm stehenden ägyptischen Mythos faktisch einer philosophisch-theologischen Allegorese, auch wenn er sich dafür entsprechend der literarischen Gattung, in der er tätig ist, nicht philosophischer Argumentation, sondern mythischer Erzählung bedient. Für die Richtigkeit seiner Interpretation nimmt er die Autorität der Göttin selbst in Anspruch, die er zur Sprecherin der Erzählung macht. Da indessen Isis nach eigenen Angaben nur die Vermittlerin einer Offenbarungsrede des Hermes ist,[72] ist ihre Autorität der höheren des Hermes ebenso untergeordnet wie in ihrer Darstellung die partikulare Isisreligion der universellen hermetischen Religion untergeordnet ist. Die hermeneutische Legitimation dieses Zuges entnahm der Verfasser den hellenistischen Isishymnen selbst, in denen sich Isis regelmäßig als Zögling und Schülerin des Hermes (Thoth) bezeichnet.[73]

---

[71] Die Auffindung uralter Dokumente in Tempeln ist eine aus ägyptischen Quellen parallelisierbare Legitimationsfigur, vgl. Quack 2014, 54.
[72] *SH* 23,32.
[73] Diod. 1,27,4: Ἐγὼ Ἶσίς εἰμι ἡ βασίλισσα πάσης χώρας, ἡ παιδευθεῖσα ὑπὸ Ἑρμοῦ (nahezu textgleich in den Inschriften, vgl. Merkelbach 1995, 115). Dagegen greift Plutarch entsprechend seinem Anliegen, Isis möglichst eng mit Erkenntnis und Wissen zu assoziieren, auf eine schwächer bezeugte Tradition zurück, nach der sie Tochter des Hermes (oder des Prometheus) ist (*Isid.* 3, 352A–B, vgl. 12, 355D; F; 37, 365F; Hopfner 1941, 58; Griffiths 1970, 263f.; Hani 1976, 38f.; einen unveröffentlichten demotischen Text, in dem Isis mit ihrem Vater Thoth auf der Suche nach dem Körper des Osiris ist, erwähnt Quack 2014, 52).

4 Explizite hermetische Allegorese: Gottkönigtum und „königliche Seelen"

Lässt sich diese mit narrativen Mitteln verfahrende, implizite Allegorese des Isismythos in der Kore Kosmou noch hinsichtlich ihres philosophischen Inhalts präzisieren? Dass der hermetische Autor ebenso wie Plutarch den Euhemerismus vermeiden möchte, ist schon an seiner gereinigten, fast ganz auf den Kulttext reduzierten Fassung des Mythos ablesbar. Eine Interpretation von Isis und Osiris als Dämonen hätte angesichts der erkenntnis- und erlösungsvermittelnden Tätigkeit des Paars vielleicht nahegelegen, doch scheint dies nicht die Absicht des Verfassers zu sein: Die Bezeichnung niederer Gottheiten als Emanationen (ἀπόρροιαι) ist zwar nicht völlig durchsichtig,[74] doch enthält gerade in einem solchen Zusammenhang Isis das Epitheton „größte Gottheit" und Osiris den Titel „Vater", der ebenfalls seine Göttlichkeit akzentuiert.[75] Der Autor benötigt also klarerweise eine Deutung, die den unmittelbaren Kontakt mit Menschen und die kulturstiftende Tätigkeit auf Erden mit der Göttlichkeit des Paars im Vollsinne vereint. Eine solche Lösung bietet nun die in den Exzerpten 24 und 26 des Stobaios entfaltete Lehre von den „königlichen Seelen" (βασιλικαὶ ψυχαί). Wie in der *Kore Kosmou*, deren Fortsetzung diese Exzerpte vielleicht sind, sind Isis und Horos die Dialogpartner. Auf die Frage des Horos, woher königliche Seelen kommen, präsentiert Isis zunächst ein Schichtenmodell des Universums (*SH* 24,1–4): Es gibt vier hierarchisch angeordnete Sphären, nämlich Himmel, Äther, Luft und Erde; sie werden – in absteigender Ordnung – von Göttern, Gestirnen, „dämonischen Seelen" und Menschen bewohnt.[76] Über die Bewohner einer jeden Sphäre herrscht eine herausgehobene Gestalt: der aus der *Kore Kosmou* bekannte Nous-Demiurg über die Götter, die Sonne über die Gestirne, der Mond über die Dämo-

---

[74] Der Begriff ist für die *Kore Kosmou*-Texte zentral, vgl. *SH* 23,61; 62; 64; 24,2. Die astrologische Bedeutung liegt vor in *SH* 23,3 (vgl. Nock u. Festugière 1954, 24 Anm. 11; Fowden 1986, 91–94; Scarpi 2009, LXXXIV–LXXXVI). Plutarch gebraucht ebenfalls den Begriff ἀπορροή, scheint dabei aber ein zunächst physikalisch verstandenes „Ausströmen" des Osiris (*Isid.* 36, 365B; 38, 366A) zu einer metaphysischen Metapher für die Formung der Isis-Materie durch Osiris-Geist umzudeuten (49, 371B; 53, 372F; 60, 375B; 76, 382B). Dörrie 1976 ist zu *De Iside* und zum Hermetismus unergiebig (zu Plutarch: ebd. 82f.).

[75] *SH* 23,64, zitiert oben Anm. 67.

[76] Solche Schichtenmodelle sind in der Kaiserzeit gängig; ein recht kryptisches Beispiel enthält der Timarchos-Mythos in Plutarchs Schrift *De genio Socratis* (591B; dazu Dillon 1996, 214f.).

nen und der König über die Menschen. Jede dieser Herrscherfiguren ist eine Emanation (ἀπόρροια, *SH* 24,2) des demiurgischen Nous und unterscheidet sich durch diese Herkunft prinzipiell von den übrigen Bewohnern seiner Sphäre:

> Der König ist der letzte unter allen Göttern, aber der erste unter den Menschen. Solange er auf der Erde weilt, ist er zwar von der wahrhaften Göttlichkeit getrennt, doch hat er etwas gegenüber den Menschen Herausgehobenes, das Gott ähnlich ist. Denn die in ihn hinabgesandte Seele stammt von jenem Ort, der oberhalb der Räume liegt, von wo aus die Seelen in die übrigen Menschen hinabgesandt werden.[77]
>
> (*SH* 24,3)

Der König ist also ein Gott im eigentlichen Sinne und eine Manifestation des höchsten, demiurgischen Gottes,[78] auch wenn er während seines Aufenthalts auf Erden seine Gottheit gleichsam ruhen lässt. Wir finden hier nicht nur eine Präzisierung der aus der *Kore Kosmou* geläufigen Emanationslehre, sondern auch eine Sakralisierung des irdischen Königtums, die unschwer als eine Interpretation des traditionellen ägyptischen Gottkönigtums zu erkennen ist. Mit diesem Gedanken stand auch eine Erklärung des göttlichen Status von Isis und Osiris zur Verfügung, wie das 26. Exzerpt bei Stobaios zeigt. Der Autor dieses Textes verfeinert zunächst das Schichtenmodell des 24. Exzerpts, indem er den „Raum zwischen Himmel und Erde" – also den Luftraum, der nach dem 24. Exzerpt der Wohnort der Dämonenseelen war – in mehrere Zonen unterteilt. Die höchste dieser Zonen wird von den „göttlichen und königlichen Seelen" bewohnt, die unterste von den Seelen der Kriechtiere und Fische (*SH* 26,1f.). Aus der höchsten Zone stammen, so scheint es, sämtliche Herrschergestalten im körperlichen und geistigen Bereich und nicht zuletzt die traditionellen Götter der ägyptischen Religion:

> Einige Seelen springen aus der königlichen Zone herab, denn die Königsherrschaft hat [immer] eine Seele mit solchen Eigenschaften inne. Es gibt ja viele Arten der Königsherrschaft: Herrschaft über die Seelen, über die Körper, über Kunst, Wissenschaft und manches andere. – Wie bitte? fragte Horos. – Folgendermaßen, liebes Kind Horos: Herrscher der abgeschiedenen Seelen ist Osiris, dein Vater; Herrscher der Körper das Oberhaupt eines jeden

---

77 καὶ ὁ μὲν βασιλεὺς τῶν μὲν ἄλλων θεῶν ἐστιν ἔσχατος, πρῶτος δὲ ἀνθρώπων· καὶ μέχρις ὅτου ἐπὶ γῆς ἐστι, τῆς μὲν ἀληθοῦς θειότητος ἀπήλλακται, ἔχει δὲ ἐξαίρετόν τι παρ' ἀνθρώπους, ὃ ὅμοιόν ἐστι τῷ θεῷ. ἡ γὰρ εἰς αὐτὸν καταπεμπομένη ψυχὴ ἐξ ἐκείνου ἐστὶ τοῦ χωρίου ὃ ὑπεράνω κεῖται ἐκείνων ἀφ' ὧν εἰς τοὺς ἄλλους καταπέμπονται ἀνθρώπους.
78 Im gleichen Sinne redet in der *Kore Kosmou* der Demiurg Hermes als „Seele von meiner Seele und heiliger Geist (νοῦς) von meinem Geist" an (*SH* 23,26).

Volkes; Herrscher des klugen Bedenkens ist der Vater und Lenker aller Dinge, der dreimalgroße Hermes; Herrscher über die Medizin Asklepios, Sohn des Hephaistos;[79] Herrscher über Kraft und Stärke wiederum Osiris und nach ihm, mein Kind, du selbst ....[80]

(SH 26,8f.)

Es ist wesentlich, dass die menschlichen Könige hier unmittelbar neben den Göttern und sogar neben dem hermetischen Hauptgott Hermes Trismegistos stehen. In dem entscheidenden Punkt, ihrer Göttlichkeit, unterscheiden sie sich nicht von ihrer höchsten Ursache, dem transzendenten Geist. Man kann sich zwar fragen, ob diese theologische Seelenlehre in jeder Hinsicht konsequent und überzeugend ist; insbesondere das Verhältnis von göttlichen und „dämonischen" Seelen ist nicht völlig klar. Doch leistet sie auf jeden Fall das, worauf es dem Verfasser in erster Linie ankommt: Sie ermöglicht eine Deutung des irdischen Königtums als unmittelbarer Präsenz des Göttlichen in der Welt, die es erlaubt, die alten ägyptischen Mythen vom Wirken der Götter auf Erden – und vom Aufhören dieses Wirkens – weitgehend zu retten, ohne deswegen um des Prinzips des Gottgeziemenden willen ihre Göttlichkeit einschränken zu müssen, wie es im Euhemerismus und in der dämonologischen Erklärung Plutarchs der Fall war. Andere Maßnahmen zur Wahrung des Gottgeziemenden, wie das schon mehrfach beobachtete fromme Verschweigen der allzu menschlichen Züge des Mythos und die im 24. Exzerpt erwähnte zeitweilige Suspendierung der Göttlichkeit während des irdischen Aufenthalts, treten zu diesem Grundkonzept nur flankierend hinzu. Die Leistungsfähigkeit dieses Konzepts zeigt sich u. a. daran, dass es die ursprüngliche Hauptfunktion des Osiris als Totengott[81] ohne größere Schwierigkeiten zu integrieren vermag.[82] Für Plutarchs Allegorese des Osiris als platonischer

---

79 Dies ist die in ägyptischen Quellen übliche Filiation des vergöttlichen Imhotep, Sohn des Ptah (Quack 2014, 45).
80 αἱ μὲν γὰρ ἀπὸ βασιλικοῦ διαζώματος καταπηδῶσι, τῆς ὁμοιοπαθοῦς βασιλευούσης ψυχῆς. πολλαὶ γάρ εἰσι βασιλεῖαι· αἱ μὲν γάρ εἰσι ψυχῶν, αἱ δὲ σωμάτων, αἱ δὲ τέχνης, αἱ δὲ ἐπιστήμης, αἱ δὲ αὖ τῶν καὶ τῶν. – Πῶς πάλιν; εἶπεν Ὧρος. – Οἷον, ὦ τέκνον Ὧρε, ἀπογεγονότων ἤδη ψυχῶν μὲν Ὄσιρις, ὁ πατήρ σου· σωμάτων δὲ ὁ ἑκάστου ἔθνους ἡγεμών· βουλῆς δὲ ὁ πατὴρ πάντων καὶ καθηγητὴς ὁ τρισμέγιστος Ἑρμῆς· ἰατρικῆς δὲ ὁ Ἀσκληπιὸς ὁ Ἡφαίστου· ἰσχύος δὲ καὶ ῥώμης πάλιν Ὄσιρις, μεθ' ὅν, ὦ τέκνον, αὐτὸς σύ.
81 Vgl. dazu Hopfner 1941, 121–125 mit ägyptischen und hellenistischen Belegen.
82 SH 26,9 (oben zitiert); 23,62: ἑτέρα γὰρ ἐν ὑμῖν τις ἤδη τῆς ἐμῆς ἀπόρροια φύσεως, ὃς δὴ καὶ ὅσιος ἔσται τῶν πραττομένων ἐπόπτης καὶ ζώντων μὲν κριτής ἀμεθόδευτος, φρικτὸς δ' οὐ μόνον, ἀλλὰ καὶ τιμωρὸς τῶν ὑπὸ γῆν τύραννος. καὶ ἑκάστῳ δὲ τῶν ἀνθρώπων ἀκολουθήσει διὰ γένους μισθὸς ἐπάξιος (vgl. Plut. Isid. 78, 382E: ἐν γῇ καὶ ὑπὸ γῆν τὸν ἱερὸν καὶ ὅσιον ὡς ἀληθῶς Ὄσιριν οἰκεῖν). Dieser hermetische Osiris hat entfernte Ähnlichkeit mit dem Wächter-Dämon der platonischen Dialoge (Phaed. 107D–E; 108b; Rp. 617E; 620D; Tim. 90C; CH 1,23: τῷ τιμωρῷ ... δαίμονι); vgl. hierzu und zur Rezeption im kaiserzeitlichen Platonismus und bei Plutarch: Brenk 1977, 85–

Ideenkosmos ist dessen Rolle als Unterweltskönig dagegen ein Problem, das er nur am Rande und unter Berufung auf die Arkandisziplin der ägyptischen Priester erwähnt und sogleich mit Hilfe der alten, von Platon überlieferten Etymologie von Ἅιδης (Unterwelt) als ἀιδής („unsichtbar" = intelligibel) aus der Welt schafft.[83]

5 Schlussbemerkung

Wir waren bei unseren Überlegungen von der Beobachtung ausgegangen, dass das Prinzip des Gottgeziemenden für Plutarch und für die Autoren der hermetischen Traktate aus religiösen wie philosophischen Gründen gleichermaßen verbindlich ist. In der griechischen Tradition, der Plutarch angehört, ergab sich daraus die zwingende Verpflichtung, im Umgang mit tradierten, aber im Sinne des besagten Prinzips anstößigen Mythen das Mittel der Allegorese anzuwenden, eine Pflicht, der Plutarch in *De Iside* beispielhaft nachkommt. Den hermetischen Autoren schien dieser Weg zunächst nicht offenzustehen, weil sie selbst mythische, angeblich ältestes ägyptisches Wissen transportierende Texte schrieben. Wir konnten aber sehen, dass die in den hermetischen Traktaten beobachtbaren narrativen Techniken und Modifikationen älterer Mythen häufig dem Ziel dienten, neue, gottgeziemende Mythen zu schaffen, und insofern ebenfalls eine – wenngleich implizite – Form der Allegorese darstellen. In dieser Hinsicht sind die Hermetica ebenso Teil der griechischen Tradition wie Plutarch. Wo sich indessen die hermetische Allegorese auch explizit greifen ließ – insbesondere in der Lehre von den „königlichen Seelen" der *Kore Kosmou*-Traktate –, da war das Bestreben zu erkennen, eine Alternative zu den Angeboten der griechischen Tradition (Euhemerismus, Dämonologie, platonische Prinzipientheorie) zu schaffen, um das genuin ägyptische Motiv des Gottkönigtums in philosophisch wie religiös befriedigender Weise erklären und bewahren zu können. Unser Vergleich zwischen Plutarch und dem *Corpus Hermeticum* hat also, wenn man so will, auf die Differenz zwischen griechischer und gräko-ägyptischer Mythenallegorese geführt.

144; Dillon 2004. Hier deutet sich also eine gewisse Unschärfe bei der Trennung von niederen Göttern und Dämonen an.
83 Plut. *Isid.* 78, 382E–F; vgl. Pl. *Phaed.* 80d; *Crat.* 403A; *Gorg.* 493B; Plot. 6,4,16,37; zur Plutarchstelle Hani 1976, 182–185 (der den Bezug zu den Mysterien stärker akzentuiert); Feldmeier 2005, 223–226.

Literaturverzeichnis

Aland (2014): Barbara Aland, *Die Gnosis*, Stuttgart.
Ax (1986): Wolfram Ax, *Laut, Stimme und Sprache. Studien zu drei Grundbegriffen der antiken Sprachtheorie*, Göttingen.
Baltes (1999): Matthias Baltes, „Der Platonismus und die Weisheit der Barbaren", in: John J. Cleary (Hg.), *Traditions of Platonism. Essays in honour of John Dillon*, Aldershot, 115–138 (wieder in: Matthias Baltes, *EPINOHMATA. Kleine Schriften zur antiken Philosophie und homerischen Dichtung*, München 2005, 1–26).
Bernard (1990): Wolfgang Bernard, *Spätantike Dichtungstheorien. Untersuchungen zu Proklos, Herakleitos und Plutarch*, Stuttgart.
Brenk (1977): Frederick E. Brenk, *In Mist Apparelled. Religious Themes in Plutarch's Moralia and Lives*, Leiden.
Dillon (1996): John M. Dillon, *The Middle Platonists. 80 B.C. to A.D. 220*, (2. Auflage) Ithaca.
Dillon (2004): John M. Dillon, „Dämonologie im frühen Platonismus", in: Matthias Baltes (Hg.), *Apuleius: De deo Socratis – Über den Gott des Sokrates*, Darmstadt.
Dörrie (1976): Heinrich Dörrie, „Emanation. Ein unphilosophisches Wort im spätantiken Denken", in: Heinrich Dörrie, *Platonica Minora*, München, 70–88 (zuerst in: Kurt Flasch (Hg.), *Parusia. Festgabe Johannes Hirschberger*, Frankfurt/M., 119–141).
Dreyer (1970): Oskar Dreyer, *Untersuchungen zum Begriff des Gottgeziemenden in der Antike. Mit besonderer Berücksichtigung Philons von Alexandrien*, Hildesheim.
Erler (2001): Michael Erler, „Legitimation und Projektion. Die ‚Weisheit der Alten' im Platonismus der Spätantike", in: Dieter Kuhn u. Helga Stahl (Hgg.), *Die Gegenwart des Altertums. Formen und Funktionen des Altertumsbezugs in den Hochkulturen der Alten Welt*, Heidelberg, 313–326.
Erler (2002): Michael Erler, *Platon (Grundriss der Geschichte der Philosophie: Die Philosophie der Antike 2.2)*, Basel.
Feldmeier (2005): Reinhard Feldmeier, „Osiris: Der Gott der Toten als Gott des Lebens (De Iside Kap. 76–78)", in: Rainer Hirsch-Luipold (Hg.), *Gott und die Götter bei Plutarch. Götterbilder – Gottesbilder – Weltbilder*, Berlin, 215–226.
Festugière (1950): André-Jean Festugière, *La révélation d'Hermès Trismégiste I: L'astrologie et les sciences occultes*, Paris.
Festugière (1954): André-Jean Festugière (Hg.), *Corpus Hermeticum III: Fragments extraits de Stobée I–XXII*, Paris.
Fowden (1986): Garth Fowden, *The Egyptian Hermes. A historical approach to the late pagan mind*, Cambridge.
Froidefond (1988): Christian Froidefond (Hg.), *Plutarque: Œuvres morales V.2. Traité 23: Isis et Osiris*, Paris.
Görgemanns (2009): Herwig Görgemanns (Hg.), *Plutarch: Drei religionsphilosophische Schriften. Über den Aberglauben, Über die späte Strafe der Gottheit, Über Isis und Osiris, griechisch-deutsch*, (2. Auflage) Düsseldorf.
Griffiths (1970): John Gwyn Griffiths, *Plutarch's De Iside et Osiride. Edited with an introduction, translation and commentary*, Cambridge.
Hani (1976): Jean Hani, *La religion égyptienne dans la pensée de Plutarque*, Paris.
Holzhausen (1999): Jens Holzhausen, „Kore Kosmou", *Der Neue Pauly* 6, 736–737.
Hopfner (1940): Theodor Hopfner, *Plutarch über Isis und Osiris. Teil 1: Die Sage*, Prag.

Hopfner (1941): Theodor Hopfner, *Plutarch über Isis und Osiris*. Teil 2: Die Deutungen der Sage, Prag.
von Lieven (2004): Alexandra von Lieven, „Kinder, Schreiber, Könige – Vergöttlichte Menschen im Alten Ägypten. Ein Arbeitsbericht", *Mitteilungen der Berliner Gesellschaft für Anthropologie, Ethnologie und Urgeschichte* 25, 47–62.
von Lieven (2007): Alexandra von Lieven, *Heiligenkult und Vergöttlichung im Alten Ägypten*, Habilitationsschrift Berlin.
Löhr (1997): Gebhard Löhr, *Verherrlichung Gottes durch Philosophie. Der hermetische Traktat II im Rahmen der antiken Philosophie- und Religionsgeschichte*, Tübingen.
Mahé (1978): Jean-Pierre Mahé, *Hermès en Haute-Égypte I: Les textes hermètiques de Nag Hammadi et leurs parallèles grecs et latins*, Québec.
Mahé (1982): Jean-Pierre Mahé, *Hermès en Haute-Égypte II: Le fragment du Discours Parfait et les définitions hermétiques Arméniennes (NHC VI, 8.8a)*, Québec.
Merkelbach (1995): Reinhold Merkelbach, *Isis regina – Zeus Sarapis. Die griechisch-ägyptische Religion nach den Quellen dargestellt*, Stuttgart.
Nock u. Festugière (1960a): Arthur Darby Nock u. André-Jean Festugière (Hgg.), *Corpus Hermeticum* I: Traités I–XII, Paris.
Nock u. Festugière (1960b): Arthur Darby Nock u. André-Jean Festugière (Hgg.), *Corpus Hermeticum* II: Traités XIII–XVIII. Asclépius, (2. Auflage) Paris.
Nock u. Festugière (1954): Arthur Darby Nock u. André-Jean Festugière (Hgg.), *Corpus Hermeticum* IV: Fragments extraits de Stobée (XXIII–XXIX). Fragments divers, Paris.
Pépin (1987): Jean Pépin, „L'absurdité, signe de l'allégorie", in: Jean Pépin, *La tradition de l'allégorie de Philon d'Alexandrie à Dante. Études historiques*, Paris, 167–186.
Quack (2014): Joachim Friedrich Quack, „Imhotep. Der Weise, der zum Gott wurde", in: Verena M. Lepper (Hg.), *Persönlichkeiten aus dem Alten Ägypten im Neuen Museum*, Petersberg, 43–66.
Scarpi (2009): Paolo Scarpi (Hg.), *La rivelazione segreta di Ermete Trismegisto* I, Milano.
Scarpi (2011): Paolo Scarpi (Hg.), *La rivelazione segreta di Ermete Trismegisto* II, Milano.
Scott u. Ferguson (1936): Walter Scott u. Alexander S. Ferguson, *Hermetica* IV: Testimonia, Oxford.
Sheppard u. a. (1988): Harry J. Sheppard, Alois Kehl u. Robert McL. Wilson, „Hermetik", in: *Reallexikon für Antike und Christentum* 14, 780–808.

Geert Roskam
On the multi-coloured robes of philosophy

Plutarch's approach in *On Isis and Osiris*

1 What has a classicist to do with Egypt?

It is better to conceal ignorance. This, at least, was the conviction of Heraclitus of Ephese (DK 22 B 95) and probably many would agree with his view. After all, displaying one's own stupidity is naturally regarded as an indication of madness or false modesty, and moreover, one has a good chance of becoming ridiculous. Yet there may exist situations in which it is extremely difficult to hide one's ignorance or when it is even good to recognise it without further ado. For occasionally, such a public self-disclosure, difficult though it may be, can yield welcome benefits, as Plutarch in fact recognised: it may actually enable you to cure your ignorance.[1] We may think of Socrates, who so often emphasised both his ignorance and his eagerness to learn.

In this particular situation, then, I think it is safe to acknowledge my own ignorance from the very beginning. I am simply not competent at all in the field of Egyptology. What, then, can my ἔρανος be in the context of a conference that focuses on Plutarch's *On Isis and Osiris*? I would like to examine what kind of work *On Isis and Osiris* precisely is and how it illustrates Plutarch's general philosophical approach and argumentative method. A better insight into these questions will enable us to better assess the value of all the information on Egyptian religion which the work contains, and this, I hope, will be of some interest for Egyptologists as well. My main hypothesis is that *On Isis and Osiris* shows the typical characteristics of a structure that very often occurs in Plutarch's works and that can be connected with the genre of ζήτημα. In what follows, I first briefly deal with a few general features of such ζητήματα as they appear in other Plutarchan works (section 2). Then I turn to *On Isis and Osiris*, with particular attention to the first two explanations of the Egyptian myth (viz. the Euhemeristic one and

---

[1] See *Aud.* 43D; cf. also *Profect.* 81F–82F; Roskam 2005, 294–300. In other contexts, however, Plutarch sides with Heraclitus: *Virt. doc.* 439D; *QConv.* 644F; cf. fr. 129 Sandbach.

Geert Roskam, KU Leuven, Greek Studies, Blijde Inkomststraat 21, box 3758, B-3000 Leuven, geert.roskam@kuleuven.be

the demonological one; section 3). I conclude with some general considerations and with an attempt to clarify the implications of my argument for the domain of Egyptology.

2 A quick look at the ζήτημα approach in the *Corpus Plutarcheum*

Many of Plutarch's works show similar general argumentative patterns. Abstracting from all the specificities that result from the particular contexts, the basic scheme consists of a question (the *explanandum*), followed by a series of consecutive answers.

– The simplest examples of this scheme can be found in works such as the *Quaestiones Graecae*, the *Quaestiones Romanae*, the *Quaestiones naturales* or the (slightly more complex) *Quaestiones Platonicae*. In all of these works, a brief question or problem is followed by (one or) several possible solutions. As a rule, there is remarkably little attention to literary embellishment. The different alternatives are merely juxtaposed in their bare essence, and comments on their value are relatively rare and usually brief. The works can be traced back to different traditions[2] (προβλήματα literature, antiquarian αἰτίαι, Platonic exegesis) but share a number of formal characteristics.[3]

– In other works, the same basic structure reappears in a more complex form. In Plutarch's *Table Talks*, for instance, this pattern is omnipresent. When an intriguing problem has been raised by the host or by one of his guests, several possible answers are put forward by the learned symposiasts, and their supposed collective discipline guarantees that the whole discussion proceeds in a well ordered way.[4] As a result, the basic ζήτημα or πρόβλημα scheme, characterised by its rapid succession of question and answers, can usually be detected without problem. Yet in this case, the demands of literature also make their influence felt. Plutarch often briefly evokes the particular circumstances of the symposium and the way in which the question is introduced,

---

2 Cf. Harrison 2000.
3 Opsomer 1996.
4 Although this may well be a somewhat idealised picture, motivated by Plutarch's moralising purpose; cf. Stadter 1999.

before elaborating the different alternative solutions in detail. Moreover, the different participants in the discussion also react to each other's views, which results in a growing amount of evaluative comments.

- Again, in other works, the same ζήτημα structure is fully elaborated and adapted to its context. I confine myself to two striking examples. In *De E apud Delphos*, Plutarch relates a discussion which he once had in Ammonius' school on the mysterious E that could be found on Apollo's temple in Delphi. Different participants, including the young Plutarch himself and his teacher, look for an explanation of this riddle. Several of their suggestions are put forward at great length, with a wealth of images and quotations from poets and philosophers, and the reactions of the listeners (esp. Ammonius) inform us about the value of their contributions. The whole ζήτημα, in short, is developed into a fully polished work. Another interesting example is *De genio Socratis*, a dialogue on the delivery of Thebes from Spartan troops in 379 BC. Within this historical framework, Plutarch inserts a ζήτημα on the nature of Socrates' notorious divine sign. Several speakers deal with this topic and react to each other, and their lively discussion is interrupted by the events in Simmias' house. The whole work is a beautiful piece of literature, but the embedded ζήτημα structure can still be recognised.

Several other examples of such ζητήματα can be found in Plutarch's works, but those mentioned above largely suffice to recognise, behind the façade of all the interesting variations, several recurrent general patterns. The basic scheme, as we have seen, consists of a question, followed by several possible answers. In many cases, the series of answers shows a progressive increase in plausibility. Solutions that are considered to be of less value are often placed early in the list, whereas the best answers tend to come at the end.[5] In *De E apud Delphos*, for instance, the first view, put forward by Plutarch's brother Lamprias, is subtly questioned by the quiet smile of Ammonius, who suspects that the young man simply fabricated his whole historical account (386A). The second attempt at explanation, attributed to an unnamed Chaldaean visitor, is characterised as nonsense (386A: ἐφλυάρει). On the other hand, all scholars agree that Plutarch regarded

---

[5] Cf. Opsomer 1996, 83: 'Pour indiquer sa préférence pour une solution, Plutarque dispose de plusieurs techniques. Il est frappant que sa réponse préférée se trouve toujours à la fin des différentes *Questions*. Presque toutes les *Questions* culminent vers la fin.'; cf. Roskam 2011, 424–425 and 429–430.

Ammonius' metaphysical theory, which closes the debate, as the most interesting and convincing of all the answers.

We shall soon see that *On Isis and Osiris* has the same ascending structure, but first an important *caveat* is in place. I would like to underline that in many cases, the last answer should not be considered as the definitive one which supersedes all the previous solutions and makes them completely irrelevant. Ammonius' answer may be the most plausible, no doubt, but Plutarch's own mathematical solution is far from worthless too, since it contains an important key to his dualistic view.[6] Cleombrotus' demonological theories in *De defectu oraculorum* have been criticised as a parody,[7] but they are never contradicted in the dialogue and may well reflect (at least partly) Plutarch's own convictions.[8] The case of *De genio Socratis* is even more revealing. The last theory expressed there is that of the Pythagorean Theanor, but few would be prepared to argue that Theanor's view is ultimately the only serious answer to the question and that Simmias' account, which comes much earlier, is in the end superseded.[9] In fact, even the first two explanations, proposed by Theocritus and Galaxidorus, contain some valid insights that deserve to be considered seriously. The latter's rationalistic view is never rejected[10] (although Plutarch suggests that it is not unproblematic; see 588C), and even the former's theory, which quite naively understands the divine sign as a kind of vision (ὄψιν), adds some very interesting elements to the debate.[11] We may finally recall the situation in the *Quaestiones convivales*, where all the participants are on equal footing. That does not mean of course that all their views are equally valid as well, but what they say is at least worth reflecting upon.

The ζητήματα are thus characterised by a subtle interplay between two divergent tendencies. They show an ascending structure towards a deeper understanding, yet at the same time, even the first explanations usually contain a grain of truth. This whole ζήτημα approach is perfectly in line with Plutarch's conception of philosophy as a continuous search after the truth.[12] Typical indeed is the

---

6 Chlup 2000, 140–147; cf. Dillon 2002.
7 Brenk 1987, 291, where Cleombrotus' demonological views are regarded as 'at least partically a parody of Plutarch of pseudo-scientific literature'.
8 Dillon 1977, 216; Sirinelli 2000, 244.
9 Simmias' view has actually often been regarded as the alternative to which Plutarch gives preference; see, e.g., Babut 1969, 434–435; Corlu 1970, 81 and 84; Long 2006, 72.
10 Babut 1988.
11 See on this Roskam 2013.
12 See esp. Opsomer 1998.

'zetetic' spirit[13] which never claims to have reached absolute certainty or to have grasped the whole truth. Accordingly, Plutarch always maintains an intellectual caution (εὐλάβεια), taking into account the best insights of the sceptical Academy and blending them with his Middle-Platonist perspective. The emphasis, then, is entirely on the process of searching, on the careful exploration of different answers. Again, this need not imply full equipollence in all cases. Even simple ζητήματα occasionally contain explicit critical evaluations, such as: 'this is only a plausible explanation of the external phenomenon' (*Aet. phys.* 915A), or 'we should not believe those who say that etc.' (*Aet. Gr.* 297A), or 'more worthy of credence are those who maintain that etc.' (*Aet. Gr.* 268B). Yet all answers open a path towards understanding. Some of them bring the reader closer to the truth, but all alike deserve to be mentioned and considered.

3 *On Isis and Osiris*, a complicated ζήτημα

Let us now turn to *On Isis and Osiris* and see what implications all this has for our understanding of the treatise. The general structure of the work is clear: a fairly circumstantial introduction[14] (1, 351C – 11, 355D) is followed by a detailed account of the myth of Osiris and Isis (12, 355D – 19, 358E). The central part of the treatise contains a series of interpretations of the myth (20, 358E – 64, 377B), which are followed by various additional considerations on different topics (65, 377B – 80, 384C). It is possible to detect in this structure the general patterns of an elaborate ζήτημα,[15] although the line of reasoning is time and again interrupted by digressions and side steps that risk overgrowing the great outlines of the argument.[16] The myth here functions as the *explanandum*, followed by four explanations: the Euhemeristic view (22, 359D – 24, 360D), the demonological view (25, 360D – 31, 363D), the physical allegory (32, 363D – 44, 369A), and the metaphysical allegory (45, 369A – 64, 377B). Every scholar agrees that this list of possible interpretations

---
13 Opsomer 1998, 189; Roskam 2004a, 100 and 103; Bonazzi 2008; Kechagia 2011, 93–104.
14 I deal with this introduction, which I consider programmatic, in Roskam 2014.
15 See also Hardie 1992, 4761, who most interestingly observes that *On Isis and Osiris* 'may be viewed as a quaestio, a ζήτημα, in which a number of possible solutions are aired, with the important qualification that here the several solutions are definitely not of equal value.' But, as we have seen, they never are.
16 Cf. Brenk 1987, 294: 'This method leaves the impression of disorganization and incoherence, and one must admit that his *adressée*, Klea must have been very confused at times by his explanations.'

basically shows an ascending structure and that the metaphysical explanation is for Plutarch undoubtedly the best one. There is no need to labour this point. The implication of the above survey, however, is that the other explanations are not altogether worthless and that even the Euhemeristic and demonological views have at least a limited value. Since this may perhaps be less obvious, I here prefer to focus on these first two explanations and see what can be said to their credit.

3.1 The Euhemeristic interpretation

Nearly every scholar agrees – usually without argument – that the Euhemeristic explanation is simply rejected by Plutarch.[17] And indeed, there can be little doubt that Plutarch is critical about this answer. He formulates two critical objections. First, such a reading of the myth is not without danger. In fact, it risks 'moving things unmovable' (τὰ ἀκίνητα κινεῖν) and eliminating piety and it opens the gate to atheism by degrading divine matters to our own human level. Euhemerism, in short, is a direct menace to the general faith (23, 359F – 360A). Second, the Euhemeristic explanation shows a problematic view of history. A careful historical perspective indeed enables us to deal with brilliant human accomplishments in a more correct way, by assessing them as what they really are: great deeds of famous noble kings. And if some powerful kings have indeed claimed unjustified divine honours, their behaviour only illustrates their vain arrogance. Whereas the first objection roots in the religious concerns of the Delphic Apollo priest, the second objection, which combines the historical and ethical perspectives, is quite typical of the author of the *Parallel Lives*, who was so thoroughly familiar with the lessons of history.

These two objections thus show that Plutarch considered Euhemerism to be problematic in several respects. Yet some qualification is necessary at this point. In this whole section, one looks in vain for a straightforward and general rejection of the Euhemeristic interpretation. It is definitely not by coincidence that Plutarch uses the term ὀκνῶ (22, 359E). There is ample room for hesitation and caution, indeed, but an overall rejection may be too rash, and most scholars only read or refer to the critical part, forgetting about the positive things that Plutarch has to say.

When he introduces the theory in chapter 22, he characterises it as 'the easiest escape from the narrative' (22, 359D: ῥᾴστῃ ... ἀποδράσει τοῦ λόγου). Now the

---

[17] See, among many others, Hani 1976, 131; Ries 1982, 147; Froidefond 1988, 44, 107, 172 and 176; Bernard 1990, 216; Chiodi 1991, 145; Boulogne 2000, 47; Richter 2001, 203; Brout 2004, 72.

term ἀπόδρασις may suggest a critical perspective. It is often linked to φυγή in the *Corpus Plutarcheum*[18] and has more than once a clearly negative connotation.[19] Especially important in this context are a few passages from the *Quaestiones convivales* where the term is used – within the framework of a ζήτημα – to denote an undue refusal to engage with the question at hand.[20] All this suggests that the Euhemeristic interpretation is from the very beginning criticised as too easy going, and this seems to be confirmed even more by Plutarch's use of the superlative ῥᾷστος. Nevertheless, the characterisation of Euhemerism as the easiest escape, critical though it may be, need not imply a complete rejection. For just before this section, Plutarch has argued that we should not understand the myth literally (20, 358E – 359A), which may suggest that at least a certain ἀπόδρασις τοῦ λόγου is unavoidable, and moreover, the easiest way to solve the problem is not always the worst one. In one of the *Table Talks*, the host regards the easiest explanation also as the most plausible one (689B: ῥᾷστα καὶ πιθανώτατα) and in the *Quaestiones naturales*, the easiest solution can be placed at the very end (912C).[21] Moreover, as far as the Euhemeristic explanation is concerned, we may recall that Plutarch draws some inspiration from it himself in his *Life of Theseus*. The Minotaurus, for instance, could be understood as one of Minos' generals called Taurus (16,1 and 19,3–7), and the Crommyonian sow as a female robber called Phaea (9,2). Of course this is only one among several interpretations that are mentioned by Plutarch, yet it is never criticised or rejected and it has been argued that Plutarch in this *Life* welcomes the euhemeristic view as the most proper way to purify the myth.[22]

However that may be, in *On Isis and Osiris*, Plutarch mentions two reasons why the Euhemeristic interpretation is interesting. First, it solves the problem of the immoral and irrational behaviour of the gods, since Typhon's wickedness or Isis' grief can now be attributed to men. Of course this reflects a Platonic concern, but one that is extremely important to Plutarch, and it is not surprising that this

---

18 See, e.g., *Arist.* 17,2; *Alex.* 41,8; *CMi.* 59,5; *QConv.* 663D. In *Adul.* 73F, it is even coupled with δειλία.
19 E.g. *Sanit.* 135CD; *Virt. mor.* 449AB; *Vind.* 550C.
20 *QConv.* 628D and 641C; cf. also 652B.
21 Cf. also fr. 215c Sandbach (on the authenticity of the fragments, see most recently Roskam 2012) and *Praec.* 805C (τὴν ῥᾴστην ἀπολογίαν δικαιοτάτην νομίζουσιν; this, however, is the point of view of the multitude).
22 See Flacelière 1964, 10: 'Je ne doute pas qu'un tel procédé ait paru à Plutarque le plus propre à "épurer" la légende et à la "soumettre aux exigences de la raison". Là comme ailleurs, il était de son temps, et nous ne saurions sans injustice le lui reprocher.'

advantage of Euhemerism is explicitly approved of (22, 359E: οὐ φαύλως). Second, the Euhemeristic reading of the myth gains some support from history as well. Plutarch points to a whole series of concrete elements, enumerating specific corporeal features and titles of the gods that seem to indicate a human nature (22, 359E). This section illustrates Plutarch's general approach in *On Isis and Osiris* very well. Although there can be no doubt that his primary interest was in the Platonic meaning and relevance of the Egyptian religion, he never lost sight of the precise data of the myth. He found in the Egyptian tradition several elements that appeared to interfere with a high-minded, philosophical allegorical reading. In his eyes, for instance, Osiris' actions as a king (13, 356A–B) or his title of general (22, 359E) almost naturally seemed to suggest a Euhemeristic interpretation,[23] *and he did not wish to neglect this evidence.*

And thus, Plutarch's position towards the Euhemeristic explanation in *On Isis and Osiris* is in fact quite nuanced. He recognises its advantages but also raises important critical questions. More precisely, the two critical objections mentioned above should be regarded as the complements to the two advantages of Euhemerism. The theory solves the problem of bad divine conduct but this solution risks entailing atheism. It has some historical foundations, yet does not provide the most sensible approach towards history. How should this story of pros and cons be understood? Are all the advantages of the Euhemeristic view simply brushed aside because of the real problems it causes? Or is this more an exercise of *in contrarias partes disserere*, with equipollence as the final result? Neither the one nor the other. I would regard the whole tension as *a telling indication of Plutarch's intellectual honesty*. For Plutarch came across the human aspects of the gods in Egyptian religion, and this evidence was for him no doubt as undeniable as it was unwelcome. Yet he did not want to ignore this altogether, nor put forward oversimplified conclusions, but tried to come to terms with it in the way he could. He did not completely reject Euhemerism but appreciated it to the extent that it could cast light on a few details that could not easily be explained in another way. For the myth as a whole, its explanatory potentials probably did not counterbalance the huge theoretical problems it entailed in Plutarch's eyes, but in some more specific cases, such like the deformed arms of Hermes, it provided a very attractive and easy explanation and could therefore be appreciated.

---

23 This does not imply that such an interpretation was also the correct one. Hani 1976, 131–141 argues that Plutarch was basically right in his hesitation to regard Euhemerism as the key to Egyptian religion, but that he did so for the wrong reasons.

3.2 The demonological interpretation

From the very beginning, this reading of the myth is qualified as 'better' (25, 360D: βέλτιον). This is a relative term, which, as we have seen, does not necessarily mean that the previous, Euhemeristic interpretation is completely rejected. Yet the demonological point of view is better because it also solves the problem of the supposed bad or irrational conduct of the gods while at the same time avoiding the embarrassing difficulties that Euhemerism has to face. The experiences of Typhon, Osiris and Isis can now be ascribed to δαίμονες, a kind of intermediate semi-divine beings that have a share in divine nature but are still susceptible to passions and can thus display harmful or wicked behaviour. It is clear that the notion of δαίμων, which often returns in Plutarch's philosophical works,[24] is very helpful in this particular context. In fact, one of the most important advantages of the demonological interpretation is that it succeeds where Euhemerism fails: it indeed succeeds both in keeping the gods entirely free from evil and in overcoming the dangers of atheism. For that reason, it is obviously a better general explanation (even if the Euhemeristic view may prove superior on a few concrete details). Moreover, the demonological reading has two additional advantages.

- It provides an interesting explanation of what happens in many rites and ceremonies. A peculiar strength of the demonological perspective is that it can explain these rites by clarifying their origin: Isis herself, after she became a goddess, established the holy rites in memory of everything she endured in her quest after Osiris,[25] and all later participants in these rites thus receive both a lesson in piety and encouragement in misfortunes (27, 361D–E). Sacrifices to Typhon, on the other hand, are dedicated to a bad δαίμων and this, again, provides an explanation of several sacrificial customs (30, 362E – 31, 363D).

- Second, the demonological interpretation throws an interesting light on the double nature of several Egyptian gods, who apparently combine a heavenly and a chthonic aspect (27, 361E: ἐν δὲ τοῖς ὑπὲρ γῆν καὶ ὑπὸ γῆν δυνάμενοι

---

[24] On Plutarch's demonology, see, e.g. Soury 1942; Dillon 1977, 216–224; Brenk 1973 and 1987, 275–294; Timotin 2012, 164–201 and 244–259.

[25] Froidefond 1988, 169–170: 'Si Plutarque évoque dans le cadre de la démonologie l'acte d'Isis fondant les Mystères, c'est qu'il ne pouvait situer cet acte fondateur que dans un système de pensée où le divin subit une mutation, passe du temps à l'éternité: et où trouver cela, sinon dans l'exégèse démonologique.'

μέγιστον). Isis and Osiris were transformed from good δαίμονες into gods and henceforth enjoy double honours. This entails a lengthy discussion of the god Sarapis. Plutarch tells the famous story about the discovery of the god by Ptolemy Soter (28, 361F – 362A)[26] and enters at length into the meaning of the god's name (28, 362B – 29, 362E). Basically, Plutarch identifies Sarapis with Osiris, 'who acquired this appellation when he changed his nature' (28, 362B).

It would lead us too far to deal with this whole demonological section in detail. Although it would certainly repay further study, I confine myself here to some fundamental observations and considerations.

First, it has long been recognised that this explanation is essentially Greek.[27] It is quite striking that Plutarch begins his discussion of this alternative with a lengthy survey of the relevant tradition (25, 360E – 26, 361C) and that he there only mentions Greek authors.[28] His purpose is probably to give the doctrine the best philosophical credentials and introduce it as a respectable point of view that should be taken seriously in the context of this ζήτημα.[29] Against this Greek theoretical background, Plutarch then discusses the Egyptian material. And here too, he brings in those elements that most naturally invite a demonological interpretation and that cannot easily be explained from other perspectives. The most obvious of these components concerns the god Sarapis. We should recall here that this god was much more important in Plutarch's day than the general argument in *On Isis and Osiris* suggests.[30] This observation definitely adds to the relevance and value of the demonological interpretation, which enables Plutarch to 'rescue' this popular part of Egyptian religion. The ideas that are developed in this section should not simply be forgotten when we later proceed to higher, more

---

[26] See also Tac. *hist.* 4,83–84; for an excellent recent discussion, see Borgeaud/Volokhine 2000.
[27] Griffiths 1970, 56: 'This line of approach [*sc.* the demonological one] follows that laid down by Xenocrates, a pupil of Plato; it is barely applicable in any form to Egyptian religion, and least of all to the major gods Osiris, Isis and Seth.'; cf. also 383; Hani 1976, 228: 'la démonologie, telle que nous la voyons conçue et formulée ici, est une création de la pensée grecque qui ne convient pas à l'interprétation des réalités religieuses de l'Égypte.'
[28] Plato (three times), Pythagoras, Xenocrates (twice), Chrysippus, Homer, Hesiod, and Empedocles. This is even more remarkable because in *Def. orac.* 415A, Cleombrotus leaves open the possibility that the doctrine of demons can be traced back to Egypt.
[29] *Contra* Froidefond 1988, 99: 'Plutarque reprend entièrement l'histoire du mot "δαίμων", apparemment pour lui donner ses lettres de noblesse, mais en fait pour brouiller les cartes. [...] La longueur de la compilation veut cacher les imperfections du raisonnement.'
[30] On the contemporary relevance of *On Isis and Osiris*, see Brenk 2002.

philosophical levels. The same holds true for Plutarch's comments on several rites and sacrifices. Again, not all of these insights can be resumed on a higher, metaphysical level, but that does not imply that they are ultimately worthless. There is much of interest in these chapters too, and several major results of the demonological interpretation are never called into question in the remainder of the treatise. It is only by acknowledging and paying due attention to the tensions and the interplay between the different answers within the framework of the ζήτημα and by carefully assessing the peculiar strengths and weaknesses of each individual answer, that we will do justice to the rich dynamics of Plutarch's subtle reception of Egyptian religion.

Second, although one of the principal advantages of the demonological approach is, as we have seen, its interpretation of rites and sacrifices, Plutarch's attention to the ritual aspect of Egyptian religion is not limited to this section of *On Isis and Osiris*. On the contrary, throughout the whole work, Plutarch time and again points to all kinds of local ritual practices. This reflects his philosophical and theological interest, no doubt, but it can also be connected with his broader antiquarian interests. His many references indeed primarily recall a work such as the *Quaestiones Graecae*, a collection of investigations into various obscure Greek customs and ceremonies. This interaction with the (distant) past in an attempt to discover and/or recover one's own cultural identity already announces the so-called 'Second Sophistic'.[31] Moreover, in the specific context of *On Isis and Osiris*, the confrontation with the Egyptian religion raises fascinating questions concerning the relation between Greece and Egypt and the origins of the Greek tradition – questions which Plutarch raises himself, both in this section (29, 362E) and elsewhere in the work (61, 375E–376A).

Third, much has been written about Plutarch's sources, and I definitely do not want to reopen this debate here.[32] I only want to call attention in passing to one aspect of this question. Throughout the demonological section (and, indeed, elsewhere), several authors are quoted whom we would not expect in this context. Archemachus of Euboia (27, 361E), Heracleides Ponticus (27, 361E), Phylarchus (29, 362B–C) and Deinon (31, 363C) are all authors of works that are not concerned with Egyptian religion. In other words, they are not the most obvious sources in this context, and Plutarch may well have picked up his information at an earlier stage, while working on other matters. We all know how erudite Plutarch was, how much he has read and had ready at hand (πρόχειρον, to use his

---

[31] On Plutarch's attitude towards the 'Second Sophistic', see Roskam/De Pourcq/Van der Stockt 2012 (where further literature can be found).
[32] General surveys can be found in Griffiths 1970, 75–100 and Froidefond 1988, 45–66.

own term), yet we do not always take this sufficiently into account when dealing with the problem of his sources. It is far from impossible that Plutarch frequently relied on his excellent memory while composing his works. Of course, the loss of so many ancient works does not facilitate things, but we should take care not to project our own limitations onto Plutarch. In such contexts, it is, *pace* Heraclitus, better to confess our own ignorance than to postulate that of Plutarch.

Finally, the demonological section of *On Isis and Osiris* illustrates yet another typical feature of the whole work, that is, the insertion of new ζητήματα on a sublevel. When dealing with Sarapis, Plutarch lists a whole series of interpretations of the god's name (28, 362B – 29, 362E)[33]. We may note that this issue is not directly relevant for the overall demonological perspective, but Plutarch nonetheless takes the opportunity to digress for a while on the question and develop his ideas on it. Such ramifications frequently occur in the treatise and sometimes interfere with, or complicate the general range of thought. In this case, the discussion takes the form of a separate ζήτημα on Sarapis' origin and name. No less than six different explanations are given, and, quite remarkably, Plutarch's evaluations of these explanations are quite explicit and clear-cut. Moreover, several of them are severely critical, which seems to refute our general hypothesis that all answers have at least a limited value. Yet on closer inspection, the matter is less obvious than it seems, and Plutarch's negative evaluations are not without a certain ambivalence. The first explanation is rejected as "not worth paying attention to" (28, 362B: οὐ γὰρ ἄξιον προσέχειν), although this is exactly what Plutarch does himself, even at the very beginning of the list. This is not merely an example of a rhetorical *praeteritio*, nor a mere display of impressive erudition: it is a reference to a view that is considered to be problematic but still deserves mention. The reader should not stay with this alternative, but he at least pays attention to it during his reading process, and that, presumably, is what Plutarch wants him to do. The second explanation, proposed by Phylarchus, is called ἄτοπα (29, 362C), 'out of place', yet it receives its proper place into the list. The same holds true for the next alternative, which is evaluated as πολλῷ ἀτοπώτερα (29, 362C). The following explanation is more reasonable (29, 362C: μετριώτερον), which obviously suggests an increase in plausibility and as such confirms our general conclusions about the ascending structure of ζητήματα. This gains further support from the next view, held by the majority of the Egyptian priests (an *argumentum ex auctoritate* which is not invalid in the context of Egyptian religion). The last explanation is put forward by Plutarch himself. The emphatic ἐγὼ δέ (29, 362D), right at

---

[33] See the discussions of Parmentier 1913, 15–99; Hopfner 1941, 133–135; Griffiths 1970, 402–407; Hani 1976, 188–190.

the beginning of the sentence, suggests very clearly that this is the solution that Plutarch prefers himself. Again, the most convincing interpretation is thus placed at the end. Yet even this prominent ἐγὼ δέ does not imply, in my view, that all the previous explanations can be brushed aside without further comment. One should not overlook the fact that Plutarch's own solution raises new questions, as he explicitly recognises himself (362E). In that sense, the seemingly confident ἐγὼ δέ does perhaps not significantly differ from phrases such as ὅρα δὲ μή, which also point to Plutarch's personal suggestion while laying greater stress on the component of caution. Plutarch's position, then, is more nuanced than most of his commentators were prepared to admit. Even in this embedded ζήτημα, we discover fundamentally the same 'zetetic' dynamics, though in a condensed form. Here too, each alternative at least deserves mention and can be the starting point for further reflection, and while the last solutions are no doubt the most valuable for Plutarch, he again shows the intellectual honesty to present all alternatives.

4 Towards a conclusion: the multi-coloured robes of philosophy

When Plutarch has finished his discussion of the demonological interpretation, he decides to start over again (32, 363D: ἀπ' ἄλλης ἀρχῆς) and turn to more philosophical readings. This may for us be the signal to stop, not because this part of the treatise is less interesting or less important, but because the conclusions of our analysis will probably add little new to the picture obtained so far. Both the physical and the metaphysical allegories share several characteristics with the Euhemeristic and demonological interpretations we have discussed, including the architectonically complex structure with embedded ζητήματα, the erudite and nuanced approach towards Egyptian religion, and the overall intellectual honesty. It would perhaps be pedant and tedious to go into detail on these points. Instead, I prefer to present some general observations, based on the above analysis and on additional material, about the precise character and goal of the work and about its importance and value for both specialists of Plutarch and Egyptologists.

4.1 A work as variegated as Isis' robes

Just like Plutarch, I make a new start by returning to the general hypothesis of this paper: *On Isis and Osiris* is an elaborate ζήτημα with different independent solutions that all contain at least a kernel of truth, although not all of them are equally convincing. We enter a dynamics of ζήτησις (cf. 2, 351E), a sincere quest after the truth, characterised by careful investigation and intellectual honesty. Even the explanations that come early in the list and are considered as less plausible, throw an interesting light on specific topics that cannot (or only with great difficulties) be explained at higher, more philosophical levels. At this point, we should recall an important passage from the *Quaestiones convivales*. When Plutarch says to his fellow symposiasts that he has no objection to what has been said and yet wishes to add something new (703B), this has nothing to do with indifference.[34] His remark should in the first place be understood in the sympotic context, which aims at mutual friendship and as such does not welcome harsh criticism.[35] But there is more to it than that. It also illustrates a more fundamental point: every explanation is true in the sense that it casts its own relevant light on the issue and thus clarifies a part of the problem. This is confirmed by an interesting passage from the *Quaestiones naturales*, where Plutarch wonders whether Aristotle's view is *also* true (917C: ἢ καὶ τὸ λεγόμενον ὑπ' Ἀριστοτέλους ἀληθές ἐστίν), the implication apparently being that two explanations can be true at the same time.[36] This obviously reveals a willingness to recognise the value inherent in each answer and shows an open, generally positive, and 'charitable' attitude towards previous attempts at explanation.

A crucial implication of this view is that every single explanation stands on itself, following its own starting points and reaching its own conclusions. Consequently, every explanation should also be considered and evaluated for its own sake. This, in my view, is very important for a correct understanding of Plutarch's treatise *On Isis and Osiris*. Several scholars have established close connections between the demonological interpretation and the metaphysical allegory, considering the former as a kind of preparation to, or foundation of the latter.[37] Such

---

34 *Contra* Hardie 1992, 4760–4761.
35 Cf. Van der Stockt 2000, 93–97.
36 See on this passage Meeusen 2013, 225. Cf. also *Isid.* 7, 353D, where Plutarch argues that there are two reasons why the Egyptian priests abstain from fish.
37 See, e.g., Chiodi 1991, 147–148: 'Tra l'interpretazione demonologica e quella filosofica del mito non c'è un rapporto di "superamento", ma vi è piuttosto una relazione *fondazionale*: il livello demonologico serve a Plutarco da base per l'elaborazione del livello filosofico.'; cf. also Hani 1976, 142–143 and 225; Froidefond 1988, 34–39.

a view, however, is not only at odds with the general ζήτημα structure as described above, but also runs counter to Plutarch's own statement at the beginning of the physical allegory, that he takes a fresh start (32, 363D: ἀπ' ἄλλης ἀρχῆς). Of course different alternatives can to a certain extent be related to each other, and their mutual relation is often clarified by Plutarch himself,[38] yet in principle, they should be valued for their own sake, as independent from one another.

This raises the further question as to whether Plutarch himself finally prefers one decisive answer. We have seen that in the embedded ζήτημα on the origin and name of Sarapis, Plutarch indeed gives preference to the last alternative but that even the emphatic ἐγὼ δέ should not be understood as a triumphalist and over-confident declaration of the truth. As far as the Egyptian myth is concerned, there can be little doubt that Plutarch prefers the last, metaphysical interpretation, although in this case as well, this metaphysical reading should neither be regarded as 'the ultimate truth [...], of which all the previous interpretations are at best partial hints'[39] nor as the final answer that makes all other explanations inadequate.[40]

If that is true, we may go one step further and wonder whether Plutarch's ultimate answer may perhaps be found in a well-considered combination of different alternatives. Is that not what Plutarch himself suggests at the beginning of the metaphysical interpretation, where he argues that the view of each author individually is wrong, but that all together they are right (45, 369A: ἰδίᾳ μὲν οὐκ ὀρθῶς ἕκαστος, ὁμοῦ δὲ πάντες ὀρθῶς λέγουσιν)? A similar universalising view returns at the end of the metaphysical section (64, 376F–377A). In line with such passages, several scholars have argued that Plutarch's final answer is not so much the metaphysical interpretation but rather a 'totalisation' of all perspectives.[41] To my mind, such a view better takes into account the ζήτημα structure of *On Isis and Osiris* and Plutarch's 'zetetic' approach in the work, yet the crucial question cannot be avoided as to whether such a 'totalisation' does exist, and can exist at all. In my view, it cannot, and that is precisely why the ζήτημα approach

---

38 One may recall his comment, discussed above, that the demonological interpretation is better (25, 360D: βέλτιον) than the Euhemeristic one.
39 Thus Hardie 1992, 4772.
40 Thus Chiodi 1986, 121.
41 Thus Boulogne 2000, 48: 'la vérité réside dans leur [*sc.* of all the explanations] totalisation. Et cette totalité n'est pas à prendre comme une simple addition; le tout ainsi considéré ne se réduit pas à la seule somme de ses parties; l'important consiste davantage dans le jeu des relations entre les éléments constitutifs.' Cf. also Froidefond 1988, 15: 'On constante au niveau de la phrase le souci qui se manifeste au niveau de l'ouvrage: admettre avec réalisme les contraires pour les surmonter, multiplier les antithèses pour mieux assurer la synthèse.'

is necessary. Even within the metaphysical interpretation, many elements of the Egyptian religion are doomed to disappear. Some elements which were crucial to other explanations may be saved, to be sure, and introduced into a higher philosophical perspective where they receive their final meaning, but not all of them can be rescued. The Egyptian myth and religion is far too rich to be straightjacketed into one single interpretative frame.[42]

It is interesting to turn at this point to Plutarch's explanation of Isis' variegated robes. These robes are often reused, because, so Plutarch explains, perceptible things that are ready at hand afford many disclosures and glimpses of themselves as they are variously changed at various moments (77, 382D). In other words, they afford many different perspectives and can be reused and reconsidered again and again. In my view, Plutarch's ζήτημα is as variegated as Isis' robes and we here touch upon the very nature of the work. Osiris' robe, on the contrary, only has the colour of light (77, 382C). Once we reach that level, we have a direct grasp of the pure truth (77, 382E: θιγόντες … καθαρᾶς ἀληθείας). We may wonder whether we may regard this grasp of the truth as the 'totalisation' of the different perspectives, but however that may be, at that culminating moment, the level of discursive thinking has in any case been left behind. This is the 'epoptic' part of philosophy (77, 382D)[43], which is only attainable through a mystic revelation, or in an eschatological perspective.

4.2 A few implications for Egyptological studies of *On Isis and Osiris*

What does all of this finally tell us about the value of *On Isis and Osiris* for Egyptologists? In order to assess this value, these Egyptologists have often tried to find parallels between what we find in Plutarch and Egyptian sources. A classic study such as that of Hani, for instance, systematically examines to what extent Plutarch's information corresponds to the Egyptian perspective.[44] The *communis opinio* resulting from such studies has it that Plutarch was generally well informed and fairly reliable, although he sometimes also commits mistakes. This is a quite useful and important conclusion, yet the question remains whether such

---

[42] Therefore, Hani's comment that Plutarch's analytical gifts surpass his talents to reach a final synthesis (1976, 468, 'Merveilleux esprit analytique, il est moins doué pour la synthèse') risks underestimating the importance of the 'zetetic' aspect of Plutarch's philosophical approach. Plutarch simply was not interested in establishing such overall syntheses.
[43] Cf. Roskam 2001.
[44] Hani 1976; cf. also the rich commentaries of Hopfner 1941 and Griffiths 1970.

research in the end does justice to Plutarch's own authorial intentions. Did Plutarch really want to understand the Egyptians in their own alterity? Did he not rather try to reconcile their tradition with his own Platonic philosophy, following his master himself (48, 371A)? It has recently been argued indeed that Plutarch throughout *On Isis and Osiris* shows little respect for the Egyptians as Egyptians.[45] Even if this view should perhaps be qualified, it contains a pertinent warning: there is a real danger that we ourselves establish artificial parallels with Egyptian evidence that Plutarch completely ignored. In short, such a reconciliation between Plutarch and Egyptian source material risks to be *our* project, not that of Plutarch.

Is there a way to avoid this risk? In my view, a correct evaluation of the precise meaning and relevance of such parallels between Plutarch and Egyptian sources presupposes a thorough insight into Plutarch's philosophical outlook and approach. The Egyptologist, then, has no choice: he should become a Plutarchist. Plutarch's fundamental attitude, as we have seen, is one of a sincere philosophical ζήτησις, characterised by intellectual honesty. We have also seen that Plutarch does not distort or conceal his evidence for the sake of his Platonic philosophy, and we can now add the reason why he never does: *he simply has no reason to do so*. His ζήτησις approach provides him with a particularly flexible framework into which different, even opposite perspectives can be inserted without problem. Plutarch does not have to distort evidence in order to reconcile it with his monolithic interpretation because he simply has no such interpretation. He can look at the Egyptian tradition in an open-minded, unprejudiced way, carefully collect his material and receive it in different ways.

This also implies that we have no reason to disbelieve him when he says that he has omitted several things from the myth because he considered them useless (12, 355D). The term ἄχρηστος does not denote 'unusable for Plutarch's own interpretation'. And if he has left out the most infamous episodes (20, 358E: τῶν δυσφημοτάτων), that, again, is not because these would undermine his own argument. He has nothing to conceal – he actually makes it clear which episodes he has in mind (20, 358E). And he would have little difficulty to explain such stories from a demonological point of view.

We may conclude, then, that Plutarch had no secret agenda in his *On Isis and Osiris* and that he generally did not betray his evidence. This explains why his *interpretatio Graeca* still contains so much valuable material. Plutarch realised very well that the robe of his work had to be as variegated as that of Isis. In adopting the same intellectual dress code, we shall pay him the honour he deserves.

---

45 Richter 2001; cf. also Roskam 2004b.

Bibliography

Babut (1969): Daniel Babut, *Plutarque et le stoïcisme*, Paris.
Babut (1988): Daniel Babut, „La part du rationalisme dans la religion de Plutarque: l'exemple du De genio Socratis", *Illinois Classical Studies* 13.2, 383–407.
Bernard (1990): Wolfgang Bernard, *Spätantike Dichtungstheorien. Untersuchungen zu Proklos, Herakleitos und Plutarch*, Stuttgart.
Bonazzi (2008): Mauro Bonazzi, „L'offerta di Plutarco. Teologia e filosofia nel De E apud Delphos (capitoli 1–2)", *Philologus* 152, 205–211.
Borgeaud/Volokhine (2000): Philippe Borgeaud, Youri Volokhine, „La formation de la légende de Sarapis: une approche transculturelle", *Archiv für Religionsgeschichte (AGR)* 2, 37–76.
Boulogne (2000): Jacques Boulogne, „Typhon. Une figure de mal chez Plutarque", in: Myriam Watthee-Delmotte, Paul-Augustin Deproost (eds.), *Imaginaires du mal*, Paris/Louvain-la-Neuve, 43–53.
Brenk (1973): Frederick E. Brenk, „'A most strange Doctrine.' Daimon in Plutarch ", *Classical Journal* 69, 1–11.
Brenk (1987): Frederick E. Brenk, „An imperial heritage: The religious spirit of Plutarch of Chaironeia", *Aufstieg und Niedergang der Römischen Welt* 2,36,1, 248–349.
Brenk (2002): Frederick E. Brenk, „Religion under Trajan. Plutarch's Resurrection of Osiris ", in: Philip A. Stadter, Luc Van der Stockt (eds.), *Sage and Emperor. Plutarch, Greek Intellectuals, and Roman Power in the Time of Trajan (98–117 A.D.)*, Leuven, 70–92.
Brout (2004): Nicolette Brout, „Au carrefour entre la philosophie grecque et les religions barbares: Typhon dans le 'De Iside' de Plutarque", *Revue de Philosophie Ancienne* 22, 71–94.
Chiodi (1986): Silvia M. Chiodi, „Tematica ierogamica nel De Iside ", in: Frederick E. Brenk, Italo Gallo (eds.), *Miscellanea Plutarchea (Atti del I convegno di studi su Plutarco Roma, 23 novembre 1985)*, Ferrara, 121–126.
Chiodi (1991): Silvia M. Chiodi, „L'uso del riferimento mitologico nella filosofia del De Iside et Osiride", in: Gennaro D'Ippolito, Italo Gallo (eds.), *Strutture formali dei «Moralia» di Plutarco (Atti del III Convegno plutarcheo Palermo, 3–5 maggio 1989)*, Napoli, 145–150.
Chlup (2000): Radek Chlup, „Plutarch's Dualism and the Delphic Cult", *Phronesis* 45, 138–158.
Corlu (1970): André Corlu, *Plutarque. Le démon de Socrate. Texte et traduction avec une introduction et des notes*, Paris.
Dillon (1977): John Dillon, *The Middle Platonists. A Study of Platonism 80 B.C. to A.D. 220*, London.
Dillon (2002): John Dillon, „Plutarch and God: Theodicy and cosmogony in the thought of Plutarch", in: Dorothea Frede, André Laks (eds.), *Traditions of Theology. Studies in Hellenistic theology, its background and aftermath*, Leiden/Boston/Köln, 223–237.
Flacelière (1964): Robert Flacelière, *Plutarque Vies. Tome I: Thésée-Romulus – Lycurgue-Numa*, texte établi et traduit par Robert Flacelière, Émile Chambry, Marcel Juneaux, Paris.
Froidefond (1988): Christian Froidefond, *Plutarque. Œuvres morales. Tome V – 2e partie: Isis et Osiris*, Paris.
Griffiths (1970): John G. Griffiths, *Plutarch's De Iside et Osiride. Edited with an Introduction, Translation and Commentary*, Cardiff.
Hani (1976): Jean Hani, *La religion égyptienne dans la pensée de Plutarque*, Paris.

Hardie (1992): Philip R. Hardie, „Plutarch and the Interpretation of Myth", *Aufstieg und Niedergang der Römischen Welt* 2,33,6, 4743–4787.
Harrison (2000): George W.M. Harrison, „Problems with the Genre of Problems: Plutarch's Literary Innovations", *Classical Philology* 95, 193–199.
Hopfner (1941): Theodor Hopfner, *Plutarch. Über Isis und Osiris. II. Teil: Die Deutungen der Sage. Übersetzung und Kommentar*, Prag.
Kechagia (2011): Eleni Kechagia, „Philosophy in Plutarch's Table Talk. In jest or in earnest?", in: Frieda Klotz, Katerina Oikonomopoulou (eds.), *The Philosopher's banquet. Plutarch's Table Talk in the intellectual culture of the Roman empire*, Oxford, 77–104.
Long (2006): Antony Long, „How does Socrates' Divine Sign Communicate with him?", in: Sara Ahbel-Rappe, Rachana Kamtekar (eds.), *A Companion to Socrates*, Oxford, 63–74.
Meeusen (2013): Michiel Meeusen, *Picturing the World. A study of Plutarch's Causes of Natural Phenomena*, Diss. Leuven.
Opsomer (1996): Jan Opsomer, „Ζητήματα: structure et argumentation dans les Quaestiones Platonicae ", in: José A. Fernández Delgado, Francisca Pordomingo Pardo (eds.), *Estudios sobre Plutarco: Aspectos Formales (Actas del IV Simposio Español sobre Plutarco, Salamanca, 26 a 28 de Mayo de 1994)*, Salamanca, 71–83.
Opsomer (1998): Jan Opsomer, *In Search of the Truth. Academic Tendencies in Middle Platonism*, Brussel.
Parmentier (1913): Léon Parmentier, *Recherches sur le traité d'Isis et d'Osiris de Plutarque*, Bruxelles.
Richter (2001): Daniel S. Richter, „Plutarch on Isis and Osiris: Text, Cult, and Cultural Appropriation", *Transactions of the American Philological Association* 131, 191–216.
Ries (1982): Julien Ries, „Plutarque historien et théologien des doctrines dualistes", in: Julien Ries (ed.), *Gnosticisme et monde hellénistique. (Actes du Colloque de Louvain-la-Neuve, 11–14 mars 1980)*, Louvain-la-Neuve, 146–163.
Roskam (2001): Geert Roskam, „And a great silence filled the temple... Plutarch on the Connections between Mystery Cults and Philosophy", in: Aurelio Pérez Jiménez, Francesc Casadesús Bordoy (eds.), *Estudios sobre Plutarco: misticismo y religiones mistéricas en la obra de Plutarco (Actas del VII Simposio Español sobre Plutarco, Palma de Mallorca, 2–4 de noviembre de 2000)*, Madrid/Málaga, 221–232.
Roskam (2004a): Geert Roskam, „From Stick to Reasoning. Plutarch on the Communication between Teacher and Pupil", *Wiener Studien* 117, 93–114.
Roskam (2004b): Geert Roskam, „Plutarch on Self and Others", *Ancient Society* 34, 245–273.
Roskam (2005): Geert Roskam, *On the Path to Virtue. The Stoic Doctrine of Moral Progress and its Reception in (Middle-)Platonism*, Leuven.
Roskam (2011): Geert Roskam, „Two Quaestiones Socraticae in Plutarch ", in: José M. Candau Morón, Francisco J. González Ponce, Antonio L. Chávez Reino (eds.), *Plutarco transmisor (Actas del X simposio internacional de la sociedad española de Plutarquistas Sevilla, 12–14 de noviembre de 2009)*, Sevilla, 419–431.
Roskam (2012): Geert Roskam, „Two Controversial Passages in Damascius (In Phd. I 275–292 and II 28)", *Greek, Roman, and Byzantine Studies* 52, 469–492.
Roskam (2013): Geert Roskam, „Theocritus' View of Socrates' Divine Sign in De genio Socratis 580CF", in: Angelo Casanova (ed.), *Figure d'Atene nelle opere di Plutarco*, Firenze, 233–248.
Roskam (2014): Geert Roskam, „Plutarch's Yearning after Divinity. The Introduction to *On Isis and Osiris*", *Classical Journal* 110, 213–239.

Roskam/De Pourcq/Van der Stockt (2012): Geert Roskam, Maarten De Pourcq, Luc Van der Stockt (eds.), *The lash of ambition. Plutarch, Imperial Greek literature and the dynamics of Philotimia*, Louvain/Namur/Paris/Walpole.

Sirinelli (2000): Jean Sirinelli, *Plutarque de Chéronée. Un philosophe dans le siècle*, Paris.

Soury (1942): Guy Soury, *La démonologie de Plutarque. Essai sur les idées religieuses et les mythes d'un platonicien éclectique*, Paris.

Stadter (1999): Philip A. Stadter, „Drinking, Table Talk, and Plutarch's Contemporaries", in: José G. Montes Cala, Manuel Sánchez Ortiz de Landaluce, Rafael J. Gallé Cejudo (eds.), *Plutarco, Dioniso y el vino (Actas del VI simposio español sobre Plutarco. Cádiz, 14–16 de Mayo de 1998)*, Madrid, 481–490.

Timotin (2012): Andrei Timotin, *La démonologie platonicienne. Histoire de la notion de daimōn de Platon aux derniers néoplatoniciens*, Leiden.

Van der Stockt (2000): Luc Van der Stockt, „Aspects of the ethics and poetics of the dialogue in the Corpus Plutarcheum", in: Italo Gallo, Claudio Moreschini (eds.), *I generi letterari in Plutarco (Atti del VIII Convegno plutarcheo, Pisa, 2–4 giugno 1999)*, Napoli, 93–116.

Jan Tattko
Ägypten auf der Bühne der sophistischen Rhetorik in der römischen Kaiserzeit

Die Ägyptenrezeption im Werk des Aelius Aristides

ἄψ δ' εἰς Αἰγύπτοιο διιπετέος ποταμοῖο
(Hom. *Od.* 4, 581)

1 Einführung

Was heute nach Philostratos als Zweite Sophistik bezeichnet wird, war ein typisches Phänomen in der römischen Kaiserzeit, eine Modeerscheinung der Zeit. Die Vertreter dieser Strömung avancierten teils zu absoluten Stars, die ein gebildetes Publikum mit ihren vorbereiteten oder improvisierten Reden unterhielten und begeisterten, indem sie ihre literarische Bildung und ihr rhetorisches Talent zur Schau stellten.[1] Ihr vielleicht bekanntester Vertreter ist der Rhetor und Schriftsteller Aelius Aristides. Von ihm sind uns 53 Schriften, die meisten davon vollständig, erhalten geblieben.

Es sind vor allem zwei Schriften, die sich mit Ägypten auseinandersetzen. Eine trägt den Titel Αἰγύπτιος (scil. λόγος = *Or.* 36), die andere ist ein Hymnus an den alexandrinischen Gott Sarapis (Εἰς Σάραπιν = *Or.* 45). Der folgende Beitrag hat zum Ziel, ausgehend von diesen beiden Werken aufzuzeigen, wie ein kaiserzeitlicher Rhetor und Vertreter der Zweiten Sophistik dem Thema Ägypten begegnete, um das Thema des Tagungsbandes in einen erweiterten Kontext einzubetten, indem die Ägyptenrezeption in der römischen Kaiserzeit aus einer anderen Perspektive heraus untersucht wird, nämlich der eines Sophisten. Daraus ergeben sich folgende Fragen: In welcher Hinsicht und warum beschäftigt sich ein

---

[1] Zur sog. Zweiten Sophistik und ihren Vertretern siehe etwa Gerth 1956, 719–782; Reardon 1971; Anderson 1990, 91–110 (v.a. zur Problematik des Begriffs); Pernot 1993; Schmitz 1997 und Korenjak 2000 (v.a. mit Blick auf die typischen Gebräuche bei den Vorträgen und der Interaktion zwischen dem Redner und seinem Publikum).

Jan Tattko, Heidelberger Akademie der Wissenschaften, Forschungsstelle: "Der Tempel als Kanon der religiösen Literatur Ägyptens", IANES – Abteilung für Ägyptologie, Universität Tübingen, Burgsteige 11, DE-72070 Tübingen, jan.tattko@aegyptologie.uni-tuebingen.de

Redner wie Aristides mit griechischem Bildungshintergrund überhaupt mit dem Land und seiner Religion? Welche Motive gebraucht er, die ursprünglich auf ägyptische Vorstellungen zurückgehen könnten? Gleichzeitig wird die Stellung des Αἰγύπτιος im Gesamtwerk des Rhetors verortet, der auf den ersten Blick scheinbar einen Sonderfall in Aristides' Schrifttum darstellt und auch sonst für die Literatur der Zweiten Sophistik zunächst eher untypisch wirkt.

2 Leben und Werk des Aristides

Zunächst einige Anmerkungen zum Leben des Aristides, dessen Kenntnis vor allem auf den Ausführungen des Philostratos,[2] dem kurzen Eintrag in der Suda[3] sowie den Angaben in den unter seinem Namen erhaltenen Reden beruht:[4] Aelius Aristides wird am 26. November 117 n. Chr. als Sohn des einflussreichen und wohlhabenden Landbesitzers und Zeuspriesters Eudaimon in Hadriani in Mysien geboren.[5] Seine Ausbildung zum Rhetor erhält er in Smyrna, Pergamon und Athen bei den bedeutendsten Grammatikern und Sophisten der Zeit. Er führt dann das Leben eines typischen kaiserzeitlichen Redekünstlers, eines sog. Konzertredners, der auf seinen Tourneen öffentliche Vorträge hält.[6] Daher sind die meisten Arbeiten des Aristides auch Deklamationen (μελέται: *Ors.* 5–16) und epideiktische Reden, darunter Städtereden und Reden zu besonderen Anlässen (*Ors.* 1 und 17–26), Lob- und Verteidigungsschriften (*Ors.* 27–35 und 53), aber auch Pro-

---

2 Philostr.*V.S.* 2,9.
3 Suda, s.v. Ἀριστείδης.
4 Alle erhaltenen Reden des Aristides liegen in modernen Editionen vor bei Keil 1898 (*Ors.* 17–53) und Lenz/Behr 1978 (*Ors.* 1–16). Eine Gesamtübersetzung das ganzen Oeuvres findet sich bei Behr 1981 (*Ors.* 17–53) und Behr 1986 (*Ors.* 1–16) sowie in einer fünf Bände umfassenden spanischen Übersetzung bei Gascó/de Verger 1987 (*Ors.* 1–2); Llera Fueyo 1997 (*Ors.* 3–4); Gascó 1997 (*Ors.* 5–16); Cortés Copete 1997 (*Ors.* 17–35) und Cortés Copete 1999 (*Ors.* 36–53).
5 Zum Geburtsdatum siehe Behr 1994, 1141–1151. Zum Leben und Werk des Aristides vgl. von den älteren Werken Baumgart 1874; Schmid 1896, 886–894; Hug 1912; Schmid/Stählin 1924, §§ 698–691; Boulanger 1923; von Wilamowitz-Moellendorff 1925, 333–353 und Lenz 1964. Von den jüngeren Werken vgl. Behr 1968; Reardon 1971; Klein 1981, 71–112; Gascó/de Verger 1987, 7–67; Cortés Copete 1995 und Behr 1994, 1140–1233 mit ausführlicher Bibliographie. Für einen kurzen Überblick vgl. Behr 1986, 1–4 und Nesselrath 2009, 720–724. Diesen Titeln sind auch die gesammelten Belege für das Leben des Aristides zu entnehmen.
6 Zum Begriff des Konzertredners siehe Klein 1981, 93 Anm. 51.

sahymnen auf verschiedene Götter (*Ors.* 37–46), die er etwa an bestimmten Festen vorgetragen hat.⁷ Die Übergänge von der einen in die andere Form sind dabei fließend. Wie aus einigen seiner Schriften hervorgeht, sah Aristides seine Profession in Konkurrenz zur Strömung des Platonismus; in drei langen Rechtfertigungsreden (*Ors.* 2–4) diskutiert er den Vorzug der Rhetorik gegenüber der Philosophie, auf die später der Neuplatoniker Porphyrios mit einer sieben Bücher umfassenden Schrift „Gegen Aristides" reagiert, die wir nur aus einer Erwähnung in der Suda kennen.⁸ Viele der Reden geben Aufschluss über die Persönlichkeit und die Religiosität ihres Autors.

Eine seiner Reisen führt Aristides noch zu Beginn seiner Karriere um 141/142 n. Chr. nach Ägypten, wo er die meiste Zeit in Alexandria verbringt.⁹ Zur Erinnerung an den Aufenthalt, der wohl noch zu Lebzeiten des Rhetors Berühmtheit erlangte, wurde Aristides zu Ehren eine Statue aufgestellt, deren Sockel mit einer fiktiven Widmung seitens ägyptischer Städte noch erhalten ist.¹⁰ Später unternimmt er auch eine Tour nach Rom, das er in seiner Romrede (Εἰς Ῥώμην = *Or.*

---

7 Vgl. die detaillierte Aufstellung der erhaltenen Werke bei Klein 1981, 104–108; vgl. auch Boulanger 1923, 156–161 und Gascó/de Verger 1987, 50–67. Zu Festen als Rahmen für die Vorträge siehe Pernot 1993, 93.
8 Suda, s.v. Πορφύριος.
9 Vgl. *Or.* 36,33–34. Für eine mögliche Rekonstruktion des Aufenthalts und zur Datierung siehe Behr 1968, 15–22; vgl. auch Boulanger 1923, 120–124; Foertmeyer 1989, 159–207 und Fron 2014. In Ägypten unterhält er offenbar Kontakt mit dem damaligen Präfekten Heliodoros (vgl. *Or.* 50,75 [*HL* IV]) und mit dem Philosophen Euarestus (vgl. *Or.* 50,23 [*HL* IV]); siehe dazu Boulanger 1923, 490; Behr 1968, 15 Anm. 44 und Schröder 1986, 109 Anm. 186. Weitere Erwähnungen Ägyptens sind überall in seinem Werk zu finden. Meist handelt es sich um kurze Verweise auf seine Reise (vgl. den Index bei Behr 1981 und 1986, s.v. Egypt/Egyptians).
10 Der Statuensockel, heute in Verona, trägt folgende Widmung: Ἡ πόλις ἡ τῶν Ἀλεξανδρέων καὶ Ἑρμούπολις ἡ μεγάλη καὶ ἡ βουλὴ ἡ Ἀντινοέων Νέων Ἑλλήνων καὶ οἱ ἐν τῶι Δέλτα τῆς Αἰγύπτου καὶ οἱ τὸν Θηβαϊκὸν νομὸν οἰκοῦντες Ἕλληνες ἐτίμησαν Πόπλιον Αἴλιον Ἀριστείδην Θεόδωρον ἐπὶ ἀνδραγαθίαι καὶ λόγοις: „Die *Polis* Alexandria, Hermopolis Magna, die *Boule* der *Antinoeis Neoi Hellenes* und die im Delta Ägyptens und dem thebanischen Gau lebenden Griechen ehren Publius Aelius Aristides Theodorus für seine Tüchtigkeit und seine Reden." (*OGIS* II, 709; vgl. die Abbildung bei Ritti 1981, 42). Siehe hierzu Bingen 1987, 173–185. Demnach handelt es sich bei der Inschrift um eine fiktive Widmung, die an Aristides' Ägyptenreise erinnern sollte, verfasst und ursprünglich aufgestellt in Smyrna, wo Aristides die größte Berühmtheit besaß, da er sich hier die meiste Zeit seines Lebens aufhielt. Anders Behr 1968, 16 Anm. 45 und 111, Anm. 64, der einen Ursprung in Alexandria annimmt (so auch Fron 2014, 207 Anm. 8), und Bernand 1984, 66–72, der einen Ursprung in Antinoupolis erwägt. Vgl. zu der Inschrift und ihrer Bewertung insgesamt auch Quet 1992, 379–401; Puech 2002, 142–144 und zuletzt Downie 2013, 12–13 mit Anm. 29–33. Zur Errichtung von Statuen und Inschriften zu Ehren berühmter Redner in der Zweiten Sophistik vgl. auch Korenjak 2000, 150–157.

26) verherrlicht. Die meiste Zeit hält sich Aristides jedoch in seiner Wahlheimat Smyrna auf, wo er häufig deklamiert.

Zwischenzeitlich stellt er seine Tätigkeit als Rhetor ganz ein und verbringt als Kurgast mehrere Jahre im Asklepiosheiligtum in Pergamon, denn davon verspricht er sich Heilung von einer Krankheit, an der er mit Unterbrechungen lange Zeit seines Lebens leidet. Von der Krankheitsgeschichte zeugt ein von ihm verfasstes „Tagebuch", das uns in den sechs ἱεροὶ λόγοι (Ors. 47–52 [= HL I–VI]) erhalten ist, und das in erster Linie eine Huldigung an den Heilgott Asklepios darstellt. Darin beschreibt der Rhetor sein über 20 Jahre andauerndes Leiden und seine Träume, in denen er Anweisungen von dem Gott erhält, von dem er sich Heilung erhofft. Aristides stirbt um 180/181 n. Chr. auf seinem Landgut in Mysien.

3 Der Hymnus Εἰς Σάραπιν

Die Lobschrift mit dem Titel Εἰς Σάραπιν (Or. 45) hat Aristides seiner Aussage nach als Dank für die Rettung auf einer Seereise verfasst (vgl. §§ 13 und 33).[11] Auf eine längere programmatische Vorrede,[12] in welcher der Rhetor den Vorzug der prosaischen Hymnenform gegenüber der Poesie darlegt und sich selbst zum Erfinder dieser Literaturform deklariert, folgt die Aufzählung der Wundertaten des Sarapis.[13]

Der Sarapishymnus gilt allgemein als frühes Werk.[14] Er ist einer von insgesamt zehn Prosahymnen auf die Gottheiten Zeus, Athena, Poseidon, Dionysos und Asklepios sowie auf Herakles und die Söhne des Asklepios, das Ägäische Meer und den Brunnen im Asklepiosheiligtum (Ors. 37–46).[15] Der Hymnus preist den gräko-ägyptischen Gott mit henotheistischen Zügen, ohne dass sein Autor den Versuch unternimmt, diesen in das hellenistische Pantheon einzugliedern.[16] Sind viele der Aussagen des Hymnus wie auch die der anderen Götterreden des

---

11 Zum Sarapishymnus vgl. Höfler 1935; Behr 1981, 261–268 und 419–422; Cortés Copete 1999, 197–216 und zuletzt Goeken 2012, 547–581.
12 Hierzu vgl. Russell 1990, 201–206 und Goeken 2012, 77–81.
13 Zu Sarapis vgl. etwa Stambaugh 1972; Hornbostel 1973; Tran Tam Tinh 1983; Kessler 1989, 81–85; Huß 1994, 58–60 Anm. 163; Borgeaud/Volokhine 2000; Merkelbach 2001; Huß 2001, 241 Anm. 18; Pfeiffer 2008a; Devauchelle 2010 und 2012 sowie Quack/Paarmann 2014.
14 Zur Datierung des Sarapishymnus siehe Amann 1931, 28–36; Höfler 1935, 4; Behr 1968, 21 mit Anm. 72; Israelowitch 2012, 108 und Goeken 2012, 547. Zur Problematik genauer Datierungen einzelner Schriften vgl. aber Russell 1990, 200.
15 Zu dieser Gruppe vgl. jetzt in extenso Goeken 2012.
16 Behr 1968, 21–22 mit Anm. 72–74 und 73; Hornbostel 1973, 30 und Nesselrath 2009, 722.

Aristides eher stereotyp, mit wiederkehrenden Motiven formalisiert und dem traditionell griechischen Gedankengut entlehnt,[17] erinnert vor allem der Schlussparagraph der Aretalogie an ägyptische Auffassungen, in dem Sarapis in den Funktionen seines ägyptischen Vorläufers und Äquivalents Osiris erscheint:[18]

> „Er ist der Vorsteher von Geburt und Aufzucht aller Lebewesen, und viele der heiligen Tiere leben genau wie auch Menschen mit ihm. Dieser ist es, der den Nil zur Sommerzeit herbeiführt, dieser ist es, der ihn im Winter zurückruft, dieser ist es, der die 42 Kultstätten (ἱερά) in Ägypten erhält und schmückt sowie alle Tempel auf der Welt, der Wächter dessen, was sichtbar, und dessen, was verborgen ist, der Herr der Menschen und der Götter."

Zwar sind auch an anderen Stellen Einflüsse ägyptischer theologischer Konzeptionen durchaus spürbar, etwa durch die Betonung der Einzigartigkeit und Erhöhung der jeweils gepriesenen Gottheit über alle anderen Götter,[19] jedoch fallen die erstaunlichen Parallelen dieses Abschnitts zu ägyptischen Vorstellungen von Osiris besonders auf. Es handelt sich hier sicher nicht um eine Übersetzung. Vielmehr zeigt der Abschnitt, wie sehr die ägyptischen Vorstellungen von Osiris den alexandrinischen Sarapis beeinflusst haben. Der Gott wird gepriesen als Schöpfer und Versorger aller Lebewesen, Bringer der Nilflut und somit Fruchtbarkeitsgott, als Herr der Tempel, der Welt und der Unterwelt sowie der Menschen und der Götter. Im Detail lassen sich also fünf Aspekte in der Prädikation erkennen:

---

17 Weinreich 1914, 602; vgl. etwa die Rolle des Gottes als Retter auf Seenot (§§ 13 und 33) und als Förderer trinkbaren Wassers auf hoher See (§ 29; dazu Griffiths 1970, 452–453; Beinlich 1984, 286–287 und Merkelbach 2001, 216) oder die sog. Kline des Sarapis (§ 27; dazu Merkelbach 2001, 165 und Goeken 2012, 577, Anm. 79). Zur Aufschlüsselung der Parallelen vgl. die Kommentare von Höfler 1935 und Behr 1981, 420–422.
18 *Or.* 45,32 = Hopfner 1923, 306, 20–26: προέστηκε δὲ καὶ πάντων ζώων γενέσεως καὶ τροφῆς, καὶ πολλὰ τῶν ἱερῶν θρεμμάτων ὥσπερ ἄνθρωποι πρὸς τοῦτον διαιτᾶται. οὗτος ἄγει Νεῖλον ὥρᾳ θέρους, οὗτος χειμῶνος ἀνακαλεῖ, οὗτος δύο καὶ τετταράκοντα ἱερὰ κατ' Αἴγυπτον, οὗτος πάντας τοὺς ἐν τῇ γῇ νεὼς συνέχει τε καὶ κοσμεῖ, φύλαξ τῶν φανερῶν καὶ τῶν ἀπορρήτων, ἡγεμὼν ἀνθρώπων καὶ δαιμόνων.
19 Dazu Goeken 2012, 260–261 mit Anm. 67, der das auch für die anderen Hymnen des Rhetors feststellen kann. Für solche henotheistischen Tendenzen im Sarapishymnus siehe etwa §§ 18,22–23 und 27. Nicht immer ist klar zu entscheiden, ob die Aussagen genuin ägyptisch oder letztlich doch griechisch sind (z. B. Sarapis als Herr der Winde in § 29; vgl. Plut. Isid. 61). So ist generell von einer gegenseitigen Beeinflussung der religiösen Vorstellung auszugehen, jüngst aufgezeigt am Beispiel des Isiskults (Budde 2011, 67–76; vgl. auch Quack 2003, 332). Es wäre interessant, einmal für den ganzen Hymnus (v.a. §§ 17–33) die Aussagen auf ägyptische und griechische Parallelen oder mögliche Ursprünge hin zu untersuchen und gegenüberzustellen, um herauszuarbeiten, was ägyptische Motive sein könnten, die etwa durch ein Homerzitat erklärt sind. Dies kann im Rahmen dieses Artikels aber nicht erfolgen.

3.1 Sarapis ist der Vorsteher von Geburt und Aufzucht aller Lebewesen

Die Prädikation des Sarapis als Schöpfergott und versorgende Gottheit erklärt sich aus der Verbindung zum Überschwemmungswasser (siehe das Folgende); gleichzeitig ist er dadurch in Bezug auf die Schöpfung als Gott des Schicksals ausgewiesen, denn nach ägyptischer Vorstellung ist es typisch, dass das Schicksal eines Menschen direkt bei der Geburt festgelegt wurde.[20]

Mit der folgenden Aussage spielt Aristides offensichtlich sowohl auf den ägyptischen Tierkult als auch auf die κατοχή (sog. Tempelhaft) an,[21] die wir auf Grund demotischer und griechischer Papyri für das Serapeum in Memphis kennen und außerhalb Ägyptens für die Sarapisheiligtümer in Kleinasien in Priene und Smyrna nachweisen können. Warum genau Menschen sich in die κατοχή begaben, also in den Tempel in den Gewahrsam des Sarapis, lässt sich aus den überlieferten Quellen nicht mit Sicherheit bestimmen.[22]

Der Verweis auf den Tierkult scheint im Gegensatz zu zahlreichen anderen griechischen und römischen Schriftstellern der römischen Kaiserzeit neutral und ohne Wertung zu sein. Offenbar war er Aristides sogar für sein Gotteslob erwähnenswert.[23]

3.2 Sarapis führt den Nil zur Sommerzeit herbei

In ägyptischen Texten wird Osiris selbst bzw. dessen Ausfluss mit der Nilflut gleichgesetzt, er kann jedoch, wie andere Götter auch, in die Rolle des Bringers

---

20 In ägyptischen Texten über Osiris steht Ähnliches: Vgl. z. B. in einem Hymnus: ꜥnḫ r gs.f mwt ḥr st-ḥr.f šꜣy rrt mj wḏ.n.f: „Das Leben ist an seiner Seite, der Tod ist unter seiner Aufsicht, Schicksal und Aufzucht sind so, wie er es befohlen hat" (Dend. X, 425, 9–10). Zu Osiris als Schöpfergott und versorgende Gottheit vgl. auch die Zusammenstellung im LGG VIII, 161–162. Zum Zusammenhang zwischen Schöpfung resp. Geburt und der Bestimmung des Schicksals vgl. etwa Rochholz 2002, 44–49.
21 Behr 1981, 422, Anm. 74.
22 Zur κατοχή, deren genaue Bedeutung nicht vollends geklärt und nicht unumstritten ist, vgl. Dunand 1973 I, 182–183 und III, 168–170. Siehe auch Kessler 1989, 141. Merkelbach 2001, 73 vermutet, bei den κάτοχοι könnte es sich um Kranke gehandelt haben, die den Tempel auf den Befehl des Gottes bis zu ihrer Heilung nicht verlassen hätten. Behr 1981, 422 Anm. 74 nimmt an, die κάτοχοι hätten sich aus völliger Hingabe zu Sarapis in die Obhut des Tempels begeben.
23 Zu den heiligen Tieren in Ägypten vgl. Hopfner 1913; Smelik/Hemelrijk 1984; Kessler 1989; Fitzenreiter 2003 und Pfeiffer 2008b. Zu Sarapis und dem Tierkult vgl. auch Kákosy 1995, 2950–2951.

der Nilflut (Νειλάγωγος) treten.[24] Nachdem Sarapis zu einem die Grenzen des ägyptischen, griechischen und römischen Pantheons überschreitenden Gott geworden war, konnte er als *interpretatio Graeca* des ägyptischen Osiris diese Rolle übernehmen.[25] Eine direkte Identifikation des Sarapis mit dem Nil erfolgte nie. Die folgende Aussage, dass Sarapis den Nil wieder abschwellen lässt, ist wahrscheinlich ein Zusatz des Aristides.

3.3 Sarapis erhält und schmückt die 42 Heiligtümer in Ägypten und alle Tempel der Welt

Die Vorstellung von den Göttern als Garanten des Erhalts der Tempel und Heiligtümer ist in ägyptischen Texten gut bezeugt; sichergestellt wird dieser durch die Dekoration mit den Götterbildern (d. h. Reliefs und Kultstatuen) sowie durch den Kultvollzug.[26] Bemerkenswert ist im Text des Aristides außerdem die Nennung der 42 ἱερά des Gottes, die der traditionellen Zahl der Gaue Ägyptens entsprechen.[27] Die 42 Gaue (äg. *spꜣwt*) repräsentieren in der griechisch-römischen Zeit in Listen, Prozessionen auf Tempelwänden und anderen Texten die Ganzheit des

---

24 Zu Osiris in Verbindung mit dem Nil siehe Kettel 1994. Vgl. z. B. auch *Esna* III, 208, 24 (51): *sṯ ḥꜥpj r nw.f* „der die Nilflut zu ihrer Zeit fließen lässt"; *Edfou* VI, 166, 8: *jr ḥꜥpj m mw ntj jm.f* „der die Nilflut aus dem Wasser, das in ihm ist, erschafft". Für ein weiteres Beispiel in einem Hymnus aus dem Neuen Reich siehe Quack/Paarmann 2014, 239.
25 So wurde z. B. im Serapeum in Alexandria eine Nilelle aufbewahrt. Auch der zugehörige Sudaeintrag bringt den Gott mit dem Nil in Verbindung (vgl. Suda, s.v. Σάραπις). Der Erntekorb (Kalathos) auf seinem Kopf ist ebenso ein Symbol für Fruchtbarkeit als Folge der Nilschwelle. Vgl. auch Merkelbach 2001, 75 und 80–81 mit weiteren Belegen, die Sarapis mit der Nilflut in Verbindung bringen; Bonneau 1964, 319–324; Wortmann 1966, 108; Prell 2009, 233–234 sowie die Bemerkungen von Merkelbach 1973, 123 und Malaise 2005, 72.
26 Bezeichnend ist eine Inschrift aus dem Tempel von Kôm Ombo. Dort wird Osiris in einer Ritualszene mit der Überschwemmung identifiziert: Osiris ist *Wḥm-ꜥnḫ jj r tr.f r bꜥḥ tꜣwj m [rḏ]w.f ḏsr sštꜣ m-ḫnt jtrtj spꜣt nbt ḫr ꜥḥmw.f ḥwwt-nṯr mn.tj ḫr tp-rd.f nn spꜣt [š]wt nt-ꜥw.f* „das Überschwemmungswasser, das zu seiner Zeit kommt, um die beiden Länder mit seinen Ausflüssen zu überfluten, der mit erhabenen Gestalten in den beiden Heiligtümern, mit dessen Abbildern jeder Gau geschmückt ist, durch dessen Anweisung die Tempel Bestand haben, dessen Rituale in keinem Gau fehlen" (*Kom Ombo* 150). Für weitere Epitheta, die Osiris in diesem Kontext zeigen, vgl. die Zusammenstellung *LGG* VIII, 182–183.
27 Vgl. etwa schon Wiedemann 1890, 584–586.

Landes Ägypten, indem sie jeweils für ein lokales, bedeutendes Kultzentrum stehen.[28] Jeder der Gaue besaß – zumindest in der ideal-theoretischen religiösen Topographie – ein Osirisheiligtum, denn in jedem wurde eine eigene Form des Osiris verehrt; davon zeugen Hymnen mit geographischem Gliederungsprinzip und andere kulttopographische Texte, die Osiris in jedem der Gaue preisen.[29] Die regionale Aufspaltung des Gottes in verschiedene Aspekte ist ein typisches Attribut osirianischer Texte.[30] Die 42 Heiligtümer des Sarapis in Ägypten (δύο καὶ τετταράκοντα ἱερὰ κατ' Αἴγυπτον) stellen also eine Imitation ägyptischer Texte dar.[31] Tatsächlich wird es sicher weitaus mehr größere oder kleinere Kultstätten für Osiris-Sarapis gegeben haben, die jedoch in den traditionellen religiösen Texten der Ägypter keine Rolle spielen. Die Erweiterung auf alle Tempel in der Welt ist dabei aus Sicht des Aristides verständlich, da Sarapis nun ein Gott geworden ist, der in der ganzen Oikumene verehrt wurde.[32]

---

28 Siehe von Recklinghausen 2014, 127–151 und v.a. 129–130 mit Anm. 8 sowie 141–143 mit Verweis auf einen Text im Tempel von Edfu, in dem die 42 Gaue mit der Hieroglyphe der Stadt determiniert sind (*Edfou* I, 177, 6: ▨), die üblicherweise für ein begrenztes Areal und nicht für eine größere Gegend eintritt. Auch der Abschnitt im Sarapishymnus des Aristides ist ein deutlicher Hinweis darauf, dass mit den *sp3wt* in dieser Zeit tatsächlich Kultstätten oder Heiligtümer gemeint sind und nicht etwa Verwaltungseinheiten, wie sie die griechischen νομοί darstellen, sie also nichts mit der tatsächlichen geographischen Einteilung des Landes zu tun haben (siehe z. B. Guermeur 2001–2002, 202). Vgl. etwa auch den Gebrauch des Wortes νομός bei Aristides: Or. 36,33 (περὶ τὸν Θηβαϊκὸν τόπον ἐν νομῷ ὄνομα Ἑρμοῦνθι); 36,51 (ἐν τῷ Σαΐτικῷ νομῷ; vgl. Hdt. 2,28,1); 36,113 (οὕπερ ὁ Μενδήσιος ἅπας νομὸς οἰκεῖται). Für die griechischen Bezeichnungen als Verwaltungseinheiten in der Ptolemäer- und Kaiserzeit siehe Gauthier 1935, Ball 1942; Huß 2011, 91–110 und Weber/Geissen 2013.
29 Zu diesen Texten mit einer geographischen bzw. kulttopographischen Anordnung osirianischer Kulte vgl. allgemein Quack 2008, 131–157 und Coulon 2010, 6–7. Für Beispiele siehe z. B. Faulkner 1958; Beinlich 1984 und 1995; Leitz 2012 und 2014.
30 Vgl. z. B. Epitheta des Osiris wie *Wsjr-m-sp3wt* „Osiris in den Gauen" (Faulkner 1958, 26* [17, 4]); *nṯr sp3t nb sp3t nbt* „Der Gaugott und Herr eines jeden Gaus" (*Dend*. X, 182, 11–12) oder *nṯr-njwt m sp3t nbt* „der Stadtgott in jedem Gau" (*Esna* III, 296 D und *Esna* IV, 454, 3); *ꜥš3 rnw m njwwt sp3wt* „der mit zahlreichen Namen in den Städten und Gauen" oder *ꜥš3 rnw m sp3wt nbt* „der mit zahlreichen Namen in allen Gauen" (siehe *LGG* II, 217c und 218a).
31 Ähnlich Yoyotte 2010, 34, der von einer Anspielung auf die Heiligen Stätten (*j3t nṯrj*) eines jeden Gaus als Kultstätten des Osiris ausgeht. Eine etwas andere Interpretation bei Kessler 2000, 170 und 214 und Kessler 1989, 277, der von eigenen Sarapisräumen neben den ägyptischen Festsanktuaren ausgeht, die überall in der Chora von den Griechen Ägyptens zu den jährlichen Osirisfesten frequentiert werden konnten, um die griechische Bevölkerung in den ägyptischen Festkult einzubeziehen (vgl. auch Tran Tam Tinh 1983, 23 mit Anm. 45).
32 Osiris bleibt meist enger mit Ägypten verbunden, während Sarapis oft als Gott der ganzen Welt aufgefasst wird (Quack/Paarmann 2014, 238).

3.4 Sarapis ist der Wächter des Sichtbaren und des Verborgenen

Als Wächter (φύλαξ) des Sichtbaren und des Verborgenen ist Sarapis als Sonnengott der Herr des Himmels und der Erde; gleichzeitig ist er der Herr der Unterwelt und somit Totengott.[33] Aristides beschreibt die Doppelnatur des Sarapis als Totengott und Sonnengott, die auf den ägyptischen Osiris zurückzuführen ist, auch an anderer Stelle im Sarapishymnus:[34]

> „Denn auch nach dem unabdingbaren Ende des Lebens bleibt dieser noch der Herrscher der Menschen (...). (25) Dieser ist es, der ihnen allen die Plätze entsprechend dem Wert ihrer Lebensweise auf der Erde zuweist und dieser ist der Richter über das, was später kommt (d.i. das Leben nach dem Tod), der tags die Gegenden über der Erde durchwandert und nachts die Urteile fällt, die den Lebenden verborgen sind, der Retter und Totenführer zugleich, der sie zum Licht geleitet und wieder aufnimmt, der alle überall umgibt."

Wie Osiris erscheint Sarapis als Herrscher über die Toten *(Ḫntj-jmntjw)* und der Richter *(nb wḏꜥ-mdw)*, der über den Verstorbenen beim Totengericht nach der Maat urteilt.[35] Auch das Motiv der Verborgenheit ist typisch ägyptisch.[36] Ab der Spätzeit wird Osiris immer bedeutender, er übernimmt die Rolle des Reichsgottes

---

[33] Die Herrschaft über diese Domänen wird auch im Ägyptischen gern durch den Merismus ausgedrückt, wobei die Teileelemente der Welt diese als Ganzes umschreiben (dazu auch Quack 2003, 357). Für Osiris vgl. beispielsweise *nswt m pt ḥqꜣ m Ḥtmn sr ꜥꜣ m jgrt* „der König im Himmel, der Herrscher auf der Welt, der große Fürst in der Unterwelt" (*Kom Ombo* 150).
[34] *Or.* 45,24–25 = Hopfner 1923, 305, 16–24: ἐπεὶ καὶ μετὰ τὴν ἀναγκαίαν τοῦ βίου τελευτὴν ἔτι οὗτος ἄρχων ἀνθρώποις μένει (...). χώρους τε ὁ διαιρῶν ἑκάστοις οὗτός ἐστιν πρὸς ἀξίαν τῆς ἐν τῇ γῇ διαίτης καὶ δικαστὴς τῶν ὑστέρων γιγνομένων, ἡμέρας μὲν τὰ ὑπὲρ γῆς ἐπιών, νυκτὸς δὲ τὰς ἀθεάτους ζῷσιν κρίσεις ποιούμενος, σωτὴρ αὐτὸς καὶ ψυχοπομπός, ἄγων εἰς φῶς καὶ πάλιν δεχόμενος, πανταχῇ πάντας περιέχων. Vgl. Höfler 1935, 86–89; Schröder 1986, 79, Anm. 89; Kákosy 1995, 2949–2950 und Merkelbach 2001, 77. Zur Doppelnatur des Sarapis vgl. auch *Or.* 45,18 und 32 (siehe oben). Zur Prädikation des Sarapis als Sonnengott vgl. *Or.* 45,29 und 33 (vgl. insgesamt Behr 1978, 15 Anm. 10).
[35] Vgl. etwa Merkelbach 2001, 23–31 und Alvar 2008, 181 mit Anm. 107. Zum Jenseitsgericht in der griechisch-römischen Zeit vgl. auch Kákosy 1995, 3008–3009. Vgl. insgesamt etwa auch die Darstellung des Totengerichts in der zweiten Setnageschichte (bei Hoffmann/Quack 2007, 121; vgl. auch Kákosy 1971, 96). Für griechische Vorstellungen, welche die Übernahme dieser Ideen in einem allmächtigen Totengott und Pantheos begünstigten, vgl. schon die Ausführungen Platons an verschiedenen Stellen in seinem Werk (z. B. Plat. *Rp.* 614c-d; vgl. auch Plat. *Tim.* 30a-b; 34b–37c; Plat. *Phaed.* 80d-e).
[36] Für Osiris als verborgene Gottheit vgl. *LGG* VIII, 178–179.

und rückt damit in die Nähe zum Sonnengott, dem diese Rolle traditionell zukam:[37] Als Allgott manifestieren sich in dem synkretistischen Sarapis Osiris und Re.[38]

Nicht von Osiris abzuleiten ist die Rolle des ψυχοπομπός; diese hat Sarapis vom alexandrinischen Hermanubis übernommen.[39]

3.5 Sarapis ist der Herr der Menschen und der Götter

Mit dem Attribut ἡγεμὼν ἀνθρώπων καὶ δαιμόνων lässt Aristides die eigentliche Aretalogie enden. Er greift damit die erste Aussage der Passage wieder auf und stellt Sarapis an die Spitze der menschlichen und göttlichen Sphäre. Es ist dies im Übrigen auch gängig in der ägyptischen Hymnik.[40]

Nicht auf die gräzisierte Form des ägyptischen Gottes übertragen wurde hingegen dessen Mythos, wie ihn etwa Plutarch überliefert.[41] So erklärt sich der Einleitungsparagraph (§ 15) des Sarapishymnus, in dem Aristides ausführt, es sei den Priestern und Gelehrten der Ägypter überlassen, zu verkünden und zu wissen, wer der Gott sei und welches seine Natur, während er sich darauf beschränke die Taten (ἔργα) des Gottes zu preisen.[42]

Nach der Konvention des Genres war zunächst die Natur (φύσις) und die Herkunft (γένος) des gepriesenen Gottes zu behandeln. Das war im Fall des Sarapis, einem relativ jungen und synthetischen Gott ohne Mythos und ohne Genealogie nicht möglich.[43] Auch wenn Aristides das Thema nicht behandelt, ist es durch

---

37 Assmann 2000, 38; vgl. auch Smith 1987, 60 und DuQuesne 2006.
38 Assmann 2000, 38; vgl. Merkelbach 2001, 78–79.
39 Zu Anubis, der, weil auch Thoth die Rolle des Seelenführers übernehmen konnte, mit Hermes zu einem neuen Gott Hermanubis verschmolz, vgl. Höfler 1935, 90; Kákosy 1995, 2952–2954; Grenier 1977; Malaise 2005, 155–157 und 187–188 und Stadler 2009, 434–439.
40 So ist Osiris ebenfalls „Herrscher der Menschen und der Götter" (jty rmṯ nṯrw) aber auch der „Götter und der Menschen" (jty nṯrw rmṯ). Vgl. LGG I, 599a und 598c.
41 Nach Plutarch erhielt Osiris den Namen Sarapis, weil dessen Aspekt als Totengott und universaler Gott nicht durch die *interpretatio Graeca* als Dionysos erklärt werden konnte (Plut. *Isid.* 28; vgl. Griffiths 1970, 400–401).
42 *Or.* 45,15 = Hopfner 1923, 303, 25–27: ὅστις μὲν δὴ καὶ ἥντινα τὴν φύσιν ἔχων ἐστὶν ὁ θεὸς ἱερεῦσί τε καὶ λογίοις Αἰγυπτίων παρείσθω λέγειν τε καὶ εἰδέναι.
43 Siehe dazu Amann 1931, 7; Höfler 1935, 41–44 und Goeken 2012, 123 mit Anm. 74, 275 und 558.

den Verweis auf den ägyptischen Ursprung des Gottes dennoch erwähnt, den Aristides immer Sarapis und nie Osiris nennt.[44] Obwohl beide Namen dieselbe Gottheit bezeichnen können und v.a. von den Griechen Sarapis als Name des Osiris genannt wird, wird Osiris eher in mythologischem Zusammenhang erwähnt und mit den Mysterien in Verbindung gebracht.[45] In ägyptischen Osirisheiligtümern finden sich entsprechende Votivgaben, die Sarapis darstellen und nennen, wie etwa im Tempel von Dusch in der Oase Charga: Das dortige Heiligtum war Osiris und Isis geweiht. Zeigen die Wandreliefs Osiris ganz in konventionell-ägyptischem Stil, nennen die griechischen Inschriften den in Dusch verehrten Gott stets Sarapis; dazu kommen Figuren, die den Gott in hellenistischem Stil zeigen.[46]

Der osirianische Aspekt ist in dem Hymnus stark ausgeprägt. Vor allem der Gedanke an das Leben nach dem Tod, dessen Trost er in Asklepios' Theologie nicht fand, ließ das Interesse an Sarapis als Gott der Unterwelt lange erhalten bleiben, wie auch in den spät niedergeschriebenen ἱεροὶ λόγοι an einer Stelle deutlich wird.[47] Die Schrift kann als Zeugnis der Religiosität des Aristides und Ausdruck seiner persönlichen Überzeugung angesehen werden – dem Sarapis ließ Aristides auch eine Weihinschrift in seiner Heimat aufstellen.

Mit letzter Sicherheit ist nicht zu entscheiden, ob Aristides den Hymnus in Smyrna oder Alexandria vorgetragen hat. Die deutlichen Verweise auf ägyptische

---

44 Für die Erwähnung anderer griechischer Götter als interpraetatio Graeca eines ägyptischen Gottes bei Aristides vgl. *Or.* 40,10 (Herakleshymnus = Hopfner 1923, 303, 7–11); *Or.* 41,6 (Dionysoshymnus = Hopfner 1923, 303, 14); *Or.* 37, 14; (Athenahymnus = Hopfner 1923, 302, 37–303, 6). Nur einmal nennt er den ägyptischen Namen des Hermes nach Platon Theuth (*Or.* 3,583–584).
45 Hölbl 1981, 163; vgl. auch die Anmerkungen unten zu den ἱεροὶ λόγοι.
46 Dazu Dils 2000, 187–201 und Taf. 82; Devauchelle 2012; 224 und Goeken 2012, 264; vgl. auch Quack/Paarmann 2014, 238 und 241–244 mit weiteren Beispielen. Zur Identifikation des Sarapis mit Osiris siehe schon Plut. *Isid.* 27–28 und 61; vgl. auch Hölbl 1981, 163–164; Hornbostel 1973, 44–45; Stambaugh 1972, 36–44; Borgeaud/Volokhine 2000, 61; Koemoth 2001, 117–133; Devauchelle 2010, 60–62 und Assmann 2000, 38–39. Dagegen Kessler 1989, 83–84 und Kessler 2000, 188–190, der die Wesenszüge des Sarapis von Apis-Osiris ableitet.
47 Siehe *Or.* 49,47 [*HL* III] (vgl. dazu unten). An die griechische Vorstellung von der Unterwelt glaubte Aristides nicht (Behr 1968, 148–150 mit Anm. 10 und 11 mit Belegen und Behr 1978, 14 und 19–20 mit Anm. 31).

Verhältnisse vor allem zum Schluss des Hymnus könnten ein Indiz für den Vortrag in Alexandria sein.[48] Denkbar ist aber auch ein Vortrag in Smyrna nach seiner Rückkehr aus Ägypten während eines Festes des dort verehrten Gottes (vgl. § 33) unter den bleibenden Eindrücken seiner zurückliegenden Reise.[49]

4 Der Αἰγύπτιος λόγος – Adressatenbezug, Intention und Stellung im Gesamtwerk

Die Schrift Εἰς Σάραπιν lässt sich als Hymnus und Enkomion auf eine Gottheit dem λόγος ἐπιδεικτικός zuordnen; wie aber passt der Αἰγύπτιος (Or. 36) in das oben skizzierte Gesamtwerk?[50] Bei dieser Abhandlung handelt es sich ebenfalls um ein frühes Werk – verfasst hat Aristides den Αἰγύπτιος zwischen 147 und 149 in Smyrna, wenige Jahre nach seinem Ägyptenaufenthalt.[51] Unklar bleibt, ob Aristides ihn je öffentlich als Rede vorgetragen hat. Stilistisch-formell aufgebaut ist die Schrift als sog. λαλιά,[52] als eine Rede im Plauderton, in diesem Fall als eher spontane Antwort auf eine unbeantwortete Frage eines Freundes oder Bekannten. Im konkreten Fall soll der Text als eher spontane Antwort auf eine unbeantwortete Frage eines Freundes oder Bekannten wirken. Im Prooimion führt Aristides aus:[53]

---

48 So Baumgart 1874, 90 und Hug 1912, 24; vgl. auch die Parallelen zwischen Or. 45,33 und Or. 49,48.
49 Vgl. Klein 1981, 76 Anm. 16; Fron 2014, 208 und 210. Die ganze Diskussion ist noch einmal ausführlich zusammengefasst bei Goeken 2012, 547–556, der sich für den Vortrag in Smyrna ausspricht; vgl. zusammenfassend auch Cortés Copete 1999, 199 mit Anm. 8–11 und 216 Anm. 40 und Cortés Copete 1995, 33 und 179 mit Anm. 22.
50 Zum Αἰγύπτιος vgl. Waddell 1934; Behr 1981, 193–222 und 402–409; de Miguel Zabala 1993 (non vidi); Cortés Copete 1999, 9–72 und Raïos 2011 (non vidi).
51 Behr 1968, 19 mit Anm. 63 und 62–63 und Behr 1981, 402 Anm. 1. Dagegen vermutet Cortés Copete 1995, 26–28 eine Abfassungszeit um 170–175, etwa gleichzeitig mit den ἱεροὶ λόγοι.
52 Zum Begriff Reardon 1971, 166; Pernot 1993, 546–568; Korenjak 2000, 23 und Goeken 2012, 145 und 475.
53 Or. 36,1 = Hopfner 1923, 301, 38–302, 9: Ἃ πρώην ἤρου με περὶ τοῦ Νείλου, ἐπειδή σοι διὰ βραχέων καὶ ἐπιπολῆς ἀπεκρινάμην καὶ ἅμα οἱ ἐπεισελθόντες ἀφείλοντο, ἐβουλήθην ἀναλαβὼν διελθεῖν σοι καὶ ὥσπερ ἄλλο τι χρέος ἀποδοῦναι πάντα τὸν λόγον· εἰρήσεται δὲ καὶ ταῦτα ὡς δυνατὸν ἐν βραχυτάτοις. ἐπειδὴ γὰρ καὶ μέχρι τῆς Αἰθιοπικῆς χώρας προελθὼν καὶ αὐτὴν διερευνησάμενος Αἴγυπτον τετράκις τὸ σύμπαν καὶ παρεὶς οὐδὲν ἀνεξέταστον, οὐ πυραμίδας, οὐ λαβύρινθον, οὐχ ἱερόν, οὐχὶ διώρυχας, ἀλλ' ὧν μὲν ἐν ταῖς βύβλοις τὰ μέτρα ὑπῆρχεν ἐκεῖθεν πορισάμενος, ὧν δὲ μὴ ἐξ ἑτοίμου λαβεῖν ἦν ἐκμετρήσας αὐτὸς μετὰ τῶν παρ' ἑκάστοις ἱερέων καὶ προφητῶν, εἶτ' οὐκ ἐδυνήθην αὐτά σοι διασώσασθαι, τῶν ὑπομνημάτων διαφθαρέντων ἃ τοῖς

Was du mich vor kurzem über den Nil gefragt hast, wollte ich, weil ich dir nur kurz und oberflächlich geantwortet habe und diejenigen, die hereinkamen, mich dabei auch unterbrachen, wiederaufgreifen und mit dir durchgehen und die ganze Argumentation abgeben, wie ich auch jede andere Schuld zurückzahlen würde. Aber auch das wird möglichst kurz gesagt werden. Ich bin sogar bis nach Äthiopien gekommen und habe Ägypten selbst insgesamt viermal erkundet, und obgleich ich nichts ununtersucht ließ, weder die Pyramiden noch das Labyrinth noch einen Tempel noch die Kanäle, sondern ich mir, wo es möglich war, anhand von Schriften die Maße verschaffte, wo die Maße aber nicht ohne weiteres verfügbar waren, selbst Vermessungen vornahm zusammen mit den Priestern und Propheten der jeweiligen Orte, konnte ich sie dann doch nicht für dich bewahren, da die Aufzeichnungen verloren gingen, die meine Sklaven auf meine Anordnung hin anfertigten. Zumindest von dieser einen kleinen Frage kann ich mich vielleicht befreien, wie der Nil anschwillt und was der Grund dafür ist, dass es ihm im Verlauf der Jahreszeiten gerade umgekehrt ergeht wie den anderen Flüssen.

Im Gegensatz zum Titel, der zunächst eine breitere Abhandlung über Ägypten vermuten lässt, stellt Aristides im Prooimion klar, dass das Thema allein der Nil und die Ursache seiner Flut ist. Als Grund für diese Einschränkung gibt er an, die Aufzeichnungen, die er auf seinen Exkursionen anfertigen ließ, seien ihm abhandengekommen. Hierbei handelt es sich um einen literarischen Topos, ein Fiktionalitätssignal und Zeichen des Verfassers, dass der Αἰγύπτιος ein literarisches Kunstprodukt ist und eben nicht die wissenschaftliche Abhandlung als die er sich im Folgenden gibt.[54] Und in gleicher Weise lässt Aristides den Αἰγύπτιος auch literarisch-topisch mit den Worten enden:[55]

> Der Nil ist nicht weniger der beste als der größte Fluss und in seinem Nutzen und in der Freude seines Anblicks und mit allem anderen ist er weit überlegen. Er fließt durch das

---

παισὶ προσέταξα ποιεῖσθαι, τοῦτό γ᾽ ἂν ἔχοιμι τὸ ἕν τε καὶ μικρὸν ἐρώτημα ἀπολῦσαι [Behr 1981, 460; ἐπιλῦσαι Keil 1898], τὸ πῶς ὁ Νεῖλος ἀνέρχεται καὶ τίς ἡ πρόφασις τοῦ τἀναντία αὐτὸν πεπονθέναι τοῖς ἄλλοις ποταμοῖς περὶ τὰς ὥρας τοῦ ἔτους.

54 Zur Literarizität der Rede Waddell 1934, 125–126; Behr 1981, 403, Anm. 1; Mestre 1986, 131–142, v.a. 135; Gascó 1987–1988, 442 und Downie 2013, 43. Ähnliche Missgeschicke führten laut den Angaben des Aristides auch zu Problemen bei der Niederschrift der ἱεροὶ λόγοι (vgl. *Or.* 48,3 [*HL* II]). Gleichzeitig sichert er sich dadurch gegen eventuell einzuwendende Kritik gegen mögliche Fehler ab.

55 *Or.* 36,125: Νεῖλος δὲ ποταμῶν οὐχ ἧττον κάλλιστος ἢ μέγιστος, καὶ χρείᾳ καὶ θέας ἡδονῇ καὶ τοῖς πᾶσι πολὺ νικῶν· καὶ διὰ γῆς ἀρίστης καὶ καλλίστης διεξέρχεται, καὶ ἀὴρ ὁ περὶ αὐτὸν ἀέρων κάλλιστος καὶ τοῖς ὀφθαλμοῖς λαβεῖν καθαρώτατος· μεστὴ δὲ ὕδατος οὖσα ἡ γῆ πᾶσα ξηρότατον τὸ ἄνω πασῶν χωρῶν παρέχεται. ὡς δὲ καὶ σεισμοῖς καὶ λοιμοῖς καὶ τοῖς ἐξ οὐρανοῦ κατακλυσμοῖς ἀνάλωτος ἡ χώρα δι᾽ αὐτόν ἐστιν οὐδὲ τοὺς πρὸ ἡμῶν Ἕλληνας ἔλαθεν. ἃ δὲ καὶ Αἰγύπτιοι συνεωρακότες, οἶμαι, μειζόνως ἄγουσι τὰ κατ᾽ αὐτόν. ὥστ᾽ ἔγωγέ ποτε ἤκουσα καὶ ἄλλου τῶν τι δοκούντων εἰδέναι περὶ ταῦτα ὅτι καὶ τῶν νομίμων [καὶ] τῶν περὶ τὰς ἑορτὰς καὶ θυσίας εἰς τὸν Νεῖλον αὐτοῖς ἀνήκει τὰ πλεῖστα.

beste und schönste Land, und der Himmel, der ihn umgibt, ist der beste und der klarste im Anblick. Obwohl das ganze Land voll mit Wasser ist, ist der obere Teil am trockensten von allen Gegenden. Dass Ägypten wegen des Nils durch Erdbeben, Seuchen und Fluten aus dem Himmel unbezwingbar ist, war nicht einmal den Griechen vor uns verborgen. Weil auch die Ägypter das erkannt haben, glaube ich, schätzen sie alles, was den Nil betrifft, höher. So habe ich auch einmal von einem anderen von denjenigen, die etwas über diese Dinge zu wissen schienen, gehört, dass die meisten Fest- und Opferbräuche bei den Ägyptern mit dem Nil zu tun haben.

In der längsten uns erhaltenen Schrift zu dem Thema, die in Keils Edition knapp 40 Seiten umfasst, widerlegt Aristides die klassischen aus der griechischen Literatur bekannten Theorien über die Ursache der Nilschwelle mit zahlreichen geographischen und meteorologischen Details.[56] Die Angabe des Rhetors, ein gewissenhafter Augenzeuge zu sein, zieht sich als Topos durch die gesamte Abhandlung. Vorwiegend hat Aristides literarische Vorlagen zu Rate gezogen; seine Hauptquellen sind Herodot und das heute bis auf Fragmente verlorene Werk des Ephoros. Diesen Werken hat er seine Informationen über die Geographie Ägyptens entnommen; auch Strabons *Geographica* scheint er gekannt zu haben.[57] In die Argumentation eingeflochten sind darüber hinaus an passender Stelle Zitate der Tragiker Euripides und Aischylos sowie der Dichter Homer und Pindar, sofern diese sich auf Ägypten oder den Nil beziehen. Aus all dem hat Aristides eine neue Komposition erstellt, mit dem Ziel, durch die kunstvolle Ausarbeitung bekannter und beliebter Motive und Themen seine Zuhörer oder Leser zu unterhalten.[58]

Ägypten galt den Griechen schon lange als Land der Wunder, hatte daher in der griechischen Literatur eine lange Tradition und bot sich als Gegenstand einer Rede an. Die vorherrschenden Themen in den Schriften über das Land am Nil waren Ethnographie, Geographie, Geschichte und vor allem Religion. Aber schon seit dem Beginn der Beschäftigung mit Ägypten war man auch an dem das Land durchfließenden Fluss und seiner jährlich wiedereinsetzenden Flut interessiert,

---

[56] Zum Problem der Nilschwelle bei den antiken Autoren vgl. Capelle 1914; Rehm 1936; Foucart 1943; Stricker 1956; Bonneau 1964; Postl 1970; Assmann 2000, 56–60 und zuletzt den Überblick bei Prell 2009.
[57] Siehe dazu Rehm 1936, 577 und Ghourogiannis 1999, 335 mit Anm. 25 und 26. Behr 1981, 403 Anm. 1 nimmt an, Aristides habe zusätzlich ein (peripatetisches) Werk verwendet, ähnlich aber nicht identisch mit den zahlreich erhaltenen doxographischen Abhandlungen über die Nilflut.
[58] Zu den Parallelen und Zitaten insgesamt vgl. die Angaben und Verweise in den annotierten Übersetzungen von Behr 1981, 403–409 und Cortés Copete 1999, 15–72. Zur Rolle der Dichter (v.a. Pindar und Homer) aber auch der Tragödie und Komödie in der zweiten Sophistik generell, aber auch speziell bei Aristides vgl. Kindstrand 1973; Ghourogiannis 1999 sowie Bowie 1989 und 2008.

und so beginnt Aristides seine Rede mit exakt der Frage, die erstmals bei Herodot überliefert ist und danach fast jeder Abhandlung über das Thema vorangestellt ist: Warum verhält sich der Nil im Hinblick auf die Jahreszeiten gerade umgekehrt als alle anderen bekannten Flüsse?[59] Aristides wählte als Rahmen für den Αἰγύπτιος ein wissenschaftliches Thema, das mit langer Tradition in der griechischen Literatur bekannt – und, wie die zahlreich erhaltenen Abhandlungen darüber belegen, sehr beliebt war. Der Rahmen für die Beschäftigung war durch die literarische Tradition vorgegeben.[60] Aber nicht nur in Bezug auf den Nil dominiert das von den Autoren früherer Epochen geprägte, idealisierte Bild von Ägypten auch die Werke der kaiserzeitlichen Redner.[61] Und auch Aristides referiert daneben meist nur das, was bereits zum „Kanon" der Ägyptenliteratur gehörte.[62]

Wissenschaft hatte bei den Griechen immer den Anspruch auch schöne Literatur zu sein, so dass Literatur und Wissenschaft kaum zu trennen sind. Der Αἰγύπτιος kann jedoch nur insofern als wissenschaftliches Traktat angesehen werden kann, als Aristides als Sophist ein Interesse an der Vermittlung von Wissen hatte,[63] denn einen Anspruch, mit der Rede selbst ernsthaft Wissenschaft zu betreiben, hatte Aristides sicher nicht.

Insgesamt verwundert also die Themenwahl eines Sophisten der römischen Kaiserzeit für seine Epideixis nicht: Das Thema war bekannt genug, um beim Publikum Interesse zu wecken, und daher lohnend wieder aufgegriffen zu werden. Der Αἰγύπτιος sollte in erster Linie unterhalten und wurde von seinem Verfasser auch ganz speziell für diesen Zweck konzipiert. Aristides hat den Text also für eine entsprechend literarisch gebildete Zielgruppe verfasst und steht damit auch mit dieser Abhandlung ganz in der Tradition der typischen kaiserzeitlichen Redekunst, deren Vertreter meist vor großem Publikum die alten Vorbilder imitierten und bekannte Inhalte vor allem aus dem Mythos und/oder der griechischen Geschichte verarbeiteten.[64]

Im Verlauf der Argumentation betont Aristides immer wieder die Wunder und den göttlichen Status des Flusses (vgl. v.a. §§ 35–40 und 114–122) und gegen Ende der Rede, nachdem er sämtliche behandelten Theorien widerlegt hat, löst er die entstandene Aporie analog zum *deus ex machina* in der Tragödie und

---

59 Vgl. Hdt. 2,19,3. Zu Herodot als Vorbild vgl. auch Fron 2014, 215–217.
60 Siehe Foertmeyer 1989, 177–179 und Rutherford 2012, 710.
61 Siehe dazu Ponce 2000–2002, 171–181, v.a. 172 und 178 und Assmann 2000, 56–60; vgl. in extenso zu diesem Bild Froidefond 1971 und Vasunia 2001.
62 Vgl. auch Foertmeyer 1989, 180–181 und Fron 2014, 214 mit Anm. 40–41.
63 Vgl. Waddell 1934, 123.
64 Korenjak 2000, 58–59; Schmitz 1997, 10–11 und 113.

schreibt die Ursache der Nilflut einer Gottheit zu.⁶⁵ Aristides kommt zu dem Schluss, zu dem ihn, wie er sagt, die Argumentation wie die Strömung eines Flusses getragen hat:⁶⁶

> Dass allein dieses Land von allen durch den Fluss genau wie ein Lebewesen in zweierlei Hinsicht betroffen ist – einmal lebt es auf dem Land und für sich allein, ein andermal wiederum führt es ein Leben im Wasser –, welcher Ursache muss man dies zuschreiben außer der großen Weisheit und der Vorsehung des Gottes, der dem Land, in dem es am wenigsten zu erwarten steht, dass es regnet, den Nil als einen Nachahmer seiner selbst zugeführt hat und als Ersatz für den Regen für die Bewohner des Landes. Darüber hinaus hat er ihn wiederum zu der Jahreszeit weggeführt, wenn es zu erwarten steht, dass es für die Menschen der günstigste Zeitpunkt ist und für Land nicht nur nicht weniger als genug Ertrag garantiert ist, sondern in erstaunenswerter Fülle. Ich denke, dies ist der einzige Grund, weshalb der Nil durch Ägypten und die Gebiete dort fließt und weshalb er gerade im Sommer seinen Höchststand hat. (124) Ich sehe nämlich, dass auch wir an den Heilungsmitteln der Rettergötter Anteil haben, von denen einer gleichnamig ist (resp. sinngleich συνώνυμος) wie der Nil. Und wir alle zusammen kennen den Hauptgrund und die alleinige Ursache, nämlich dass sie uns retten und heilen wollen.

Aber ist das alles nur rhetorischer Schmuck? Zum Schluss der eben zitierten Passage erfolgt die Identifikation einer der θεοὶ σωτῆρες, d. h. Zeus, Asklepios, Isis oder Sarapis, mit dem Nil: Dieser sei ὁ τῷ Νείλῳ συνώνυμος. Die naheliegende Interpretation ist natürlich, dass Aristides hier darauf anspielen wollte, man könne den Namensbestandteil -απις- des Sarapis nicht auf den Apistier (*Ḥp*), son-

---

65 Zum Vergleich der Stelle mit dem *deus ex machina* – gleichzeitig wieder ein Hinweis auf die Fiktionalität des Αἰγύπτιος – siehe Mestre 1986, 137. Die Stelle muss dem Zuhörer oder Leser, der auch den Sarapishymnus des Rhetors kannte, um so erstaunlicher erschienen sein, da Aristides dort in seiner Kritik der Dichter gleich zu Beginn auch gegen diesen Kunstgriff polemisiert: „sogar die Götter heben sie mit Maschinen hoch" (*Or.* 45,2).
66 *Or.* 36,123–124 = Hopfner 1923, 302, 30–36: τὸ δὲ δὴ καὶ μόνην ταύτην ἁπασῶν χωρῶν ὥσπερ τι ζῷον καθεστάναι πρὸς ἀμφότερα ὑπὸ τοῦ ποταμοῦ, τοτὲ μὲν χερσαίαν εἶναι καὶ ἐφ' αὑτῆς [ἐπὶ τοῦ ξηροῦ Behr 1981, 461], αὖθις δ' ἐν τῷ ὕδατι διαιτᾶσθαι, τῷ χρὴ ταῦτα προσθεῖναι πλὴν ἢ τῇ μεγάλῃ σοφίᾳ καὶ προνοίᾳ τοῦ θεοῦ, ὅστις ᾗ μὲν ἥκιστα ὕειν ἔμελλεν, τὸν Νεῖλον ἐπήγαγεν μιμητήν τινα ἑαυτοῦ καὶ ἀντὶ ὄμβρων εἶναι τοῖς ταύτῃ· τῆς δ' ὥρας αὖ τηνικαῦτα ἀπήγαγεν, ἡνίκα τοῖς τε ἀνθρώποις ἔμελλε μάλιστα ἐν καιρῷ ἔσεσθαι καὶ τῇ χώρᾳ τὴν φορὰν οὐ μόνον οὐκ ἐλάττω τῆς ἱκανῆς, ἀλλὰ καὶ θαυμαστὴν πλήθει παρέξεσθαι; ταύτην ἐγὼ μόνην αἰτίαν ἐπινοῶ δι' ἥν ὁ Νεῖλος δι' Αἰγύπτου καὶ τῶν ἐκείνῃ ῥεῖ, καὶ μέγιστος δὴ τοῦ θέρους. ὁρῶ δ' ὅτι καὶ τῶν ἰαμάτων ἀπὸ τῶν σωτήρων θεῶν ἀπολαύομεν, ὧν εἷς ἐστιν ὁ τῷ Νείλῳ συνώνυμος. καὶ τὸ μὲν κεφάλιον καὶ τὴν καθάπαξ αἰτίαν ἅπαντες σύνισμεν, ὅτι ἡμᾶς βούλονται σῴζειν καὶ ὑγιεῖς ποιεῖν.

dern auch auf den ähnlich klingenden ägyptischen Gott der Nilflut (Ḥʿpj) zurückführen.⁶⁷ Die griechische Transliteration beider Götter war offenbar Ἆπις.⁶⁸ Das Adjektiv συνώνυμος wäre demnach als „gleichnamig/den gleichen Namen habend" im Sinne von „gleich lautend" zu verstehen.⁶⁹ In der Spät- und griechisch-römischen Zeit ist zudem eine synkretistische Verbindung Wsjr-Ḥʿpj belegt,⁷⁰ so dass auch hier eine lautliche Ähnlichkeit zu Sarapis gegeben wäre.

Der besagte Gott, der kurz zuvor als Urheber der Nilflut bezeichnet wird, ist also sicherlich Sarapis. Diesen nennt Aristides im Αἰγύπτιος zwar nicht ausdrücklich beim Namen, ihm selbst hat er jedoch einen Hymnus gewidmet und ihn auch darin, wie wir gesehen haben, zum Gebieter über die Nilflut erklärt. Zunächst wäre natürlich auch Zeus denkbar. Im Zeushymnus (Or. 43,28) nennt Aristides den Nil denjenigen, der seinen Vater nachahmt und Ägypten anstelle des Regens bewässert. Seit Homer galt in der literarischen Tradition der Nil als Ersatz für den von Zeus gebrachten Regen.⁷¹ Im Αἰγύπτιος selbst lehnt er das jedoch ab (vgl. §§ 104–106). Die folgende Gleichsetzung mit dem Nil sowie die Parallelen zum Sarapishymnus sprechen dafür, dass in diesem Fall nur Sarapis gemeint sein kann. So offenbart der Αἰγύπτιος einen bemerkenswerten religiösen Aspekt:⁷² Lange Zeit kam dem gräko-ägyptischen Gott in Aristides' Leben eine große Bedeutung

---

67 Eine ähnliche Erklärung etwas missverständlich auch bei Waddell 1934, 165 Anm. 109 und Behr 1968, 17 Anm. 56. Zur Diskussion um die Herleitung des Namens aus Wsjr-Ḥp (Osiris-Apis) siehe zuletzt Pfeiffer 2008a, 390 mit Anm. 13–16 und Quack/Paarmann 2014, 229–233.
68 Der Name des Apisstiers ist sowohl im Griechischen als auch im Koptischen gut belegt. Anders verhält es sich im Fall des Nilgottes Ḥʿpj: Griechisch begegnet der Name eines Gottes Ἀμμωνᾶπις, der wohl mit Jmn-Ḥʿpj identisch ist (BGU I, 162; vgl. Spiegelberg 1926, 36; RÄRG, 23). Nach Clarysse 1987, 21 entspricht dem Griechischen Σοκονωπις Demotisches Sbk-Ḥʿpj, d. h. Ḥʿpj entspräche auf Griechisch Ὦπις. Dagegen vgl. aber Quack 2000, 291 (vgl. insgesamt auch LGG VI, 263a). Die koptische Bezeichnung für den Apisstier lautet ϩⲁⲡⲉ oder ϩⲁⲡⲓ (KoptHWB, 381), diejenige Hapis ist m. W. im Koptischen nicht belegt.
69 Alternativ wäre das griechische συνώνυμος als „gleichbedeutend" oder „sinngleich" zu verstehen, d.h. zwei verschiedene Begriffe, in diesem Fall Sarapis und der Nil, würden beide dasselbe bezeichnen. Für die Bedeutungsvarianten des Wortes im griechischen Sprachgebrauch vgl. LSJ 1730b.
70 LGG II, 552b-c; siehe auch Prell 2009, 223 mit Anm. 113. Vgl. auch Esna III, 217, 19 (12): „(Ein Opfer für) Osiris, der als Überschwemmung (Ḥʿpj) kommt und den Acker überflutet".
71 Hom. Od. 4,581; dazu Sauneron 1952, 41–48 mit den Stellen bei den klassischen Autoren.
72 Nesselrath 2009, 722–723; vgl. auch Ponce 2000–2002, 178. Anders etwa Gascó 1988, 10 mit Anm. 6.

zu. Sein Kult war zu dieser Zeit im gesamten Römischen Reich verbreitet.⁷³ Sarapis war für Aristides bedeutend als Universalgott und Totengott, aber auch als Heil- und Rettergott (σωτήρ), wie der religiöse Anklang im Αἰγύπτιος zeigt.⁷⁴

Neben dem menschlichen Publikum hat der Αἰγύπτιος dadurch noch einen weiteren Adressaten – die Gottheit, vergleichbar mit dem Hymnus an Sarapis, der als literarisches Werk einmal an ein menschliches Publikum gerichtet ist und gleichzeitig ein Akt der Verehrung der Gottheit darstellt.⁷⁵ Das Lob der Gottheit ist sicher ernst gemeint, jedoch stilisiert mit aller rhetorischen Kunst. Insgesamt steht der Sarapishymnus dem Αἰγύπτιος sowohl zeitlich – beides sind frühe Arbeiten – als auch inhaltlich nahe: Sarapis ist in beiden Fällen der Gebieter über die Nilflut (*Or.* 45,32 und 36,124–125). In beiden Schriften findet sich der Topos vom Trinkwasser inmitten des Meeres, als Wunder des Sarapis bzw. als Wunder des Nils (*Or.* 45,29 und *Or.* 36,10). Im Αἰγύπτιος führt er diesen Umstand gleichzeitig in origineller Weise als Argument an, um die Theorie des Thales zu widerlegen, dass die Etesien den Nil am Abfluss ins Mittelmeer hinderten und so die Flut aufstauten, da es ja zeige, dass das Wasser des Nils weit ins Meer hinausfließe. Die Parallelen lassen sich darüber hinaus bis hin zu identischen Redewendungen verfolgen.⁷⁶

Auch in dieser Hinsicht steht der Αἰγύπτιος im Werk des Aristides nicht isoliert.⁷⁷ Es handelt sich vielmehr um eine für die Literatur der Zweiten Sophistik typische Lobschrift, in diesem Fall nicht auf einen Kaiser oder eine Stadt, sondern auf den Nil und auf den Urheber seiner Flut. Ungewöhnlich aber originell ist die äußere Form eines spontanen, belehrenden, „wissenschaftlichen" Vortrags.

---

73 Zur Verbreitung der Kulte der ägyptischen Götter vgl. z. B. bei Aristides selbst *Or.* 26,105. Vgl. auch die Anmerkungen oben zum Sarapishymnus.
74 Wahrscheinlich verspürte er, als er den Αἰγύπτιος schrieb, die Anfänge seiner Krankheit – zumindest erwähnt er sie in der Schrift gleich zweimal (*Or.* 36,49 und 91) –, was die fromme Färbung vor allem der Schlussparagraphen erklären würde.
75 Goeken 2012, 60.
76 Vgl. etwa *Or.* 45,27 mit 36,36 oder 45,32 mit 36,117.
77 Zur Frage des Genres vgl. auch Cortés Copete 1995, 26. Klein 1981, 105 führt die Schrift unter Angriffs- und Verteidigungsreden, die er zu den epideiktischen Reden zählt. In anderen Fällen wird der Αἰγύπτιος als ganz separat stehend angesehen (so Boulanger 1923, 161; Waddell 1934, 121 und 123; Rehm 1936, 577; Gascó/de Verger 1987, 66–67; Gascó 1988, 10; Cortés Copete 1999, 12; Ponce 2000–2002, 178 und Fron 2014, 214. Vgl. auch Reardon 1971, 123 („le Discours égyptien, farrago de curiosités pseudo-scientifiques") und 240, wo er die Rede in die Nähe zur Paradoxographie bringt.

5 Der Αἰγύπτιος λόγος – Ausgewählte Passagen

Wie wir gesehen haben, sollte der Αἰγύπτιος in erster Linie ein literarisch vorgebildetes Publikum unterhalten. Nicht ohne Witz gelingt es seinem Autor dabei immer wieder, bekannten Passagen aus der Literatur durch Abwandlung oder Erweiterung eine neue Interpretation zu geben, um so gegen die Erwartungshaltung des Publikums zu spielen und seinen Schriften durch Ausgefallenes oder Unbekanntes ein Alleinstellungsmerkmal zu geben. Auf diese Weise kann er die Kenntnisse seines Publikums über das Land erweitern und zugleich versuchen, die literarischen Vorbilder zu übertreffen.[78] Dabei zeigt sich eine weitere Seite seines Autors, nämlich die eines Touristen. Spuren seiner touristischen Tätigkeit sind im Αἰγύπτιος an diversen Stellen zu finden, an denen er seine eigenen Erfahrungen und Beobachtungen in die Argumentation eingefügt hat. So entwickelt vor allem der längere Abriss über den ersten Nilkatarakt (§§ 46–57) ein lebendiges Bild der Region durch Schilderungen der Topographie, aber auch durch Berichte über Treffen und Unterhaltungen mit Einheimischen.[79] Im Folgenden seien einige originelle Passagen aus dem Αἰγύπτιος mit Vorschlägen zu deren Interpretation vorgestellt:

---

[78] Fron 2014, 218–222.
[79] Vgl. Behr 1981, 403 Anm. 1. Zur Verwendung eigener Reiseerfahrungen bei Aristides speziell am Beispiel Ägypten vgl. insgesamt Fron 2014. Zu den Ausführungen des Aristides über das Kataraktengebiet siehe v.a. Locher 1999, 85, 100, 118–119 und 123 und Eide u. a. 1998, 942–943. Zum Topos der Kataraktenregion als Grenze zwischen Ägypten und Äthiopien vgl. auch Presedo Velo 1971 sowie Robiano 2011. Nicht immer sind die Informationen, die Aristides erhält und wiedergibt, zuverlässig: Mittels Übersetzer kommt Aristides etwa mit einem im Kataraktengebiet ansässigen Äthiopen ins Gespräch, der behauptet, die Reise nach Meroe dauere vier bis sechs Monate und im weiteren Verlauf des Nils gäbe es 36 Katarakte (vgl. Or. 36,55). An anderer Stelle wird Aristides offenbar von ägyptischen Priestern falsch unterrichtet: Nicht weiter kommentiert, beinahe beiläufig und als wäre es eine Tatsache ist als Beispiel für das Wunderland Ägypten folgende Anmerkung über die Pyramiden überliefert: „Nun sind wir genauso erstaunt, wenn wir auf die Spitzen der Pyramiden blicken, während das weitere ebenso große Gegenstück unter der Erde unbekannt ist – damit sage ich nur, was ich von den Priestern gehört habe." (Or. 36,122 = Hopfner 1923, 302, 27–29: νῦν δ' ὥσπερ τῶν πυραμίδων τὰς μὲν κορυφὰς ὁρῶντες ἐκπληττόμεθα, τὸ δ' ἀντίπαλον καὶ ὑπὸ γῆς ἕτερον τοσοῦτον ὂν ἠγνόηται, λέγω δὲ ἅ τῶν ἱερέων ἤκουον).

5.1 Die Nilquellen (§ 54)

Die Beschreibung der Theorien über die Ursache der Nilflut und deren Widerlegung nimmt den größten Raum in der Schrift ein. Sehr ausführlich behandelt Aristides die Theorie Herodots, nach der das Hochwasser des Nils im Sommer der normale Pegelstand des Flusses ist.[80] Die Auseinandersetzung mit dem Geschichtsschreiber, der Aristides seiner Aussage nach inspiriert hat, den Αἰγύπτιος zu schreiben (vgl. § 57), und der überhaupt der erste Autor ist, bei dem die Diskussion überliefert ist, ist eher liebenswürdig als bösartig.

In einem längeren Exkurs kritisiert er die Ausführungen Herodots über das Kataraktengebiet und vor allem über die allbekannten Nilquellen zwischen Syene und Elephantine, die in der Antike als Wunder Ägyptens galten und eine beliebte Touristenattraktion waren.[81] Die Polemik offenbart sich folgendermaßen: Aristides gibt sich als Augenzeuge. Mit einflussreichen Leuten aus Syene und Elephantine will er sich unterhalten haben, die doch wohl sicher mehr über die Zustände in Elephantine wüssten als ein Tempelschreiber aus dem weit entfernten Sais, auf welchen sich Herodot in diesem Fall beruft (vgl. §§ 47–48 und 51–54).[82] Die Existenz der Nilquellen bezweifelt er im Übrigen nicht, nicht nur, weil es die Ägypter sagen, sondern auch weil er es selbst überprüft haben will. Allerdings befänden sich die Quellen nicht zwischen zwei Bergen, sondern zwischen Felsen:[83]

> Jedoch ist nicht alles gelogen, was er (d.i. Herodot) gesagt hat, sondern die Quellen gibt es wirklich zwischen Syene und Elephantine – zwei große Felsen ragen in der Mitte des Flusses heraus und die Ägypter sagen, in ihrer Mitte befänden sich Quellen (...). Und es heißt auch, ihre Tiefe sei, auch wenn man es versucht, unerreichbar und es zu versuchen helfe nicht. Dies hielt mich auch ab, obschon ich bereits dabei war, denn es machte keinen so

---

80 *Or.* 36,41; vgl. Hdt. 2,24–26. Nach Herodot entziehe die Sonne im Sommer allen Flüssen Wasser. Im Winter könne sie nur dem Nil Wasser entziehen, weil sie von Stürmen aus ihrer Bahn nach Libyen abgedrängt worden sei und deshalb die anderen Flüsse nicht erreiche. Hinzu komme noch, dass der Nil im Gegensatz zu anderen Flüssen nicht durch Regen gespeist werde. Die zwangsläufige Folge sei, dass der Nil im Winter in Relation zu anderen Flüssen weniger Wasser führe.
81 Vgl. Tac. *ann.* 61,2.
82 Zur Stelle siehe Hdt. 2,28.
83 *Or.* 36,54: οὐ μὴν ἅπαν ψεῦδος τὸ εἰρημένον, ἀλλ' εἰσὶ μὲν αἱ πηγαί [Behr 1981, 461; [αἱ] Keil 1898] ἐν τῷ μεταξὺ Συήνης καὶ Ἐλεφαντίνης ὡς ἀληθῶς – πέτραι μεγάλαι δύο ἐν μέσῳ τῷ πόρῳ ἀνέχουσι καὶ τὸ μέσον αὐτῶν Αἰγύπτιοί φασιν εἶναι πηγάς (...). καὶ μὴν καὶ τὸ βάθος γε οὐκ ἐφικτὸν ἔφασκον εἶναι πειρωμένῳ, πειρᾶσθαι δὲ οὐ συμφέρειν τοῦτό με καὶ ἀπέτρεψεν ὄντα πρὸς αὐτῷ καὶ δή, οὐ γὰρ ἦν τοσοῦτο τὸ διάφορον. αὗται οὖν αἱ πηγαὶ κατὰ φύσιν που ῥέουσι, καὶ οὐ μόνον τῷ λόγῳ πείθομαι ὅτι εἰσὶν αὐτόθι πηγαί, ἀλλὰ καὶ αὐτῷ τῷ πράγματι.

großen Unterschied. Diese Quellen also fließen nach natürlichen Gesetzen, und nicht nur durch ihre Erzählung glaube ich, dass es dort Quellen gibt, sondern auch durch den Sachverhalt selbst.

Die Nilquellen, vor allem der Topos ihrer unergründlichen, nicht zu messenden Tiefe waren für Aristides offenbar ein beliebtes Motiv. Er erwähnt sie auch in der Lobschrift auf das Wasser im Tempel des Asklepios (*Or.* 39,18).[84] In seiner Schilderung im Αἰγύπτιος wird Aristides selbst zum Akteur, indem er sich anschickt, den bei Herodot geschilderten Versuch des Königs Psammetich noch einmal zu wiederholen und die Tiefe der Quellen auszuloten.[85]

5.2 Das Schauspiel auf dem Nilkatarakt (§§ 48–50)

Eine weitere Sehenswürdigkeit im Kataraktengebiet war eine Darbietung einheimischer Bootsleute in den Stromschnellen des ersten Katarakts, von der auch Strabon berichtet und von der Seneca eine genaue Beschreibung gibt.[86] Aristides macht sich seinem Bericht zufolge zunächst auf dem Landweg von Syene nach Philae auf, um den Katarakt zu sehen (§ 48). Offenbar erfolglos unternimmt er nach seiner Rückkehr einen Versuch mit einem Boot auf dem Nil:[87]

> Nachdem ich wieder in Syene war, das der Nil von Elephantine trennt, bat ich den Kommandanten, obwohl es mir wegen der Krankheit schlecht erging, mir ein leichtes Boot zur Verfügung zu stellen und mich zurückzuschicken, um die Katarakte sehen zu können. Ich bat ihn auch, Leute mitzuschicken, welche die Bewohner auf der Kataraktinsel zwingen

---

84 Vgl. Behr 1981, 238 und 462.
85 Robiano 2011, 145.
86 Strab. 17,1,49 und Sen. *nat.* 4A,2,6. Vgl. dazu auch Foertmeyer 1989, 168; Robiano 2011, 146–147 und Rutherford 2012, 707–708.
87 *Or.* 36,49–50: οὕτω δὴ γενόμενος πάλιν ἐν τῇ Συήνῃ, ἣν ἀπὸ τῆς Ἐλεφαντίνης ὁ Νεῖλος διαιρεῖ, δέομαι τοῦ φρουράρχου, καίτοι φαύλως ὑπ' ἀρρωστίας διακείμενος, πέμψαι με ὀπίσω πλοῖόν τι κοῦφον δόντα τῆς θέας εἵνεκα τῶν καταρρακτῶν, συμπέμψαι δὲ καὶ τοὺς ἀναγκάσοντας τοὺς ἐν τῇ νήσῳ τῶν καταρρακτῶν – εἰσὶ δ' οὗτοι ναῦται συνήθεις τοῦ ῥεύματος – ἐπιδεῖξαί ἡμῖν αὐτούς τε καὶ τὸ θέαμα δὴ τὸ ναυτικὸν ὅ τι εἴη· ἐπυνθανόμην γὰρ τῶν αὐτόθι· ὁ δὲ μάλα μὲν ἐργώδες ἔφη εἶναι καὶ ἐθαύμαζε τὴν γνώμην, οὔκουν αὐτός γε μέχρι τούτου θαρρῆσαι, ἠρνήθη δὲ οὐ τό γε παντελές, ἀλλ' ἐπειδὴ πειρώμενος ἀποτρέπειν οὐκ ἔπειθεν, οὕτω πέμπει, καὶ τἆλλα ἔχων οἰκείως καὶ βουλόμενος χαρίζεσθαι. ἀνέπλευσα δὴ κἀκείνους τε ἱέντας ὑπὲρ τῶν σκοπέλων, ὥσπερ εἰώθεσαν, εἶδον ἀπ' ἄκρας τῆς νήσου, ἣ ἀνέχουσα ἐκ μέσου περιφανεῖς πανταχῇ ποιεῖ τοὺς καταρράκτας, καὶ προσέτι αὐτὸς ἐπεθύμησα εἰς τὸν λέμβον ἐμβὰς πειραθῆναι τοῦ πλοῦ, οὐ μόνον διὰ τῶν αὐτῶν δι' ὧνπερ ἐκείνους εἶδον κατενηνεγμένος, ταῦτα δ' ἦν τὰ πρὸς ἔω τῆς νήσου, ἀλλ' ἀρξάμενος αὐτόθεν περιπλεῦσαι κύκλῳ πᾶν τὸ ὁρώμενον, καὶ κατὰ τὴν ἑτέραν τῆς νήσου πλευρὰν ἀφεῖναι κατὰ ῥοῦν ἐπὶ τὰς πόλεις.

sollten – diese sind Schiffer, die mit der Strömung vertraut sind –, uns sowohl die Katarakte als auch ihr Schauspiel auf den Schiffen zu zeigen, was es auch sei. Davon erfahren habe ich von denen, die hier leben. Er aber sagte, dass das sehr schwierig sei, er sich selbst gewiss nicht bis dorthin traue, und staunte über meine Absicht. Aber er verweigerte meine Bitte nicht komplett, sondern nachdem er mich trotz des Versuchs, mich davon abzubringen, nicht überreden konnte, schickte er mich los, auch da er sonst in freundschaftlichem Verhältnis zu mir stand und sich gefällig erweisen wollte. (50) Ich fuhr also stromaufwärts und sah vom äußersten Ende der Insel aus, die aus der Mitte hervorragte und überall die Katarakte von allen Seiten sichtbar sein ließ, wie diese Leute über die Klippen schifften, wie sie es gewohnt waren. Und noch dazu regte sich in mir selbst das Verlangen, an Bord eines Bootes zu gehen und die Fahrt zu versuchen, nicht nur durch dieselben Stellen, durch die ich die Schiffer sich herabbewegen sah – dies war zum Ostteil der Insel hin –, sondern von dort aus beginnend im Kreis das ganze, was zu sehen war, zu umfahren und sich entlang der anderen Seite der Insel mit der Strömung zu den Städten treiben zu lassen.

Aristides war offenbar sehr daran gelegen, den Katarakt und das Schauspiel der Bewohner der Katarakteninsel zu sehen.[88] Er macht seinen Einfluss geltend und hat schließlich Erfolg. Er überlegt sich sogar kurz, selbst das Wagnis einzugehen. Durch seine Schilderung lässt er seine Zuhörer/Leser das durch Strabon und Seneca bekannte Spektakel mit seinen Augen miterleben.

Mit seiner Argumentation hat die ganze Episode, wie er selbst sagt, nichts zu tun, das gewollt Komische ist, dass Aristides seinen λόγος in der Manier Herodots (κατ' αὐτὸν Ἡρόδοτον) nur um des „Vergnügens willen und ohne dass es nötig wäre" (ψυχαγωγίας ἕνεκα καὶ μὴ δέον) vom Gegenstand wegführt (§ 48).

5.3 Die Bezeichnung Oberägyptens als Ἑρμῆς (§ 65)

Gegen die Theorie des Ephoros, nach der die Nilflut durch unterirdischen Zufluss aus den Randgebirgen Ägyptens entstehen sollte, führt Aristides unter anderem folgendes Argument an:[89]

---

[88] Waddell 1934, 142 Anm. 40; Behr 1981, 406 Anm. 63 und Cortés Copete 1999, 37 Anm. 42 nehmen an, dass es sich um Bigge handelt. Dagegen aber auch Robiano 2011, 146 Anm. 52. Bigge war in der Antike berühmt für das Abaton, wo sich das Grab des Osiris befunden haben soll, und durfte nicht betreten werden (Diod. 1,22,3; Plut. *Isid*. 20; vgl. Locher 1999, 165–174). Das spricht dafür, dass Aristides sich auf eine andere Insel bezieht. Die Beschreibung, die Aristides gibt, passt zur Insel Sehel, unmittelbar nördlich des Katarakts.

[89] *Or*. 36,65 = Hopfner 1923, 302, 13–15: νῦν δ' αὖ καὶ οἱ μηδεπώποτε ὄνομα ἀκούσαντες Ἐφόρου τοῦτ' ἴσασιν ἐκ πολλῶν ἡμερῶν πλοῦ κατιόντ' αὐτὸν ἄνωθεν ὑψηλὸν καὶ περί τε αὐτοὺς Καταδούπους θαυμαστὸν αἰρόμενον καὶ τὸ μεταξὺ Συήνης καὶ Ἐλεφαντίνης, ὅθενπερ τῶν Αἰγύπτου μερῶν ὁ κληθεὶς ἂν ὑφ' Ἑλλήνων Ἑρμῆς ἄρχεται, θαυμαστῷ κτύπῳ διεξιόντα.

Nun wissen aber auch diejenigen, die noch niemals den Namen des Ephoros gehört haben, dass der Nil von Süden nach einer Strecke von vielen Tagen (bereits) angestiegen herabkommt, dass er unmittelbar beim ersten Nilkatarakt erstaunlich ansteigt und dass er zwischen Syene und Elephantine, wo von den Teilen Ägyptens genau derjenige beginnt, der von den Griechen hätte Ἑρμῆς genannt werden können, mit unvorstellbarem Getöse hindurchfließt.

Der Name Ἑρμῆς, der nach Aristides einen Teil Ägyptens bezeichnet, ist sonst nirgendwo überliefert. Da es sich beim Αἰγύπτιος um ein planvolles mit Andeutungen geschmücktes Werk handelt, stellt sich auch hier die Frage, worauf Aristides anspielen möchte.

Aus dem Text geht zunächst hervor, dass die Bezeichnung Ἑρμῆς eine Erfindung des Aristides ist, und zwar auf Grund der irrealen (resp. potentialen) Färbung des Partizips κληθείς durch den Gebrauch der Partikel ἄν, demnach die Bezeichnung Ἑρμῆς im Griechischen für diesen Ort in Wirklichkeit nicht existiert. Nach einem Vorschlag von de Miguel Zabala habe Aristides auf seiner Reise durch das Kataraktengebiet mit großer Wahrscheinlichkeit die Granitsteinbrüche bei Assuan und Reste großer Felsbrocken gesehen, wie sie etwa Strabon beschreibt.[90] Aristides sei durch den visuellen Eindruck zur Bezeichnung Ἑρμῆς für die Grenzregion bei Syene und Elephantine gelangt.[91]

Das erklärt aber noch nicht die Verwendung des Götternamens Ἑρμῆς. Eine bessere Erklärung hat schon Spiegelberg gegeben: Er machte den Herausgeber des Aristidestexts Keil auf die lautliche Ähnlichkeit von Ἑρμῆς mit dem Wort ⲘⲀⲢⲎⲤ aufmerksam, das sich aus ⲘⲀ (Ort) und ⲢⲎⲤ (Süden) zusammensetzt und im Koptischen eine geläufige Bezeichnung für Oberägypten ist.[92] Die lautliche

---

[90] Strabon berichtet von felsigen Formationen in der Kataraktengegend und schreibt, diese seien wie Hermen (Strab. 17,1,50: ὥσπερ ἑρμαῖα).
[91] Vgl. de Miguel Zabala 1995, 69–73; vgl. auch Cortés Copete 1999, 45 Anm. 60. Dagegen Locher 1999, 257–258: Aristides sage ausdrücklich, Ἑρμῆς beschränke sich nicht auf die Kataraktenregion, sondern beginne hier. Es sei ein Teil Ägyptens und nicht einer bestimmten Region. Dies alles treffe auf Oberägypten zu. Die von de Miguel Zabala 1995, 71 gebotene Alternativmöglichkeit, dass Aristides Ἑρμῆς mit dem in P. Paris 17 genannten Ἕρμωνος (bei Calderini 1973, 179 als Toponym bei oder in Elephantine) verwechselt habe, ist fraglich, da die Identifizierung des Wortes mit einem Toponym unsicher ist und es sich auch um einen Personennamen oder Teil eines Personennamens im Genitiv handeln könnte (vgl. dazu Locher 1999, 259 mit Anm. 4–11; Verbeeck/Wagner 1990, 297–298).
[92] Keil 1898, 284 im textkritischen Apparat; Vgl. KoptHWB, 100 und 166. Für diese These hat sich Locher 1999, 257–258 mit folgender sprachlicher Erklärung ausgesprochen: Aristides habe das koptische ⲘⲀⲢⲎⲤ als ᵉmrēs gehört. Da eine Lautfolge mr im Griechischen nicht möglich ist, sei durch Metathese Ερμης entstanden. Erst in späteren Abschriften des ursprünglichen Manu-

Ähnlichkeit führte dazu, dass Aristides in typischer griechischer Vorgehensweise den Namen eines fremden Toponyms mit einem bekannten Eigennamen verband, indem er die Gegend mit dem Gott Ἑρμῆς assoziierte. Denkbar ist dabei, dass er damit gleichzeitig auch auf die Strabonstelle anspielen wollte.

5.4 Homer und die Insel Pharos (§§ 106–107)

Bevor Aristides schließlich zu einem Fazit kommt, wendet er sich v.a. Homer sowie Hekataios und Pindar zu, um scherzhaft deren Unkenntnis von Ägypten aufzuzeigen. Aufhänger ist das Homerzitat vom Zeus entsprungenen Fluss ἂψ δ' εἰς Αἰγύπτοιο διιπετέος ποταμοῖο aus der *Odyssee*, das von den Peripatetikern zur Unterstützung ihrer Theorie angeführt wurde, dass der Nil durch Regenfälle gespeist würde.[93] Im 4. Gesang der *Odyssee* berichtet Menelaos, wie er auf seinen Irrfahrten nach dem Trojanischen Krieg nach Ägypten kam. Dabei beschreibt er die Insel Pharos als schützenden Hafen inmitten des sturmumtosten Meeres, eine Tagesreise von Ägypten bzw. vom Nil entfernt bei günstigem Wind mit einem Schiff in vollen Segeln.[94] Aristides argumentiert dagegen wie folgt:[95]

> Wenn aber Homer oder irgendein anderer Dichter über den Nil reden sollte wie über den Skamander, den Simoeis oder den Granikos, sollte er uns verzeihen, wenn wir sagen sollten, er wisse mehr von den Dingen in Troja als von denen in Ägypten. Denn Homer hat in

---

skripts des Aristides sei der *spiritus asper* wegen der Assoziation mit dem Gott hinzugefügt worden. Aristides habe mit dem griechischen Wort demnach eine ägyptische Bezeichnung für Oberägypten wiedergegeben. Die Textstelle wäre dann so zu verstehen, dass die Griechen den Teil Ägyptens, der beim Kataraktengebiet beginnt, mit dem Wort Ἑρμῆς wiedergeben könnten, wenn sie statt des Namens, den sie eigentlich verwenden, nämlich Θηβαΐς, die ägyptische Bezeichnung gebrauchen wollten.
93 *Or.* 36,104–105; vgl. Hom. *Od.* 4, 477 und 581; vgl. auch Strab. 17,1,5. Dazu Behr 1981, 403 Anm. 1 und 408 Anm. 137.
94 Hom. *Od.* 4,354–357. Was genau Homer damit gemeint hat und ob der Dichter genaue Kenntnis von der Geographie Ägypten besaß, ist umstritten: Zur Insel Pharos bei Homer vgl. Froidefond 1971, 25–28 und el-Abbadi 2004.
95 *Or.* 36,106–107: εἰ δ' ὡς περὶ Σκαμάνδρου καὶ τούτου ἢ Ὅμηρος ἢ τις ἄλλος ποιήσεται τοὺς λόγους ἢ Σιμόυντος ἢ Γρανίκου, συγγνώμην ἂν ἡμῖν ἔχοι, εἰ μᾶλλον ἂν αὐτὸν φαῖμεν τῶν ἐν Τροίᾳ γιγνώσκειν ἢ τῶν κατ' Αἴγυπτον· ἐπεὶ καὶ Φάρον ἐν τοῖς ἔπεσιν εἴρηκεν Ὅμηρος διαρρήδην ἡμερήσιον πλοῦν ἀπέχειν Αἰγύπτου, καὶ ὥσπερ οὐκ ἀρκοῦν, ἀλλὰ προσεπισφραγιζόμενος τὸ τῆς ἐξουσίας προσέθηκεν 'ἢ λιγὺς οὖρος ἐπιπνείῃσιν ὄπισθεν', τῇ νηὶ δὴ λέγων τῇ πλεούσῃ. καίτοι τῆς μὲν ἠπείρου ἀπέχει Φάρος ἑπτὰ μάλιστα σταδίους, αὐτὴ δ' ἐστὶν ὡσπερεὶ μεθόριον Λιβύων καὶ Αἰγυπτίων. εἰ δὲ τοσοῦτον ναῦς πανημερία θεῖ, καὶ εἰ 'λιγὺς οὖρος ἐπιπνείῃσιν ὄπισθεν', ἐγὼ μὲν οὐκ ἔχω πιστεῦσαι.

seinen Epen ausdrücklich gesagt, dass die Insel Pharos eine Tagesfahrt per Schiff von Ägypten entfernt sei. Und als ob das nicht ausreicht, hat er dem das Siegel zur Übertriebenheit aufgesetzt und hinzugefügt: ‚auf das von hinten ein sausender Fahrtwind weht', wobei er sich natürlich auf das segelnde Schiff bezieht. (107) Jedoch liegt Pharos höchstens sieben Stadien vom Festland entfernt, die Insel bildet sozusagen die Grenze zwischen Libyen und Ägypten. Dass aber ein Schiff den ganzen Tag hindurch nur so weit segelt, wenn sogar ‚ein sausender Fahrtwind von hinten weht', kann ich nicht glauben.

Die Pointe bei Aristides liegt in der Anspielung auf das Heptastadion, den Damm, der die Insel Pharos mit dem Festland verband, und dessen Name sich von seiner Länge von sieben Stadien herleitet.[96] Die Homerstelle hat bereits in der Antike eine ausführliche Rezeption erfahren. Strabon führt sie etwa als Beleg dafür an, dass die Insel früher weiter von Ägypten entfernt lag und der Nil durch Sedimentation im Lauf der Zeit das Land vergrößert und die Strecke verkürzt hat:[97] Sie war dem Publikum des Aristides bestens bekannt, Grund genug für ihn, dagegen zu polemisieren.

In der Antike herrschte wohl die Anschauung vor, dass sich Homer auf die kanobische Nilmündung beziehe. Denn im Folgenden führt Aristides aus, dass selbst die Stadt Kanobos nicht weit genug entfernt sei, dass ein Schiff einen ganzen Tag für die Strecke bräuchte (§ 111).

Die Dichter dürften also nicht als Beweis für tatsächliche Begebenheiten angeführt werden, so Aristides weiter. Denn wegen ihrer künstlerischen Freiheit seien sie keine zuverlässige Quelle. Außer gegen Homer polemisiert er im Folgenden noch gegen Pindar, der von der Stadt Mendes an einer steilen Meeresküste spricht.[98] Dort allerdings befinde sich eine große Ebene, wo der ganze Mendesische Nomos liege und die Stadt Thmuis.[99]

---

96 Zum Heptastadion vgl. Strab. 17,1,6.
97 Strab. 1,2,23; 1,2,30; 12,2,4; vgl. auch Sen. *nat.* 6,26; Plin. *nat.* 2,201; 5,128; 13,70; Plut. *Isid.* 40.
98 *Or.* 36,112–113: Αἰγυπτίαν Μένδητα παρὰ κρημνὸν θαλάσσας. Zu dem auch bei Strabon überlieferten Pindarzitat über Mendes (Strab. 17,1,19 = Pind. fr. 201) vgl. auch den Dionysoshymnus des Aristides (*Or.* 41,6 = Pind. fr. 99 = Hopfner 1923, 303, 12–14: διδόασι δ' αὐτῷ (scil. τῷ Διονύσῳ) καὶ τὸν Πᾶνα χορευτὴν τελεώτατον θεῶν ὄντα, ὡς Πίνδαρός τε ὑμνεῖ καὶ οἱ κατ' Αἴγυπτον ἱερεῖς κατέμαθον). Siehe hierzu Uerschels 1962, 34–37; Ghourogiannis 1999, 102–110 und 330–337 und Smelik/Hemelrijk 1984, 1875 Anm. 152.
99 *Or.* 36,113 = Hopfner 1923, 302, 25–26: οὕπερ ὁ Μενδήσιος ἅπας νομὸς οἰκεῖται καὶ ἡ πόλις αὐτῶν, ἥν ὀνομάζουσιν (scil. die Ägypter) Θμοῦιν.

5.5 Der Steuermann des Menelaos und die Stadt Kanobos (§§ 108–109)

Bei seinen Ausführungen über den trojanischen Sagenkreis überliefert Aristides eine etwas schwer verständliche Etymologie des Stadtnamens Kanobos, die er von einem bedeutenden Priester genau dort erfahren haben will. Die Stadt war Aristides offenbar während seines Ägyptenaufenthalts einen Ausflug wert gewesen, sie lag unweit von Alexandria und verfügte über einen berühmten Sarapistempel.[100]

Zunächst schildert Aristides die den Griechen bekannte Ätiologie, nach welcher der Name der Stadt auf einen Steuermann namens Kanobos zurückgeht, der dort während der legendären Reise des Menelaos und der Helena gestorben sein soll.[101] War diese Geschichte seinem Publikum bestens bekannt, muss die folgende Erklärung des ägyptischen Priesters umso überraschender gewesen sein. Nach Aristides' typischer Methode erfährt das Ausgangszitat folgende Korrektur:[102]

> Der Name Kanobos ist demnach der des Steuermanns des Menelaos, wie ja der Geschichtsschreiber Hekataios sagt sowie die verbreitete Überlieferung. Als dieser starb, blieb sein Name in dieser Gegend zurück. (109) Dies sage ich, wie es die Griechen sagen. Denn ich habe in Kanobos selbst von einem äußerst bedeutenden Priester gehört, dass der Ort bereits unzählige Jahre, bevor Menelaos dort anlandete, so benannt wurde. Und er sagte diesen Namen nicht deutlich, so dass ich dasselbe mit griechischen Buchstaben aufschreiben konnte, aber es war etwas Übertragenes und Ähnliches, aber ägyptisch und eher schwierig

---

100 Vgl. Strab. 17,1,17; Plut. *Isid.* 27. Zum Heiligtum und Kult des Osiris-Sarapis in Kanobos vgl. von Bissing 1929, 50–51; *RÄRG*, 369; Kákosy 1995, 2957–2958 und Yoyotte 2010, 36–37.

101 Nach Aristides (*Or.* 36,108 und 111) fand sich diese Episode schriftlich u. a. bei Hekataios von Milet überliefert. Vgl. auch Strab. 17,1,17; Tac. *ann.* 2,60 und Ammi. 22,16,14. Zur griechischen Überlieferung über Kanobos mit Quellenangaben vgl. Wiedemann 1890, 90–91; Bernand 1970, 153–327 und Carrez-Maratray 2012, 223–227. Vergleichbares berichtet Hekataios offenbar auch von der Insel Pharos (FGrHist 1 F 307; siehe Vasunia 2001, 58 Anm. 65, 116 und 292).

102 *Or.* 36,108–109 = Hopfner 1923, 302, 16–24: ὁ τοίνυν Κάνωβος ὄνομά ἐστι Μενελάου κυβερνήτου, ὥς Ἑκαταῖός τε δή φησιν ὁ λογοποιὸς καὶ τὸ κοινὸν τῆς φήμης, οὗ τελευτήσαντος περὶ τὸν τόπον τοῦτον λείπεται τοὔνομα. ταυτί φημι, ὡς Ἕλληνες λέγουσιν· ἐπεὶ ἔγωγε ἤκουσα ἐν αὐτῷ Κανώβῳ τῶν ἱερέων οὐ τοῦ φαυλοτάτου ὅτι μυρίοις ἔτεσι πρότερον ἢ Μενέλαον ἐκεῖσε προσχεῖν τὸ χωρίον οὕτως ὠνομάζετο. καὶ οὐκ ἄντικρυς μὲν ἔλεγεν τοὔνομα τοῦτ' αὐτὸ ὡς ἀπογράψαι γράμμασιν Ἑλληνικοῖς, ἀλλ' ἦν μὲν ὥσπερ ἐμφερόμενον καὶ περιτρέχον, Αἰγύπτον δὲ καὶ δυσγράμματον μᾶλλον. τὸ δ' οὖν ἡμετέρᾳ φωνῇ δηλοῦν ἔφη χρυσοῦν ἔδαφος, εἰωθός τι τοῦτο τοῖς Αἰγυπτίοις ἐπιφημίζειν τοιαῦτα τοῖς παρ' αὐτοῖς χωρίοις, οἷον Ἐλεφαντίνη καὶ πάλιν Διὸς πόλις καὶ Ἡλίου δὴ πόλις· οὕτω καὶ τοῦτ' ἔφη τοὔνομα χρυσοῦν ἔδαφος εἶναι εἰπεῖν ἀνδρὶ Ἕλληνι.

zu schreiben. Dieser bedeute in unserer Sprache, sagte er, ‚Goldener Boden', weil dies bei den Ägyptern gebräuchlich sei, ihren Orten derartige Namen zu geben wie Elephantine, im Gegensatz zu Diospolis und eben Heliopolis.[103] Und so, sagte er, sei dieser Name für einen Griechen als ‚Goldener Boden' auszulegen.

Nach dem Zeugnis des Aristides leitet sich der Name also nicht vom dem des Heroen ab. Das bedeutet wiederum, dass der Steuermann mit dem Namen Kanobos eine sekundäre Erfindung der Griechen war, um dem ägyptischen Namen der Stadt eine griechische Ätiologie zu geben.[104] Zur Verbreitung der mehrfach überlieferten Sage mag beigetragen haben, dass die Stadt im Μενελαΐτης νομός lag, dessen Name sich nach Strabon jedoch nicht vom mythischen König von Sparta, sondern vom gleichnamigen Bruder des ersten Ptolemäerkönigs ableitet.[105]

Über die bei Aristides überlieferte Ätiologie des Stadtnamens Kanobos ist viel gerätselt worden. Schwierigkeiten bei der Interpretation bereiten die Wortbedeutungen von ἐμφερόμενον, περιτρέχον und δυσγράμματον. Ein weiteres Problem ist, dass wir keinen Beleg eines ägyptischen Namens von Kanobos vor der römischen Zeit haben, der einerseits die Übersetzung des Priesters mit χρυσοῦν ἔδαφος „Goldener Boden" erklären würde und gleichzeitig als Vorlage für das Griechische Κάνωβος dienen könnte.

Einigkeit besteht nur darin, dass der zweite Bestandteil (νωβ) dem ägyptischen Wort für „Gold" (*nbw* kopt. ⲚⲞⲨⲂ) lautlich ähnlich ist, wodurch sich das Adjektiv χρυσοῦν erklärt. Der erste Bestandteil (Κα), aus dem die griechische Übersetzung mit ἔδαφος resultiert, ist von den ägyptischen Wörtern *qꜣḥ* („Schlamm") oder *qꜣyt* („Hochfeld") abgeleitet worden.[106] Jedoch sind derartige Bezeichnungen nicht als Name für die Stadt Kanobos belegt. Daressy sah in dem Toponym *Snṯ-nfr* („Das vollkommene Fundament") die Vorlage des griechischen

---

103 Elephantine ist eine direkte Übersetzung des ägyptischen Stadtnamens *ꜣbw*. Diospolis und Heliopolis sind von den Griechen dagegen nach dem Prinzip benannt worden, dass die Hauptgottheit der Stadt als Namenspate fungierte; im Fall von Diospolis ist der Namenspate Zeus in der interpretatio Graeca des ägyptischen Amun, im Fall von Heliopolis stand der Sonnengott Helios, der ägyptische Re Pate. Die ägyptischen Namen dieser Städte sind *Wꜣst* und *Jwnw*.
104 Siehe zuletzt Carrez-Maratray 2012, 223–227. Nicht nur die Aussage des Aristides spricht für eine ägyptische Herkunft des Namens, denn auch die Namen der anderen in der Bucht von Abukir gelegenen Städte sind nachweislich ägyptischen Ursprungs (Herakleion/Thonis < *Tꜣ-ḥnt* „Der See"; Menouthis < *mꜣꜥ-nṯr* „Ort des Gottes") und wurden nachträglich mit einer griechischen Ätiologie versehen: Thonis wurde durch einen angeblichen ägyptischen König Thon erklärt, Menuthis wurde zur Frau des Kanobos (Malaise 1999, 224–225).
105 Gauthier 1935, 41–42; vgl. Strab. 17,1,18.
106 Die älteren Erklärungsversuche sind zusammengestellt bei von Bissing 1929, 52–53 mit Anm. 2; vgl. auch Wiedemann 1890, 91 und Bernand 1970, 294.

Κάνωβος, das annähernd mit κάναβος („Modell, Rahmen, Skizze") ins Griechische übertragen wurde.[107] Nach einem Vorschlag von Malaise geht die griechische Namensform auf die Wendung g3 (n) nb „Schrein aus Gold" zurück, mit der in der demotischen Version der Rosettana griechisches ναὸς χρυσός übersetzt ist.[108] Er vermutet in dem Begriff eine Tempelbezeichnung, spezifischer ein Sanktuar des Osiris in Kanobos, analog zu häufig belegten Tempelbezeichnungen wie Ḥwt-nbw oder Pr-nbw. Im Gegensatz dazu bezeichne das im Kanoposdekret für den griechischen Namen eintretende P3-(n)-gw3t (hieroglyphisch) bzw. Pr-gwtj (demotisch), die ganze Stadt.[109] Aber auch in diesem Fall fehlen Belege für eine derartige Bezeichnung eines Tempels oder Heiligtums, die seine These stützen könnten.[110]

Aus römischer Zeit ist in einem geographisch gegliederten Osirishymnus aus den Dachkapellen des Dendaratempels ein Toponym (Gnp) belegt, das lautlich an das griechische Κάνωβος anklingt und das in einem Text zum 7. unterägyptischen Gau als Stadtname bzw. Name eines Heiligtums belegt ist:[111]

> Bist du (d. i. Osiris) in Snṯ-nfr ('Das vollkommene Fundament'), dem 7. unterägyptischen Gau, so steht der Tempel der Sykomore unter deinem Schrecken. Dein Sohn ist der Stier seiner Mutter Isis, indem er dein Kultbild in Gnp schützt.

Nicht nur geographisch ist eine Identität von Gnp mit Κάνωβος plausibel, sondern vor allem in religiös-kulttopographischer Hinsicht.[112] Der Redaktor des

---

107 Daressy 1928, 50. Zu κάναβος vgl. LSJ 874a.
108 Malaise 1998, 672–674 und Malaise 1999, 224–230, v.a. 229; zum Ganzen siehe auch Carrez-Maratray 2012, 223–227.
109 Malaise 1999, 230.
110 G3 (n) nb gibt es nicht als Bezeichnungen von Kanobos oder eines dortigen Heiligtums. Denn es handelt sich in der Rosettana um einen goldenen, mit Edelsteinen überzogenen Schrein, in dem das Kultbild des Königs in allen Tempeln des Landes aufgestellt werden soll. Vgl. Urk. II, 191, 4 und Spiegelberg 1922, 58; vgl. auch die ähnliche Wendung im Kanoposdekret: wꜥ šm (n) nṯr n nb, welche auf griechisch mit ἱερὸν ἄγαλμα χρυσοῦν wiedergegeben ist (= Urk. II, 147, 5; Spiegelberg 1922, 29). Ein weiterer Schwachpunkt in der Argumentation ist die fehlende Erklärung, warum der Priester den Stadtnamen mit χρυσοῦν ἔδαφος und nicht mit ναὸς übersetzt. Carrez-Maratray 2012, 226 erklärt die semantische Verlagerung von ναὸς zu ἔδαφος durch den chtonischen Charakter der in Kanobos verehrten Gottheiten.
111 Dend. X, 287, 14–15: jn jw.k m Snṯ-nfr Wꜥ-m-ḥww-jmntt Ḥwt-nht ḥr nrw.k s3.k m s3b n mwt.f 3st (ḥr) s3t sšmw.k m Gnp. Zu dieser Art von Texten siehe oben die Anmerkungen zum Sarapishymnus.
112 Bereits Brugsch 1879, 849 und 720 ging von der Identität von Gnp mit Kanobos aus. Dem folgen Daressy 1928, 50; RÄRG, 368; Lloyd 1976, 80–81 und Thissen 1980, 320–321. Gardiner 1947 II, 162* und in der Folge Griffiths 1970, 377 stehen dem skeptisch gegenüber.

Dendaratexts wollte offenkundig ein bedeutendes Kultzentrum des Osiris, das Kanobos zur Zeit der Gravur des Texts war, in einem älteren traditionell-ägyptischen Text unterbringen. Er wählte den 7. unterägyptischen Gau, denn diesem wäre das Heiligtum theoretisch zugehörig. Er veränderte die Vorlage und fügte dem Osirishymnus ein neues Heiligtum hinzu, das zu seiner Zeit wichtige kultische Relevanz besaß.[113] Von Bissing hat aus der Schreibung 〔⟧ die Übersetzung als χρυσοῦν ἔδαφος ebenso einfach wie genial abgeleitet, indem er das Wort in die Bestandteile 〔 und ⟧ zerlegte und die These aufstellte, der Priester habe in einem Wort zwei verschiedene Leseprinzipien angewandt, indem er die lautlich dem -Kα- entsprechende Hieroglyphe des Krugständers anstatt als Phonogramm ideographisch als nst („Sitz/Thron") interpretierte, was dem griechischen ἔδαφος (< ἔδος) entspreche, während er die zweite Gruppe phonetisch als nbw („Gold") las, was wiederum lautlich -νωβ- entspricht.[114] Die etwas unklare Passage würde dann verständlich, weil der Priester versucht habe, Aristides zwei verschiedene Leseprinzipien des Ägyptischen mit Hilfe der griechischen Schrift zu verdeutlichen: Die Bedeutung des Namens sei übertragen, d. h. transkribiert (ἐμφερόμενον), lautlich ähnlich (περιτρέχον) und eher schwierig mit einer Buchstabenschrift zu verdeutlichen (δυσγράμματον).

Malaise wendet dagegen ein, dass es sich bei dem in Dendara belegten Toponym 〔⟧ letztlich wahrscheinlich um eine hieroglyphische Transkription und keine Etymologie der griechischen Namensform handle.[115] Mit der Schreibung ist eine Erklärung der Etymologie tatsächlich schwierig: Zwar lässt das zu dieser Zeit aktuelle hieroglyphische Schriftsystem die Interpretation von Bissings zu, es sind jedoch Ausnahmen, die ihn zu dieser Erklärung kommen lassen.[116]

---

113   Bei dem Toponym handelt es sich um ein *hapax legomenon*. Der Text der Dachkapellen hat zwar noch eine Parallele an der Tür der Sokar-Osiriskammer (F) in Dendara (*Dend.* II, 134, 4). Dabei handelt es sich jedoch um eine abgekürzte Version ohne die fragliche Stelle. Auch kein anderer geographischer Text zum 7. unterägyptischen Gau nennt diesen Namen.
114   Von Bissing 1936, 79; vgl. auch von Bissing 1929, 52–53 mit Anm. 2.
115   Malaise 1999, 229.
116   Die Lesung der Gruppe ⟧ als *nbw* ist denkbar, die verwandten Labiale *b* und *p* sind im ptolemäischen Schriftsystem miteinander austauschbar. Der schwache Konsonant *w* wäre entfallen, das Feminine *t* von *pt* verschwunden. Insgesamt scheint mir die Stelle ein schönes Beispiel dafür zu sein, auf welchen unterschiedlichen Ebenen die Hieroglyphen zu dieser Zeit ausgedeutet wurden und wie die Priester durch spielerische Schreibungen mehrschichtige Informationen mitzuteilen versuchten, wie sich dies an zahlreichen Belegen aus allen späten Tempeln exemplifizieren lässt. Nur zur Verdeutlichung, was die Hieroglyphenschrift ermöglicht: Die obige Schreibweise kann auch – liest man das erste und das dritte Zeichen ideographisch, das zweite phonetisch – auch als *nst nt pt* „Thronsitz des Himmels" verstanden werden. Ob der Redaktor des Texts diese Spielerei beabsichtigte, sei dahingestellt.

Nun ist es doch aber sehr gut möglich, dass eben dieses *Gnp* als Kultzentrum vormals noch nicht die kultische Relevanz besaß und deshalb nicht belegt ist. Der Beleg aus Dendara bietet zudem nur eine mögliche Schreibung: Aber auch ohne diesen Beleg kann man nach dem „von-Bissing-Prinzip" zu einer Erklärung kommen: In den Tempeltexten der griechisch-römischen Zeit gibt es eine bestimmte Art von Texten, sog. Monographien, in denen ätiologische Erklärungen für Städtenamen mit Wort- und Schriftspielen dieser Art typisch sind. In einem solchen Text könnte der Stadtname mit der Schreibung * 🝰 🝱 (*Gnb*) wiedergegeben sein. Derselbe Text könnte den Namen aber auch spielerisch durch eine zweite Schreibung * 🝰 ∼∼∼ 🝱 (phonetisch ebenfalls *Gnb*) auch als *nst nt nbw* „Thronsitz aus Gold" etymologisch begründen. In dieser Art und Weise könnte der ägyptische Priester dem Aristides den Namen erklärt haben. Das Problem auch bei dieser Hypothese bleibt, dass entsprechende Belege fehlen.

5.6 Die Nilstandsangaben (§ 115)

In anderen Fällen wird der Ausgangstext einfach abgewandelt und erweitert: In seiner Schrift *De Iside et Osiride* hat Plutarch Nilstandsangaben mit den Mondphasen in Beziehung gesetzt: Eine Hochflut bei Elephantine von 28 Ellen entspreche dem Mondmonat, 7 Ellen bei Mendes und Xois stünden für den Halbmond, 14 Ellen bei Memphis für den Vollmond.[117] Auch dieses Motivs bedient sich Aristides und vergleicht in mehreren exkursorischen Kapiteln des Αἰγύπτιος (§§ 35–40) Anstieg und Rückgang der Nilflut mit den Mondphasen.[118] An späterer Stelle fügt er den bei Plutarch stehenden Werten die Zahlen 21 als Fluthöhe bei Koptos und 2 in den Sümpfen hinzu (§ 115) und ergänzt somit die Zahlenreihe zu 28 – 21 – 14 – 7 – 2, die für ihn die Harmonie die Nilflut repräsentiert:[119]

---

117 Plut. *Isid.* 43.
118 Ob Aristides Plutarch direkt verwendet hat, ist unklar. Behr 1981, 528–529 vermutet eher eine gemeinsame Vorlage.
119 *Or.* 36, 115: τί δ' ἂν εἴποις τὴν περὶ τὴν ἀνάβασιν αὐτοῦ τάξιν καὶ μουσικήν; τὸ ἐν Συήνῃ μὲν καὶ Ἐλεφαντίνῃ ὀκτὼ καὶ εἴκοσιν αἴρεσθαι πήχεις, περὶ δ' αὖ τὸ Ἰνδικὸν καὶ Ἀράβιον ἐμπόριον τὴν Κόπτον ἕνα καὶ εἴκοσιν, καὶ πάλιν τούτων ἀφαιρεῖν ἑπτὰ καὶ τέτταρας καὶ δέκα ἄγειν τοὺς κατὰ Μέμφιν γνωρίμους καὶ πρὸς οὓς Ἕλληνες ἤδη λογίζονται, κάτω δ' ἐν τοῖς ἕλεσιν εἰς ἑπτὰ καταβαίνειν, εἶτα δύ' ἥκουον. ἆρά γε Ἴστρος ἢ Φᾶσις ἢ Στρυμὼν ταῦτα σοφίζεται, ἀλλ' οὐ τοῦ Νείλου μόνον ταῦτ' ἐστὶ σοφίσματα τεχνωμένου [Behr 1981, 461; μαχομένου Keil 1898] τῇ φύσει τῆς χώρας; Zur Interpretation der Werte in einem literaturgeschichtlich-symbolischen Kontext siehe Seidlmayer 2001, 61 und 101.

Was würdest du zur Ordnung und zur Harmonie seiner Überschwemmung sagen? Wie ich hörte, steigt er in Syene und Elephantine 28 Ellen, in Koptos, dem indischen und arabischen Handelsplatz,[120] 21, nimmt von diesen wieder 7 weg und behält die vertrauten 14 bei Memphis, nach denen auch die Griechen heute Berechnungen anstellen, geht unten in den Sumpfgebieten auf 7 herab und dann auf 2. Der Istros, der Phasis oder der Strymon verhalten sich doch nicht so raffiniert? Ist das nicht vielmehr ein Kunstgriff des Nils allein, den er gegen die Natur des Landes anwendet?

6 Exkurs: Zitate mit Ägyptenbezug in den anderen Schriften des Aristides

An dieser Stelle lohnt ein kurzer Blick auf die anderen Schriften des Aristides. Denn auch dort lassen sich zum Thema Ägypten Beispiele für die typische Arbeitsweise des Aristides finden, indem er bekannte Zitate aus der antiken griechischen Literatur anführt, gegen diese polemisiert oder sie phantasievoll reinterpretiert.[121] In seiner Auseinandersetzung mit Platon, in der Verteidigungsschrift der vier großen Sophisten (Ὑπὲρ τῶν τεττάρων = *Or.* 3) versucht er einen Nachweis der Widersprüche in Platons Werken zu führen. Dabei korrigiert er Sokrates' Worte im Dialog *Phaidros* dahingehend, dass der ägyptische Gott „Theuth" freilich nicht aus Naukratis, sondern aus Hermopolis komme.[122]

---

120 Zu Koptos als Umschlagplatz von Waren aus Arabien und Indien vgl. Strab. 16,4,24.
121 Nicht immer ist mit letzter Gewissheit zu entscheiden, ob diese Modifikationen tatsächlich auf persönlichen Erfahrungen beruhen, Aristides' Phantasie entsprangen oder uns unbekannten Werken entnommen sind.
122 *Or.* 3, 583–584: ἢ εἴ τις αὖ πείθοιτο τὸν Αἰγύπτιον δαίμονα τὸν Θεῦθ, οὕτω γὰρ αὐτὸς εἴρηκεν τοὔνομα αὐτοῦ, τοῦτον περὶ Ναύκρατιν τῆς Αἰγύπτου γενέσθαι, καὶ μὴ ἐθέλοι συγχωρεῖν ὅτι ἐστὶν μὲν Ἑλλήνων Ἑρμῆς φωνή, ἀπὸ δὲ Ναυκράτιδος εἰς τὴν ἐπώνυμον πόλιν αὐτοῦ καὶ οὗ πάντες αὐτὸν ὁμολογοῦσιν Αἰγύπτιοι γενέσθαι ἀνάπλους ἡμερῶν ἐστιν οὐκ ὀλίγων; οὐ τοίνυν εἰ Πλάτων πολὺ πρῶτος τῶν Ἑλλήνων, ταὐτόν ἐστι Ναύκρατίς τε καὶ Ἑρμοῦ πόλις, οὐδ' αὖ περὶ Ναύκρατιν, ἀλλ' οὐκ ἐν τῇ ἑαυτοῦ πόλει δεῖ δὴ τὸν Ἑρμῆν γεγενῆσθαι δοκεῖν. Vgl. zur Stelle Plat. *Phaedr.* 274c. Zur Stelle bei Platon siehe Assmann 2000, 64–66.

Das Werk des Philosophen scheint Aristides gut gekannt zu haben und er hatte offenbar auch keine Hemmungen, dieses für seine Rhetorik zu exzerpieren.[123] So preist er in seinem Hymnus an die Göttin Athena (*Or.* 37) diese als Erfinderin der Kriegskunst und führt folgendes Zeugnis dafür an, dass die Göttin auch die Hopliten erfand:[124]

> Von den Dingen, welche die Hopliten betreffen (τῶν ὁπλιτικῶν (d. h. ihre Waffen), waren es in Asien die Ägypter und in Europa die nach der Göttin benannten (d.s. die Athener), die als erste den Schild vor sich hielten; denn in Ägypten gibt es einen heiligen Gau der Athena, wo diese aufgestellt (d. h. geweiht worden = ἀνάκειται) sind.

Die Stelle ist aus Platons Dialog *Timaios* abgeschrieben.[125] Das Besondere bei Aristides ist jedoch wieder ihre Reinterpretation. Die Waffen der Hopliten, die hier sicher mit dem Adjektiv ὁπλιτικός gemeint sind, verbindet er ganz speziell mit dem heiligen Gau der Athena und spielt damit auf das Gauzeichen an: Denn die Kombination aus Speer und Schild, den Waffen der Hopliten, erinnert stark an das typische Zeichen ( ) des 5. unterägyptischen Gaus, in dem die mit Athena gleichgesetzte Neith Hauptgöttin war.

Vergleichbares findet sich im Enkomion Εἰς Ῥώμην (*Or.* 26). In einer Passage hat Aristides die Ausgangsquelle umgestaltet, erweitert und reinterpretiert: Im Text steht der Bericht eines Vorfalls aus der ägyptischen Geschichte mit Reminiszenzen an Herodot und Diodor. Die glorifizierende Art der Beschreibung Ägyptens scheint dabei Aristides' Idee gewesen zu sein: Während der Plünderung Ägyptens durch Kambyses soll der ägyptische König auf den Mauern der Stadt Theben gestanden und einen Klumpen Erde und einen Becher Nilwasser als Symbol dafür hochgehalten haben, dass, solange der Perserkönig den Nil und das Land selbst nicht wegschleppen könne, er Ägyptens Reichtum nicht gewonnen habe.[126]

---

123 Auch als Stilisten misst Aristides Platon großen Wert bei. Zum Verhältnis des Aristides zu Platon vgl. Klein 1981, 85–86 und 97.
124 *Or.* 37,14 = Hopfner 1923, 302, 37 303, 6: τῶν μὲν ὁπλιτικῶν Αἰγύπτιοι μὲν τῶν κατὰ τὴν Ἀσίαν, οἱ δὲ ἐπώνυμοι τῆς θεοῦ τῶν ἐπὶ τῆς Εὐρώπης πρῶτοι προβαλόμενοι τὴν ἀσπίδα· ἔστι γὰρ καὶ κατ' Αἴγυπτον Ἀθηνᾶς νομὸς ἱερός, ᾧ ταῦτα ἀνάκειται. Das Demonstrativum ταῦτα bezieht sich wohl auf τὰ ὁπλιτικά, die Waffen der Hopliten.
125 Plat. *Tim.* 24B (von den Waffen sind bei Aristides nur der Schild (ἀσπίς), bei Platon Schild (ἀσπίς) und Speer (δόρυ) aufgeführt). Vgl. zur Stelle auch Plat. *Tim.* 21E; ferner Hdt. 2,169–170 und Plut. *Isid.* 32. Siehe insgesamt Jöhrens 1981, 103 und 263 Anm. 484–489.
126 *Or.* 26,86: ὅταν δὲ εἰς τὴν πλήρωσίν τε καὶ συλλογὴν αὐτοῦ βλέψῃ, τὸ τοῦ Αἰγυπτίου φήσει τε καὶ οἰήσεται, ὅς τῷ Καμβύσῃ διαρπάζοντι τὰ ἐν τῇ χώρᾳ καὶ τὰ ἱερὰ πορθοῦντι στὰς ἐπὶ τῶν τειχῶν Θηβαϊκῶν ἀνέτεινε γῆς τε βῶλον καὶ κύλικα ὕδατος ἀπὸ τοῦ Νείλου, σύμβολον

7 Ägypten und die gräko-ägyptischen Götter in den ἱεροὶ λόγοι

Ägypten hat bei Aristides insgesamt einen bleibenden Eindruck hinterlassen. Alexandria, die „große Stadt in Ägypten" hat Aristides des Öfteren bewundernd erwähnt.[127] Vor allem der alexandrinische Sarapiskult, der auch in Smyrna populär war, wo Aristides lange Jahre seines Lebens verbrachte, und wo der Gott zusammen mit Isis einen Tempel besaß, hat das Leben des Rhetors nachhaltig beeinflusst.[128] Neben seinem persönlichen σωτήρ Asklepios spielte Sarapis stets eine zentrale Rolle. Behr geht von einer generellen Abkehr von den ägyptischen Göttern und Hinwendung zu Asklepios in den letzten Lebensjahren des Aristides aus.[129] Das eine widerspricht jedoch nicht dem anderen, denn Asklepios konnte in der Funktion des Heilers einen Aspekt des Sarapis darstellen und umgekehrt trug Sarapis von Anfang an die Charakteristika des Asklepios.[130] Unter anderem berichtet Aristides von einem Traum, in dem ihm Asklepios als Sarapis erscheint.[131] Welchen Einfluss der Kult der ägyptischen Götter auch auf die persönliche Erfahrung des Aristides mit Asklepios hatte, zeigt sich auch an anderer Stelle: So erhält Aristides im Traum von Asklepios die Anweisung, ägyptische

---

ποιούμενος ὅτι, ἕως ἂν Αἴγυπτον αὐτὴν καὶ τὸν ποταμὸν Νεῖλον μετενεγκεῖν μὴ δύναται μηδὲ ἀναγεῖν ἀνάρπαστον, οὔπω τὸν Αἰγυπτίων πλοῦτον εἴληφεν, ἀλλὰ ταχέως αὐτοῖς ἄλλα τοσαῦτα γενήσεται τούτων μενόντων καὶ οὔποτε ἐπιλείψει πλοῦτος Αἴγυπτον. Vgl. zur Stelle Hdt. 3,13–15 und Diod. 1,46,4–5; siehe auch Waddell 1934, 124 Anm. *; Oliver 1953, 940; Klein 1983, 105 Anm. 107.
127 Or. 21,4; Or. 26,26,67(?) und 95; Or. 36,18,33–34 und 74; Or. 45,21 und 33 (im Fall des letzteren Belegs ist vielleicht auch Smyrna gemeint. So Höfler 1935 und Behr 1981, 422 Anm. 77) und Or. 49,3–5 [HL III] im Traum (vgl. dazu Quet 1992, 399–400; Cortés Copete 1995, 25–26 und 178 Anm. 16 und Fron 2014, 212). Ein eigenes Enkomion wie im Fall von Smyrna (Or. 17), Rom (Or. 26) oder Athen (Or. 1) hat er ihr offenbar nicht gewidmet.
128 Zum Sarapiskult in Smyrna vgl. Höfler 1935, 4; Cadoux 1938, 214 mit Anm. 4; Dunand 1973 III, 75–76; Gascó/de Verger 1987, 14 mit Anm. 25 und Goeken 2012, 552–554. Die Göttin Isis wird bei Aristides nur in den ἱεροὶ λόγοι beim Namen genannt (dazu vgl. Schröder 1986, 27 Anm. 52). Ihr Kult (stets zusammen mit dem des Sarapis) ist explizit erwähnt in Or. 47, 24–26 [HL I]; 49, 45–50 [HL III] und 50, 97 [HL IV] (vgl. Behr 1968, 149). Auch im Enkomion auf Rom rühmt er die ägyptischen Götter (Or. 26,105) zusammen mit Asklepios.
129 Siehe Behr 1978, 13–24 auch allgemein zum Verhältnis zwischen Asklepios und Sarapis im Leben des Aristides.
130 Vgl. etwa Tac. hist. 4,84,5; vgl. auch Merkelbach 2001, 78 und 201 sowie Quack/Paarmann 2014, 267.
131 Or. 49,46 [HL III] = Hopfner 1923, 307, 37–41; vgl. auch Or. 48,18 [HL II] = Hopfner 1923, 307, 20–25.

Sandalen (als Teil seines Heilungsprozesses) zu tragen, die für gewöhnlich die Priester (des Sarapis) tragen.[132] Und so sind nicht nur in die früh verfassten Reden des Αἰγύπτιος und des Sarapishymnus Eindrücke aus Ägypten eingeflossen. Auch die spät niedergeschriebenen ἱεροὶ λόγοι enthalten Verweise auf das Land und Beschreibungen der religiösen Praktiken in den hellenisierten Kulten der ägyptischen Götter.[133] Dabei sind es vor allem die Traumschilderungen, die von Erinnerungen durchdrungen werden.[134]

7.1 Der Traum von Elephantine (HL I, §§ 24–26)

In einem dieser Träume, der in das Jahr 170 datiert, sieht Aristides den Apollontempel auf dem Berg Milyas.[135] Doch dann vermischt sich das Bild: Aristides beschreibt die Ähnlichkeit der Gebäude, ja der ganzen Szenerie mit dem ägyptischen Elephantine, bis es schließlich so wirkt, als befände er sich in seinem Traum in der ägyptischen Stadt, die er Jahre zuvor besucht hatte.[136] Noch verwirrender wird es, wenn er seine Schilderung fortsetzt und schreibt, er habe geträumt, der Priester des Gottes (des Apollon oder des Gottes auf Elephantine?) sei derselbe wie der Priester der Isis in Smyrna, mit dem er seinem Bericht zufolge befreundet gewesen ist und den er oft um Rat gefragt hat:[137] Offenbar noch in der gleichen Nacht träumt er davon, das ägyptische Räuchermittel Kyphi als Medizin

---

132 ὑποδήματα Αἰγύπτια, οἷσπερ οἱ ἱερεῖς χρῆσθαι νομίζουσιν (*Or.* 47,61 [*HL* I] = Hopfner 1923, 307, 14–18). Dazu vgl. Behr 1968, 61; Festugière 1960, 92–93 mit 169, Anm. 18 und Behr 1978, 15–17. Zum Schuhwerk der ägyptischen Priester vgl. auch Hdt. 2,37,3 (dazu Wiedemann 1890, 168).
133 Zu den ἱεροὶ λόγοι ist immer noch Behr 1968 grundlegend; vgl. auch Behr 1981, 278–353 und 425–446; Festugière 1986; Schröder 1986 und Cortés Copete 1999, 244–434. Aus der Forschungsliteratur sei noch hingewiesen auf Behr 1968 und 1978; Schröder 1988; Korenjak 2005 sowie jüngst Israelowitch 2012 und Downie 2013. Weitere bibliographische Angaben bei Behr 1994, 1232.
134 Die in den ἱεροὶ λόγοι beschriebenen Ereignisse und Träume umfassen einen Zeitraum von 143 bis 171 n. Chr., also von knapp 30 Jahren. Die chronologische Struktur ist dabei keineswegs immer deutlich ersichtlich. Für die Zuordnung einzelner Episoden zu bestimmten Lebensdaten des Aristides vgl. Behr 1968, 121–128 und 205–29 sowie Behr 1981, 278–353. Vgl. insgesamt auch Korenjak 2005.
135 Zur Lokalisierung Behr 1981, 426 Anm. 43 und Schröder 1986, 27 Anm. 50.
136 *Or.* 47,24 [*HL* I] = Hopfner 1923, 306, 35–41: πέμπτη ἐφαίνετο μὲν τὸ ἱερὸν τοῦ Ἀπόλλωνος τὸ ἐν τῷ ὄρει τῷ Μιλύᾳ· ἐδόκει δὲ οἰκήματα ἄττα προσγεγενῆσθαι, καὶ ὄνομα εἶναι τῷ χωρίῳ Ἐλεφαντίνη ἀπὸ Ἐλεφαντίνης τῆς ἐν Αἰγύπτῳ· ἔχαιρον δὴ καὶ κατ' αὐτὰ τὰ οἰκήματα καὶ κατὰ τὴν οἰκειότητα τοῦ τόπου τῷ τόπῳ. Zu dieser Episode vgl. Downie 2013, 69–71. Zu Elephantine vgl. *Or.* 36,46–47 und 50–54.
137 Vgl. *Or.* 47,25–26 [*HL* I] = Hopfner 1923, 306, 41–307, 13.

zu sich zu nehmen, das offenbar auch im Kult der ägyptischen Götter in Smyrna zur Anwendung kam. Unsicher ob der Art der Anwendung sucht Aristides – offenbar immer noch im Traum – Rat bei besagtem Isispriester.

7.2 Die Träume von Sarapis als Gott der Unterwelt (HL III, §§ 44–50)

Auch an anderer Stelle erfahren wir etwas über den Isis- und Sarapiskult in Smyrna: Der Tempel der Götter spielt in einigen längeren, nicht weniger verwirrenden Episoden am Ende des dritten der ἱεροὶ λόγοι eine wichtige Rolle, die in die Jahre 144/145 und 149, gut 20 Jahre vor den oben beschriebenen Ereignissen relativ zu Beginn seiner Krankheit zu datieren sind:[138] Zunächst erhält Aristides von Isis die Anweisung, ihr zwei Gänse zu opfern.[139] Dem Gänsehändler wiederum hatte die Göttin aufgetragen, zwei Gänse für Aristides zu reservieren. Nach dem Opfer erscheinen dem Rhetor Isis, Sarapis und Asklepios im Traum. Dabei führt Sarapis offenbar mit einem Messer einen Eingriff am Gesicht des Aristides durch. Die Stelle ist verderbt überliefert, die Interpretation daher unsicher.[140] Der nächste Abschnitt berichtet ebenfalls von Träumen, in denen die ägyptischen Götter Aristides die Geheimnisse der Unterwelt offenbaren: Darin erscheinen Leitern, welche Unterwelt und Himmel voneinander trennen, sowie die Macht des Gottes in diesen beiden Domänen.[141] Nun ist die Vorstellung von einer Himmelsleiter bereits in den ägyptischen Pyramidentexten belegt, jedoch auch in anderen orientalischen Kulten und in der griechischen Gedankenwelt. Eine exakte Parallele für Aristides' Bild von Leitern zwischen Himmel und Unterwelt lässt sich nicht finden.[142] Interessanterweise lassen aber auch die Pyramidentexte in Bezug auf diese Art des Himmelsaufstiegs die Spannung zwischen den Domänen des

---

138 Or. 49,45–50 [HL III] = Hopfner 1923, 307, 26 – 309, 2. Zur Datierung Behr 1968, 251; Behr 1978, 16 und Behr 1981, 316–317.
139 Or. 49,45–46 [HL III]; vgl. auch §§ 49–50. Zur Gans als typisches Opfer vgl. Alvar 2008, 313 mit Anm. 424–426 mit Belegen und Literatur; vgl. auch Schröder 1986, 80 Anm. 96.
140 Hierzu Behr 1978 und Schröder 1986, 77 mit Anm. 85.
141 Or. 49,47–48 [HL III] = Hopfner 1923, 307, 41 – 308, 25: ἐν οἷς (scil. Träume/Visionen o.ä.) αἵ τε δὴ κλίμακες ἦσαν αἱ τὸ ὑπὸ γῆς τε καὶ ὑπὲρ γῆς ἀφορίζουσαι καὶ τὸ ἑκατέρωθι κράτος τοῦ θεοῦ.
142 Literatur dazu bei Schröder 1986, 77–79 mit Anm. 88–93.

Osiris und des Re erkennen.¹⁴³ Anklänge finden wir auch in der zweiten Setnagechichte, bei der jedoch wiederum Einflüsse griechischer Mythen zu erwarten sind.¹⁴⁴ Die ganze Passage ist dahingehend interpretiert worden, dass es sich hier um die Initiationserfahrung des Aristides in die Mysterien des Sarapis handelt.¹⁴⁵ Traditionell war die Sarapisreligion keine Mysterienreligion; Aristides scheint auch in diesem Zusammenhang den griechischen Namen Sarapis für den ägyptischen Osiris einzusetzen.¹⁴⁶ Insgesamt erinnert die Stelle an die oben zitierten Passagen des Sarapishymnus, in denen die osirianischen Aspekte des Sarapis stark hervortreten (*Or.* 45, 24–25 und 32): Wie schon im Sarapishymnus erscheint Sarapis hier als allmächtiger Gott, der sowohl die Unterwelt als Totengott beherrscht als auch als Sonnengott und Herrscher über den Himmel und die Erde.

8 Schlussbetrachtung

Um dem Thema des Tagungsbandes Rechnung zu tragen und dieses in einen weiteren Kontext einzubetten, wurde auf den zurückliegenden Seiten die Ägyptenrezeption eines kaiserzeitlichen Rhetors von verschiedenen Seiten beleuchtet. Dieser Aelius Aristides steht dabei nicht, wie die Autoren, denen die weiteren Beiträge dieses Bandes gewidmet sind, in der Tradition des Platonismus, sondern in der Tradition der Zweiten Sophistik, einer weiteren populären Strömung der Zeit. Ägyptenrezeption, so ist daraus zu lernen, ist damit nicht ein Phänomen allein des Platonismus.

Vergleicht man die Erwähnungen Ägyptens in seinen Schriften, wird man die Ägyptenrezeption des Aristides in mehrere Bereiche gliedern müssen: Da ist zum einen der junge Mann, der als interessierter Tourist nach Ägypten kam. Immer wieder verweist er an den verschiedensten Stellen auf seine Reise. Überwiegend tritt uns der Redekünstler entgegen, der zur Demonstration seines rhetorischen

---

143 DuQuesne 2006, 23–24 mit Verweis auf *Pyr.* §§ 364–369 (Spruch 267); *Pyr.* § 390 (Spruch 271); *Pyr.* § 472 (Spruch 305) und *Pyr.* § 517 (Spruch 321).
144 Dazu siehe etwa Kákosy 1971 und Quack 2009, 41–48 und 198; zur gegenseitigen Beeinflussung der alexandrinischen und traditionell-ägyptischen Religion siehe Kákosy 1969, 59 und Kákosy 1995, 3020–3022.
145 Vgl. zu den auffallenden Parallelen bei der Initiation des Lucius in Apuleius' Metamorphosen (Apul. *met.* 11,23) und der des Aristides in den ἱεροὶ λόγοι Harrison 2001, 254–255. Vgl. auch Behr 1968, 150; Griffiths 1970, 391 mit Anm. 7; Behr 1978, 18–19 und Schröder 1986, 77 Anm. 85.
146 Zu dieser Trennung zwischen Osiris und Sarapis vgl. Malaise 2005, 139 mit Anm. 77.

Talents Ägypten als Plattform auswählt und den Αἰγύπτιος vor allem als Unterhaltungsliteratur verfasst. Dabei hat er offenbar auch Augenzeugenberichte und persönliche Erfahrungen einfließen lassen. Die Themenwahl erfolgte keineswegs zufällig; Ägypten war immer ein beliebtes Motiv. Auch Plutarch wählt zur Reflexion über seine philosophischen Ideen einen ägyptischen Mythos, wie schon Platon Ägyptisches zur Konzeptualisierung seiner Ideen gebraucht. Der Romanautor, Philosoph und Sophist Apuleius verwendet im 11. Buch der *Metamorphosen* Ägyptens Götter als Motiv. Später entstehen ganze Ägyptenromane etwa die *Aithiopika* des Heliodor. Das Publikum des Aristides kannte Ägypten als Land des Nils und der Wunder.

Das spezifische Interesse an Ägypten dürfte sich auch aus der Präferenz des Aristides für den hellenistischen Sarapiskult seiner Wahlheimat Smyrna begründen lassen, an dem er vielleicht selbst als Festredner teilhatte.[147] Trotz aller Topik scheint er sich für die ägyptische Religion v.a. in Hinblick auf die Ursprünge des Sarapiskults interessiert und sich mit ihr beschäftigt zu haben. Wir erkennen in seiner Selbstdarstellung den kranken und devoten Menschen, von dessen Religiosität die Schrift Εἰς Σάραπιν und das Ende des Αἰγύπτιος zeugen, die neben dem menschlichen Publikum in gleicher Weise als Huldigung an die Gottheit gerichtet sind. Die beiden Schriften zeigen stellenweise deutlich die ägyptischen Einflüsse auf die Sarapisreligion, deren Anhänger Aristides lange Zeit war, wie auch die spät niedergeschriebenen ἱεροὶ λόγοι belegen.

---

[147] Die Rhetorik selbst bekommt dadurch eine religiöse Dimension (Pernot 2006, v. a. 253); zu den Festrednern im Kult vgl. auch Merkelbach 2001, 223–224.

Anhang: Aufbau des Sarapishymnus und des Αἰγύπτιος

Dem Hymnus an Sarapis liegt folgende Gliederung zu Grunde:[148]

I. Teil: Prolog mit der Rechtfertigung des Prosahymnus (§§ 1–13)
  1. Gegen den Vershymnus der Dichter (§§ 1–8)
  2. Für den Prosahymnus (§§ 9–13)

II. Teil: Der eigentliche Hymnus (§§ 14–32)
  1. Prooimion: Anrufung und Wesen des Gottes (§§ 14–15)
  2. Aretalogie (§§ 16–32)

III. Teil: (*peroratio*) Dank an den Gott für die Errettung aus Seenot (§§ 33–34)

Der Gang der Argumentation im Αἰγύπτιος lässt sich wie folgt einteilen:[149]

Prooimion: Thema und des Ziel des Werks (§§ 1–2)

I. Teil: Widerlegung der wissenschaftlichen Erklärungsversuche zur Ursache der Nilflut (§§ 3–99)
  1. Theorie des Thales (§§ 3–12) [vgl. DK 11 A 1,37; A 16]
  2. Theorie des Anaxagoras (Euripides) (§§ 13–18) [vgl. DK 59 A 42,5; A 91 (Eur. *Hel*. 1–3)]
  3. Theorie des Thrasyalkes/Demokrit (§§ 19–40) [vgl. DK 35,1 und 68 A 99]
     Exkurs: Die Harmonie des Nils und die Sonnen- und Mondphasen (§§ 35–40)
  4. Theorie des Herodot (§§ 41–63) [vgl. Hdt. 2,24–25]
     Exkurs: Das Kataraktengebiet und die Nilquellen (§§ 46–57)
     Exkurs: Äthiopien; 36 Katarakte; Weißer und Blauer Nil (§§ 55–56)
  5. Theorie des Ephoros (§§ 64–84) [vgl. FGrHist 70 F 65]
  6. Theorie des Euthymenes (§§ 85–96) [vgl. FGrHist IV, 408]
  7. Theorie des Diogenes (§§ 97–99) [vgl. DK 64 A 18]

---

148 Zur Einteilung vgl. ausführlich Höfler 1935, 9–10 und Goeken 2012, 556–558; vgl. auch Downie 2013, 130; Behr 1981, 420, Anm. 1 und Cortés Copete 1999, 20.
149 Für eine ähnliche Aufteilung vgl. auch Behr 1981, 403, Anm. 1 und Cortés Copete 1999, 12–13.

8. Zusammenfassung der widerlegten Theorien (§§ 100–103)

II. Teil: Über die Glaubwürdigkeit der Schriftsteller, die über Ägypten schreiben (§§ 104–113)
1. Homer über den Nil und die Insel Pharos (§§ 104–107) [vgl. Hom. *Od.* 4,354–357, 581]
2. Hekataios über die Stadt Kanobos (§§ 108–111) [vgl. FGrHist 1 F 308]
3. Pindar über die Stadt Mendes (§§ 112–113) [vgl. Strab. 17,1,19 = Pind. fr. 201]

III. Teil: (*peroratio*) Über die Göttlichkeit des Nils (§§ 114–125)
1. Die Wunder des Nils (§§ 114–122)
2. Das göttliche Wirken in der Nilflut (§§ 123–124)
3. Die Größe und die Bedeutung des Nils (§ 125)

Literaturverzeichnis[150]

el-Abbadi (2004): Mostafa el-Abbadi, „The Island of Pharos in Myth and History", in: William V. Harris u. Giovanni Ruffini (Hgg.), *Ancient Alexandria between Egypt and Greece*, Leiden/Boston, 259–267.
Alvar (2008): Jaime Alvar, *Romanising Oriental Gods. Myth, Salvation and Ethics in the Cults of Cybele, Isis and Mithras*, Leiden/Boston.
Amann (1931): Julius Amann (Hg.), *Die Zeusrede des Ailios Aristeides*, Stuttgart.
Anderson (1990): Graham Anderson, „The second Sophistic: Some problems of perspective", in: Donald A. Russell (Hg.), *Antonine Literature*, Oxford, 91–110.
Assmann (2000): Jan Assmann, *Weisheit und Mysterium. Das Bild der Griechen von Ägypten*, München.
Ball (1942): John Ball, *Egypt in the classical geographers*, Cairo.
Baumgart (1874): Hermann Baumgart, *Aelius Aristides als Repräsentant der sophistischen Rhetorik des zweiten Jahrhunderts der Kaiserzeit*, Leipzig.
Behr (1968): Charles A. Behr, *Aelius Aristides and the Sacred Tales*, Amsterdam.
Behr (1978): Charles A. Behr, „Aristides and the Egyptian Gods. An unsuccessful search for salvation, with a special discussion of the textual corruption at XLIX 47", in: Margreet B. de Boer u. T. A. Edridge (Hgg.), *Hommages à Maarten J. Vermaseren*, Leiden, 13–24.
Behr (1981): Charles A. Behr (Hg.), *P. Aelius Aristides. The complete Works*. Volume II. Orations XVII–LLIII, Leiden.
Behr (1986): Charles A. Behr (Hg.), *P. Aelius Aristides. The complete Works*. Volume I. Orations I–XVI, Leiden.
Behr (1994): Charles A. Behr, „Studies on the biography of Aelius Aristides", *Aufstieg und Niedergang der Römischen Welt* 2,34,2, 1140–1233.
Beinlich (1984): Horst Beinlich, *Die „Osirisreliquien". Zum Motiv der Körperzergliederung in der altägyptischen Religion*, Wiesbaden.
Beinlich (1995): Horst Beinlich, „Zwei Osirishymnen in Dendara", *Zeitschrift für ägyptische Sprache und Altertumskunde* 122, 5–31.
Bernand (1970): André Bernand, *Le Delta égyptien d'après les textes grecs*, Le Caire.
Bernand (1984): André Bernand, *Les portes du désert. Recueil des inscriptions grecques d'Antinooupolis, Tentyris, Koptos, Apollonopolis Parva et Apollonopolis Magna*, Paris.
Bingen (1987): Jean Bingen, „Aelius Aristide, OGIS 709 et les 'Grecs d'Égypte'", in: Jean Servais, Tony Hackens u. Brigitte Servais-Soyez (Hgg.), *Stemmata. Mélanges de philologie, d'histoire et d'archéologie grecques offerts à Jules Labarbe*, Louvain-la-Neuve, 173–185.

---

[150] Die Abkürzungen im Text und im Literaturverzeichnis richten sich nach Mathieu (2010): Bernard Mathieu, *Abréviations des périodiques et collections en usage à l'Institut français d'archéologie orientale*, Le Caire (http://www.ifao.egnet.net/uploads/publications/enligne/Abreviations.pdf) oder der *Année Philologique*. Außer den dort angeführten Abkürzungen habe ich in dem Beitrag die folgenden verwendet: *Kom Ombo*: Jacques De Morgan u. a., *Kom Ombos*, 2 Bde., Catalogue des monuments et inscriptions de l'Égypte antique 2–3, Wien 1895–1909 [zitiert nach Nr.] und *KoptHWB*: Wolfhart Westendorf, *Koptisches Handwörterbuch. Bearbeitet auf der Grundlage des Koptischen Handwörterbuchs von Wilhelm Spiegelberg*, Heidelberg ²1977, 2000, Ndr. 2008.

von Bissing (1929): Friedrich W. von Bissing, „Das heilige Bild von Kanopos", *Bulletin de la Société archéologique d'Alexandrie* 24, 39–59.
von Bissing (1936): Friedrich W. von Bissing, „Aristeides Rhetor und der Name von Kanopos", *Zeitschrift für ägyptische Sprache und Altertumskunde* 72, 79.
Bonneau (1964): Danielle Bonneau, *La crue du Nil. Divinité égyptienne à travers mille ans d'histoire (332 av.–641 ap. J.-C.) d'après les auteurs grecs et latins, et les documents des époques ptolémaïque, romaine et byzantine*, Paris.
Borgeaud u. Volokhine (2000): Philippe Borgeaud u. Youri Volokhine, „La formation de la légende de Sarapis : und approche transculturelle", *Archiv für Religionsgeschichte* 2, 37–76.
Boulanger (1923): André Boulanger, *Aelius Aristide et la sophistique dans la province d'Asie au IIe siècle de notre ère*, Paris.
Bowie (1989): Ewen L. Bowie, „Greek sophists and Greek poetry in the second sophistic", *Aufstieg und Niedergang der Römischen Welt* 2,33,1, 209–258.
Bowie (2008): Ewen L. Bowie, „Aristides and early Greek lyric, elegiac and iambic poetry", in: William V. Harris u. Brooke Holmes (Hgg.), *Aristides between Greece, Rome, and the gods*, Leiden/Boston, 9–29.
Brugsch (1879): Heinrich K. Brugsch, *Dictionnaire géographique de l'ancienne Égypte*, Leipzig.
Budde (2011): Dagmar Budde, *Das Götterkind im Tempel, in der Stadt und im Weltgebäude. Eine Studie zu drei Kultobjekten der Hathor von Dendera und zur Theologie der Kindgötter im griechisch-römischen Ägypten*, Darmstadt/Mainz.
Cadoux (1938): Cecil J. Cadoux, *Ancient Smyrna. A History of the city from the earliest times to 324 A.D.*, Oxford.
Calderini (1973): Aristide Calderini, *Dizionario dei nomi geografici e topografici dell'Egitto greco-romano. Volume Secundo*, Milano.
Capelle (1914): Wilhelm Capelle, „Die Nilschwelle", *Neue Jahrbücher für das klassische Altertum* 33, 317–361.
Carrez-Maratray (2012): Jean-Yves Carrez-Maratray, „Héros grecs en terre égyptienne. Kanôbos et Pélousios", in: Christiane Zivie-Coche u. Ivan Guermeur (Hgg.), *« Parcourir l'éternité ». Hommages à Jean Yoyotte*, Tournhout, 219–238.
Clarysse (1987): Willy Clarysse, „Noms démotiques en -iw, -m-ḥb et -i.ir.dj-s", *Enchoria* 15, 11–24.
Cortés Copete (1995): Juan M. Cortés Copete, *Elio Aristides. Un sofista griego en el Imperio Romano*, Madrid.
Cortés Copete (1997): Juan M. Cortés Copete (Hg.), *Elio Aristides. Discursos IV. Introduccion, traducción y notas*, Madrid.
Cortés Copete (1999): Juan M. Cortés Copete (Hg.), *Elio Aristides. Discursos V. Introduccion, traducción y notas*, Madrid.
Coulon (2010): Laurent Coulon, „Le culte osirien au Ier millénaire av. J.-C. Une mise en perspective(s)", in: Laurent Coulon (Hg.), *Le culte d'Osiris au Ier millénaire av. J.-C. Découvertes et travaux récents (Colloquium Lyon, 8. und 9. Juli 2005)*, Le Caire, 1–17.
Daressy (1928): Georges Daressy, „Ménélaïs et l'embouchure de la branche canopique", *Revue de l'Égypte ancienne* 2, 20–51.
Devauchelle (2010): Didier Devauchelle, „Osiris, Apis, Sarapis et les autres. Remarques sur les Osiris memphites au Ier millénaire av. J.-C.", in: Laurent Coulon (Hg.), *Le culte d'Osiris au Ier millénaire av. J.-C. Découvertes et travaux récents (Colloquium Lyon, 8. und 9. Juli 2005)*, Le Caire, 49–62.

Devauchelle (2012): Didier Devauchelle „Pas d'Apis pour Sarapis", in: Annie Gasse, Frédéric Servajean u. Christophe Thiers (Hgg.), *Et in Ægypto et ad Ægyptum. Recueil d'études dédiées à Jean-Claude Grenier*, 4 Bde., Montpellier, 213–225.

Diels u. Kranz (1956): Hermann Diels u. Walther Kranz (Hgg.), *Fragmente der Vorsokratiker*, (8. Auflage) Berlin.

Dils (2000): Peter Dils, *Der Tempel von Dusch. Publikation und Untersuchung eines ägyptischen Provinztempels der römischen Zeit*, Köln (http://kups.ub.uni-koeln.de/1614/) (Stand 26. 1. 2006).

Downie (2013): Janet Downie, *At the Limits of Art. A Literary Study of Aelius Aristides' Hieroi Logoi*, Oxford.

Dunand (1973): Françoise Dunand, *Le culte d'Isis dans le bassin oriental de la Méditerranée*, 3 Bde.: I: Le culte d'Isis et les Ptolémées, II: Le culte d'Isis en Grèce, III: Le culte d'Isis en Asie Mineure clergé et rituel des sanctuaires isiaques, Leiden.

DuQuesne (2006): Terence DuQuesne, „The Osiris-Re Conjunction with Particular Reference to the Book of the Dead", in: Burkhard Backes, Irmtraut Munro u. Simone Stöhr (Hgg.), *Totenbuch-Forschungen (Colloquium Bonn, 25. bis 29. September 2005)*, Wiesbaden, 23–33.

Eide u. a. (1998): Tormod Eide, Tomas Hägg, Richard H. Pierce u. László Török (Hgg.), *Fontes Historiae Nubiorum. Textual Sources for the History of the Middle Nile Region between the Eighth Century BC and the Sixth Century AD. Vol. III: From the First to the Sixth Century AD*, Bergen.

Faulkner (1958): Raymond O. Faulkner, *An Ancient Egyptian Book of Hours (Pap. Brit. Mus. 10569)*, Oxford.

Festugière (1960): André-Jean Festugière, *Personal Religion among the Greeks*, Berkely/Los Angeles.

Festugière (1986): André-Jean Festugière, *Discours sacrés. Rêve, religion, médicine au IIe siècle après J.-C.*, Paris.

Fitzenreiter (2003): Martin Fitzenreiter (Hg.), *Tierkulte im pharaonischen Ägypten und im Kulturvergleich (Colloquium Berlin, 7. und 8. Juni 2002)*, Berlin (http://www2.hu-berlin.de/nilus/net-publications/ibaes4/publikation/tierkulte.pdf).

Foertmeyer (1989): Victoria A. Foertmeyer, *Tourism in Graeco-Roman Egypt*, Princeton.

Foucart (1943): Georges Foucart, „Le soleil d'Hérodote et la cosmophysique des physiologues", *Bulletin de l'Institut égyptien* 25, 83–100.

Froidefond (1971): Christian Froidefond, *Le mirage égyptien dans la littérature grecque d'Homère a Aristote*, Paris.

Fron (2014): Christian Fron, „Der Reiz des Nil. Die Reise des Aelius Aristides nach Ägypten und ihr Einfluss auf seine Reden und Werke", in: Eckart Olshausen u. Vera Sauer (Hgg.), *Mobilität in den Kulturen der antiken Mittelmeerwelt (Colloquium Stuttgart, 2011)*, Stuttgart, 205–224.

Gardiner (1947): Alan H. Gardiner, *Ancient Egyptian Onomastica*, 3 Bde., London.

Gascó u. de Verger (1987): Fernando Gascó u. Antonio R. de Verger (Hgg.), *Elio Aristides. Discursos I. Introducción, traducción y notas*, Madrid.

Gascó (1987–1988): Fernando Gascó, „Retórica y realidad en la Segunda Sofística", *Habis* 18–19, 437–444.

Gascó (1988): Fernando Gascó, „Noticias perdidas sobre Gades y su entorno en autores griegos. Un comentario a Elio Aristides XXXVI, 90-1 K y Filostrato Vida de Apolonio V, 9", *Revista Gades* 17, 9–14.

Gascó (1997): Fernando Gascó (Hg.), *Elio Aristides. Discursos III. Introducción, traducción y notas*, Madrid.
Gauthier (1935): Henri Gauthier, *Les nomes d'Égypte depuis Hérodote jusqu'à la conquête arabe*, Le Caire.
Gerth (1956): Karl Gerth, s.v. „Zweite Sophistik", *Realencyclopädie der classischen Altertumswissenschaft* Suppl. VIII, 719–782.
Ghourogiannis (1999): Theodoros K. Ghourogiannis, *Pindaric Quotations in Aelius Aristides*, London (discovery.ucl.ac.uk/1348741/1/322697_.pdf).
Goeken (2012): Johann Goeken, *Aelius Aristide et la rhétorique de l'hymne en prose*, Turnhout.
Grenier (1977): Jean-Claude Grenier, *Anubis Alexandrin et Romain*, Leiden.
Griffiths (1970): John G. Griffiths (Hg.), *Plutarch's De Iside et Osiride. Edited with an Introduction, Translation and Commentary*, Cambridge.
Guermeur (2001–2002): Ivan Guermeur, „Religion de l'Égypte ancienne", *Annuaire de l'École pratique des hautes études* 110, 197–204.
Harrison (2001): Stephen J. Harrison, „Apuleius, Aelius Aristides and religious autobiography", *Ancient Narrative* 1, 245–259.
Höfler (1935): Anton Höfler (Hg.), *Der Sarapishymnus des Ailios Aristeides*, Stuttgart/Berlin.
Hölbl (1981): Günther Hölbl, „Andere ägyptische Gottheiten", in: Maarten J. Vermaseren (Hg.), *Die orientalischen Religionen im Römerreich*, Leiden, 157–192.
Hoffmann u. Quack (2007): Friedhelm Hoffmann u. Joachim F. Quack, *Anthologie der demotischen Literatur*, Berlin.
Hopfner (1913): Theodor Hopfner, *Der Tierkult der alten Ägypter nach den griechisch-römischen Berichten und den wichtigeren Denkmälern*, Wien.
Hopfner (1923): Theodor Hopfner (Hg.), *Fontes historiae religionis Aegyptiacae. Pars III: Auctores a Clemente Romano usque ad Porphyrium Continens*, Bonn.
Hornbostel (1973): Wilhelm Hornbostel, *Sarapis. Studien zur Überlieferungsgeschichte, den Erscheinungsformen und Wandlungen der Gestalt eines Gottes*, Leiden.
Hug (1912): August Hug, *Leben und Werke des Rhetors Aristides*, Solothurn.
Huß (1994): Werner Huß, *Der makedonische König und die ägyptischen Priester. Studien zur Geschichte des ptolemaiischen Ägypten*, Stuttgart.
Huß (2001): Werner Huß, *Ägypten in hellenistischer Zeit 332–30 v. Chr.*, München.
Huß (2011): Werner Huß, *Die Verwaltung des ptolemaiischen Reichs*, München.
Israelowitch (2012): Ido Israelowitch, *Society, medicine and religion in the Sacred Tales of Aelius Aristides*, Leiden/Boston.
Jöhrens (1981): Gerhard Jöhrens (Hg.), *Der Athenahymnus des Ailios Aristeides*, Berlin.
Kákosy (1969): László Kákosy, „Probleme der ägyptischen Jenseitsvorstellungen in der Ptolemäer- und Kaiserzeit", in: Philippe Derchain (Hg.), *Religions en Égypte hellénistique et romaine (Colloquium Straßburg, 16. bis 18. Mai 1967)*, Paris, 59–68.
Kákosy (1971): László Kákosy, „Selige und Verdammte in der spätägyptischen Religion", *Zeitschrift für ägyptische Sprache und Altertumskunde* 97, 95–106.
Kákosy (1995): László Kákosy, „Probleme der Religion im römerzeitlichen Ägypten", *Aufstieg und Niedergang der Römischen Welt* 2,18,5, 2894–3049.
Keil (1898): Bruno Keil (Hg.), *Aelii Aristidis Smyrnaei quae supersunt omnia. Vol. II: Orationes XVII–LIII continens*, Berlin.
Kessler (1989): Dieter Kessler, *Die heiligen Tiere und der König Teil I: Beiträge zu Organisation, Kult und Theologie der spätzeitlichen Tierfriedhöfe*, Wiesbaden.

Kessler (2000): Dieter Kessler, „Das hellenistische Serapeum in Alexandria und Ägypten", in: Manfred Görg u. Günther Hölbl (Hgg.), *Ägypten und der östliche Mittelmeerraum im 1. Jahrtausend v. Chr. (Colloquium München, 25. bis 27. Oktober 1996)*, Wiesbaden, 163–230.

Kettel (1994): Jeannot Kettel, „Canopes, rḏw.w d'Osiris et Osiris-Canope", in: Catherine Berger, Gisèle Clerc u. Nicolas Grimal (Hgg.), *Hommages à Jean Leclant. Volume 3: Études Isiaques*, Le Caire, 315–330.

Kindstrand (1973): Jan F. Kindstrand, *Homer in der Zweiten Sophistik. Studien zu der Homerlektüre und dem Homerbild bei Dion von Prusa, Maximos von Tyros und Ailios Aristeides, Studia Graeca Upsaliensia 7*, Uppsala.

Klein (1981): Richard Klein, *Die Romrede des Aelius Aristides. Einführung*, Darmstadt.

Klein (1983): Richard Klein (Hg.), *Die Romrede des Aelius Aristides*, Darmstadt.

Koemoth (2001): Pierre Koemoth, „À propos de la stèle d'Apollônios (Louvre N328): Opoïs, Osiris et Sérapis en Abydos", *Studien zur altägyptischen Kultur* 29, 217–233.

Korenjak (2000): Martin Korenjak, *Publikum und Redner. Ihre Interaktion in der sophistischen Rhetorik der Kaiserzeit*, München.

Korenjak (2005): Martin Korenjak, „'Unbelievable Confusion'. Weshalb sind die ‚Hieroi Logoi' des Aelius Aristides so wirr?", *Hermes* 133, 215–234.

Leitz (2012): Christian Leitz, *Geographisch-osirianische Prozessionen aus Philae, Dendara und Athribis. Soubassementstudien II*, Wiesbaden.

Leitz (2014): Christian Leitz, *Die Gaumonographien in Edfu und ihre Papyrusvarianten. Ein überregionaler Kanon kultischen Wissens im spätzeitlichen Ägypten. Soubassementstudien III*, Wiesbaden.

Lenz (1964): Friedrich W. Lenz, *Aristeidesstudien*, Berlin.

Lenz u. Behr (1978): Friedrich W. Lenz u. Charles A. Behr (Hgg.), *P. Aelii Aristidis Opera quae exstant omnia. Vol. I: Orationes I–XVI complectens*, Leiden.

Llera Fueyo (1997): Luis A. Llera Fueyo (Hg.), *Elio Aristides. Discursos II. Introducciones, traducción y notas*, Madrid.

Lloyd (1976): Alan B. Lloyd, *Herodotus Book II. Commentary 1–98*, Leiden.

Locher (1999): Josef Locher, *Topographie und Geschichte der Region am ersten Nilkatarakt in griechisch-römischer Zeit*, Stuttgart/Leipzig.

Malaise (1998): Michel Malaise, „Harenkhémis à Canope et Harsiésis au 'Château du sycomore'", in: Willy Clarysse, Antoon Schoors u. Harco Willems (Hgg.), *Egyptian religion the last thousand years Part I. Studies Dedicated to the Memory of Jan Quaegebeur*, Leuven, 665–679.

Malaise (1999): Michel Malaise, „L'étymologie égyptienne du toponyme « Canope »", *Chronique d'Égypte* 74, 224–230.

Malaise (2005): Michel Malaise, *Pour une terminologie et une analyse des cultes isiaques*, Bruxelles.

Merkelbach (1973): Reinhold Merkelbach, „Die Tazza Farnese, die Gestirne der Nilflut und Eratosthenes", *Zeitschrift für ägyptische Sprache und Altertumskunde* 99, 116–127.

Merkelbach (2001): Reinhold Merkelbach, *Isis regina – Zeus Sarapis. Die griechisch-ägyptische Religion nach den Quellen dargestellt*, (2. Auflage) München/Leipzig.

Mestre (1986): Francesca Mestre, „Per a una lectura de l'Egipci d'Eli Arístides (καὶ λέγειν ὁ λέγων, ἀλλ' οὐ χρῶμα οὐδὲ πρᾶγμα)", *ITACA. Quaderns catalan de cultura clàssica* 2, 131–142.

de Miguel Zabala (1993): Amado J. de Miguel Zabala, *Comentario histórico al Aigyptios de Elio Aristides*, (unpubliziert) Sevilla.
de Miguel Zabala (1995): Amado J. de Miguel Zabala, „'Ερμῆς. Un topónimo en la zona de Siene-Elefantina (Arístides XXXVI 65 K)", *Aegyptus* 75, 69–73.
Nesselrath (2009): Heinz-Günther Nesselrath, s.v. „Aristides, Aelius", *Encyclopedia of the Bible and its Reception* II, 720–724.
Oliver (1953): James H. Oliver, „The ruling power. A study of the Roman Empire in the second century after Christ through the Roman Oration of Aelius Aristides", *Transactions of the American Philosophical Society NS* 43,4, 871–1003.
Pernot (1993): Laurent Pernot, *La rhétorique de l'éloge dans le monde gréco-romain*, Paris.
Pernot (2006): Laurent Pernot, „The Rhetoric of Religion", *Rhetorica* 24, 235–254.
Pfeiffer (2008a): Stefan Pfeiffer, „The God Serapis, his Cult and the Beginnings of the Ruler Cult in Ptolemaic Egypt", in: Philippe Guillaume u. Paul McKecknie (Hgg.), *Ptolemy II Philadelphos and his World*, Leiden/Boston, 387–408.
Pfeiffer (2008b): Stefan Pfeiffer, „Der ägyptische ‚Tierkult' im Spiegel der griechisch-römischen Literatur", in: Annetta Alexandridis, Markus Wild u. Lorenz Winkler-Horaček (Hgg.), *Mensch und Tier in der Antike. Grenzziehung und Grenzüberschreitung*, Bonn, 363–383.
Ponce (2000–2002): Joaquín R. Ponce, „El Mito de Egipto en las ‚Sofísticas Griegas'", *Excerpta Philologica* 10–12, 171–181.
Postl (1970): Brigitte Postl, *Die Bedeutung des Nil in der römischen Literatur. Mit besonderer Berücksichtigung der wichtigsten griechischen Autoren*, Wien.
Prell (2009): Silvia Prell, „Der Nil, seine Überschwemmung und sein Kult", *Studien zur altägyptischen Kultur* 38, 211–257.
Presedo Velo (1971): Francisco J. Presedo Velo, „Comentario a Tacito y a Elio Aristides ", *Habis* 2, 127–136.
Puech (2002): Bernadette Puech, *Orateurs et sophistes grecs dans les inscriptions d'époque impériale*, Paris.
Quack (2000): Joachim F. Quack, „Rez. von E. Lüddeckens, Demotische Urkunden aus Hawara, Stuttgart 1998", *Lingua aegyptia* 7, 289–292.
Quack (2003): Joachim F. Quack, „‚Ich bin Isis, die Herrin beider Länder'. Versuch zum demotischen Hintergrund der memphitischen Isisaretalogie", in: Sibylle Meyer (Hg.), *Egypt – Temple of the Whole World. Studies in Honour of Jan Assmann*, Leiden u. Boston, 319–365.
Quack (2008): Joachim F. Quack, „Geographie als Struktur in Literatur und Religion", in: Faried Adrom, Katrin u. Arnulf Schlüter (Hgg.), *Altägyptische Weltsichten (Colloquium München, 12. bis 14. Mai 2006)*, Wiesbaden, 131–157.
Quack (2009): Joachim F. Quack, *Einführung in die Altägyptische Literaturgeschichte III. Die demotische und gräko-ägyptische Literatur*, Berlin.
Quack u. Paarmann (2014): Joachim F. Quack u. Bjørn Paarmann, „Sarapis: ein Gott zwischen griechischer und ägyptischer Religion", in: Nicolas Zenzen, Tonio Hölscher u. Kai Trampedach (Hgg.), *Aneignung und Abgrenzung. Wechselnde Perspektiven auf die Antithese von ‚Ost' und ‚West' in der griechischen Antike*, Heidelberg, 229–291.
Quet (1992): Marie-Henriette Quet, „L'inscription de Vérone en l'honneur d'Aelius Aristide et le rayonnement de la Seconde Sophistique ches les « Grecs d'Égypte »", *Revue des études anciennes* 94, 379–401.

Raïos (2011): Constantin Raïos (Hg.), *Le « Discours égyptien « d'Aelius Aristide : édition critique, traduction et commentaire*, (unpubliziert) Straßburg.
Reardon (1971): Bryan P. Reardon, *Courants littéraires grecs des IIe et IIIe siècles après J.-C.*, Paris.
von Recklinghausen (2014): Daniel von Recklinghausen, „Die sogenannten Zusatzgaue – Ein Überblick", in: Alexa Rickert, u. Bettina Ventker (Hgg.), *Altägyptische Enzyklopädien. Die Soubassements in den Tempeln der griechisch-römischen Zeit. Soubassementstudien I*, Wiesbaden, 127–151.
Rehm (1936): Albert Rehm, s.v. „Nilschwelle", *Realencyclopädie der classischen Altertumswissenschaft* XVII,1, 571–590.
Ritti (1981): Tullia Ritti, *Iscrizioni e rilievi greci nel museo Maffeiano di Verona, Collezioni e musei archeologici del Veneto*, Roma.
Robiano (2011): Patrick Robiano, „Entre réalité et fiction, la frontière Égypto-Éthiopienne chez Aelius Aristide, Xénophon d'Éphèse, Philostrate et Héliodore d'Émèse", *Kentron* 27, 131–150.
Rochholz (2002): Matthias Rochholz, *Schöpfung, Feindvernichtung, Regeneration. Untersuchung zum Symbolgehalt der machtgeladenen Zahl 7 im alten Ägypten*, Wiesbaden.
Russell (1990): Donald A. Russell, „Aristides and the Prose Hymn", in: Donald A. Russell (Hg.), *Antonine Literature*, Oxford, 199–219.
Rutherford (2012): Ian C. Rutherford, „Travel and Pilgrimage", in: Christina Riggs (Hg.), *The Oxford Handbook of Roman Egypt*, Oxford, 701–716.
Sauneron (1952): Serge Sauneron, „Un thème littéraire de l'antiquité classique: Le Nil et la pluie", *Bulletin de l'Institut français d'archeologie orientale* 51, 41–48.
Schmid (1896): Wilhelm Schmid, s.v. „Aristeides", *Realencyclopädie der classischen Altertumswissenschaft* II,1, 886–894.
Schmid u. Stählin (1924): Wilhelm Schmid u. Otto Stählin, *Wilhelm von Christ's Geschichte der griechischen Literatur. Zweiter Teil: Die nachklassische Periode der griechischen Literatur. Zweite Hälfte: Von 100 bis 530 nach Christus, Handbuch der Altertumswissenschaften* VII,2,2, München.
Schmitz (1997): Thomas Schmitz, *Bildung und Macht. Zur sozialen und politischen Funktion der zweiten Sophistik in der griechischen Welt der Kaiserzeit*, München.
Schröder (1986): Heinrich O. Schröder (Hg.), *Publius Aelius Aristides. Heilige Berichte. Einleitung, deutsche Übersetzung und Kommentar*, Heidelberg.
Schröder (1988): Heinrich O. Schröder, „Ein kranker Rhetor im Ringen um den Sinn des Lebens", *Gymnasium* 95, 375–380.
Seidlmayer (2001): Stephan J. Seidlmayer, *Historische und Moderne Nilstände. Untersuchungen zu den Pegelablesungen des Nils von der Frühzeit bis in die Gegenwart*, Berlin.
Smelik u. Hemelrijk (1984): Klaas A.D. Smelik u. Emily Hemelrijk, „'Who knows not what monsters demented Egypt worships?' Opinions on Egyptian animal worship in antiquity as part of the ancient conception of Egypt", *Aufstieg und Niedergang der Römischen Welt* 2,17,4, 1852–2000 und 2337–2357.
Smith (1987): Mark Smith, *The Mortuary Texts of Papyrus BM 10507*, Oxford.
Spiegelberg (1922): Wilhelm Spiegelberg, *Der demotische Text der Priesterdekrete von Kanopus und Memphis (Rosettana) mit den hieroglyphischen und griechischen Fassungen und deutscher Uebersetzung nebst demotischem Glossar*, Heidelberg.

Spiegelberg (1926): Wilhelm Spiegelberg, „Der Gott Nephotes (Nfr-ḥtp) und der κυβερνήτης des Nils", *Zeitschrift für ägyptische Sprache und Altertumskunde* 62, 35–37.
Stambaugh (1972): John E. Stambaugh, *Sarapis under the early Ptolemies*, Leiden.
Stadler (2009): Martin A. Stadler, *Weiser und Wesir. Studien zu Vorkommen, Rolle und Wesen des Gottes Thot im ägyptischen Totenbuch*, Tübingen.
Stricker (1956): Bruno H. Stricker, *De Overstroming van de Nijl*, Leiden.
Thissen (1980): Heinz-Josef Thissen, s.v. „Kanopus", *Lexikon der Ägyptologie* III, 320–321.
Tran Tam Tinh (1983): Vincent Tran Tam Tinh, *Sérapis debout. Corpus des monuments de Sérapis debout et étude iconographique*, Leiden.
Uerschels (1962): Wilfried Uerschels (Hg.), *Der Dionysoshymnos des Ailios Aristeides*, Bonn.
Vasunia (2001): Phiroze Vasunia, *The Gift of the Nile. Hellenizing Egypt from Aeschylos to Alexander*, Berkeley/Los Angeles/London.
Verbeeck u. Wagner (1990): Bénédicte Verbeeck u. Guy Wagner, „Vier griechische Ostraka aus Oberägypten", *Zeitschrift für Papyrologie und Epigraphik* 81, 281–298.
Waddell (1934): William G. Waddell, „On Egypt. A Discourse by P. Aelius Aristides of Smyrna", *Bulletin of the Faculty of Arts* 2, 121–166.
Weber u. Geissen (2013): Manfred Weber u. Angelo Geissen, *Die alexandrinischen Gaumünzen der römischen Kaiserzeit. Die ägyptischen Gaue und ihre Ortsgötter im Spiegel der numismatischen Quellen*, Wiesbaden.
Weinreich (1914): Otto Weinreich, „Typisches und Individuelles in der Religiosität des Aelius Aristides", *Neue Jahrbücher für das klassische Altertum* 33, 597–606.
Wiedemann (1890): Alfred Wiedemann (Hg.), *Herodots zweites Buch mit sachlichen Erläuterungen*, Leipzig.
von Wilamowitz-Moellendorff (1925): Ulrich von Wilamowitz-Moellendorff, „Der Rhetor Aristeides", *Sitzungsberichte der preussischen Akademie der Wissenschaften* 28, 333–353.
Wortmann (1966): Dierk Wortmann, „Kosmogonie und Nilflut", *Bonner Jahrbücher des rheinischen Landesmuseums in Bonn und des Vereins von Altertumsfreunden im Rheinlande* 166, 62–112.
Yoyotte (2010): Jean Yoyotte, „Osiris dans la région d'Alexandrie", in: Laurent Coulon (Hg.), *Le culte d'Osiris au Ier millénaire av. J.-C. Découvertes et travaux récents. (Colloquium Lyon, 8. und 9. Juli 2005)*, Le Caire, 33–38.

Alexandra von Lieven
Porphyrios und die ägyptische Religion vor dem Hintergrund ägyptischer Quellen

Quellenkritik am Fragment (*De cultu simulacrorum*, fr. 10)

Ein Autor, der sich in diversen Schriften immer wieder über Ägyptisches geäußert hat, ist der Neuplatoniker Porphyrios, der etwa 235–305 n. Chr. lebte. Angesichts der Tatsache, dass er ursprünglich aus Phönizien stammte, muss dies vielleicht nicht zu sehr verwundern. Ist doch der Einfluss Ägyptens auf Phönizien z. B. in der Kunst seit Jahrhunderten fassbar[1] und die räumliche Nähe legt ebenfalls stetige enge Kontakte nahe. Allerdings kommen in Porphyrios' Werken immer wieder auch andere Völker und deren religiöse Bräuche vor, von den geographisch gleichermaßen naheliegenden Juden bis hin zu den Indern, so dass man dem insgesamt wieder nicht zu viel Bedeutung beimessen sollte. Generell hat er sich aber ganz offenkundig in einer quasi wissenschaftlichen Weise um ein breites Spektrum an Vergleichsmaterial bemüht, mit dem er jeweils seine eigenen Argumente unterbaut. Dabei hat er sich, wo er nicht auf eigene Anschauung zurückgreifen konnte, Quellen bei anderen Autoren gesucht, wobei er eine geschickte Hand in der Auswahl hatte. So kann man von der Qualität seiner Informationen nur beeindruckt sein.

Leider hat die Überlieferung Porphyrios selbst jedoch übel mitgespielt. Viele seiner Werke sind bis auf geringe Reste verloren und die mehr oder minder umfangreichen Fragmente sind meist bei Autoren überliefert, die Porphyrios explizit widerlegen wollten – so etwa sein Platonikerkollege Jamblich in seiner Antwort auf den Brief an Anebo – oder ihm ganz grundsätzlich nicht wohlgesonnen waren, wie z. B. der Kirchenvater Eusebios.

Dies ist sehr bedauerlich, da es so sehr schwer ist, sich wirklich ein Bild von seinen Werken, ihren Inhalten und Intentionen und ihren Quellen zu machen.

Anmerkung: Dieser Beitrag wurde im Rahmen eines Heisenberg-Stipendiums (Geschäftszeichen Li 1846/1–2) der Deutschen Forschungsgemeinschaft geschrieben, der ich dafür herzlich danken möchte.

1 Hölbl 1986, Hölbl 1989.

Alexandra von Lieven, Ägyptologisches Seminar, Freie Universität Berlin, Fabeckstr. 23–25, Raum -1.0055, DE-14195 Berlin, alexandra.von.lieven@fu-berlin.de

Das trifft leider auch auf den Text zu, mit dem sich die folgende Untersuchung beschäftigt, die Schrift *De cultu simulacrorum*, also „Über die Verehrung von Götterbildern". Dazu muss bemerkt werden, dass Porphyrios selbst eine sehr philosophisch-vergeistigte Vorstellung von korrekter und guter Religionsausübung hatte, die er in verschiedenen Schriften immer wieder propagierte. Während die bisherige Forschung dabei von einer graduellen Entwicklung ausging, die erst in Rom als Schüler Plotins voll ausgebildet gewesen sei, hat jüngst Aaron Johnson dafür plädiert, dass diese Haltung tatsächlich immer schon vorhanden gewesen und nur durch den fragmentarischen Charakter der Überlieferung und Vorurteile der Forschung verschleiert worden sei.[2]

Eigentlich musste dem strengen Neuplatoniker Porphyrios die Verehrung von Bildern widerstreben, da für ihn das wahrhaft Göttliche jenseits solcher materieller Unterpfänder zu suchen war. Dementsprechend widmete sich das Werk auch keineswegs einer einfachen Beschreibung der Ikonographie oder gar religiöser Bräuche um die in den paganen Kulten ja ubiquitären Kultbilder, sondern Ziel war, wie in der Einleitung dargelegt wurde, die Ikonographie bestimmter Bildnisse allegorisch auszulegen, um genau auf diese Weise zu Aussagen über die verborgene Realität des Göttlichen zu kommen. Die Details der jeweiligen Darstellung werden dabei als „lesbar" vorgestellt, wie die Schrift in einem Buch. Leider ist diese Abhandlung eine derjenigen, die bis auf mehrere längere Zitate bei Eusebios und zwei kurze bei Stobaios vollständig verloren ist.[3] Zu allem Überfluss gibt Eusebios auch noch an, die jeweiligen Textstellen nur verkürzt zu zitieren. Es ist also sehr problematisch, mit diesen Auszügen zu arbeiten. Der originale Umfang und die behandelten Gegenstände sind daher auch nur ansatzweise rekonstruierbar. Selbstverständlich nehmen die griechischen Götter einen wichtigen Platz ein.

In fr. 10 von *De cultu simulacrorum*, überliefert bei Eus. *P.E.* 3,11,45–13,2 werden jedoch auch verschiedene ägyptische Götterbilder beschrieben und allegorisch ausgedeutet. Es wird in der Forschung gemeinhin angenommen, dass die Quelle mindestens für die Beschreibung als solche der ägyptische Priester und stoische Philosoph Chaeremon gewesen sei,[4] der eine Reihe von Werken über ägyptische Religion in griechischer Sprache verfasst hat, von denen leider noch weniger als von denen des Porphyrios erhalten ist. Ob das im Folgenden zu betrachtende Fragment wirklich von Chaeremon stammt, ist jedoch reine Konjektur auf Grund von Indizien und Wahrscheinlichkeiten, gesichert ist es nicht. Ebenso

---

2 Johnson 2013, *passim*.
3 Johnson 2013, 30–31.
4 van der Horst 1987², 28–33, 64–67 (dort fr. 17D).

wenig ist klar, ob die allegorische Ausdeutung bereits in der anzunehmenden Vorlage gestanden hat oder erst Porphyrios' Werk ist. Da der ganze Traktat *De cultu simulacrorum* sich gerade der Allegorese von Götterbildern widmet, ist letzteres zwar naheliegend, aber nicht abzusichern. Es wird darauf zurückzukommen sein.

Doch zum Text. Es wird abschnittsweise nach der Übersetzung von van der Horst zitiert:

> The demiurge, whom the Egyptians call Kneph, is of human form, but with a skin of dark blue, holding 'life' and a sceptre, bearing a royal feather on his head, because reason is hard to find, and hidden, and not conspicuous, and because it is life-giving, and because it is king, and because it moves in an intellectual way – that is why the feather has been put upon his head. They say that this god put forth from his mouth an egg, from which was born a god whom they themselves call Phtha, but the Greeks Hephaestus. And the egg they interpreted as the world. To this god a sheep is consecrated, because the ancients used to drink milk.

Zu diesem ersten Abschnitt hat im Prinzip bereits Daniela Mendel in ihrer Studie zur sogenannten Chonskosmogonie von Karnak alles Wichtige gesagt.[5] Der Text gibt diese Kosmogonie in ihren wesentlichen Zügen korrekt wieder. Das Schaf ist natürlich der heilige Widder des Amun, der in Theben ja in drei verschiedene Generationen aufgespalten wurde, wovon die Form als Kematef, gräzisiert Kneph,[6] die Urgottgeneration repräsentierte.

> Of the universe itself they made a representation such as this: it is an anthropomorphic statue, which has its feet placed together, is clothed from head to foot with a many-coloured robe, and has on its head a golden sphere – the first because of its immobility, the second because of the many-coloured nature of the stars, and the third because the world is spherical.

Eine Gottheit des gesamten Kosmos gibt es eigentlich in Ägypten traditionell nicht, auch wenn natürlich verschiedenste Götter in monolatrisch ausgerichteten Hymnen gern zum allumfassenden Weltgott, der sich noch um den letzten Floh kümmert, stilisiert werden. Die beschriebene Ikonographie ist denn auch auffällig unspezifisch. Zumindest ist klar, dass die nebeneinanderstehenden Füße auf eine Mumiengestalt hinweisen.[7] Dazu passt auch das vielfarbige Gewand, denn

---

5 Mendel 2003, 181–189.
6 Zum Namen und zu weiteren Belegen in griechischen Quellen s. Thissen 1996.
7 Bei Hld. 3,13–14 (Maillon 1960, 115–118, Quack 2005, 63) wird diese Fußhaltung als Erkennungsmerkmal für einen Gott generell postuliert, aber in der traditionellen ägyptischen Ikono-

gerade in Darstellungen der römischen Zeit wird einerseits gern die Kassettenwicklung der Mumien mit ihren Farbeffekten dargestellt, andererseits trägt gerade Osiris häufig einen über seinen Armen herabfallenden langen Mantel, der in farbig gefassten Darstellungen in der Regel ebenfalls farbig differenziert ist. Sowohl der Mantel als auch die Mumiengestalt selbst können dabei auffällige Kassettenmuster aufweisen. Dieses Muster, das sich wohl gedanklich von den Mumiennetzen der Spätzeit herleitet, wird dabei teilweise so dargestellt, dass die Assoziation von Sternen zwar nicht zwingend, aber zumindest ansatzweise nachvollziehbar ist.[8]

Tatsächlich könnte sich hinter diesem kosmischen Gott möglicherweise eine Osirisform verbergen. Allerdings fällt auf, dass dies nicht explizit gesagt wird. Andererseits muss man sich natürlich vor Augen halten, dass der Text, so wie er vorliegt, nur ein möglicherweise gekürztes Zitat des Eusebios ist, nicht der Originaltext des Porphyrios. Die goldene Scheibe auf dem Kopf könnte solar oder lunar gewesen sein, Osiris-Lunus-Bronzen sind ja wohlbekannt.[9] Auch wenn sich kein eindeutiges Korrelat abzeichnet, so steht die Beschreibung dennoch problemlos im Rahmen des aus Ägypten belegten. Auch gibt es zweidimensionale Osirisdarstellungen, die ihn von einem Uroboros und Sternen umgeben zeigen[10] und schon eine gewisse kosmische Interpretation nahelegen.

Andererseits könnte der Passus aber noch an den vorausgehenden thebanischen anschließen und dann kämen zumindest aufgrund der Mumiengestalt auch (Amun)-Min, Chons und der bereits erwähnte Ptah in Frage. Allerdings ist gerade für letzteren die Scheibe nicht eben die üblichste Kopfbedeckung, wenn auch nicht absolut unbezeugt.[11] Für Chons hingegen wäre der Mond nicht abwegig, der jedoch typischerweise auch noch die Mondsichel umfasst, nicht nur eine Scheibe. Min bzw. Amun-Min trägt meist die Sonnenscheibe zusammen mit den hohen Federn, die ja im letzten Eintrag bereits erwähnt waren, hier aber nicht

---

graphie kommen natürlich zahlreiche Götter in Standschreitstellung oder seltener bei feindvernichtenden Göttern auch im Ausfallschritt vor (vgl. Hoffmann 2012, bes. 496–497). Heliodor hatte aber vermutlich die in römerzeitlichen Iseen besonders prominenten mumiengestaltigen Osirisfiguren im Auge.

8 Eine Reihe guter Beispiele finden sich etwa in Bresciani 1996 abgebildet, s. insbesondere das Frontispiz. Für die Assoziation des Kassettenmusters mit Sternen vgl. das Kleid der Himmelsgöttin Nut 57, Abb. 62. Die „geschlossenen Beine" des Textes sind andererseits eine gute Beschreibung der romanisierten Umsetzung Abb. 58 und 59 gegenüber.
9 Griffiths 1979, Graefe 1979.
10 Bresciani 1996, Abb. 57.
11 Ein seltenes Beispiel findet sich etwa im Grab Ramses' III. (KV 11) (abgebildet z. B. bei Weeks/De Luca, 2001, 234).

mehr. Leider ist unklar, in welchem Verhältnis die Gottheiten der beiden ersten Einträge zueinander stehen. Es scheint sich jedoch eher um zwei verschiedene Gestalten zu handeln, alles andere wäre für Porphyrios' platonische Theologie auch eher problematisch. Wirklich ganz passt also keiner der genannten Götter und dann sollte man wohl auch besser nicht versuchen, irgendeinen Gott gewaltsam passend machen zu wollen.

> They symbolize the sun by a man embarked on a ship which is set upon a crocodile. The ship indicates the sun's movement in a liquid element, the crocodile the potable water in which the sun moves. Thus they symbolize that the sun accomplishes his revolution through air that is liquid and sweet.

Ähnlich wie im vorherigen Abschnitt verhält es sich auch hier. Die beschriebene Ikonographie klingt durchaus plausibel ägyptisch, allein, eine direkte bildliche Parallele ist im erhaltenen Material nicht leicht zu benennen. Die Betonung liegt freilich auf „erhalten". Denn bei allen diesen Fragen muss man sich stets vor Augen halten, wie wenig eigentlich nur zufällig überliefert ist und dass die Mehrzahl aller späten Tempel, darunter fast alle aus Unterägypten, dem weitaus am stärksten von Griechen frequentierten Landesteil, vollständig verloren ist. Zieht man ferner in Betracht, dass eine ganze Reihe anderer bedeutender Konzepte auch nur gerade ein einziges Mal in erhaltenen Quellen belegt sind, so verliert sich das zunächst stark wirkende Argument, etwas sei nicht nachweisbar, rasch im Anekdotischen.

Immerhin ist das Krokodil als heiliges Tier des Sobek ja von einiger Bedeutung in manchen Landesteilen, insbesondere im Fayum. Gerade dort ist auch die Verbindung von Sobek und dem Sonnengott Re ganz üblich. Allerdings sitzt der krokodilköpfige Sobek-Re im Buch vom Fayum[12] selbst in der Sonnenbarke und trägt sie nicht auf dem Rücken. Man würde eine solche Darstellung eher in einem Kultort erwarten, wo Sobek oder auch ein anderer Krokodilgott nicht selbst mit Re identifiziert wurde, sondern ihm nur helfend zur Seite stand. Alles Weitere muss derzeit leider spekulativ bleiben. Immerhin lässt sich als konzeptuell verwandtes Bild auf eine kleine Fayencestatuette eines falkenköpfigen Krokodils

---

[12] Beinlich 1991, Taf. 9, dieselbe Darstellung befand sich offenbar auch als Wandrelief im Tempel von Tebtynis, ist jedoch durch Steinraub leider größtenteils zerstört, s. Rondot 2004, 129–133, 271.

verweisen, auf deren Rücken ein Skarabäus sitzt.[13] Auch hier trägt also ein Krokodil eine mutmaßliche Form des Sonnengottes auf dem Rücken. Allerdings handelt es sich um eine theriomorphe, nicht anthropomorphe Gestalt und auch die Barke fehlt.

> The power of the earth, both the celestial and the terrestrial earth, they called Isis because of the equality (isotes) which is the source of justice. They say that the celestial earth is the moon, and the terrestrial the fruitful earth on which we live.

Der folgende Abschnitt führt zur Erklärung ein Wortspiel ein, dass hier zwar mit der griechischen Sprache operiert, jedoch im Geiste gut ägyptisch ist, gehören doch sogenannte „Wortspiele" seit den ältesten ägyptischen religiösen Texten und bis ins Demotische[14] zu den Standardmitteln, um die tieferen Sinnbezüge zwischen verschiedenen Entitäten aufzuzeigen. Was also läge näher, als diese Praxis auch auf das Griechische auszudehnen. Genuin ägyptische Tradition und platonische Sprachtheorie – womöglich schon in ihren Ursprüngen ägyptisch beeinflusst[15] – treffen sich hier.

Dass der Mond eine himmlische Erde wäre, ist Verf. aus ägyptischen Quellen nicht bekannt. Dass allerdings „Isis" eine Bezeichnung des Himmels in ptolemäischen Tempeltexten sein kann, hat Dieter Kurth schon vor vier Jahrzehnten nachgewiesen.[16] Dass das Fruchtland Isis sei, wird im Folgenden noch weiter ausgeführt werden. Derselbe Gedanke findet sich in Plutarchs *De Iside*. Die dort virulente naturmythologische Erklärung, die sich gleichermaßen in Porphyrios' Bemerkungen zu Isis und Osiris findet, entspricht dabei ebenfalls gut ägyptischer Vorstellung. Auch wenn die meisten Mythen, sofern überhaupt zusammenhängende Narrative erhalten sind und nicht nur Anspielungen, dies nicht so plakativ sagen wie die griechischen Autoren, so ist es doch bei näherer Analyse der Aussagen evident. Priesterwissenschaftliche Kompendien belegen, dass die Ägypter solche Angaben durchaus selbst gemacht haben, in denen sich teilweise Listen finden, in denen explizit Naturphänomene aller Art, also z. B. Gestirne, Pflanzen, Tiere, meteorologische Phänomene, Mineralien etc. im Stile eines Lexikons miteinander gleichgesetzt werden: „Betreffs von Naturphänomen X, Gott Y ist es".[17]

---

13 Guichard 2014, 231, Cat. 250. Die Größe und ein Loch unter dem Kopf sprechen für ein Amulett, die Ikonographie mit dem Falkenkopf könnte auf Soknopaios hindeuten. Die Datierung ist leider nicht näher zu präzisieren, aber sicher spät.
14 Lippert 2001, 88–100.
15 Auf die Ähnlichkeiten weist etwa Pries 2016, 458 hin.
16 Kurth 1976.
17 von Lieven 2004.

> Demeter has the same power among the Greeks as Isis among the Egyptians, and also Kore and Dionysus among the Greeks the same power as Isis and Osiris among the Egyptians. It is she (Isis) who nourishes and raises up the fruits of the earth, and Osiris represents among the Egyptians the fertilizing power, which they propitiate by lamentations when it disappears into the earth in the process of sowing and when it is consumed by us for food.

Im Folgenden wird explizite *interpretatio Graeca* betrieben.[18] Dabei ist die Gleichsetzung von Isis und Demeter interessant, da das vielleicht häufigste Epitheton der Isis „Gottesmutter" (bezogen natürlich auf Horus) ist, als quasi wörtliche Entsprechung zu Demeter. In der religiösen Praxis wurde Isis allerdings auch im hellenisierten Umfeld und schließlich in der gesamten römischen Welt überwiegend unter ihrem eigenen Namen „Isis" und gerade nicht unter einem griechischen verehrt, wohingegen die Gleichsetzung von Osiris und Dionysos weit häufiger anzutreffen ist. Allerdings wird im griechisch-römischen Isiskult der quasi „normale" Osiris ja auch regelhaft durch den hellenisierten Osiris-Apis, sprich Sarapis,[19] ersetzt.

Dass Isis hier auch mit Kore gleichgesetzt wird, passt dazu, dass ihr mythischer Gemahl Osiris der Herr der Unterwelt ist. Die Fruchtbarkeit des Osiris ist in Ägypten in vielfacher Weise manifest. In den Osirisklagen[20], auf die der Text ja ebenfalls anspielt, sprechen die um ihn trauernden Schwestern Isis und Nephthys, mit denen er dem Mythos zufolge auch jeweils Nachwuchs gezeugt hat,[21]

---

18 Zu den Mechanismen dabei vgl. von Lieven 2016.
19 Vgl. Tattko in diesem Band.
20 Kucharek 2010.
21 Mit Isis zeugte Osiris in legitimer Ehe Horus, mit Nephthys im Rahmen eines ehebrecherischen Verhältnisses Anubis. Leider vertritt Kucharek 2010, 403–405, 664–665 in ihrer ansonsten hervorragenden Studie trotz Textverweises, der explizit Osiris als Vater des Anubis angibt, die Ansicht, dieser sei der Sohn des Seth. Tatsächlich wird Anubis jedoch in zahlreichen ägyptischen Quellen als Sohn des Osiris und der Nephthys bezeichnet – die Belege finden sich auszugsweise in den Beiträgen, die Kucharek zitiert –, jedoch nie als Sohn des Seth. Daran ändert auch ihr Verweis auf moderne ägyptologische Spekulationen von T. DuQuesne über angebliche Wesensähnlichkeiten zwischen Seth und Anubis nichts. Dass der im gleichen Text erwähnte anonyme Sohn des Seth mit Nephthys Maga war, belegt zugegebenermaßen auch kein bislang bekannter Text eindeutig, doch ist Maga der einzige Gott, der tatsächlich anderweitig mehrfach als Sohn des Seth bezeichnet wird. Dass seine Mutter sonst nicht erwähnt wird, muss angesichts der Tatsache, dass diese ihn – wenn die vorgeschlagene Konjektur korrekt ist – ja gerade verließ, nicht weiter verwundern. Ein schlagendes Argument gegen die Mutterschaft der Nephthys ist ihre Nicht-Nennung jedenfalls keineswegs. Wollte man vorsichtig sein, so könnte man höchstens den Namen des Seth-Sohnes von Nephthys, der verlassen wurde, offen lassen. An der textlich gut gesicherten Vaterschaft des Osiris für Anubis ändert dies jedoch nichts.

seine sexuelle Attraktivität und Potenz wiederholt an.[22] Dazu passt, dass die Kornmumien,[23] die für die Osirismysterien zum Andenken an den Tod des Gottes hergestellt wurden, oft ithyphallisch sind, was ebenso wie der Erotizismus der Klagelieder damit zu erklären ist, dass Isis dem Mythos zufolge ja von dem toten Osiris noch den Sohn Horus, Sohn der Isis empfängt, der den Vater an seinem Mörder rächen wird. Der Fruchtbarkeitsaspekt kommt weiterhin natürlich gerade in dem Kornosiris zum Ausdruck, der Getreidekörner enthält. Dass diese Sitte aus einer ursprünglichen Saatprobe hervorgegangen ist, wurde von Joachim Quack plausibel gemacht.[24] Tatsächlich sind außer den vor allem in der griechisch-römischen Zeit bezeugten Kornmumien auch sogenannte Osirisbetten oder Osirisziegel nachgewiesen, die insbesondere das Keimen des Korns augenfällig darstellten.[25]

> He (Osiris) is also taken to be the river-power of the Nile, but when they symbolize the terrestrial earth, Osiris is taken to be the fertilizing power. When, however, (they symbolize) the celestial (earth), Osiris is the Nile, which they believe to come down from heaven. They bewail him also, to propitiate the power when it abates and is consumed. The Isis who, in the myths, has intercourse with Osiris is the land of Egypt; therefore she becomes his equal, and conceives, and produces the fruits. Hence, in the tradition, Osiris, Isis' husband, is also her brother and her son.

Auch die Verbindung des Osiris zum Nil ist ägyptisch gut bezeugt. Man stellte sich unter anderem vor, dass der Nil aus den sogenannten „Ausflüssen", also dem Leichensekret des toten Gottes hervorging.[26] Für einige Körperteile gibt es dazu sogar eindeutige Darstellungen, so etwa für das Bein in Philae, aus dem Wasser hervorsprudelnd gezeigt wird.[27] Andererseits gab es tatsächlich die Vorstellung, der Nil komme aus dem Himmel, wo er z. B. von einer Schildkröte ausgespuckt werde.[28] Diese wird in mehreren Texten in Kom Ombo mit dem Erdgott Geb assoziiert, der mythologisch der Vater des Osiris ist. Sie ist im Tempel von Esna auf Deckentableau F, das im Folgenden noch relevant wird, dargestellt.[29] Der Text des Porphyrios, der klar zwischen zwei verschiedenen Konzeptionen der

---

22 Quack 2016a, 605–607.
23 Raven 1981, Centrone 2009, Coulon 2015.
24 Quack 2007.
25 Arnold/Hopf 1981, Tooley 1996.
26 Assmann 2003; Winkler 2006; von Lieven 2011, 288.
27 Junker 1913, 37–41 mit Abb. 9.
28 Gutbub 1979.
29 Sauneron 1968, Falttafel nach S. 74; von Lieven 2000, 173–174 (mit Verweis auf die vorliegende Porphyriosstelle).

Herkunft des Nil, die beide mit Osiris verbunden sind, unterscheidet, beruht also mit beiden auf gut ägyptischem Gedankengut, das sich auch in anderen Quellen, zumal der Römerzeit, finden lässt. Dabei ist die Zusammenstellung von Varianten eines Mythos oder einer Erklärung selbst ein Verfahren, das ägyptische religiöse Texte gern anwenden.

Dass Osiris nicht nur der Ehemann, sondern zugleich der Bruder der Isis ist, ist ein Grundfaktum des ägyptischen Mythos über die beiden. Dass Osiris ihr Sohn sei, ist hingegen nicht explizit bezeugt, ergibt sich aber theologisch dennoch automatisch, wenn man die für den ursprünglich ja königlichen Jenseitsglauben konstitutive Korrelation lebender König = Sohn = Horus, toter König = Vater = Osiris in Rechnung stellt. Selbstverständlich wird dabei jeder Horus irgendwann zum Osiris bzw. jeder Osiris war einmal ein Horus. Andererseits legt die zuvor aufgezeigte Verbindung der Isis mit dem Himmel, aus dem der mit Osiris gleichgesetzte Nil hervorgehen soll, ja ebenfalls eine Art Mutterschaft der Isis gegenüber Osiris nahe. Es ist sehr wahrscheinlich, dass Porphyrios oder seine Quelle letzteres im Auge hatten, die königlichen Jenseitsvorstellungen der dynastischen Zeit sind in dieser Zeit wohl schon zu weit entfernt, auch wenn manche der relevanten Texte durchaus noch zirkulierten. Aber: die in der Römerzeit noch bekannten Sprüche dieser Art, die Ägyptologen sofort als „Pyramidentexte" deklarieren würden, weil sie nun einmal in den Pyramiden des Alten Reiches zuerst belegt und modern unter diesem Etikett ediert sind, waren eben gerade keine königlichen Funerärtexte, sondern Ritualsprüche verschiedener Funktion.[30] Ägyptische Priester der Römerzeit, die solche Texte noch benutzten, hätten damit gewiss keine funerären Assoziationen verbunden.

> In the city of Elephantine is honoured an image which is formed in all other respects like a man, sitting, and of a blue colour, but with a ram's head and a diadem having the horns of a goat above which is a disk-shaped circle. He sits with a vessel of clay beside him on which he is moulding a man. By his having the face of a ram and the horns of a goat, he indicates the conjunction of sun and moon in the sign of the Ram. The blue colour (indicates) that in this conjunction the moon brings rain.

Ägyptische religiöse Enzyklopädien sind häufig nach Gauen geordnet, wobei die jeweilige Gauhauptstadt mit ihrem Hauptgott im Mittelpunkt steht. Dabei beginnen solche Listen typischerweise mit dem 1. oberägyptischen Gau und seiner Hauptstadt Elephantine. In Elephantine wurde der widderköpfige Gott Chnum verehrt, den man sich als Töpfer vorstellte, der jeden Mensch im Mutterleib

---

30 Hays 2012, speziell 125–203; Tacke 2013.

formte, wie ein Töpfer ein Gefäß auf der Töpferscheibe. In diesem Punkt ist die Beschreibung also problemlos mit ägyptischen Darstellungen korrelierbar.

Die Bemerkung zu den Hörnern dürfte die Tatsache widerspiegeln, dass einem Betrachter der griechisch-römischen Zeit natürlich auffallen musste, dass Chnum andere Hörner aufwies als der ebenfalls in Widdergestalt verehrte Amun, dessen rund gebogenes „Ammonshorn" spätestens seit Alexander dem Großen jedem Gebildeten vertraut gewesen sein dürfte. Chnum hingegen besitzt zwar in sich gedrehte, aber in ihrer Ausrichtung gerade abstehende Hörner. Wirkliche Ziegenhörner sehen natürlich auch anders aus, aber der Unterschied zu Widderhörnern musste ja irgendwie formuliert werden, und da waren wohl Ziegenhörner noch am vertrautesten. Was dem antiken Betrachter nicht klar gewesen sein dürfte, heute aber dank Archäozoologie bekannt ist, ist die Erklärung des Phänomens: Tatsächlich stammt die Ikonographie des Chnum nämlich aus einer Zeit, als es in Ägypten noch eine Schafart mit solchen Hörnern gab, die später ausstarb, nämlich das Haarschaf oder Langbeinschaf.[31] Lediglich in der religiösen Bildtradition lebte sie fort bis ans Ende der paganen pharaonischen Kultur.

Wichtige Götter konnten teilweise mit blauer Hautfarbe dargestellt werden, gerade dann, wenn sie auch Bezüge zum Himmel besaßen. Die Deutung auf den Mond und seine Konjunktion mit der Sonne im Widder scheint zunächst etwas gesucht, gewinnt aber eine ganz andere Qualität, wenn man sie in einer Reihe mit den beiden folgenden Einträgen sieht, die die jeweils beschriebene Gottheit mit der 2. respektive 3. Phase des Mondes identifizieren. Die Konjunktion von Sonne und Mond ist natürlich der Neumond, also die 1. Phase, wo der Mond selbst noch nicht zu sehen ist. Doch damit noch nicht genug. Nach antiken astrologischen Theorien, die einerseits aus griechischen und lateinischen Traktaten bekannt sind,[32] andererseits aber z. B. auch auf den astronomischen Decken ägyptischer Tempel der griechisch-römischen Zeit bildlichen Niederschlag gefunden haben, hat die Sonne im Widder ihr Hypsoma, ihre „Erhöhung", d. h. ihre größte Wirkmacht. Auf der Decke des Tempels von Esna, die im 2. Jhd. n. Chr. dekoriert wurde, kann man dies in Tableau E deutlich sehen.[33]

Außerdem ist in Esna neben dem Widder mit der Sonne eine kleine Mumie zu sehen. Anhand verschiedener astrologischer Traktate einerseits und weiterer Darstellungen und Schriften andererseits kann diese Mumie als der „Tod" identifiziert werden.[34] Hinter diesem verbirgt sich der hellste Stern des mit Osiris

---

[31] Boessneck 1988, 72–74, speziell zur Ikonographie der Hörner 74.
[32] Bouché-Leclercq 1899, 192–199 mit Tabelle 195.
[33] Sauneron 1968, Falttafel nach S. 66.
[34] von Lieven 2000, 150–151.

gleichgesetzten Orion im 15. Grad des Stiers. Angesichts der Tatsache, dass Porphyrios zuvor bereits erklärt hatte, dass Osiris auch der aus dem Himmel kommende Nil ist, ergibt sich eine bemerkenswerte Ähnlichkeit zu Tableau E und F der Decke des Hypostyls im Tempel von Esna. In F finden sich nämlich diverse Bilder, die auf die Nilflut einerseits und auf Nahrungsversorgung andererseits bezogen sind, Themen, die Porphyrios ja alle behandelt hatte. Die Schildkröte war auch bereits erwähnt worden. Am östlichen Ende von Tableau F erscheinen in einer Reihe hintereinander Orion, seit alters die Astralgestalt des Osiris[35], hinter ihm die aus lautlicher Ähnlichkeit miteinander gleichgesetzte Sothis bzw. Satis und schließlich Anuqis.[36] Sothis war die traditionelle Astralgestalt der Isis, zugleich das Gestirn, dessen heliakischer Frühaufgang das Einsetzen der Nilflut ankündigte,[37] Satis hingegen ist die seit der Frühzeit in Elephantine verehrte Göttin, die die Nilflut ausgießt. Anuqet, ebenfalls eine alte Göttin Elephantines, wurde hingegen als diejenige verstanden, die die Flut anschließend wieder abschwellen ließ.[38] Der Bezug zu Elephantine ist also auch hier überdeutlich. Da man sich die Nilflut traditionell aus Elephantine kommend dachte, andererseits natürlich die Nilflut ursächlich mit dem Regen verbunden werden konnte, leuchtet auch dieser Gedankengang ein.

---

35 Krauss 1997, 146–215.
36 Valbelle 1981.
37 Antiken Traktaten zufolge (prominent etwa Plut. *Isid.* 61, 375D–F) handelt es sich um Sirius, eine Sicht, die auch in der modernen Sekundärliteratur übernommen ist. Allerdings geht aus ägyptischen Quellen der Sethos I A-Familie der Dekane (Neugebauer/Parker 1969, 124) eindeutig hervor, dass mindestens in älterer Zeit Sothis (*spḏ.t* „die Spitze") kein einzelner Stern, sondern ein Sternbild aus drei Sternen war (es dürfte sich um α, δ und ε Canis maioris handeln). Der Sirius (α Canis maioris) war davon jedoch der wichtigste und hellste, weshalb Sothis bereits in der Sethos I C-Familie der Dekane als einzelner Stern verzeichnet ist (Neugebauer/Parker 1969, 132). Zur Definition der Dekanfamilien allgemein s. Neugebauer/Parker 1969, 105–174.
38 Diese Deutung ergibt sich, wie Stephan Seidlmayer einmal überzeugend dargelegt, aber m.W. leider nicht publiziert hat, aus den Namen und Epitheta der Göttinnen. Satis (*Sč.t*) ist diejenige, die die Flut ausgießt (*sčj*), Anuqis (*ʿnḳ.t*) die, die sie wieder zurücktreibt (*ʿnḳ*, in Edfu zweimal eindeutig mit den rückwärts laufenden Beinchen D55 determiniert (DZA 21.878.750, DZA 21.878.770), was die Wb. I 206,2–3/TLA Lemma 38960 dafür angesetzte Übersetzung „die Flut heranführen", „fluten" ausschließt. Die rückwärts laufenden Beine als mögliches Determinativ werden im gedruckten Wörterbuch übrigens unterschlagen, wo nur die vorwärts laufenden Beine D54 genannt sind. *ʿnḳ* steht teils in Variante mit *ink* „umfassen" im Sinne von „abwürgen", „blockieren", daher mit schlagendem Arm D40 determiniert. Die Bedeutung „zurückgehen" ist korrekt lediglich für den Beleg auf der Nilstatue BM EA 8 aus der 22. Dynastie auf DZA 21.878.700 angesetzt, wohl aufgrund der dort eindeutigen Opposition *snn.t r ḥr ʿnḳ r mrj=f* „der vorwärts geht und zurückgeht, wie er will").

> The second phase of the moon is worshiped in Apollinopolis, and its symbol is a man with the face of a falcon subduing with a spear Typhon in the form of a hippopotamus. The image has a white colour, the whiteness representing the brightness of the moon, and the face of the falcon (representing) the fact that it receives light and breath from the sun. For they consecrate the falcon to the sun. The falcon is for them the symbol of light and breath because of its rapidity and its soaring up on high, where the light is. And the hippopotamus represents the western sky because of its swallowing up into itself the stars that pass by. The god which is honoured in this city is Horus.

Der nächste Abschnitt behandelt Edfu, die Hauptstadt des 2. oberägyptischen Gaues. Der dortige Horus als Feind des Seth ist gut bezeugt, wobei seine Waffe tatsächlich ein als sein Kultsymbol besonders verehrter Speer (*sgmḥ*) war.[39] Die Darstellungen und Texte an der Tempelmauer in Edfu, die die Ritualspiele zu Ehren des lokalen Horus so genau beschreiben, dass man sie als Theaterstück nachspielen könnte (was Fairman tatsächlich getan hat[40]), zeigen unmissverständlich, dass Seth in Edfu vornehmlich in Nilpferdgestalt vorgestellt wurde.[41] Die Erklärung, dass der Falke zur Sonne gehört, da er so hoch fliegt, passt einerseits dazu, dass der Sonnengott Re selbst meist falkenköpfig gedacht wird, andererseits aber auch zum Namen „Horus", was tatsächlich wörtlich „der Ferne" bedeutet.

Dass das sethische Nilpferd den westlichen Himmel darstelle, welcher die Sterne verschlinge, überrascht nur insofern, als man Seth nicht in dieser Funktion erwartet hätte. Tatsächlich ist es sonst seine Mutter, die Himmelsgöttin Nut selbst, die gelegentlich in ihrer Eigenschaft als diejenige, die Gestirne untergehen lässt, als „die Sau, die ihre Ferkel frißt" bezeichnet wird.[42] Und während im Deutschen oder Englischen zwischen einem weiblichen Schwein und einem Nilpferd ein deutlicher Unterschied besteht, so heißt im Ägyptischen beides *rr.t* „Sau". Auch der männliche Seth heißt in Totenbuch Spruch 112, dem Text, wo er in Form eines schwarzen Schweines für den Schaden am lunaren Auge des Horus verantwortlich gemacht wird, explizit *rri km* „schwarzes Schwein". Für das männliche Nilpferd scheint *rri* allerdings nicht belegt. Andererseits ist ein anderes häufiges Epitheton des Seth „Sohn der Nut", was vielleicht auch erklären könnte, wie man das eigentlich ihr zugeschriebene Verhalten auf ihn übertragen konnte. Schließlich ist noch zu bemerken, dass im Rahmen der Ächtungsrituale gegen Seth, etwa

---

39 Behrmann 1996, Dok. 207 a–h (Bronzen des Horus als Nilpferdjäger), 211 a–d (*sgmḥ*-Speer als Kultsymbol).
40 Blackman/Fairman 1942, Blackman/Fairman 1943, Blackman/Fairman 1944, Fairman 1974.
41 Behrmann 1989, 71–77, 172–174; Behrmann 1996, Dok. 228 a–d (Seth als Nilpferd in Edfu).
42 El-Huseny 2006, 320–405; von Lieven 2006, 166, 169; von Lieven 2007, 81, 83, 159–161, Volokhine 2014, 147–167.

in Urk. VI, ebenfalls ansonsten durchaus positive Dinge ins Negative gedeutet werden und dem Seth zum Vorwurf gemacht werden.[43] Der Text des Porphyrios fügt sich hier also ins Bild.

Dass gerade der Seth erstechende Horus mit dem 2. Mondmonatstag zusammengebracht wird, ist einerseits schlicht der Reihenfolge der Gaue geschuldet, andererseits jedoch auch insofern sinnig, als Horus oder vielmehr sein Auge ja lunar gedeutet werden konnten. War die Abnahme mit der Verletzung des Auges durch Seth zu erklären, wie textlich gut bezeugt, so bot es sich natürlich an, die Wiederzunahme und gerade auch das erstmalige Wiedererscheinen nach Neumond mit der Überwindung des Feindes zu verknüpfen.

> Eileithyaspolis worships the third phase (of the moon). The statue has the form of a flying vulture, whose plumage consists of precious stones. Its likeness to a vulture signifies the moon as generative of the winds. For they believe that the vulture conceives from the wind, declaring them all to be females.

Mit Elkab folgt die Hauptstadt des 3. Oberägyptischen Gaues, die passend mit der 3. Mondphase verbunden wird. Hauptgöttin ist hier die Geiergöttin Nechbet. Interessant ist, dass hier deutlich wird, dass das beschriebene Götterbild keineswegs einfach ein Relief ist, sondern eine Statue, die Einlagen aus Edelsteinen (bzw. vielleicht Edelsteine imitierendem Glasfluss) aufwies. Dasselbe gilt wohl auch für die zuvor beschriebenen Kultbilder, auch wenn es dort nicht so deutlich wird. Die Angabe über die Windbefruchtung und das ausschließlich weibliche Geschlecht der Geier findet sich auch in anderen Quellen, etwa bei Horapollo I 11–12.[44] Erich und Ute Winter haben die zugrundeliegenden ägyptischen Vorstellungen ausführlich untersucht.[45] Tatsächlich sind auch alle ägyptischen Bezeichnungen für den eigentlichen Geier weiblich. Eine Ausnahme stellt lediglich der Schmutzgeier dar, der aber vollkommen anders aussieht und auch von der modernen Ornithologie nicht derselben Familie zugeordnet wird.

Es folgt eine kurze Bemerkung über die Mysterien von Eleusis, wo die Ritualisten als Gottheiten verkleidet sind:

---

43 Altmann 2010, 178–180; von Lieven 2012, 255.
44 Thissen 2001, 10–13.
45 Winter/Winter 1996.

> In the mysteries of Eleusis the hierophant is dressed up in the image of the demiurge, the torch-bearer in that of the sun, the priest at the altar in that of the moon, and the sacred herald in that of Hermes.

Dann heißt es weiter:

> A man, too, is admitted by the Egyptians among their objects of worship. For Anabis is a village in Egypt in which a man is worshipped, and one sacrifices to him, and the victims are burned upon the altars. And after a little while he may eat the things that have been prepared for him as for a man.

Der Abschnitt über Anabis mit seinem Kult eines lebenden Menschen ist vielleicht der faszinierendste, zugleich aber der problematischste Teil des Textes. Offenbar manifestiert sich die lokale Gottheit, die leider nicht namentlich genannt wird, in einem Menschen, so, wie sich anderenorts Gottheiten in heiligen Tieren manifestieren. Vermutlich will Porphyrios durch den vorherigen Einschub zu Eleusis genau dies andeuten: Der Mensch ist nicht selbst eine Gottheit, er stellt sie nur dar, so wie auch ein Kultbild das Göttliche nur fasslich darstellt. Dasselbe wird im Folgenden analog für die heiligen Tiere geäußert. Nur so ist die ganze Angelegenheit für den Neuplatoniker Porphyrios, dem an der Transzendenz des wahrhaft Göttlichen so viel gelegen war, überhaupt akzeptabel.

Als Ägyptologe aber fragt man sich, was für ein ägyptischer Ortsname sich wohl hinter Anabis verbergen mag.[46] Van der Horst verweist auf eine Parallele bei Minucius Felix, *Octavius* 29[47] und schlägt vor, es könne sich um eine Korruptele für Athribis im Delta handeln, wo auch der Kult des Imhotep gepflegt wurde. Allerdings sollte man nicht zwingend Erklärungen im bereits bekannten Material suchen. Anabis und Athribis haben außer dem Anlaut mit „A" nichts miteinander gemein und Imhotep wurde gerade in der Römerzeit an verschiedensten Orten im gesamten Land verehrt.[48] Angesichts der sogar vergleichsweise üppigen Beleglage für seinen Kult, wo aber nirgends eine Inkarnation in einem lebenden Mensch erwähnt wird, ist dieser Deutungsversuch sowohl aus lautlichen wie aus inhaltlichen Gründen wenig plausibel. Außerdem ist nach neuesten Untersuchungen über vergöttlichte Menschen[49] klar, dass dieses Phänomen erheblich

---

[46] J. F. Quack schlägt als zumindest lautlich passendste Möglichkeit *'Inpw.t* (17. oberägyptischer Gau) vor (persönliche Mitteilung). Es gibt jedoch keinerlei passende Quellen zu einer Verehrung eines lebenden Menschen dort, weshalb der Vorschlag mehr als zweifelhaft bleiben muss.

[47] van der Horst 1987, 67.

[48] Wildung 1977a, Wildung 1977b.

[49] von Lieven (i. Dr.).

weiter verbreitet war, als der Verweis auf die beiden bestbelegten Gestalten Imhotep und Amenhotep, Sohn des Hapu, suggeriert. Nur: Abgesehen von einzelnen Herrschern, die sich schon nominelle Kulte zu Lebzeiten gönnten, handelt es sich immer um posthume Kulte. Auch im vorliegenden Fall wird ja offenbar nicht das konkrete Individuum verehrt, sondern es handelt sich um einen ähnlichen Fall, wie bei den beiden im Folgenden genannten heiligen Stieren. Etwas Derartiges ist leider bislang nicht aus ägyptischen Quellen bekannt. Das heißt aber keineswegs, dass Porphyrios hier irrt. Im Gegenteil, es ist sogar außerordentlich wahrscheinlich, dass die Angabe korrekt ist. Es zeigt lediglich, wieviel die moderne Forschung über die ägyptischen religiösen Bräuche, die tatsächlich je nach Stadt und Gau sehr stark variieren konnten, eigentlich überhaupt nicht weiß.

> But that they do not believe the animals to be gods but made them the images and symbols of the gods is apparent from the fact that in many places they bring up bulls for the gods at their festivals in the sacred months and in their religious services and sacrifice them. For they consecrated bulls to the sun and moon.

Wie schon erwähnt, ist es Porphyrios wichtig, dass die heiligen Tiere, die ja bekanntlich beliebte Zielscheibe des Spottes der griechisch-römischen Welt über die ägyptische Religion waren,[50] eben nur Symbole der Götter sind, aber selbst keine Götter. Allerdings hat Porphyrios in seinem Eifer minimal über das Ziel hinausgeschossen. Seine Beobachtung, dass nicht alle Exemplare einer Gattung Götter sind, ja nicht einmal heilig, und deshalb problemlos geopfert werden können, ist vollkommen korrekt. Auch ist es bei genauer Betrachtung der Quellen so, dass man tatsächlich zwischen lebenden Tiergöttern und heiligen Tieren unterscheiden muss, wobei in letzterem Falle jedes Exemplar einer Gattung einer bestimmten Hochgottheit heilig war und daher z. B. ehrenvoll bestattet werden musste. Man denke an die Millionen von dem Thot geweihten Ibissen in den Katakomben von Tuna el Gebel.[51] Diese Ibisse waren nicht selbst Thot, wie sich insbesondere daran zeigt, dass sie mit Thot gebildete theophore Personennamen tragen konnten, wie z. B. ein normaler Mensch.[52] Allerdings, und hier irrt Porphyrios dann doch, gerade die im Folgenden genannten Stiergötter Apis und Mnevis waren tatsächlich lebende Hochgottheiten eigenen Rechtes. Deshalb gab es von ihnen immer nur *ein* lebendes Exemplar, in dem sich diese Gottheit selbst reinkarnierte.

---

50 Zimmermann 1912, 87–135; Hopfner 1913, Fitzenreiter 2013.
51 Berteaux 2003.
52 Zur Relevanz dieser Unterscheidung vgl. von Lieven 2013.

Das Prinzip dürfte dabei ähnlich gewesen sein, wie z.B beim Dalai Lama im tibetischen Buddhismus. Der Apis ist zwar der „Herold" (wḥm) des Ptah, aber eben nicht Ptah und auch nicht nur ein dem Ptah heiliges Tier.

Allerdings ist nicht eindeutig, ob Porphyrios die Subtilitäten der Angelegenheit nicht klar waren oder ob er hier absichtlich etwas der Wahrheit nachgeholfen hat. Er hatte immerhin eine eigene, neuplatonische Agenda zu bedienen, was auch nicht vergessen werden darf.

> But the bull called Mnevis, which is dedicated to the sun in Heliopolis, is the largest of bulls, and is very black, chiefly because much sunshine blackens men's bodies. In contrast to other bulls, its tail and the rest of its body are covered with hair that bristles backwards, just as the sun makes its course in the opposite direction to the heaven. It has very big testicles because sexual desire is produced by heat and the sun is said to fertilize nature.

Die Beschreibung des Mnevis ist völlig korrekt, die Erklärung der schwarzen Farbe und der Größe der Hoden macht jedoch einen sehr griechischen Eindruck und dürfte von Porphyrios selbst stammen.

> To the moon they dedicated a bull which they call Apis, which also is blacker than others, bearing symbols of sun and moon because the light of the moon also comes from the sun. The symbol of the sun is the blackness of its body and the beetle-mark under its tongue. The symbol of the moon is its half moon and gibbous form.

Was für den Mnevis galt, gilt analog für den Apis. Auch hier ist die Beschreibung korrekt und an der Symbolerklärung ist nichts Unägyptisches außer mutmaßlich dem vermeintlichen Solarbezug der schwarzen Fellpartien. Tatsächlich verbinden ägyptische Quellen den Apis sonst durchgängig nur mit dem Mond. Beide Stiere zusammen erscheinen gerne auf römerzeitlichen Funeralia.[53] Bei dem Bezug zu Sonne und Mond hat man sie wohl als realweltliche Korrelate dessen aufgefasst, was in ägyptischen religiös-astronomischen Texten die „Vereinigung der beiden Stiere" heißt.[54] Dabei handelt es sich um die Opposition von Vollmond und Sonne. Auch wenn der noch explizite Lunarbezug der ersten drei Einträge unterwegs verloren gegangen ist, so scheint doch nicht unnütz zu erwähnen, dass man hier subkutan eben doch den Vollmond und damit den 15. Mondmonatstag mitlesen darf.

---

53 Zur Interpretation s. von Lieven 2010, 103 mit Belegen in Anm. 65.
54 von Lieven 2000, 86–87; von Lieven 2007, 187–189.

Zu welchem Fazit kommt man am Ende dieses kommentierenden Durchmarsches durch das ägyptenrelevante Exzerpt aus *De cultu simulacrorum*? Zunächst einmal ist deutlich geworden, welche hervorragende Qualität die Informationen hatten, die Porphyrios zur Verfügung standen. Einige wenige Erklärungen dürften von ihm vor griechischem Hintergrund eingefügt sein, am auffälligsten ist natürlich die Bemerkung über Eleusis. Die Tatsache, dass nicht der Text des Porphyrios selbst erhalten ist, sondern nur das vermutlich gekürzte Zitat bei Eusebios, erschwert natürlich jedwede Aussage.

Was für eine Quelle hat Porphyrios benutzt? Ob es Chaeremon war oder nicht, lässt sich nicht sagen. Was aber auffallen muss und außerordentlich bemerkenswert ist, ist die Tatsache, dass sich zumindest noch ansatzweise die Struktur einer ägyptischen Gauliste abzeichnet, die dem üblichen Schema folgend mit dem 1. oberägyptischen Gau und seiner Hauptstadt Elephantine begann und sich dann nach Norden vorarbeitete.[55] Leider sind nur die ersten drei Einträge dieser Liste sukzessive erhalten, aber es ist deutlich, dass dabei jeweils ein Kultbild der Hauptgottheit beschrieben und allegorisch ausgedeutet wird. Zusätzlich wird jeder dieser Orte mit einer Mondphase verbunden. Aufgrund des nur geringen erhaltenen Umfanges muss unklar bleiben, wie viele Gaue ursprünglich in der Liste standen und ob nur die Phasen des zunehmenden oder auch die des abnehmenden Mondes abgehandelt worden sind. Zwar wären 28 oder 30 nicht unbedingt die „kanonische" Zahl von 42 Gauen, doch zeigen realiter erhaltene Gaulisten,[56] dass diese Zahl tatsächlich keineswegs so regelhaft verwendet wird, wie man sich das denken würde. Je nach Zweck können Gaue hinzugefügt oder ausgelassen werden, außerdem sind verschiedene, in der Forschung so genannte „Zusatzgaue" bezeugt.

Die Tatsache, dass die Erwähnung der beiden Stiere auf den Vollmond gedeutet werden könnte, ist für diese Frage insofern relevant, als der Apis ja zu Memphis gehört, auch wenn diese Stadt zumindest im erhaltenen Text nicht genannt ist. Memphis aber ist die Hauptstadt des 1. unterägyptischen Gaues, man hätte also auch da theoretisch den Beginn einer Liste, die gegebenenfalls mit dem Monatsende geendet haben könnte. Es ließen sich somit die ersten 15 Mondmonatstage des zunehmenden Mondes auf Oberägypten, beginnend mit Elephantine, verteilen, die folgenden 15 des abnehmenden Mondes hingegen auf Unterägypten, beginnend mit Memphis.

---

55 Zu den Gauen allgemein s. Gauthier 1935, Helck 1974. Gaulisten unterschiedlichster Intentionen und Inhalte sind eine in religiösem Kontext reich bezeugte Gattung, s. Beinlich 1976, Beinlich 1989, Beinlich 1990, Leitz 2012a, Leitz 2012b.
56 Gauthier 1935, 49–82.

Leider gibt es keine erhaltene lunar konnotierte Gauliste, doch zumindest für die Dekane, die ja auch nur 36 an der Zahl sind, gibt es tatsächlich Belege, die nachweisen, dass die Verknüpfung von Geographie und Astronomie bzw. Astrologie durchaus vorkam.[57] Dabei findet sich insbesondere in Kom Ombo in einer Gauliste für die ersten vier Dekane eine Zuordnung zum jeweiligen Gau. Auch hier wird also bevorzugt der Anfang der Liste zitiert. Es gibt mithin keinerlei Grund, an der einstigen Existenz auch einer lunaren Gauliste zu zweifeln.

Die gauweise Behandlung von Statuenbeschreibungen, textlich oder sogar in Bildform, lässt sich aus ägyptischem Material ebenfalls nachweisen. Dabei geht es gerade um die Kultbilder der jeweiligen Gaugottheiten, wobei durchaus auch gerne das kostbare Material, aus dem sie bestehen, erwähnt wird. Ein besonders gutes Vergleichsbeispiel dafür ist der ins 4. Jhd. vor Chr. datierende Statuenkatalog pBerlin P. 10472 A+14400 aus Abusir el-Meleq.[58] In ihm wird die Ikonographie der jeweiligen Gottheiten ausführlich beschrieben. Dort heißt es etwa: „Was anbelangt Atum, Herrn von Karnak: Eine Statue, stehend, ihr Glied erigiert, (erhaltungsbedingt unklare Aussage über das Gesicht). Eine Statue, sitzend auf ihrem Hintern, Gesicht eines Menschen, Doppelfeder und Binde an ihrem Kopf, ihre Rechte mit Geißel, ihre Linke fasst [...]". Die Statuen sind dabei offenbar nach Gottheiten und konkreten Tempeln geordnet, pro rubrizierter Überschrift werden mehrere unterschiedlich aussehende Figuren aufgelistet, die ikonographisch extrem genau beschrieben werden. Lediglich eine Deutung fehlt hier.

Dass dergleichen Material auch fallweise ins Griechische übersetzt wurde, demonstriert der pOxy. 465 aus dem späten 2. oder frühen 3. Jhd. n. Chr. aufs Beste.[59] Dort werden die Statuen der Nilpferdgottheiten der Monate[60] und ihre Kinder beschrieben.[61] Da heißt es beispielsweise: „The presiding deity of that season, his name is Nebu, of which the interpretation is that he is the lord of wars and of reason. He is represented by an upright statue with the face of a vulture, wearing a diadem upon his head, and with the face of a serpent behind, having two wings and the feet of a lion and holding four swords, both faces being of gold. He signifies that ...", es folgt dann eine astrologische Auslegung. Hier ist die gauweise Sortierung durch eine kalendarische ersetzt, aber das Prinzip ist ähnlich.

Eine der Vorlagen des Porphyrios dürfte also so eine ins Griechische übersetzte gauweise sortierte Statuenliste mit lunarem Konnex gewesen sein. Ob sie

---

57 Ausführlich mit Belegen diskutiert bei Quack i. Dr. d, Kap. 1.5.
58 Cauville 1995, Hoffmann 2012.
59 Grenfell/Hunt 1903, 126–137; Neugebauer/van Hoesen 1964, 61–63.
60 Zu dieser Göttergruppe generell Mendel 2005.
61 Quack 2010, 178–179.

bereits die Allegoresen enthielt, die natürlich das Hauptinteresse des Neuplatonikers Porphyrios darstellten, ist nicht sicher zu entscheiden. Vielleicht hat er sie selbst hinzugefügt. Andererseits sollte man auch nicht glauben, die Ägypter selbst, zumal der griechisch-römischen Zeit, hätten nicht ganz genauso gedacht. Der Vergleich etwa mit den ausgiebigen, hochesoterischen Spekulationen über buchstäblich Gott und die Welt im Mythos vom Sonnenauge[62] macht deutlich, dass dies eine Herangehensweise ist, die gut bereits in einer ägyptischen Vorlage gestanden haben kann. So wird im Mythos beispielsweise das Papyrusszepter, das das typische Szepter für Göttinnen ist, wie folgt erläutert: „Das ist der Papyrusstengel, der in der Hand jeder Göttin ist, bedeutend: ‚Wir, wir sind die Herren der Dokumente' – welche Papyrusrollen sind – so wie das Mekes-Szepter, welches in der Hand der männlichen Götter ist, in welchem das Protokoll des Landes ist, bedeutend: ‚Wir, wir sind die Herren des Landes.'" (6,10–13) Etwas später heißt es: „Wenn er ein Katzengesicht hat, so deshalb, weil es die Gestalt ist, die dem großen uranfänglichen Gott übrig blieb, d. h. Re; seine Gestalt als Kater ist es." (7,21–23)

Interessant ist, was Porphyrios offenbar mit seiner Vorlage – oder vielmehr den Vorlagen, denn es ist ja keineswegs zwingend, dass er nur einen einzigen Basistext ausgewertet hat – sonst noch getan hat. Bevor die Gauliste einsetzt, schiebt Porphyrios anderes Material davor, das offenbar eine systematische Anordnung aufweist: Zunächst geht es um den Schöpfer, es folgt der Kosmos, die Sonne, die Erde und der Nil. Es entsteht der Eindruck, als würde man aus dem Weltall heranzoomen, bis man in Elephantine ankommt, von wo die Reise dann nilabwärts geht. Auch wenn die vorgestellten Götter und Gedanken überwiegend gut ägyptisch sind, so darf bezweifelt werden, dass sie auch in der anzunehmenden ägyptischen Textvorlage in dieser Form vorangestellt waren. Zu fragen wäre lediglich, ob dieses Material bereits bei der Übersetzung der hypothetischen ägyptischen Gauliste z. B. von Chaeremon eingefügt worden war, oder ob es sich dabei um eine Leistung des Porphyrios selbst handelt. Man darf wohl eher Letzteres vermuten.

Unklar muss leider auch bleiben, ob bereits Porphyrios nach dem 3. oberägyptischen Gau die Reise abbrach, oder ob dies das Werk des Eusebios war. Klar ist jedenfalls, dass noch ein Abschnitt folgte, in dem es um die aus der Sicht des Porphyrios sicher problematischsten Kulte ging, nämlich solche, in denen lebende Wesen wie der Mann in Anabis und die heiligen Stiere Apis und Mnevis verehrt wurden. Er verwendet hier wie gesehen viel Mühe darauf, selbst dergleichen als nur symbolisch darzustellen, nicht zuletzt durch einen Vergleich mit

---

[62] de Cenival 1988, neue deutsche Gesamtübersetzung in Hoffmann/Quack 2007, 195–229.

den Riten in Eleusis. Auch dieser Teil stand so sicher nicht in der ägyptischen Gauliste. Die Frage ist, ob die ja explizit in Anabis und Heliopolis verorteten Angaben dennoch aus dieser Gauliste stammen. Es ist jedoch wahrscheinlicher, dass sie aus wieder einer anderen Quelle, vielleicht durchaus auch regional sortiert, aber eben nicht aus der lunaren Gauliste mit den Götterbildern stammen. Der Grund dafür ist schlichtweg, dass es sich eben nicht um statuarische Götterbilder, sondern um lebende Wesen und die Bräuche ihres Kultes – so jedenfalls klar in Anabis – handelt. Als ägyptische Vorlage für so etwas käme am ehesten ein gauweise geordnetes Mythologisches Handbuch im Stile des Brooklyner Deltapapyrus[63] oder des Mythologischen Handbuches aus Tebtynis[64] in Frage – solche Texte erwähnen durchaus teilweise auch kleinere, aber religiös wichtige Orte und machen Angaben zur lokalen Mythologie ebenso wie fallweise zu daraus resultierenden Kultbräuchen. In so einem mythologischen Handbuch könnte man sich sowohl die am Anfang referierte Kematef-Ptahkosmogonie, als auch die Informationen zu den Riten in Anabis sehr gut vorstellen.

Man kann hier also wohl trotz des bedauerlichen Überlieferungszustandes des Textes noch ansatzweise so etwas wie Quellenkritik vornehmen. Diese Feststellung muss auch nicht im Gegensatz zu der oben ausgesprochenen Vermutung über den mit Memphis beginnenden unterägyptischen Teil der hypothetischen lunaren Gauliste als Vorlage stehen, denn dort kann ja durchaus ein Kultbild des Apisstiers erwähnt gewesen sein, das den Anknüpfungspunkt für die Äußerungen zu den Stierkulten abgab. Die vorherige Erwähnung von Heliopolis, der Hauptstadt des 13. unterägyptischen Gaues, mit dem Mnevis bricht die Gauabfolge hingegen auf, was durchaus auf das umsortierende Eingreifen des Porphyrios in sein Material zu begründen sein dürfte. Sollte Quacks Identifizierungsvorschlag zutreffen, so läge mit Anabis der 17. oberägyptische Gau vor. Das ist jedoch bei Annahme mehrerer Vorlagen bzw. Quellen nicht weiter problematisch. Es war gewiss keineswegs die Intention des Porphyrios, einfach eine ägyptische Gauliste oder ein mythologisches Handbuch 1:1 zu überliefern. Vielmehr verfolgte er eine eigene, neuplatonische Agenda und organisierte dabei das ihm zur Verfügung stehende Material sehr planvoll. Die Lebewesen kommen nach der Geographie, das Heranzoomen setzt sich also genau genommen weiter fort bis zum Individuum.

Nach diesem Befund ist also äußerst wahrscheinlich, dass Porphyrios mindestens zwei, womöglich jedoch noch mehr Quellen zu ägyptischen Inhalten für

---

63 Meeks 2006.
64 Rosati/Osing 1998.

seinen Traktat ausgewertet und zu einem neuen, planvoll angeordneten Abschnitt seines Gesamtwerkes *De cultu simulacrorum* zusammengefügt hat. Der aus ägyptologischer Sicht faszinierendste Part ist dabei ohne Frage die den Mondphasen zugeordnete Gauliste von Kultbildern, deren Existenz aufgrund struktureller Parallelen sicher ist, die aber in genau dieser Form eben doch einzigartig ist und das Wissen um die so beliebte Gattung der gauweise sortierten Kulthandbücher um eine weitere Variante bereichert.

Wie pOxy. 456 und eine in den letzten Jahren immer stärker angewachsene Zahl von nachweislich ins Griechische übersetzten[65] ägyptischen religiösen und literarischen Texten[66] belegen, war es auch keine Schwierigkeit für einen Autor wie Porphyrios, an entsprechendes Quellenmaterial auf Griechisch heranzukommen, das z. B. in der Bibliothek von Alexandria oder einer vergleichbaren Bildungsinstitution verfügbar gewesen wäre. Der Rückgriff einzig auf Werke des Chairemon ist damit zwar keinesfalls ausgeschlossen, aber doch weitaus weniger zwingend vorauszusetzen, als die bisherige Forschung dies angenommen hat. An Stellen, an denen Porphyrios nicht wie anderenorts explizit auf Chairemon als Quelle seiner Informationen verweist – und das ist bei dem hier behandelten Fragment aus *De cultu simulacrorum* nicht der Fall – sollte man also durchaus damit rechnen, dass er sich sein Material auf andere Art und gegebenenfalls mit mehr Aufwand selbst zusammengestellt hat. Insbesondere sollte man die intellektuelle Leistung, die die Adaption solch disparater und ursprünglich völlig anders gelagerter Texte in ein neues, eigenständiges Ganzes mit einer eigenen philosophischen Zielsetzung darstellt, keinesfalls unterschätzen.

---

65 Quack 2016b.
66 Wichtigste Beispiele sind der Mythos vom Sonnenauge, allerdings ohne die esoterischen Partien (West 1969, Totti 1985, 168–182; Betrò 1984, Thissen 2011, Prada 2012) und das Buch vom Tempel (Quack 1997, Quack 2016c).

Literaturverzeichnis

Altmann (2010): Victoria Altmann, *Die Kultfrevel des Seth. Die Gefährdung der göttlichen Ordnung in zwei Vernichtungsritualen der ägyptischen Spätzeit (Urk. VI)*, Studien zur spätägyptischen Religion 1, Wiesbaden.

Arnold u. Hopf (1981): Dorothea Arnold u. Maria Hopf, „Eine Tonschüssel als ‚Osiris-Bett' in der 11. Dynastie", in: Dorothea Arnold (Hg.), *Studien zur altägyptischen Keramik, Sonderschrift des deutschen archäologischen Instituts, Abteilung Kairo 9*, Mainz, 85–87.

Assmann (2003): Jan Assmann, „Das Leichensekret des Osiris: Zur kultischen Bedeutung des Wassers im alten Ägypten", in: Nicolas Grimal, Adel Kamel u. Cynthia May Sheikholeslami (Hgg.), *Hommages à Fayza Haikal, Bibliothèque d'étude 138*, Le Caire, 5–16.

Behrmann (1989): Almuth Behrmann, *Das Nilpferd in der Vorstellungswelt der Alten Ägypter, 1 Katalog, Europäische Hochschulschriften, Reihe 38: Archäologie 22*, Frankfurt/M.

Behrmann (1996): Almuth Behrmann, *Das Nilpferd in der Vorstellungswelt der Alten Ägypter, 2 Textband, Europäische Hochschulschriften, Reihe 38: Archäologie 62*, Frankfurt/M.

Beinlich (1976): Horst Beinlich, *Studien zu den „Geographischen Inschriften" (10. – 14. o.äg. Gau), T.Ä.B. 2*, Bonn.

Beinlich (1989): Horst Beinlich, „Spätzeitquellen zu den Gauen Oberägyptens", *Göttinger Miszellen* 107, 7–41.

Beinlich (1990): Horst Beinlich, „Spätzeitquellen zu den Gauen Unterägyptens", *Göttinger Miszellen* 117/118, 59–88.

Beinlich (1991): Horst Beinlich, *Das Buch vom Fayum, Ägyptologische Abhandlungen 51*, Wiesbaden.

Betrò (1984): Maria C. Betrò, „L'alchimia delle traduzioni: Il mito dell'Occhio del Sole e il P.B.M. inv. no. 274", in: *Atti del XVII Congresso Internazionale di Papirologia III*, Napoli, 1355–1360.

Blackman u. Fairman (1942): Aylward M. Blackman u. Herbert W. Fairman, „The Myth of Horus at Edfu—II. C. The Triumph of Horus over his Enemies: A Sacred Drama", *Journal of Egyptian Archeology* 28, 32–38.

Blackman u. Fairman (1943): Aylward M. Blackman u. Herbert W. Fairman, „The Myth of Horus at Edfu—II (Continued)", *Journal of Egyptian Archeology* 29, 2–36.

Blackman u. Fairman (1944): Aylward M. Blackman u. Herbert W. Fairman, „The Myth of Horus at Edfu—II (Concluded)", *Journal of Egyptian Archeology* 30, 5–22, 79–80.

Boessneck (1988): Joachim Boessneck, *Die Tierwelt des Alten Ägypten untersucht anhand kulturgeschichtlicher und zoologischer Quellen*, München.

Bouché-Leclercq (1899): Auguste Bouché-Leclercq, *L'Astrologie grecque*, Paris (ND Aalen 1979).

Bresciani (1996): Edda Bresciani, *Il Volto di Osiri. Tele funerarie dipinte nell'Egitto Romano. The Face of Osiris. Painted Funerary Shrouds in Roman Egypt*, Lucca.

Cauville (1995): Sylvie Cauville, „Un inventaire de temple: Les papyrus Berlin 10.472 A et 14.400", *Zeitschrift für ägyptische Sprache und Altertumskunde* 122, 38–61.

de Cenival (1988): Françoise de Cenival, *Le mythe de l'œil du soleil, DSt 9*, Sommerhausen.

Centrone (2009): Maria Costanza Centrone, *Egyptian corn-mummies: a class of religious artefacts catalogued and systematically analysed*, Saarbrücken.

Coulon (2015): Laurent Coulon, „Du périssable au cyclique: les effigies annuelles d'Osiris", in: Sylvia Estiennes u. a. (Hgg.), *Figures des dieux. Construire le divin en images*, Rennes, 295–318.
Fairman (1974): Herbert W. Fairman, *The Triumph of Horus. An Ancient Egyptian Sacred Drama*, London.
Fischer-Elfert (2008): Hans-Werner Fischer-Elfert, „Weiteres zur Göttlichkeit der Natur – Fragmente eines späthieratischen Lexikons (Pap. Hal. Kurth Inv. 33 A–C (Halle/Saale)", *Zeitschrift für ägyptische Sprache und Altertumskunde* 135, 115–130.
Fitzenreiter (2013): Martin Fitzenreiter, *Tierkulte im pharaonischen Ägypten, Ägyptologie und Kulturwissenschaft V*, München.
Gauthier (1935): Henri Gauthier, *Les nomes d'Égypte depuis Hérodote jusqu'à la conquête arabe, Mémoires de l'Institut égyptien 25*, Le Caire.
Graefe (1979): Erhart Graefe, „Noch einmal Osiris-Lunus", *Journal of Egyptian Archeology* 65, 171–173.
Grenfell u. Hunt (1903): Bernard P. Grenfell u. Arthur S. Hunt, *The Oxyrhynchus Papyri III*, London.
Griffiths (1979): John Gwyn Griffiths, „The striding bronze figure of Osiris-'Iah at Lyon", *Journal of Egyptian Archeology* 65, 174–175.
Guichard (2014): Hélène Guichard, *Des animaux et des pharaons. Le règne animal dans l'Égypte ancienne*, Lens.
Gutbub (1979): Adolphe Gutbub, „La tortue animal cosmique bénéfique à l'époque ptolémaïque et romaine", in: Jean Vercoutter (Hg.), *Hommages à la mémoire de Serge Sauneron I, Bibliothèque d'étude 81,1*, Le Caire, 391–435.
Hays (2012): Harold M. Hays, *The Organization of the Pyramid Texts: Typology and Disposition, Probleme der Ägyptologie 31*, Leiden/Boston, MA.
Helck (1974): Wolfgang Helck, *Die altägyptischen Gaue, Beihefte zum Tübinger Atlas des Vorderen Orients B 5*, Wiesbaden.
Hoffmann (2012): Friedhelm Hoffmann, „Zum Körperkonzept in Ägypten (P. Berlin P. 10472 A + 14400)", in: Angelika Berlejung, Jan Dietrich u. Joachim F. Quack (Hgg.), *Menschenbilder und Körperkonzepte im Alten Israel, in Ägypten und im Alten Orient, Orientalische Religionen in der Antike 9*, Tübingen, 481–500.
Hoffmann/Quack (2007): Friedhelm Hoffmann u. Joachim F. Quack, *Anthologie der demotischen Literatur, Einführungen und Quellentexte zur Ägyptologie 4*, Berlin, 195–229.
Hölbl (1986): Günther Hölbl, *Ägyptisches Kulturgut im phönikischen und punischen Sardinien, Études préliminaires aux religions orientales dans l'Empire romain 102*, Leiden.
Hölbl (1989): Günther Hölbl, *Ägyptisches Kulturgut auf den Inseln Malta und Gozo in phönikischer und punischer Zeit. Die Objekte im Archäologischen Museum von Valletta, Studien zum Ägyptischen Kulturgut im Mittelmeerraum 1. Veröffentlichungen der ägyptischen Kommission 1. Sitzungsberichte, Österreichische Akademie der Wissenschaften, Philosophisch-Historische Klasse 538*, Wien.
Hopfner (1913): Theodor Hopfner, *Der Tierkult der alten Ägypter nach den griechisch-römischen Berichten und den wichtigeren Denkmälern, Denkschriften der Kaiserlichen Akademie der Wissenschaften in Wien, Philosophisch-historische Klasse 57, Abh. 2*, Wien.
van der Horst (1987): Pieter Willem van der Horst, *Chaeremon, Egyptian Priest and Stoic Philosopher, Études préliminaires aux religions orientales dans l'Empire romain 101*, (2. Auflage) Leiden u. a.

El-Huseny (2006): M. Abd el-Hamid El-Huseny, *Die inkonsequente Tabuisierung von Sus scrofa Linnaeus, 1758 im Alten Ägypten: seine ökonomische und religiöse Bedeutung*, Berlin.
Johnson (2013): Aaron P. Johnson, *Religion and Identity in Porphyry of Tyre. The Limits of Hellenism in Late Antiquity, Greek Culture in the Roman World*, Cambridge.
Junker (1913): Hermann Junker, *Das Götterdekret über das Abaton*, Wien.
Krauss (1997): Rolf Krauss, *Astronomische Konzepte und Jenseitsvorstellungen in den Pyramidentexten, Ägyptologische Abhandlungen 59*, Wiesbaden.
Kucharek (2010): Andrea Kucharek, *Die Klagelieder von Isis und Nephthys in Texten der Griechisch-Römischen Zeit, Altägyptische Totenliturgien 4*, Heidelberg.
Kurth (1976): Dieter Kurth, „⌐⌐⌐ ꜣst (Isis), eine Bezeichnung des Himmels in Texten griech.-röm. Zeit", *Göttinger Miszellen* 19, 35–37.
Leitz (2012a): Christian Leitz, *Geographisch-osirianische Prozessionen aus Philae, Dendara und Athribis, Soubassementstudien II, Studien zur spätägyptischen Religion 8*, Wiesbaden.
Leitz (2012b): Christian Leitz, „Die Geierweibchen des Thotbuches in den 42 Gauen Ägyptens", *Revue d'Égyptologie* 63, 137–185.
von Lieven (2000): Alexandra von Lieven, *Der Himmel über Esna. Eine Fallstudie zur Religiösen Astronomie in Ägypten am Beispiel der kosmologischen Decken- und Architravinschriften im Tempel von Esna, Ägyptologische Abhandlungen 64*, Wiesbaden.
von Lieven (2004): Alexandra von Lieven, „Das Göttliche in der Natur erkennen. Tiere, Pflanzen und Phänomene der unbelebten Natur als Manifestationen des Göttlichen (mit einer Edition der Baumliste P. Berlin 29027)", *Zeitschrift für ägyptische Sprache und Altertumskunde* 131, 156–172, Taf. XX–XXI.
von Lieven (2006): Alexandra von Lieven, „Der Isishymnus Deir Chelouit 154,1–10", *Acta Antiqua* 46, 165–171.
von Lieven (2007): Alexandra von Lieven, *Grundriß des Laufes der Sterne. Das sogenannte Nutbuch, The Carlsberg Papyri 8, The Carsten Niebuhr Institute of Ancient Near East Studies, Publications 31*, København.
von Lieven (2010): Alexandra von Lieven, „Das Verhältnis zwischen Tempel und Grab im griechisch-römischen Ägypten", *Revue d'Égyptologie* 61, 91–106, Pl. II–IV.
von Lieven (2011): Alexandra von Lieven, „'Where there is dirt, there is system'. Zur Ambiguität der Bewertung von körperlichen Ausscheidungen in der ägyptischen Kultur", *Studien zur altägyptischen Kultur* 40, 287–300.
von Lieven (2012): Alexandra von Lieven, „Rezension zu Altmann 2010", *Die Welt des Orients* 42, 244–256.
von Lieven (2013): Alexandra von Lieven, „Of Crocodiles and Men – Real and Alleged Cults of Sobek in the Fayum", in: Carolin Arlt u. Martin Andreas Stadler (Hgg.), *Das Fayyûm in Hellenismus und Kaiserzeit. Fallstudien zu multikulturellem Leben in der Antike*, Wiesbaden, 87–93.
von Lieven (2016): Alexandra von Lieven, „Translating Gods, Interpreting Gods. On the Mechanisms behind the Interpretatio Graeca of Egyptian Gods", in: Ian C. Rutherford (Hg.), *Greco-Egyptian Interactions. Literature, Translation, and Culture, 500 BCE–300 CE*, Oxford, 61–82.
von Lieven (i. Dr.): Alexandra von Lieven, *Heiligenkult und Vergöttlichung im Alten Ägypten, Habilitationsschrift Berlin 2007 (für Orientalia Lovaniensia Analecta)*, Leuven.

Lippert (2001): Sandra L. Lippert, „Komplexe Wortspiele in der Demotischen Chronik und im Mythus vom Sonnenauge", *Enchoria* 27, 88–100.
Maillon (1960): Jean Maillon, *Heliodore, Les Ethiopiques (Theagene et Chariclee)* 1, Paris.
Meeks (2006): Dimitri Meeks, *Mythes et légendes du Delta d'après le papyrus Brooklyn 47.218.84, Mémoires publiés par les Membres de l'Institut Francais d'Archéologie Orientale du Caire 125*, Le Caire.
Mendel (2003): Daniela Mendel, *Die kosmogonischen Inschriften in der Barkenkapelle des Chonstempels von Karnak, Monographies Reine Élisabeth 9*, Bruxelles.
Mendel (2005): Daniela Mendel, *Die Monatsgöttinnen in Tempeln und im privaten Kult, Rites égyptiens 11*, Turnhout.
Neugebauer u. van Hoesen (1964): Otto Neugebauer u. Henry Bartlett van Hoesen, „Astrological Papyri and Ostraca: Bibliographical Notes", *Proceedings of the American Philosophical Society* 108, 57–72.
Neugebauer u. Parker (1969): Otto Neugebauer u. Richard A. Parker, *Egyptian Astronomical Texts III: Decans, Planets, Constellations and Zodiacs, Brown Egyptological Studies 6*, Providence.
Prada (2012): Luigi Prada, „For a new edition of P.Lond.Lit. 192: current research on the Greek version of the Myth of the Sun's Eye", in: Paul Schubert (Hg.), *Actes du 26e Congrès international de papyrologie: Genève, 16–21 août 2010*, Genève, 627–634.
Quack (1997): Joachim F. Quack, „Ein ägyptisches Handbuch des Tempels und seine griechische Übersetzung", *Zeitschrift für Papyrologie und Epigraphik* 119, 297–300.
Quack (2005): Joachim F. Quack, „Gibt es eine ägyptische Homer-Rezeption", in: Andreas Luther (Hg.), *Odyssee-Rezeptionen*, Frankfurt, 55–72.
Quack (2007): Joachim F. Quack, „Saatprobe und Kornosiris", in: Martin Fitzenreiter (Hg.) *Das Heilige und die Ware. Zum Spannungsfeld von Religion und Ökonomie, Internet-Beiträge zur Ägyptologie und Sudanarchäologie 7*, London, 325–331.
Quack (2010): Joachim F. Quack, „The Naos of the Decades and its Place in Egyptian Astrology", in: Damian Robinson u. Andrew Wilson (Hgg.), *Alexandria and the North-West Delta. Joint Conference Proceedings of Alexandria: City and Harbour (Oxford 2004) and The Trade, Topography and Material Culture of Egypt's North-West Delta, 8th Century BC to 8th Century AD (Berlin 2006), Oxford Centre for Maritime Archaeology Monograph 5*, Oxford, 175–181.
Quack (2016a): Joachim F. Quack, „Papyrus Heidelberg dem. 679. Ein frühdemotischer (sub)literarischer Text?", in: Philippe Collombert et al. (Hgg.), *Aere perennius. Mélanges égyptologiques en l'honneur de Pascal Vernus, Orientalia Lovaniensia Analecta 242*, Leuven/Paris/Bristol, CT.
Quack (2016b): Joachim F. Quack, „The Last Stand? What remains Egyptian at Oxyrhynchus", in: Kim Ryholt u. Gojko Barjamovic (Hgg.), *Problems of Canonicity and Identity Formation in Ancient Egypt and Mesopotamia*, København.
Quack (2016c): Joachim F. Quack, „Translating the Realities of Cult: The Case of the Book of the Temple", in: Ian Rutherford (Hg.), *Greco-Egyptian Interactions. Literature, Translation, and Culture, 500 BC–AD300*, Oxford, 267–286.
Quack (i. Dr.): Joachim F. Quack, *Beiträge zu den ägyptischen Dekanen und ihrer Rezeption in der griechisch-römischen Welt (für Orientalia Lovaniensia Analecta)*, Habilitationsschrift Berlin 2002.
Rondot (2004): Vincent Rondot, *Tebtynis II. Le temple de Soknebtynis et son Dromos*, Le Caire.

Rosati/Osing (1998): Gloria Rosati u. Jürgen Osing, *Papiri geroglifici e ieratici da Tebtynis*, Firenze.

Sauneron (1968): Serge Sauneron, *Le temple d'Esna IV*, Le Caire.

Tacke (2013): Nikolaus Tacke, *Das Opferritual des ägyptischen Neuen Reiches*, Orientalia Lovaniensia Analecta 222, Leuven, Paris/Walpole, MA.

Thissen (1996): Heinz Joseph Thissen, „Κμῆφ – ein verkannter Gott", *Zeitschrift für Papyrologie und Epigraphik* 112, 153–160.

Thissen (2001): Heinz Joseph Thissen, *Des Niloten Horapollon Hieroglyphenbuch, I Text und Übersetzung*, Archiv für Papyrusforschung und verwandte Gebiete, Beiheft 6, Leipzig.

Thissen (2011): Heinz-Josef Thissen, „"„Lost in translation?": „Von Übersetzungen und Übersetzern"", in: Hans-Werner Fischer-Elfert u. Tonio Sebastian Richter (Hgg.), *Literatur und Religion im Alten Ägypten: ein Symposium zu Ehren von Elke Blumenthal*, Leipzig, 126–163.

Tooley (1996): Angela M. J. Tooley, „Osiris Bricks", *Journal of Egyptian Archeology* 82, 167–179.

Totti (1985): Maria Totti, *Ausgewählte Texte der Isis-und Sarapis-Religion*, Hildesheim/Zürich/New York.

Valbelle (1981): Dominique Valbelle, *Satis et Anoukis*, Sonderschrift des deutschen archäologischen Instituts, Abteilung Kairo 8, Mainz.

Volokhine (2014): Youri Volokhine, *Le porc en Égypte ancienne. Mythes et histoire à l'origine des interdits alimentaires*, Collection Religions. Comparatisme – Histoire – Anthropologie 3, Liège.

Weeks u. De Luca (2001): Kent R. Weeks u. Araldo De Luca, *Im Tal der Könige. Von Grabkunst und Totenkult der ägyptischen Herrscher*, München.

West (1969): Stephanie West, „The Greek Version of the Legend of Tefnut ", *Journal of Egyptian Archeology* 55, 161–183.

Wildung (1977a): Dietrich Wildung, *Imhotep und Amenhotep*, Münchner ägyptologische Studien 36, München/Berlin.

Wildung (1977b): Dietrich Wildung, *Egyptian Saints*, New York.

Winkler (2006): Andreas Winkler, „The efflux that issued from Osiris: a study on rḏw in the Pyramid Texts", *Göttinger Miszellen* 211, 125–139.

Winter u. Winter (1996): Erich Winter u. Ute Winter, „Von der Ununterscheidbarkeit der Geschlechter. Der Geier im Flug durch die Jahrtausende", in: Ilona Slavinsky u. Joseph P. Strelka (Hgg.), *Viribus Unitis (Fs. B. Stillfried)*, Frankfurt/M. u. a., 523–537.

Zimmermann (1912): Friedrich Zimmermann, *Die ägyptische Religion nach der Darstellung der Kirchenschriftsteller und die ägyptischen Denkmäler*, Studien zur Geschichte und Kultur des Altertums 5–6, Paderbor

Andreas H. Pries
ἔμψυχα ἱερογλυφικά II

Aspekte von Wesen und Wirkmacht ägyptischer Hieroglyphen im Spiegel der platonischen Anschauung

Innerhalb der Schriften der platonisch und vorplatonisch geprägten Tradition spielen die Spezifika der ägyptischen Schrift eine besondere Rolle. Der im antiken Niltal zu beobachtende Schriftgebrauch galt den griechischen Philosophen und Schriftstellern nämlich gleichermaßen als Novum und Faszinosum. Die Gründe dafür sind durchaus unterschiedlicher Natur. Denn ebenso wie in Ägypten mehrere Schrifttypen gleichzeitig in Gebrauch waren, gab es auch intentional recht unterschiedliche Verwendungsweisen dieser Schrifttypen. Insbesondere das vergleichsweise offene System der Hieroglyphenschrift, welche sich gegenständlicher Zeichen bediente, bot seinen Benutzern mannigfaltige Möglichkeiten der Nutzung. Dieser Umstand ist es, welcher die Griechen und im Zuge dessen die europäische Hieroglyphenrezeption insgesamt nachhaltig beeindruckt hat.

Der vorliegende Beitrag greift noch einmal die Frage auf, inwieweit ein innerer Zusammenhang zwischen den Aussagen der griechischen Schriftsteller über den Umgang der alten Ägypter mit ihren Schriftzeichen einerseits und dem tatsächlichen Gebrauch andererseits besteht. Der Fokus der Betrachtung liegt dabei allerdings abseits des bekannten grammatologischen Diskurses, der sich seit Herodot vornehmlich um die Digraphie der ägyptischen Schriftkultur drehte, die in der Unterscheidung zwischen einer „heiligen" (ἱερά) und einer „öffentlichen"

Anmerkung: ἔμψυχα ἱερογλυφικά I: Pries 2016. Die Kenntnis der Grundprinzipien der altägyptischen Hieroglyphenschrift, die Tatsache also, dass es sich trotz ihrer augenscheinlichen Ikonizität eben nicht um eine echte Bilderschrift handelt, sondern um ein mit Phonogrammen und Semogrammen operierendes System zur sprachlich genauen Fixierung eines Textes mit Hilfe gegenständlicher Zeichen, wird im Folgenden vorausgesetzt. Z. T. sehr knapp gehaltene, aber für das hier im interkulturellen wie interdisziplinären Kontext Dargelegte ausreichend umfassende Einführungen dazu finden sich etwa bei Winter 1989, 83–84; Schenkel 1984, 713–735; Schenkel 1994, Schenkel 2003; Fischer 1977, 1190–1199; ausführlicher: Iversen 1961, 11–37; Schott 1951; mit Bezug auf die spätere Zeit: Derchain 1991. Überdies ließe sich nahezu jede Grammatik des Altägyptischen konsultieren.

Andreas H. Pries, Dr. Andreas H. Pries, Eberhard-Karls-Universität, Institut für die Kulturen des Alten Orients, Abt. für Ägyptologie, Burgsteige 11, Schloß Hohentübingen, D-72070 Tübingen

(δημοτικά) Schrift ihren Ausdruck fand.[1] Auch werden Fragen der Etymologie, die spätestens seit Platons berühmtem Dialog *Kratylos* Ägypter wie Griechen gleichermaßen beschäftigten,[2] nur am Rande berührt und die damit zusammenhängende „Etymographie" der Ägypter, die vor allem im Zuge der Rehabilitierung der *Hieroglyphika* des Horapollon auf eine nach heutigen Maßstäben wissenschaftlich fundierte Grundlage gestellt wurde,[3] steht ebenfalls nicht im Zentrum dieses Beitrages.

Hier geht es vielmehr darum, dass die Ägypter ihren Hieroglyphen im Rahmen spezifischer Verwendungsweisen einen ontologischen Status zugeschrieben haben und sie damit den Götterbildern gleichstellten, die auch in der platonischen Tradition als Realitäten zumindest einer niederen Ordnung angesehen wurden. Insofern geht es hier also in der Terminologie der Griechen um ἀγάλματα, nicht um γράμματα und damit um ein zentrales Problem platonischer Philosophie, welches sich auch vom altägyptischen Befund her kommend angehen lässt.

Eine Unterscheidung zwischen Bild und Schrift, wie sie die Griechen nicht zuletzt eben durch die Verwendung von Begrifflichkeiten wie ἄγαλμα und γράμμα getroffen haben, war für das ägyptische Verständnis unwesentlich.[4] An-

---

[1] Hdt. 2,36; Diod. 1,81; 3,3f. Laut Assmann 2000, 64–71 (bes. 66f.) gehört dieses Spezifikum immerhin zu den „großen Themen", die das Bild der Griechen von Ägypten prägen. Bei dem Kirchenvater Clemens Alexandrinus, dem die eingehendste und wohl auch strukturierteste unter den klassisch-antiken Beschreibungen des ägyptischen Schriftsystems zu verdanken ist, bilden die eigentlichen Hieroglyphen, also die gegenständlichen Zeichen um die es in diesem Beitrag geht, noch eine eigene Gruppe neben den Kursivschriften Demotisch und Hieratisch; vgl. Clem. *Str.* 5,4,20,3–21,3 sowie dazu Vergote 1939, Winter 1989 und Derchain 1991 mit weiteren Verweisen.

[2] Dass Platons *Kratylos* den späteren, mit Etymologien befassten Autoren als Referenzwerk diente, zeigen Zitate, wie sie sich etwa bei Plut. *Isid.* 29, 362D finden. Wie im Rahmen der Beschäftigung mit den Etymologien bei Plutarch ägyptische und platonische Auffassungen zur Deckung kommen, hat insbesondere Thissen 1985; Thissen 1988; Thissen 1993, bes. 245f.; Thissen 2009 mit den entsprechenden Verweisen auf einschlägige Vorarbeiten gezeigt.

[3] Zum Begriff „Etymographie" und seinen Implikationen vgl. Assmann 2003; zur ägyptologischen Aufarbeitung der *Hieroglyphika* s. insbes. Thissen 2001; Thissen 2006a sowie jüngst Engsheden 2013. Zum Hieroglyphenbuch des Chairemon vgl. außerdem Thissen 2006b. Beide Verfahren, „Etymologien" ebenso wie „Etymographien", finden sich in den ägyptischen Quellen seit frühester Zeit bezeugt. Insbesondere die jüngeren Bezeugungen ähneln signifikant den Wort- und Schriftgleichungen der griechischen Schriftsteller, s. etwa Lippert 2001; Leitz 2012.

[4] Wie im Griechischen, wo im Zusammenhang neben ἄγαλμα und γράμμα natürlich auch Ausdrücke wie ἀνδριάς, ξόανον, εἰκών, εἴδωλον, σύμβολον, αἴνιγμα, γλυφή, γραφή, στοιχεῖον

ders als die Buchstaben der Griechen kennzeichnet die Hieroglyphenschrift nämlich eine ausgeprägte Ikonizität, die auch jenseits der eigentlichen Lesung und Lautung der Zeichen sinngebend wirkt[5] und bei einer ganzen Reihe von Zeichen zudem eine Wesenhaftigkeit impliziert. Deshalb nimmt es nicht wunder, dass man solcherart Zeichen konzeptuell in die Nähe von Götterbildern rückte. Diese Besonderheit klingt schon bei Diodor an, indem er die Behauptung aufstellte, dass die Ägypter nicht nur die Form ihrer Buchstaben, sondern auch das Aussehen ihrer Standbilder von den Äthiopiern übernommen hätten:

> ... τάς τε τῶν ἀγαλμάτων ἰδέας καὶ τοὺς τῶν γραμμάτων τύπους Αἰθιοπικοὺς ὑπάρχειν
> (Diod. 3,3).

Ganz deutlich wird dieser Zusammenhang dann bei Clem. *Str.* 5,7,43,1f.:

> ἤδη δὲ κἀν ταῖς καλουμέναις παρ' αὐτοῖς κωμασίαις τῶν θεῶν χρυσᾶ ἀγάλματα δύο μὲν κύνας ἕνα δὲ ἱέρακα καὶ ἶβιν μίαν περιφέρουσι καὶ καλοῦσι τὰ τέσσαρα τῶν ἀγαλμάτων εἴδωλα τέσσαρα γράμματα.

Clemens, der hier eigentlich ein typisches Standartengeleit beschreibt, sagt ausdrücklich, die Ägypter bezeichneten die Goldstatuen, die sie während der Prozession tragen, als Schriftzeichen.

Es machte für den Ägypter tatsächlich keinen Unterschied, ob er mit Statuen, Bildern oder Schriftzeichen operierte. Ebenso wie in den Kultbildern, die er in den Tempeln und Gräbern des Landes umsorgte, sah er nämlich auch in den Hieroglyphen tatkräftige und zur Kommunikation befähigte Götter bzw. ein mögliches Gefäß, dem das Göttliche und seine Wirkmacht innewohnte. Kraft des Einwohnungsprinzips galten diese Schriftzeichen in Ägypten als beseelt sowie auch jenseits ihrer Lesung und Lautung als wirkmächtig und damit als Manifestation einer echten und ursprünglichen Wirklichkeit, die sich ihren Rezipienten – von Lesern mag man im Zusammenhang gar nicht sprechen – auf ganz unmittelbare Weise offenbaren konnte. Als solche konnten sie dann mit den Mitteln der Magie nutzbar gemacht werden. An anderer Stelle habe ich in einiger Ausführlichkeit gezeigt, welchen Stellenwert das Wirken solcher ἔμψυχα ἱερογλυφικά in der ägyptischen Vorstellungs- und Lebenswelt seit frühester Zeit einnahm und wie sich das in den indigenen Quellen unter Einschluss der späteren koptischen (d. h.

---

u. a. m. Verwendung finden, kennt die ägyptische Sprache ebenfalls eine ganze Reihe von Begriffen, die semantisch heute nicht immer ganz eindeutig zu bestimmen sind. Im Hinblick auf „hieroglyphische" Bilder ist aber eindeutig das Wort *tj.t* vorherrschend.
5 Eine ebenso konzinne wie konzise Darstellung dieses Phänomens findet sich bei Assmann 1991, 76–90.

primär gnostischen) Tradition darstellt.⁶ In Ergänzung und gewissermaßen auch in Fortführung dazu⁷ möchte ich an dieser Stelle noch einmal kurz auf einige Aspekte eingehen, die zeigen, welchen Stellenwert der ägyptische Gedankenhorizont für das platonische Denken hatte.

Schließlich kennzeichnet das „Denken in Bildern" nicht nur die Schriften Plutarchs,⁸ sondern die gesamte platonische und platonisch geprägte Tradition. Gleichzeitig zeigt sich darin ein entscheidender Nexus zwischen platonischer und ägyptischer Geisteshaltung, mit dem kleinen, aber wichtigen Unterschied allerdings, dass der Bildbegriff in Ägypten eben nicht so klar vom Schriftbegriff unterschieden war, wie dies bei den Griechen der Fall war: So wurden etwa bildhafte Schriftzeichen naturnah und polychrom ausgestaltet und rundplastische Statuen innerhalb bestimmter Arrangements „lesbar" gemacht.⁹ Insbesondere solche Wortschreibungen, die der Wiedergabe wirkmächtiger Namen und Epitheta oder *materia sacra* dienten und deren Lesung und Bedeutung für den eingeweihten Rezipienten ohnehin evident war, reicherte man mit Götterbildern oder figurativen Zeichen an, die man als lebendige Manifestationen der dargestellten Entität begriff. Mitunter gebrauchte man ausschließlich solche Zeichen, auch wenn damit eine verminderte Lesbarkeit der Texte einhergehen konnte.¹⁰ Bei Königs- und Götternamen war es eine weit verbreitete Praxis, diese auch in der Schrift mit Götterstandbildern wiederzugeben, also ἀγάλματα im Wortsinne zu verwenden.¹¹

Außerdem wurden Rituale und Beschwörungen, die sonst dazu dienten, Götterstatuen oder andere Abbilder zu beseelen, in gleicher Weise auch an beschrifteten Objekten, einem Tempel etwa, der als lebendiges Abbild der Welt begriffen wurde, vollzogen.¹² Damit konnte das Göttliche den Statuen, Abbildern und Schriftzeichen gleichermaßen einwohnen, und die Wirkmacht und -weise einer

---

6 S. Pries 2016.
7 Redundanzen ließen sich dabei nicht vermeiden.
8 Hirsch-Luipold 2002.
9 S. Pries 2016, 470.
10 Es war jedoch keineswegs so, dass diese Texte dadurch ganz und gar unverständlich wurden oder nur ganz wenigen spezifisch Eingeweihten zugänglich waren, wie das im Rahmen von – im engeren Sinne – kryptographischen bzw. steganographischen Texten der Fall wäre. Die jeweilige „Verschlüsselung" ist nahezu immer offensichtlich. Selbst der Zeichenbestand der schwierigsten und obskursten Texte umfasst noch eine ganze Reihe von zusätzlichen Lesehilfen, die es einem mit der Thematik vertrauten Priester möglich machten, diese Texte ohne allzu große Anstrengungen zu lesen. Dass der Ägyptologe damit heute mitunter größere Schwierigkeiten hat, steht auf einem anderen Blatt.
11 S. Pries 2016, 469–470.
12 S. Pries 2016, 449–452.

Hieroglyphe basierte *grosso modo* auf denselben Prinzipien, die auch für die im Tempel oder Grab verehrten und umsorgten Götterstatuen Gültigkeit besaßen. Diese enge Verquickung und das daraus resultierende Zusammenspiel von Bild und Schrift prägte nicht nur einzelne Bereiche der ägyptischen Vorstellungswelt und Weltsicht, sondern das ägyptische Denken überhaupt, und zwar so sehr, dass man in Anlehnung daran bis heute vom „hieroglyphischem Denken" spricht.[13]

Auf diesen besonderen Aspekt des ägyptischen Schriftbegriffes nehmen auch die klassisch-antiken Autoren explizit Bezug. Als *locus classicus* darf hier ohne Zweifel die Stelle bei Plotin in seinem Traktat „Über die intelligible Schönheit" (5,8,6) gelten:

Δοκοῦσι δέ μοι καὶ οἱ Αἰγυπτίων σοφοὶ εἴτε ἀκριβεῖ ἐπιστήμῃ λαβόντες εἴτε καὶ συμφύτῳ περὶ ὧν ἐβούλοντο διὰ σοφίας δεικνύναι, μὴ τύποις γραμμάτων διεξοδεύουσι λόγους καὶ προτάσεις μηδὲ μιμουμένοις φωνὰς καὶ προφορὰς ἀξιωμάτων κεχρῆσθαι, ἀγάλματα δὲ γράψαντες καὶ ἓν ἕκαστον ἑκάστου πράγματος ἄγαλμα ἐντυπώσαντες ἐν τοῖς ἱεροῖς τὴν ἐκείνου διέξοδον ἐμφῆναι, ὡς ἄρα τις καὶ ἐπιστήμη καὶ σοφία ἕκαστόν ἐστιν ἄγαλμα καὶ ὑποκείμενον καὶ ἀθρόον καὶ οὐ διανόησις οὐδὲ βούλευσις.

Dem mit den Strukturen des Seins und den damit verbundenen ontologischen Problemen ringenden Plotin geht es hier selbstverständlich nicht um die grammatologische Frage. Er bezieht sich vielmehr auf eine ganz spezifische Gebrauchsweise der Hieroglyphenschrift, die ihm als solche offenbar bekannt war. Das Beispiel dient ihm indes nur dazu, seine eigenen Leitsätze argumentativ zu unterfüttern und die kurze Einlassung taugt für sich genommen sicher nicht dazu, an ihr eine eigene, plotinische „Hieroglyphentheorie" zu entwickeln. Trotzdem ist ihr Aussagegehalt keinesfalls zu unterschätzen: Plotin bezieht sich ausdrücklich nicht auf γράμματα, sondern auf ἀγάλματα, und zwar auf ἀγάλματα δὲ οὐ γεγραμμένα, ἀλλὰ ὄντα, also solche, die nicht aufgezeichnet, sondern seiend sind (5,8,5). Das dahinterstehende Prinzip hätten die weisen Ägypter längst begriffen, sagt Plotin, denn διὸ καὶ τὰς ἰδέας ὄντα ἔλεγον εἶναι οἱ παλαιοὶ καὶ οὐσίας (ibid.). Nach Meinung der Altvorderen handelt es sich also um „Urbilder", um lebendige, wesenhafte Entitäten und nicht um mentale Abstraktionen.[14] Exakt in diesem Sinne wollte auch der Ägypter seine Schrift verstanden wissen, auch

---

13 S. etwa Hornung 1999, 133–145; Hornung 2001.
14 Insofern ist – nebenbei bemerkt – auch die gängige Übersetzung von ἀγάλματα als „Bildsymbole" oder „Bilderschrift" in diesem Zusammenhang etwas irreführend (vgl. etwa Tornau 2001, 173; Harder 1964, 49; entsprechend Assmann 2000, 68; Thissen 2001, XI; Morenz 2008, 286, Anm. 1123 u. a. m.; anders z. B. Eco 2002, 153).

wenn er sie außerhalb des Kultes innerhalb profaner Verwendungskontexte ganz anders gebrauchte. Plotin, der in der Regel zusammen mit Horapollon auf der Anklagebank sitzt, wenn es der Wissenschaft darum geht den retardierenden Einfluss antiker Schriftsteller auf die Entzifferung der Hieroglyphen zu beanstanden,[15] und dem man seiner ägyptischen Abstammung zum Trotz keine weiter reichenden Kenntnisse über die Hieroglyphenschrift zugesteht, muss dies bewusst gewesen sein, vielleicht ja sogar vollumfänglich.

Ihn faszinierte ja nicht die bloße und allgemein bekannte Tatsache, dass die Ägypter in ihren Tempeln Götterbilder (ἀγάλματα) anstelle von Buchstaben gebrauchten, sondern dass überdies jedes dieser Bilder eine bestimmte Wissenschaft (ἐπιστήμη) und Weisheit (σοφία) sowie deren zugrundeliegenden Gegenstand (ὑποκείμηνον) darstellte und zwar in dichter Form (ἀθρόον) und nicht als Denkvorgang oder Diskurs (διανόησις οὐδὲ βούλευσις).

Das klingt zunächst vielleicht etwas gespreizt und ist *in praxi* schwer vorstellbar; es steht aber gut in der platonischen Tradition, nach der die Ägypter fähig waren, mittels Symbolen verborgene mystische Intentionen ans Licht zu bringen, und zwar durch Imitation der Natur des Universums und der Schöpfung der Götter.[16] Lässt sich die Aussage Plotins aber auch jenseits der innerplatonischen Tradition und der ihr eigenen Denkmuster verstehen? Durchaus, jedoch erfordert dies einen tieferen Einblick in die ägyptische Vorstellungswelt. Denn was bei Plotin ein Stück weit in dem „aufgeblasenen Mantel einer angelernten ‚philosophischen' Terminologie"[17] daherkommt, findet sich in Ägypten in ganz ähnlicher Weise in den gnostischen Traktaten wieder. In etwa zeitgenössisch zu Plotin, wahrscheinlich aber noch einige Dekaden älter, dürfte das berühmte, aus Nag Hammadi stammende *Evangelium Veritatis* sein, welches seinerseits in der älteren ägyptischen Tradition steht.[18] In NHC 1,3: 22,35–23,15 heißt es:

ετε πεει πε πισαγνε ⲛ̄ⲧⲉ πιχⲱⲙⲉ ⲉⲧⲁⲛ̄ⲅ̄ ⲉⲛⲧⲁϥⲟⲩⲁⲛϩ̄ϥ̄ ⲛ̄ⲛⲓⲁⲱⲛ ⲁⲑⲉⲁⲛ ⲛ̄ⲛⲓⲥϩⲉ[ⲉⲓ ⲛ̄ⲧⲟ]ⲟⲧϥ̄ ⲉϥⲟⲩⲁⲛϩ̄ ⲁⲃⲁⲗ ⲉⲓⲱ[ⲉ]ϫⲉ ⲉϩⲛ̄ⲧⲟⲡⲟⲥ ⲉⲛ ⲛⲉ ⲛ̄ⲧⲉ ϩⲛ̄ⲥⲙⲏ ⲟⲩⲇⲉ ϩⲛ̄ⲥϩⲉⲉⲓ ⲉⲛ ⲛⲉ ⲉⲩϣⲁⲁⲧ ⲛ̄ⲛⲟⲩϩⲣⲁⲩ ϣⲓⲛⲁ ⲛ̄ⲧⲉⲟⲩⲉⲉⲓ ⲁϣⲟⲩ ⲛ̄ϥⲙⲉⲩⲉ ⲁⲩⲡⲉⲧϣⲟⲩⲉⲓⲧ ⲁⲗⲗⲁ ϩⲛ̄ⲥϩⲉⲉⲓ ⲛⲉ ⲛ̄ⲧⲉ ϯⲙⲛ̄ⲧⲙⲏⲉ ⲛ̄ⲧⲁⲩ ⲉⲩϣⲉϫⲉ ⲉⲩⲥⲁⲩⲛⲉ ⲙ̄ⲙⲁⲩ ⲟⲩⲁⲉⲉⲧⲟⲩ ⲉⲟⲩⲙⲉ<ⲉⲩⲉ> ⲉϥϫⲏⲕ ⲡⲉ ⲡⲥϩⲉⲉⲓ ⲡⲥϩⲉⲉⲓ ⲙ̄ⲡⲣⲏⲧⲉ ⲛ̄ⲛⲟⲩϫⲱⲙⲉ ⲉϥϫⲏⲕ ⲁⲃⲁⲗ ⲉϩⲛ̄ⲥϩⲉⲉⲓ ⲛⲉ ⲁⲩⲥⲁϩⲟⲩ ⲁⲃⲁⲗ ϩⲓⲧⲟⲟⲧⲥ̄ ⲛ̄ϯⲙⲛ̄ⲧⲟⲩⲉⲉⲓ ⲉⲁϩⲁⲡⲓⲱⲧ ⲥⲁϩⲟⲩ <ⲛ̄>ⲛⲓⲁⲓⲱⲛ ϣⲓⲛⲁ ⲁⲃⲁⲗ ϩⲓⲧⲟⲟⲧⲟⲩ ⲛ̄ⲛⲓⲥϩⲉⲉⲓ ⲛ̄ⲧⲟⲟⲧϥ̄ ⲉⲩⲁⲥⲟⲩⲱⲛ ⲡⲓⲱⲧ

---

15 Erman 1912, 2f.; Iversen 1961, 45f.; Osing 1977; Thissen 2001, XI; Morenz 2008, 286 Anm. 1123 u. v. a .m.
16 Besonders deutlich wird dies später etwa bei Iamblichos in *Myst.* 7,3.
17 So zumindest einem ägyptologischen Empfinden nach: Iversen 1961, 41.
18 Und zwar ungeachtet der Frage nach seiner Originalsprache; vgl. etwa Morenz 1959, 131; Fecht 1961, 373f. Text und engl. Übersetzung der Stelle: Attridge 1985, 90f.

Und dies ist die ‚Gnosis' des lebendigen Buches, welches sich den Äonen offenbart hat bis zum Ende sein[er Schrift]zeichen, wobei es so erscheint, als ob es keine ‚Plätze[19] von Stimmen' (sc. Vokale) sind und auch keine Schriftzeichen, denen ihre Laute fehlen (sc. Konsonanten), was zur Folge hätte, dass man sie liest und dabei an Gehaltloses[20] denkt. Vielmehr sind sie Schriftzeichen der Wahrheit, sie, die selbst sprechen und sich erkennen, wobei jedes Schriftzeichen ein vollendeter <Gedanke> ist, wie ein vollständiges, aus Schriftzeichen bestehendes Buch. Sie wurden aufgeschrieben kraft der Einheit, da der Vater sie für die Äonen schrieb, damit sie durch seine Schriftzeichen den Vater erkennen.[21]

Auch der Nicht-Platoniker begreift nun etwas besser, wie die Rezeption solcher Schriftzeichen von statten ging. Noch anschaulicher vermittelt dies eine Stelle aus einem demotischen Text, dem sogenannten Thotbuch. Es handelt sich dabei um einen für die späten ägyptischen Tempelbibliotheken fundamental wichtigen Text, von dem heute immerhin noch mehr als zwanzig demotische Abschriften, überwiegend aus Tebtynis und Soknopaiou Nesos, sowie ein hieratischer Zeuge, der vermutlich aus Elephantine stammt, erhalten sind. Tatsächlich dürfte die Komposition in Teilen aber noch sehr viel älter sein als seine demotischen Bezeugungen. Der Inhalt des Thotbuches betrifft vornehmlich die Initiation des schriftkundigen Gelehrten und man kann es *cum grano salis* auch als ein demotisches Pendant zum *Corpus Hermeticum* bezeichnen.[22]

---

19 Sic. Vermutlich ist aber τύπος (statt τόπος) gemeint.
20 Es empfiehlt sich meines Erachtens, hier bei der Grundbedeutung des Wortes ϣⲟⲩⲉⲓⲧ „leer" (Qualitativ von ϣⲟⲩⲟ „entleeren, ausgießen") zu bleiben. Denn schließlich geht es hier, anders als die meisten rezenten Übersetzungen („an Törichtes denken", „think of something foolish"/ „of vain things", „pense à ce qui est vain" u. ä.) nahelegen, nicht um dumme, eitle oder törichte Gedanken, sondern ganz konkret um das Nicht-Erkennen der dem Werk inhärenten Zeichenmystik, d. h. um das Unvermögen ihren tieferen Sinngehalt, ihre vielen Mit- und Nebenbedeutungen, adäquat zu erfassen.
21 Dass Plotin und der Verfasser des *Evangelium Veritatis* sich hier desselben Ideenhorizontes bedienen, ist augenscheinlich. Eine ausführliche Besprechung dieses Zusammenhanges bietet Motte 1986. Zu weiteren konzeptionellen Entsprechungen zwischen Plotin und einigen gnostischen Texten vgl. außerdem Zandee 1961.
22 S. Jasnow/Zauzich 2005 und dazu Quack 2007a; Quack 2007b; s. außerdem die überarbeitete, neuere Vorschläge und Ideen zur Lesung berücksichtigende Übersetzung Jasnow/Zauzich 2014. Die Nähe des Textes zum *Corpus Hermeticum* ist sicherlich gegeben (vgl. ibid., 49–5048). Gleichzeitig steht die Komposition aber dezidiert in einer innerägyptischen Tradition und konkrete inhaltliche Übereinstimmungen mit den bekannten Hermetica lassen sich letztlich gar nicht so viele feststellen, wie Quack 2007b, 288–290 zu Recht angemerkt hat und wie dies von Jasnow/Zauzich 2005, 71 auch schon eingeräumt worden ist (s. dazu auch Stadler 2012, 184–187,

Der höchst voraussetzungsreiche und leider auch nur fragmentarisch überlieferte Text befasst sich an mehreren Stellen sehr eingängig mit der Wirkmacht heiliger Schriften. In dem besagten Abschnitt geht es um den ibisgestaltigen Meister der Bas des Re. Als Bas des Re, also als beseelte, wirkmächtige Manifestationen des Sonnengottes, wurden in Ägypten die heiligen Schriften bezeichnet, in welche der Initiant im Thotbuch eingeführt werden sollte.[23] Es gab 42 von diesen Schriften, eine für jeden Gau Ägyptens. In diesen Kontext ist auch der sogenannte „Geiertext" des Thotbuches zu stellen, welcher anhand von zum Teil sehr komplexen Wort- und Schriftassoziationen die umfassenden Hieroglyphenkenntnisse des Initianten zu demonstrieren sucht und ebenfalls 42 Gaue anführt.[24] Dieselbe Zahl überliefert interessanterweise Clemens Alexandrinus in Zusammenhang mit den hermetischen Büchern, aber das sei hier nur am Rande vermerkt.

In diesem weiteren Kontext steht nun im Thotbuch ein Satz[25], der mit großer Wahrscheinlichkeit dahingehend zu interpretieren ist, dass es an dieser Stelle um die Erfindung der Hieroglyphenzeichen geht, die als lebende Wesen aufgefasst werden, welche in der Lage sind, ihrem Erfinder Rede und Antwort zu stehen: *grp n3 dw3.w (tj.wt) p3j=w ḫbr ꜥš=f n=w wšb=w n=f* „Die Schriftzeichen[26] offenbarten ihre Gestalt. Er rief sie, sie antworteten ihm". Direkt im Anschluss ist die Rede davon, dass Thot, der Schrifterfinder und Meister der heiligen Bücher, sowohl die Sprache der Paviane und Ibisse verstand, als auch das Bellen der Hunde. Wie Jasnow und Zauzich wohl richtig vermuten, werden auch hier die jeweiligen hieroglyphischen Zeichen dieser Tiere gemeint sein.[27] Wahrscheinlich bezieht sich das „Sprechen" bzw. „Bellen" dieser Zeichen sogar ganz konkret auf ihren Phonemgehalt. Das wiederum hieße, dass die Lesung und Lautung eines Zeichens, als dessen eigene Sprache, als aktive Äußerung des Zeichens selbst begriffen wurde, und nicht als ein beim Rezipienten bzw. Leser einsetzender Deutungs- und Reflexionsvorgang. Denkt man an die bekannte Götterbildkritik des Heraklit,

---

bes. 185). Weitere Indizien lassen erkennen, dass die von Jasnow/Zauzich zunächst angenommene ptolemäische Entstehungszeit „distinktiv zu spät" (Quack 2007b, 289 Anm. 76) angesetzt ist, was ebenfalls für die ältere ägyptische Tradition spricht.

23 Lit. dazu bei Jasnow/Zauzich 2005, 27f.
24 Dazu im Detail Leitz 2012.
25 I. e. Pap. Berlin P 15531; B02, col. 10, Z. 7, s. Jasnow/Zauzich 2005, Tf. 8 und 261f. mit der Anm. auf 265; s. außerdem Quack 2007, 276 u. Jasnow/Zauzich 2014, 130f.
26 Die durchaus begründete Lesung von *dw3* „Anbetung" als *tj3* (älteres *tj.t*) „Hieroglyphe" wird sowohl von Jasnow/Zauzich, op. cit. als auch von Quack, op. cit. angesetzt. Eine ausführliche philologische Erörterung dieser Lesung gebe ich in Pries 2016, 457f., Anm. 43.
27 Jasnow/Zauzich 2014, 130.

nach der diejenigen, die zu Statuen (ἀγάλματα) beten, sich nicht anders verhielten als Menschen die zu Hauswänden redeten,[28] so drängt sich hier tatsächlich das Bild auf, wie ein ägyptischer Priester im Tempel, der ja als lebendiges Abbild des Kosmos begriffen wurde, von allen Seiten aus angerufen, angebrüllt, angezwitschert und angebellt wird. Was hier durch die Hieroglyphen kommuniziert wird, sind aber nicht Tierlaute, sondern „Gottesworte"[29].

So stellt die Hieroglyphe neben dem Götterbild das maßgebliche Vehikel dar, welches die Götter in die Lage versetzt, auf direktem Wege mit dem Menschen zu kommunizieren.[30] Die darin zum Ausdruck kommende Unmittelbarkeit der Rezeption ist es, was die Hieroglyphenschrift seit jeher auszeichnet, und ebendies greift die platonische Tradition auf.[31]

In Anbetracht der Stelle im demotischen Thotbuch, im *Evangelium Veritatis* und den Aussagen Plotins in seinem Traktat über das intelligible Schöne wird zweierlei klar: Erstens bedienen sich ein im ganzen Niltal verbreiteter ägyptischer Tempeltext, der nicht weniger als die Initiation in das religiöse Schrifttum Ägyptens zum Gegenstand hatte und mutmaßlich sehr viel älter als seine bekannten Bezeugungen ist, ein in koptischer Sprache verfasster, gnostischer Traktat aus Nag Hammadi sowie der ebenfalls aus Ägypten stammende Neuplatoniker Plotin, der zu einer Zeit lebte, als die Hieroglyphen immerhin noch in Gebrauch waren, desselben Schriftbegriffs. Zweitens ist das, was bei Plotin steht, nicht das bloße Zerrbild eines Unkundigen, sondern tatsächlich Teil eines ägyptischen Schriftverständnisses,[32] welches tief innerhalb der Kultur verankert war. Zwar

---

28 Heraklit, DK 22 B 5.
29 *mdw-nṯr* „Gottesworte" ist die indigene Bezeichnung der Hieroglyphenschrift.
30 Man vgl. im Zusammenhang Plutarchs Schrift *De genio Socratis*; s. dazu die Erläuterungen bei Hirsch-Luipold 2002, 31 sowie Döring 1984.
31 Dass diese Sicht der Dinge mit den heute gängigen Vorstellungen von Kognitionsprozessen geradezu unvereinbar ist, steht wiederum auf einem anderen Blatt. Umso mehr sollte man sich deshalb davor hüten, dem jeweils in der Forschung herrschenden Zeitgeist bei der Interpretation derartiger Belege einen allzu großen Impetus einzuräumen. Denn nebenbei bemerkt ist auch im Rahmen griechischer Inschriften schon seit frühester Zeit die Eigentümlichkeit zu beobachten, dass sich beschriftete Objekte jeglicher Art in der Ich-Form an ihre Leser wenden. Frühere animistische Deutungen dieses Phänomens wurden in der Forschung zugunsten neuerer kommunikationstheoretischer und dezidiert nicht-animistischer Interpretationen verworfen; s. im Detail Christian 2015. Inwieweit dies gerechtfertigt ist, vermag ich als Ägyptologe nicht zu entscheiden. Es drängt sich aber die Frage auf, ob der Evidenz der ägyptischen bzw. orientalischen Kulturen bei der Beurteilung der griechischen Texte nicht doch eine gewichtigere Rolle zukommt als dies gemeinhin angenommen wird.
32 So gegen Tornau 2001, 383 Anm. 39 und Morenz 2008, 286 Anm. 1123. Morenz räumt zwar immerhin ein, dass in der Schriftauffassung Plotins „mehr Gehalt stecken" könnte als Tornaus

lassen sich, wie von anderer Seite herausgestellt worden ist, „substantielle griechische philosophische Einflüsse"[33] im Thotbuch nicht fassen, umgekehrt wird aber ein Schuh daraus.

Literaturverzeichnis

Assmann (1991): Jan Assmann, *Stein und Zeit: Mensch und Gesellschaft im alten Ägypten*, München.
Assmann (2000): Jan Assmann, *Weisheit und Mysterium: Das Bild der Griechen von Ägypten*, München.
Assmann (2003): Jan Assmann, „Etymographie: Zeichen im Jenseits der Sprache", in: Aleida u. Jan Assmann (Hgg.), *Hieroglyphen: Stationen einer anderen abendländischen Grammatologie, Archäologie der literarischen Kommunikation VIII*, München, 38–63.
Attridge (1985): Harold W. Attridge, *Nag Hammadi Codex I (The Jung Codex): Introduction, Texts, Translations, Indices, The Coptic Gnostic Library, Vol. I*, Leiden.
Derchain (1991): Philippe Derchain, „Les hiéroglyphes à l'époque ptolémaïque", in: Claude Baurain et al. (Hgg.), *Phoinikeia Grammata. Lire et écrire en Méditerranée (Actes du Colloquede Liège, 15–18 nevembre 1989)*, 243–256, Namur.
Döring (1984): Klaus Döring, „Plutarch und das Daimonion des Sokrates (Plut., de genio Socratis Kap. 20–24)", *Mnemosyne* 37, 376–392.
Eco (2002): Umberto Eco, *Die Suche nach der vollkommenen Sprache*, (3. Auflage) München.
Engsheden (2013): Åke Engsheden, „Under the spell of Horapollo's Hieroglyphika. Guided mistakes in the decipherment of the Egyptian hieroglyphs", *Lingua Aegyptia* 21, 15–34.
Erman (1912): Adolf Erman, *Die Hieroglyphen*, Berlin/Leipzig.
Fecht (1961): Gerhard Fecht, „Der erste „Teil" des sogenannten Evangelium Veritatis (S. 16,31–22,20)", *Orientalia* 30, 371–390.
Fischer (1977): Henry G. Fischer, s.v. „Hieroglyphen", in: Wolfgang Helck u. Wolfgang Westendorf (Hgg.), *Lexikon der Ägyptologie* II, Wiesbaden, Sp. 1190–1199;
Harder (1964): Richard Harder, *Plotins Schriften*, Bd. 3, Hamburg.
Hirsch-Luitpold (2002): Rainer Hirsch-Luitpold, *Plutarchs Denken in Bildern, Studien und Texte zu Antike und Christentum 14*, Tübingen.
Hornung (1999): Erik Hornung, *Das esoterische Ägypten. Das geheime Wissen der Ägypter und sein Einfluß auf das Abendland*, München.

Verweis auf das „uralte Klischee von der Weisheit der Ägypter" vermuten lässt. Unter Berufung auf Iversen spricht er Plotin dann aber nähere Kenntnisse über die Gebrauchsweisen der ägyptischen Hieroglyphen ab.
33 So Quack 2007b, 290, der im Zusammenhang auch auf die koptisch überlieferte Parallele in NHC 6,6 (bes. 61,27–62,15) hingewiesen hat, die einmal mehr die Nähe des Thotbuches zur gnostischen Literatur aus Nag Hammadi demonstriert.

Hornung (2001): Erik Hornung, „'Hieroglyphisch denken'. Bild und Schrift im alten Ägypten", in: Gottfried Boehm (Hg.), *Homo pictor (Colloquium Rauricum 7)*, München/Leipzig, 76–86.
Iversen (1961): Erik Iversen, *The Myth of Egypt and its Hieroglyphs in European Tradition*, København.
Jasnow u. Zauzich (2005): Richard Jasnow u. Karl-Theodor Zauzich, *The Ancient Egyptian Book of Thoth. A Demotic Discourse on Knowledge and Pedant to the Classical Hermetica*, Wiesbaden.
Jasnow u. Zauzich (2014): Richard Jasnow u. Karl-Theodor Zauzich., *Conversations in the House of Life. A New Translation of the Ancient Egyptian Book of Thoth*, Wiesbaden.
Leitz (2012): Christian Leitz, „Die Geierweibchen des Thothbuches in den 42 Gauen Ägyptens", *Revue d'Égyptologie* 63, 137–186.
Lippert (2001): Sandra L. Lippert, „Komplexe Wortspiele in der Demotischen Chronik und im Mythus vom Sonnenauge", *Enchoria* 27, 88–100.
Morenz (1959): Siegfried Morenz, „Rez. zu M. Malinine et al., Evangelium Veritatis", *Bibliotheca Orientalis* 16, 230–232.
Morenz (2008): Ludwig D. Morenz, *Sinn und Spiel der Zeichen. Visuelle Poesie im Alten Ägypten*, Köln/Weimar/Wien.
Motte (1986): Laurent Motte, „L'hiéroglyphe, d'Esna à l'Évangile de Vérite", in: *Deuxième Journée d'Études Coptes, Strasbourg 25 Mai 1984, Cahiers de la Bibliothèque Copte 3*, Louvain/Paris, 111–116.
Osing (1977): Jürgen Osing, s.v. „Horapollo", in: Wolfgang Helck u. Wolfgang Westendorf (Hgg.), *Lexikon der Ägyptologie* II, Wiesbaden, Sp. 1275.
Pries (2016): Andreas H. Pries, „ἔμψυχα ἱερογλυφικά I: Eine Annäherung an Wesen und Wirkmacht ägyptischer Hieroglyphen nach dem indigenen Zeugnis", in: Sandra L. Lippert et al. (Hgg.), *Sapientia Felicitas. Festschrift für Günter Vittmann zum 29. Februar 2016, Cahiers de l'Enim 14*, Montpellier, 449–488.
Quack (2007a): Joachim F. Quack, „Die Initiation zum Schreiberberuf im Älten Ägypten", *Studien zur altägyptischen Kultur* 36, 249–295.
Quack (2007b): Joachim F. Quack, „Ein ägyptischer Dialog über die Schreibkunst und das arkane Wissen", *Archiv für Religionsgeschichte* 9, 259–294.
Schenkel (1984): Wolfgang Schenkel, s.v. „Schrift", in: Wolfgang Helck u. Wolfgang Westendorf (Hgg.), *Lexikon der Ägyptologie* V, Wiesbaden, Sp. 713–735.
Schenkel (1994): Wolfgang Schenkel, „Die ägyptische Hieroglyphenschrift und ihre Weiterentwicklungen", in: Hartmut Günther u. Otto Ludwig (Hgg.), *Schrift und Schriftlichkeit: Ein interdisziplinäres Handbuch internationaler Forschung 1, Handbücher zur Sprach- und Kommunikationswissenschaft 10.1*, Berlin/New York, 289–296.
Schenkel (2003): Wolfgang Schenkel, *Die hieroglyphische Schriftlehre und die Realität der hieroglyphischen Graphien, Sitzungsberichte d. Sächs. Akad. d. Wiss. zu Leipzig*, Stuttgart/Leipzig.
Schott (1950): Siegfried Schott, *Hieroglyphen: Untersuchungen zum Ursprung der Schrift, Abhandlungen der Akad. d. Wiss. u. d. Lit. in Mainz*, Wiesbaden.
Stadler (2012): Martin Andreas Stadler, *Einführung in die ägyptische Religion ptolemäisch-römischer Zeit nach den demotischen religiösen Texten, Einführungen und Quellentexte zur Ägyptologie 7*, Berlin.
Thissen (1985): Heinz Josef Thissen, „Osiris der „Vieläugige": Zu Plut. Is. 10", *Göttinger Miszellen* 88, 55–61.

Thissen (1988): Heinz Josef Thissen, „Die Kunst der Kritik", *Göttinger Miszellen* 106, 91–94.

Thissen (1993): Heinz Josef Thissen, „'.....αἰγυπτιάζων τῇ φωνῇ .....' Zum Umgang mit der ägyptischen Sprache in der griechisch-römischen Antike", *Zeitschrift für Papyrologie und Epigraphik* 97, 239–252.

Thissen (2001): Heinz Josef Thissen, *Des Niloten Horapollon Hieroglyphenbuch, Archiv für Papyrusforschung, Beiheft 6*, München/Leipzig.

Thissen (2006a): Heinz Josef Thissen, „Aus der Werkstatt Horapollons", in: Karola Zibelius-Chen u. Hans-Werner Fischer-Elfert (Hgg.), *„Von reichlich ägyptischem Verstande": Festschrift für Waltraud Guglielmi zum 65. Geburtstag, Philippika 11*, Wiesbaden, 153–164.

Thissen (2006b): Heinz Josef Thissen, „Zum Hieroglyphen-Buch des Chairemon", in: Gerald Moers et al. (Hgg.), *jn.t ḏr.w: Festschrift für Friedrich Junge*, Göttingen, 625–657.

Thissen (2009): Heinz Josef Thissen, „Plutarch und die ägyptische Sprache", *Zeitschrift für Papyrologie und Epigraphik* 168, 97–106.

Tornau (2001): Christian Tornau, Plotin. Ausgewählte Schriften, Stuttgart.

Vergote (1939): Joseph Vergote, „Clement d'Alexandrie et l'écriture égyptienne: Essai d'interprétation de Stromates, V, IV, 20–21", *Le Muséon. Revue d'études orientales* 52, 199–221.

Winter (1989): Erich Winter, s.v. „Hieroglyphen", in: Ernst Dassmann et al. (Hgg.), *Reallexikon für Antike und Christentum*, Stuttgart, Sp. 83–104.

Zandee (1961): Jan Zandee, *The Terminology of Plotinus and of some Gnostic Writings, Mainly the Fourth Treatise of the Jung Codex, Uitgaven van het Nederlands historisch-archaeologisch Instituut te Istanbul 11*, Leiden.

Rene Pfeilschifter
Osiris in Konstantinopel oder: Synesios' *Ägyptische Erzählungen*

I

Der Politiker, Schriftsteller und Philosoph Synesios war so etwas wie ein spätantiker Plutarch: in seiner Herkunft aus der Oberschicht einer Provinzstadt, in seinem Interesse gerade an platonischem Denken, in seinem Engagement für die Heimat, ja selbst im Priesteramt, auch wenn es bei Synesios die Funktion eines Bischofs war. Synesios hat die Aufmerksamkeit der Historiker in größerem Ausmaß gefunden als die meisten anderen neuplatonischen Schriftsteller. Das liegt einmal an seinen 156 Briefen, die uns Einblicke in Lebenswelt und Verbindungen eines griechischen Aristokraten der Spätzeit geben. Zudem hat Synesios mit seinem Werk über das Herrschertum (Εἰς τὸν αὐτοκράτορα περὶ βασιλείας) einen Fürstenspiegel verfasst, der zeitgenössische Vorstellungen vom Kaisertum ebenso erläutert wie Kritik an den Inhabern dieser Würde. Schließlich hat er *Ägyptische Erzählungen oder Über die Vorsehung* (Αἰγύπτιοι ἢ περὶ προνοίας) geschrieben, einen eigenwilligen Traktat, in dem Synesios in Form eines allegorischen Mythos die Revolte eines gotischen Heeres gegen den Kaiser spiegelt. Da der Stoff nach Behauptung seines Autors ein ägyptischer ist und wenigstens die neuplatonischen Anleihen überdeutlich sind, ist ein kurzer Beitrag zu diesem Werk im Kontext dieser Tagung vielleicht nicht unangemessen. Mein Ziel ist dabei nur, die Aufmerksamkeit von Ägyptologen und Philologen auf ein Werk zu lenken, das zumeist Historiker untersucht haben – obwohl der potentielle Gewinn für sie größer ist.

Im Jahr 400 zwang der General Gainas den östlichen Kaiser Arcadius, ihn und sein Heer aus zumeist gotischen Soldaten in Konstantinopel aufzunehmen. Das war weniger eine feindliche Besetzung als ein Staatsstreich: Gainas und seine Leute standen in römischem Dienst. Der neue Generalissimus vermochte seine Kontrolle von Kaiser und Hauptstadt in den nächsten drei Monaten aber

---

Anmerkung: Das gesprochene Wort des Vortrags ist weitgehend beibehalten. Die Anmerkungen beschränken sich auf das Nötigste.

Rene Pfeilschifter, Lehrstuhl für Alte Geschichte, Julius-Maximilians-Universität Würzburg, Residenzplatz 2, D-97070 Würzburg, rene.pfeilschifter@uni-wuerzburg.de

nicht in eine Machtstellung zu überführen, die auch von anderen gesellschaftlichen Gruppen gestützt wurde. Am Ende seiner politischen Möglichkeiten angekommen, wollte Gainas mit den Seinen schließlich im Juli Konstantinopel unauffällig räumen. Doch der nächtliche Abzug sorgte für Aufsehen, in der Bevölkerung kam das Gerücht auf, Gainas plane ein Massaker, Tumulte folgten, und schließlich wurden 7000 Goten – die anderen hatten die Stadt schon verlassen – in einer Kirche bei lebendigem Leibe verbrannt.[1]

Synesios hielt sich im Frühjahr und Sommer 400 im Auftrag seiner Heimatstadt Kyrene in Konstantinopel auf, war also Augenzeuge der Ereignisse. Einen besseren Gewährsmann können sich Historiker nicht wünschen, und so haben sie immer wieder versucht, aus den wenig später entstandenen *Ägyptischen Erzählungen* auf die tatsächlichen Vorgänge zu schließen. Wie schwierig dieses Unterfangen aber ist, zeigt schon die Unterschiedlichkeit der Ergebnisse. Zwar herrscht weitgehend Einigkeit darüber, dass in Osiris der von Gainas gestürzte Prätorianerpräfekt Aurelian gespiegelt werde. Doch über die Identifizierung seines Gegenspielers Typhos gehen die Meinungen auseinander,[2] und Kaiser Arcadius findet in den *Ägyptischen Erzählungen* gar kein Äquivalent. Das Bemühen, Synesios' mythische Personen mit historischen gleichzusetzen, ist ein gefährliches, denn es fehlt die methodisch gesicherte Basis dafür. Zwar dürfte es für die Zeitgenossen recht einfach gewesen sein zu entscheiden, wo die geschichtlichen Tatsachen aufhören und wo die ägyptische Phantasie beginnt, für uns ist die Differenzierung aber fast unmöglich. Die Informationen, die andere Quellen über die Ereignisse des Jahres 400 liefern, sind dafür zu spärlich und zu lückenhaft. Hinzu kommt, und das ist noch wichtiger, dass Synesios ein ziemlich guter Schriftsteller war. Er schrieb keinen plumpen Schlüsselroman, in dem lebende Charaktere einfach zu erkennen gewesen wären, und er nahm keine Eins-zu-eins-Übertragung der Ereignisse in den Mythos vor.[3]

Die *Ägyptischen Erzählungen* sind keine gute oder auch nur brauchbare Quelle für den rekonstruierenden Historiker. Eher sind sie interessant als litera-

---

1 Zu den Ereignissen Pfeilschifter 2013, 497–507.
2 Für den Prätorianerpräfekten Caesarius: Cameron 1993, 175–182; Barnes 1986, 96–100; Albert 1984, 70–80, 188–190; Paschoud 1986, 146f. Für den Prätorianerpräfekten Eutychianos: Jones 1964, 79–81; Liebeschuetz 1990, 253–272; Schmitt 2001, 315–339. Vgl. den Forschungsüberblick bei Aujoulat 2008, 30–57.
3 Cameron/Long 1993, passim, bes. 80f., 143–145, 160f., 179–182, 186–196, 199–201, 206f., 239f., 311–323, und die Anmerkungen zur Übersetzung 337–398, haben mit Recht für eine zurückhaltende Heranziehung von Synesios plädiert. In diesem Sinne schon Noethlichs 1986, 210–213, und ferner Hagl 1997, 125–129; Schuol 2012, 136–143; anders Schmitt 2001, 304–315.

rischer Reflex aktueller Politik, so wie ein Theaterstück über die Krimkrise interessante Einblicke in Rezeption und zeitgenössische Mentalitäten bieten, aber keine Quelle für die Krise selbst sein könnte. Freilich handelt es sich bei den *Ägyptischen Erzählungen* nicht um ein Theaterstück, sondern um – ja um was eigentlich? Synesios selbst äußert sich in der Einleitung folgendermaßen:

> Ganz besonders ist an der Darstellung zu bewundern, dass sie viele Themen adäquat behandelt. Zahlreiche Meinungen zu philosophischen Fragen, die bis heute nicht entschieden sind, werden im Rahmen der fiktiven Erzählung geprüft, in detaillierter Analyse. Lebensbilder werden gezeichnet, als Beispiele für Schlechtigkeit und Tugend. Eine Geschichte aktueller Ereignisse enthält die Schrift. Durchgehend ist der Mythos so entfaltet, dass er nützlich zu lesen ist.[4]

Gleich einen Strauß an Genres stellt Synesios also in Aussicht: einen philosophischen Traktat, einen erdichteten Roman, Biographien, ein Geschichtswerk und bunten Mythos. Die Ankündigung wird vollständig eingelöst, und so ist eine Gattungsbestimmung der *Ägyptischen Erzählungen* kaum möglich.

Einen ägyptischen Bezug stellt dieses Programm allerdings nicht her, überhaupt fällt in der Einleitung kein Wort über Ägypten. Deswegen ist die Verbindung aber nicht nachrangig. Im Doppeltitel, und dort gleich an der Spitze, ist ja von Αἰγύπτιοι die Rede, von den *Ägyptischen Erzählungen*.[5] Was damit gemeint ist, wird sofort nach der Einleitung erklärt, am Beginn des ersten Buches oder, wie Synesios sagt, Logos:

> Der Mythos ist ein ägyptischer. Außerordentlich an Weisheit sind die Ägypter. Vielleicht deutet also gerade dieser Mythos etwas mehr als ein Mythos an, weil er ja ägyptisch ist. Wenn er aber kein Mythos ist, sondern eine Heilige Rede, dann ist er es nur um so mehr wert, erzählt und niedergeschrieben zu werden.[6]

---

4 Synes. *prov. prooem.* 2: ἄξιον δὲ ἐν αὐτῷ διαφερόντως θαυμάσαι τὸ πολλαῖς ὑποθέσεσιν ἀρκέσαι τὴν μεταχείρισιν. καὶ γὰρ δόγματα συχνὰ τῶν μέχρι νῦν ἀδιακρίτων χώραν τε εὗρεν σκέψεως ἐν τῷ πλάσματι, καὶ ἕκαστα διηκρίβωται, καὶ βίοι γράφονται, κακίας καὶ ἀρετῆς ἐσόμενοι παραδείγματα, καὶ τῶν παρεστώτων πραγμάτων ἱστορίαν ἔχει τὸ σύγγραμμα καὶ διὰ πάντων ὁ μῦθος ἐξείργασται πρὸς τὸ χρήσιμον ποικιλλόμενος. Der Text folgt der Budé-Ausgabe von Lamoureux.
5 Die alternative Übersetzung ist *Ägypter*, aber in diesem Fall wäre der bestimmte Artikel zu erwarten. Vgl. Hose 2012, 14f.
6 Synes. *prov.* 1,1,1: ὁ μῦθος Αἰγύπτιος· περιττοὶ σοφίαν Αἰγύπτιοι. τάχ' ἂν οὖν ὅδε, καὶ μῦθος ὤν, μύθου τι πλέον αἰνίττοιτο, διότι ἐστὶν Αἰγύπτιος. εἰ δὲ μηδὲ μῦθος, ἀλλὰ λόγος ἐστὶν ἱερός, ἔτι ἂν ἀξιώτερος εἴη λέγεσθαί τε καὶ γράφεσθαι. Zur Begrifflichkeit von Mythos und Heiliger Rede Hose 2012, 11–14.

Die Ägypter stehen also für Weisheit und Rätselhaftigkeit, für eine gewisse – sit venia verbo – ‚Sphinxhaftigkeit'. Damit bin ich beim Kern unserer Tagung angekommen. Bevor ich zu klären suche, wie Synesios auf diese Zuschreibung kommt, sei sein ägyptischer Mythos aber zunächst einmal zusammengefaßt.

II

Im ägyptischen Theben wachsen die beiden Königssöhne Osiris und Typhos auf. Ihre Gegensätzlichkeit wird in der üblichen moralisierenden Schwarzweißmalerei der Antike erläutert. Als die Versetzung des Vaters unter die Götter bevorsteht, sammeln sich die Priester und die Soldaten, um im Beisein der Götter einen neuen König zu wählen. Osiris und Typhos kandidieren, das Ergebnis ist eindeutig: Osiris wird einstimmig gewählt. Nachdem er als König eingesetzt ist, raten ihm die Götter, Typhos in die Verbannung zu schicken. Dieser habe seine Seele von unten, von der Erde, nicht von oben. Osiris aber neigt zur Milde und vertraut, im Falle eines Falles, auf die Unterstützung der Götter. Daraufhin erklärt ihm sein Vater, dass die Götter sich in die menschlichen Angelegenheiten gewöhnlich nicht einmischten. Die lange Rede des Vaters gibt ausführlich Gelegenheit zur Entfaltung neuplatonischer Theologie.

Osiris beginnt nun, natürlich, eine gute, tugendhafte Herrschaft. Niemand weint unter seinem Regiment. Typhos aber verzweifelt und erstickt seinen Kummer in Ausschweifungen, ebenso wie seine verschwendungssüchtige Frau unter der vermeintlichen Zurücksetzung leidet. Osiris dagegen hat ein ideales Familienleben, das sich darin äußert, dass seine Frau nie, sein junger Sohn Horus kaum je in der Öffentlichkeit gesehen wird. Typhos aber plant mit Hilfe von Dämonen den Umsturz. Seine Frau redet der Frau des Heerführers der Söldnertruppen ein, dass Osiris einen Anschlag auf ihn und alle Barbaren plane. Mit allerlei Tricks gelingt es den dreien, den General zu einer Revolte gegen Osiris zu bewegen. „Der Mythos sagt, daß er nicht bei den Leiden des Osiris verweilen will",[7] und so übergeht Synesios den Umsturz selbst fast vollständig. Osiris liefert sich den Barbaren aus, um Schlimmeres zu verhindern. Typhos fordert einen grausamen Tod für ihn. Die Barbaren aber weigern sich und schicken Osiris in ein ehrenvolles Exil.

Nun beginnt Typhos' Regiment, geprägt von Korruption und Ausbeutung, von Frauenherrschaft und Günstlingswirtschaft. Alle Ägypter sind in Bedrängnis.

---

7 Synes. *prov.* 1,16,1: λέγει τοίνυν ὁ μῦθος οὐκ ἐμφιλοχωρήσειν τοῖς Ὀσίριδος πάθεσιν.

Einige machen Kompromisse und passen sich an, die meisten aber erdulden. Einen besonderen Mann aber gibt es, der „von der Philosophie in ländlicherer Art erzogen und mit dem städtischen Leben unvertraut war".[8] Von Osiris haben er und seine Heimat Vergünstigungen erhalten, und so hat er zum Dank Verse und Reden auf ihn geschrieben, freilich nicht gewagt, sie zu veröffentlichen, um nicht als Schmeichler dazustehen. Nun aber macht er seine Werke publik, verflucht Typhos in Schrift und Wort, trägt sogar vor diesem selbst eine Lobrede auf den Bruder vor. Typhos steigert seine Verbrechen noch und stellt dem Philosophen nach. Dem erscheint aber ein Gott und teilt ihm mit, dass Typhos' Herrschaft nur noch Monate dauern werde. Bald darauf erfährt der Philosoph, dass Typhos Veränderungen im Kult einführen will – der von dem Gott verkündete Auslöser von Typhos' Fall.

Zu Anfang des zweiten, etwas später geschriebenen Buches ergreift die Barbaren, durch das Wirken der Götter, Wahnsinn und Furcht. Sie verlassen Theben, dabei kommt es durch ein Missverständnis zu einem Straßenkampf mit der Bevölkerung (in diesen Passagen liegt vermutlich die größte Ähnlichkeit mit den Ereignissen in Konstantinopel). Typhos herrscht zwar weiterhin, verliert aber an Unterstützung. Schließlich werden seine Machenschaften enthüllt, und er wird in einer Versammlung von Göttern und Alten zu Haft verurteilt. Die Götter beschließen, ihn nach seinem Tod zu einem Dämon des Tartaros zu machen. Damit ist die Typhosgeschichte zu Ende.

Über Osiris ist mehr zu sagen, aber nicht alles darf enthüllt werden, da es sich hier um eine Heilige Rede handle. So berichtet Synesios nur knapp von dessen umjubelter Rückkehr und der erneuten Gnade für Typhos.

Es folgt eine philosophische Ausdeutung des Ganzen: Warum liegen zwei gegensätzliche Naturen so nahe beieinander wie im Brüderpaar Osiris und Typhos? Beides, Gutes und Böses, kommt von den Göttern und wird meist vermischt. Wo aber das Gute fast in Reinform gegeben wird, da bleibt für das zweite Kind fast nur noch Böses übrig. Schließlich, warum geschieht an unterschiedlichen Orten zu unterschiedlichen Zeiten das gleiche, warum erlebt man als alter Mann, wovon man als Kind vielleicht gehört hat? Wiederholung prägt den einen, einheitlichen Kosmos wie den Sternenlauf. Das Leben auf Erden ist das gleiche wie in alter Zeit, und so kann eine uralte Geschichte von neuem geschehen. Das Ganze ist ein Rätsel, denn der Wissende muss die Wahrheit im Verborgenen halten. Sie ist nämlich als eine Art Pfand vom Gott bei ihm hinterlegt.

---

8 Synes. *prov.* 1,18,1: ὑπὸ φιλοσοφίας ἀγροικότερον ἐκτεθραμμένος καὶ εἰς τὸ ἀστικὸν ἦθος ἀνομίλητος.

III

Etwaige Erwartungen an Spannung und Charakterzeichnung befriedigt Synesios kaum. Ihm geht es wohl auch nicht so sehr um eine metaphysische Erklärung der Ereignisse, die er miterlebt hat. Vielmehr will er sein literarisches Können anhand der Schaffung eines allegorischen Mythos demonstrieren und dabei das ihm wichtige neuplatonische Gedankengut, gerade in der Theologie, entfalten. Um die Verbindung herzustellen, nutzt er die sehr groben Parallelen zwischen den Ereignissen um Gainas und dem Osirismythos. Dessen Kenntnis setzt Synesios bei seinen sicherlich wenigen, elitären Lesern wohl zu Recht voraus. Ausführliche Plutarchlektüre versteht sich von selbst. Doch der Osirismythos, den Synesios präsentiert, ist nicht der Plutarchische.[9] Von Isis etwa ist mit keinem Wort die Rede, und auch Horus' Rolle wird nur angedeutet. Die Gleichsetzung des Typhos mit Seth ist zwar schon alt, aber der allgemeine Gang von Synesios' Geschichte wie zahlreiche Details finden sich in keiner anderen Quelle. Die Mühen der Anpassung und die Schwierigkeiten der Parallelisierung geben vermutlich schon einen Teil der Erklärung, denn eine komplexe Verrätselung forderte den Schriftsteller Synesios nur um so mehr. Doch warum musste die Erzählung überhaupt in ein ägyptisches Gewand gekleidet werden? Von der Sache her war das nicht notwendig.

Nun war Plutarch nicht der erste, der in Ägypten besonders altes Wissen situierte. Diese Tradition geht bekanntlich auf Herodots zweites Buch und, hier noch wichtiger, auf Platon zurück.[10] Die Beziehungen des Platonismus zu Ägypten blieben eng, Plotin stammte sogar selbst aus Ägypten. In dieser geistigen wie geographischen Nachfolge stand Synesios: Zum einen kam er aus Kyrene, also aus einer Region, die spätestens seit der Ptolemaierzeit eng mit Ägypten verbunden war. Zum Studium der Philosophie hatte er sich dann zwei Jahre lang in Alexandreia niedergelassen und dort vor allem bei der Neuplatonikerin Hypatia gelernt, der er zeit seines Lebens verbunden blieb.

Es ist also durchaus wahrscheinlich, dass Synesios, durch Herkunft und Studien begünstigt, einen gewissen, recht positiven Eindruck von der altägyptischen Kultur gewann. Wie tief dieser Eindruck war, lässt sich mit allgemeinen Vermutungen kaum herausfinden. Aber hier scheint uns Synesios selbst zu helfen. Die Forschung ist sich einig darüber, dass sich in dem ländlichen Philosophen, der Typhos provozierte, der Autor selbst verewigte. Synesios stilisierte sich gern als

---

9   Einen Vergleich der Versionen führt Long 1993, 256–260, durch.
10 Plat. *Tim.* 22A–23B. Vgl. knapp Hose 2012, 21–23.

Mann vom Lande,[11] und die liebevolle Zeichnung des Philosophen, der für den Handlungsverlauf keine Rolle spielt, ist sehr auffällig in einem Werk, das auf individuelle Charakterisierung ansonsten wenig Wert legt. Die Annäherung von Autor und literarischer Gestalt eröffnet nun eine faszinierende Möglichkeit. Der Gott, der dem Philosophen erscheint, ermuntert ihn nämlich so:

> Denn nicht Jahre, sondern Monate betrage die vom Schicksal festgesetzte Zeit, sagte er, in der die Szepter Ägyptens die Klauen der Tiere nach oben, die Köpfe der heiligen Vögel aber nach unten halten würden. Dies ist ein unaussprechliches Symbol. Und der Fremde [sc. der Philosoph] erkannte die Schrift, die auf Obelisken und in heiligen Tempelbezirken eingemeißelt war. Der Gott erklärte ihm auch die Bedeutung der Hieroglyphe.[12]

Will Synesios hier sagen, dass der Philosoph und damit vielleicht sogar er selbst zwar nicht die Hieroglyphen, aber doch das Hieratische oder das Demotische lesen konnten?[13] Das gibt die Stelle nicht her. Der Philosoph sieht sich nicht zuerst eine Schrift auf Obelisken an, bevor er eine andere erläutert bekommt. Vielmehr erkennt er in dem Symbol mit Szeptern, Klauen und Falken eine Hieroglyphe, wie er sie an altägyptischen Bauwerken gesehen hat. Deuten kann er sie freilich nicht, das muss der Gott für ihn tun. Die Schrift, um die es geht, ist also immer dieselbe, und tatsächlich wurden Obelisken und Tempel ja mit Hieroglyphen bedeckt. Auch in seinem übrigen Werk sagt Synesios nichts über Kenntnisse irgendeiner ägyptischen Schrift, und es lassen sich auch keine expliziten Bezüge auf ägyptische Literatur finden.[14] Sein Wissen über Ägypten, so die Meinung der Forschung, ruhte ausschließlich auf der griechischen Tradition, also auf Plutarch,

---

11 Synes. *calv.* 4,5f.; *epist.* 148.
12 Synes. *prov.* 1,18,4: οὐ γὰρ ἐνιαυτούς, ἀλλὰ μῆνας ἔφη τοὺς εἱμαρτοὺς εἶναι ἐν οἷς τὰ Αἰγύπτια σκῆπτρα ἀνατενεῖ μὲν τὰς χηλὰς τῶν θηρίων, κάτω δὲ ἕξει τῶν ἱερῶν ὀρνέων τὰ κράνη. σύμβολον ἄρρητον τοῦτο. καὶ ἐπεγίνωσκεν μὲν τὴν γραφὴν ὁ ξένος ἐγκεκολαμμένην ὀβελοῖς τε καὶ ἁγίοις σηκοῖς· ὁ δὲ θεὸς αὐτῷ καὶ τὴν διάνοιαν τῆς ἱερογλυφίας ἡρμήνευσεν [...].
13 So fasst Hose 2012, 120 Anm. 89, den Text auf: „Die Hieroglyphenschrift (die der Gott eigens erklären muss, weil sie unverständlich geworden ist), das Hieratische (das der ‚Philosoph' als Inschrift liest), die demotische Schrift". Doch ἐπεγίνωσκεν bedeutet nicht ‚Lesen', sondern ‚Erkennen' des Zeichens, ohne es zu verstehen. So übersetzen auch Long 1993, 265, 377 („The stranger recognized it as the writing engraved on [...]") und Aujoulat 2008, 137 („L'étranger reconnaissait l'écriture gravée en creux sur [...]"). Vgl. auch Long 1987, 108f.
14 Vgl. Feder 2012, 180f.: „In einer Zeit, als [...] auch so gut wie kein Ägypter mehr die alten Schriften (Hieroglyphisch, Hieratisch und wohl auch kaum noch Demotisch) lesen oder selbst entziffern konnte und aller alltäglicher Schriftverkehr in Griechisch abgefasst wurde, kann man wohl mit Gewissheit ausschließen, dass ausgerechnet jemand wie Synesios dazu in der Lage gewesen wäre."

Diodor, Herodot und auf anderen, für uns nur noch in Fragmenten greifbaren Autoren.[15] Synesios adaptierte also nicht nur altägyptische Mythen, wie er es für nötig hielt, er kannte diese Mythen auch bloß aus zweiter Hand.

Natürlich gab es Griechen, die das Demotische und später das Koptische beherrschten. Dafür garantierte schon seit archaischer Zeit die milesische Kolonie Naukratis im Nildelta, und erst recht galt dies seit Alexander. Pauschalangaben sind aber wie üblich schwierig, und insgesamt besteht kein Grund zu einer Überschätzung der Sprachkenntnisse. Kleopatra VII. beherrschte bekanntermaßen das Demotische, aber sie war eben auch nach einem Vierteljahrtausend die erste Ptolemaierin mit einer solchen Fertigkeit.[16] Schlüsse von Königen auf gewöhnliche Griechen sind problematisch. Bedenkt man aber, wie sehr sich selbst der umfassend gebildete Plutarch mit dem Lateinischen abmühte, wie wenig Latein um 400 selbst Bischöfe verstanden, in der Regel nämlich gar keines, und, das ist der wichtigste Punkt, dass die Griechen dieses Nichtkönnen gar nicht als Defizit empfanden – dann bleibt nur eine skeptische Haltung gegenüber ausgeprägten Fremdsprachenkenntnissen von Griechen übrig.[17]

Freilich muss nicht alle Kenntnis auf eigener, originalsprachlicher Lektüre beruhen (auch wenn wir Altertumswissenschaftler uns das wünschen würden). Synesios' Philosoph ist mit den Obelisken und Tempeln Ägyptens wohlvertraut und vermag eine Hieroglyphe als solche zu erkennen, selbst wenn sie ihm nur beschrieben wird. Das grundsätzliche Interesse ist also da, und es ist vielleicht nicht zu kühn, es nicht nur für den Philosophen, sondern auch für Synesios selbst anzunehmen. Um es zu befriedigen, stand eine ganze Reihe von ägyptischen Informationsquellen zur Verfügung.

Die wichtigste dürften Texte in griechischer Sprache, aber aus ägyptischer Hand gewesen sein. Es ist kaum anzunehmen, dass Synesios sich mit Bi- oder Trilinguen der ägyptischen Zivil- und Tempelverwaltung beschäftigte. Relevantes für sein eigenes literarisches Schaffen dürfte er darin ohnehin nicht gefunden haben. Aber literarische Werke über altägyptische Geschichte und Realien könnte er sehr wohl gelesen haben. Schriften von Ägyptern dürften auch deshalb

---

15 Long 1993, 254–265, behandelt unter der Überschrift „Egyptian Sources" lediglich bekannte griechische Schriftsteller. Als eigentlich ägyptische Quelle kommt nur die Landesnatur in den Blick. Noch deutlicher äußert sie sich 1987, 108f.
16 Plut. *Ant.* 27,4f.
17 Plutarch: *Demosth.* 2,2–4. Vgl. Jones 1971, 81–87. Aus den Akten der Ökumenischen Konzile des 5. und 6. Jahrhunderts geht immer wieder hervor, dass lateinische Wortbeiträge oder Dokumente ins Griechische übersetzt werden mussten, um von den östlichen Bischöfen verstanden zu werden. Vgl. Millar 2006, 15–20.

am ehesten authentische Informationen überliefert haben, weil sie nicht oder zumindest weniger im Bann des Herodoteisch-Platonischen Weisheitsdiskurses standen. Wie viele es davon gab, ist kaum abzuschätzen. Das allein für uns greifbare Geschichtswerk des Priesters Manethon wurde nur wenig rezipiert – heißt das, es war Spitze eines Eisbergs, oder ist es doch Zeichen für ein unpopuläres und wenig betriebenes Genre? Etwas besser wissen wir über Übersetzungen ägyptischer Literatur ins Griechische Bescheid. Schon Ptolemaios II. soll alle Schriften von Ägyptern, Babyloniern und Römern sammeln und übersetzen haben lassen. Auch wenn der Gesamtheitsanspruch unrealistisch ist, so gab es doch in der alexandrinischen Bibliothek eine beträchtliche Abteilung mit Aegyptiaca.[18] Frank Feder hat vor kurzem auf die (in der Forschung zunehmend anerkannte) Bedeutung von Übertragungen demotischer Werke hingewiesen. Einige solcher griechischen Übersetzungen sind auf uns gekommen: das Handbuch des Tempels, der Mythos vom Sonnenauge, der Traum des Nektanebos.[19]

Ansonsten kann Synesios auf mündlichem Wege mehr über altägyptische Kultur erfahren haben, so wie es Herodot 800 Jahre zuvor getan hatte. Manche Rituale mag er mit eigenen Augen beobachtet haben, auch wenn die ägyptische Religion Ende des vierten Jahrhunderts schon im Schwinden begriffen war. Und schließlich verschaffte sich Synesios, wenn wir seinem Selbstportrait glauben dürfen, über bildliche Darstellungen einen Eindruck von der ägyptischen Kultur. Neben eigentlichen Bildern zählten dazu auch die Hieroglyphen, die Synesios wie viele andere als Bildzeichen deutete.

Das sind viele ‚könnte', ‚mag' und ‚vielleicht'. Sicherheit ist nicht annähernd zu gewinnen, und Synesios ist keiner, der viel über seine Vorlagen spricht. Möglichkeiten zur Information über die Kultur des alten Ägypten gab es jedenfalls. Und es spricht doch einiges dafür, dass jemand, der aus Kyrene kam, sich mehrere Jahre in Ägypten aufhielt und ohnehin, über die Vermittlung des Platonismus, an Ägypten interessiert war, diese Möglichkeiten auch nutzte. Die neue Gestalt des Osirismythos wie auch manche Details müssen also nicht unbedingt auf Synesios' Kunst und Imagination zurückgehen, hier können sehr wohl Realia mitgeteilt sein, die sonst nirgends erhalten sind.

---

18 Georg. Sync. p. 516 Dindorf: ὃς πάντων Ἑλλήνων τε καὶ Χαλδαίων, Αἰγυπτίων τε καὶ Ῥωμαίων τὰς βίβλους συλλεξάμενος καὶ μεταφράσας τὰς ἀλλογλώσσους εἰς τὴν Ἑλλάδα γλῶσσαν, μυριάδας βίβλων ιʹ ἀπέθετο κατὰ τὴν Ἀλεξάνδρειαν ἐν ταῖς ὑπ' αὐτοῦ συστάσαις βιβλιοθήκαις.
19 Feder 2012, 177, 181f. Handbuch: Quack 1997. Sonnenauge: West 1969. Nektanebos: Ryholt 2002, 221–228.

IV

Ob und in welchem Umfang dies nun der Fall ist, ist ganz unklar. Zu den *Ägyptischen Erzählungen* existieren drei gut kommentierte Übersetzungen von Aujoulat (2008), Hose (2012) und vor allem Long (1993). Aber ihre Verfasser sind klassische Altertumswissenschaftler, die ihr Augenmerk auf das Literarische, das Historische und das Philosophische richten. Eine Kommentierung unter ägyptologischer Beteiligung fehlt. Sie ist meiner Meinung nach das wichtigste Forschungsdesiderat zu den *Ägyptischen Erzählungen*. Nur eine genaue Durcharbeitung des Textes, die Klassische Philologen und Ägyptologen gemeinsam unternehmen, kann einerseits Bezüge zu ägyptischen Texten und Ausgangspunkte in der ägyptischen Kultur aufzeigen, andererseits die Grundlage dafür liefern, inwiefern Synesios die übernommene Tradition gestaltet hat.[20] Eine solche Kooperation wird oft genug Probleme beleuchten, die noch nicht ausreichend diskutiert worden sind. Warum etwa ist Osiris der jüngere Bruder, im Gegensatz zu Plutarchs Mythos, der ägyptischen Tradition und auch zur philosophischen Schlussdeutung der *Ägyptischen Erzählungen*?[21] Meint Synesios eine tatsächlich gesehene Hieroglyphe, wenn er von den Szeptern Ägyptens, den Klauen der Tiere und den Köpfen der heiligen Vögel spricht? All dies wird in Hieroglyphen einzeln häufig dargestellt, jedoch ist es noch nicht gelungen, eine Hieroglyphe oder wenigstens ein Bild zu bestimmen, das Synesios' Kombination nahekommt.

Ein Beispiel für das Potential solcher Teamarbeit sei zum Schluss angeführt. Osiris' Vater erwähnt in seiner langen Rede ein gedoppeltes Bild des Hermes, ein junger Gott neben einem alten. Die Ägypter hätten diese Darstellungsweise gewählt, um die wechselseitige Ergänzung von Stärke und Verstand bei Führungsaufgaben zu symbolisieren.[22] Solche Bilder sind bislang noch nicht identifiziert

---

20 Wie der ägyptologische Beitrag aussehen könnte, zeigen schön die Beispiele von Feder 2012, 182–187.
21 Synes. *prov.* 1,2,2; 1,2,4; 1,15,8. Long 1993, 257, 339 Anm. 17, sieht den Grund in der Geburtsfolge der (angeblichen) Brüder Aurelian und Eutychianos, die sich in deren Ämterlaufbahn zeige. Doch vorausgesetzt, die Identifizierung ist korrekt, wäre dann nicht zu erwarten, dass Synesios auch mitteilt, dass der eine früher öffentliche Funktionen ausübte, der andere später? Er tut nichts dergleichen, obwohl er ausgiebig die jeweilige Amtsführung und sogar die Ämter behandelt (*prov.* 1,3,2–4,4).
22 Synes. *prov.* 1,11,1: ἠγάσω πάντως, ὦ παῖ, τὴν ἐν ταῖς ἱεραῖς εἰκόσι τῶν πατέρων ἐπίνοιαν. τὸν Ἑρμῆν Αἰγύπτιοι διπλῆν ποιοῦμεν τὴν ἰδέαν τοῦ δαίμονος, νέον ἱστάντες παρὰ πρεσβύτῃ, ἀξιοῦντες, εἴπερ τις ἡμῶν μέλλει καλῶς ἐφορεύσειν, ἔννουν τε εἶναι καὶ ἄλκιμον, ὡς ἀτελὲς εἰς ὠφέλειαν θάτερον παρὰ θάτερον.

worden, und so hat die Forschung die Ursprünge dieser Vorstellung in der griechischen Philosophie gesucht, genauer gesagt bei den Hermetischen Schriften. Das ist in der Tat fruchtbar, aber vollends befriedigend ist die Parallele – ein älterer Hermes-Thot vor der Flut und ein jüngerer Hermes Trismegistos, sein Enkel, danach – nicht.[23] Alexandra von Lieven hat mich nun darauf aufmerksam gemacht, dass in Ägypten eine breite Tradition der Verdopplung und Verdreifachung von Göttern existierte, getrennt nach Tätigkeitsfeldern und wieder verbunden durch Genealogie.[24] Und wenigstens einmal findet sich eine entsprechende bildliche Darstellung, im ptolemaiischen Dekor eines Tores des Amun-Re-Tempels von Karnak: Thot, Sia und Atum als Verkörperungen des Thot.[25] Das ist natürlich noch nicht der doppelte Hermes, von dem Osiris' Vater spricht. Doch der Beleg zeigt, dass die ägyptischen Bezüge bei Synesios nicht immer nur als Ausflüsse neuplatonischer Philosophie zu erklären sind, sondern vielleicht gar nicht so selten als erst von Synesios geschaffenes Amalgam zweier großer kultureller Traditionen.

Ägypten stellte seit der Kaiserzeit eine ideale literarische Folie für Exotisches und Spannendes dar. Für einen gebildeten Neuplatoniker wie Synesios war das Land am Nil der rechte Ort für philosophische Diskurse und für zeitgenössische Anspielungen. Verrätselungen schienen bei den rätselhaften Ägyptern besonders passend, und dass sie auf uns in unserer Unkenntnis noch rätselhafter wirken, wäre Synesios vermutlich recht gewesen. Zudem bot das Vorhandensein einer breiten ägyptisierenden Literatur ausreichend Gelegenheit, durch Abweichungen vom Bekannten, etwa in der Neufassung des Osirismythos, die eigene literarische Kunst unter Beweis zu stellen. Die *Ägyptischen Erzählungen* können somit als letztes großes Beispiel für die griechische Anverwandlung der altägyptischen Kultur gelten. Doch selbst gegen 400 war diese Kultur nicht nur präsent, sondern auch noch (wenn auch nicht mehr lange) lebendig. Synesios war nicht unbedingt auf seine philosophischen und literarischen Vorlagen angewiesen, sondern konnte noch in letzter Stunde unmittelbar aus der Tradition des alten Ägypten schöpfen. Wie sehr er von der Möglichkeit Gebrauch gemacht hat, das wäre herauszufinden.

---

23 [Apul.] Ascl. 37; [Maneth.] FGrHist/BNJ 609 T 11a (= Georg. Sync. p. 72f. Dindorf). Vgl. Fowden 1986, 29–31, und den Kommentar von Philippa Lang in BNJ. Alle drei Kommentare verweisen auf die Stelle bei Ps.-Apuleius.
24 Briefliche Mitteilung vom 20. Mai 2014 und von Lieven 2007.
25 Barguet 1962, 239, mit von Lieven 2007, 75f.

Literaturverzeichnis

Albert (1984): Gerhard Albert, *Goten in Konstantinopel. Untersuchungen zur oströmischen Geschichte um das Jahr 400 n. Chr., Studien zur Geschichte und Kultur des Altertums NF I 2*, Paderborn u. a.
Aujoulat (2008): *Synésios de Cyrène*, Bd. 6: Opuscules 3. *Texte établi par Jacques Lamoureux. Traduit et commenté par Noël Aujoulat, Collection des Universités de France*, Paris.
Barguet (1962): Paul Barguet, *Le Temple d'Amon-Rê à Karnak. Essai d'exégèse*, Le Caire.
Barnes (1986): T. D. Barnes, „Synesius in Constantinople", *Greek, Roman and Byzantine Studies* 27, 93–112.
Cameron [u. Long] (1993): Alan Cameron u. Jacqueline Long (mit Lee Sherry), *Barbarians and Politics at the Court of Arcadius, The Transformation of the Classical Heritage 19*, Berkeley u. a.
Feder (2012): Frank Feder, „Synesios von Kyrene und die ägyptische Mythologie", in: Martin Hose (Hg.), *Synesios von Kyrene, Ägyptische Erzählungen oder Über die Vorsehung, Scripta antiquitatis posterioris ad ethicam religionemque pertinentia 21*, Tübingen, 171–187.
Fowden (1986): Garth Fowden, *The Egyptian Hermes. A Historical Approach to the Late Pagan Mind*, Cambridge u. a.
Hagl (1997): Wolfgang Hagl, *Arcadius Apis Imperator. Synesios von Kyrene und sein Beitrag zum Herrscherideal der Spätantike, Frankfurter althistorische Beiträge 1*, Stuttgart.
Hose (2012): Martin Hose (Hg.), *Synesios von Kyrene, Ägyptische Erzählungen oder Über die Vorsehung, Scripta antiquitatis posterioris ad ethicam religionemque pertinentia 21*, Tübingen.
Jones (1964): A. H. M. Jones, „Collegiate Prefectures", *Journal of Roman Studies* 54, 78–89.
Jones (1971): C. P. Jones, *Plutarch and Rome*, Oxford.
Liebeschuetz (1990): J. H. W. G. Liebeschuetz, *Barbarians and Bishops. Army, Church, and State in the Age of Arcadius and Chrysostom*, Oxford.
von Lieven (2007): Alexandra von Lieven, „Thot selbdritt. Mögliche ägyptische Ursprünge der arabisch-lateinischen Tradition dreier Hermesgestalten", *Die Welt des Orients* 37, 69–77.
Long (1987): Jacqueline Long, „The Wolf and the Lion: Synesius' Egyptian Sources", *Greek, Roman and Byzantine Studies* 28, 103–115.
Long (1993) → Cameron (1993).
Millar (2006): Fergus Millar, *A Greek Roman Empire. Power and Belief under Theodosius II (408–450), Sather Classical Lectures 64*, Berkeley u. a.
Noethlichs (1986): Karl Leo Noethlichs, Rez. Albert (1984), *Jahrbuch für Antike und Christentum* 29, 209–213.
Paschoud (1986): *Zosime, Histoire nouvelle. Texte établi et traduit par François Paschoud*, Bd. III 1, *Collection des Universités de France*, Paris.
Pfeilschifter (2013): Rene Pfeilschifter, *Der Kaiser und Konstantinopel. Kommunikation und Konfliktaustrag in einer spätantiken Metropole, Millennium-Studien 44*, Berlin u. a.
Quack (1997): Joachim Friedrich Quack, „Ein ägyptisches Handbuch des Tempels und seine griechische Übersetzung", *Zeitschrift für Papyrologie und Epigraphik* 119, 297–300.
Ryholt (2002): Kim Ryholt, „Nectanebo's Dream or the Prophecy of Petesis", in: Andreas Blasius u. Bernd U. Schipper (Hgg.), *Apokalyptik und Ägypten. Eine kritische Analyse der*

relevanten Texte aus dem griechisch-römischen Ägypten, Orientalia Lovaniensia Analecta 107, Leuven u. a., 221–241.

Schmitt (2001): Tassilo Schmitt, *Die Bekehrung des Synesios von Kyrene. Politik und Philosophie, Hof und Provinz als Handlungsräume eines Aristokraten bis zu seiner Wahl zum Metropoliten von Ptolemaïs, Beiträge zur Altertumskunde 146*, München u. a.

Schuol (2012): Monika Schuol, „Synesios von Kyrene, *Die Ägyptischen Erzählungen*. Der historische Kontext", in: Martin Hose (Hg.), *Synesios von Kyrene, Ägyptische Erzählungen oder Über die Vorsehung, Scripta antiquitatis posterioris ad ethicam religionemque pertinentia 21*, Tübingen, 125–155.

West (1969): Stephanie West, „The Greek Version of the Legend of Tefnut ", *Journal of Egyptian Archaeology* 55, 161–183.

Namensindex

Im Namensindex sind griechische Autorennamen in der gebräuchlichen latinisierten Version wiedergegeben, historische, mythische und literarische Personennamen in deutscher Transkription. Die Transkription ägyptischer Personennamen folgt der deutschsprachigen Konvention.

Aat 50f.
Abamon 130, 140, 142, 149, 152, 157, 160, 163f., 166f.
Aelius Aristides 2, 219ff., 247ff.
Aeschylus 182, 232
Agathos Daimon 139, 188
Alcis 43
Alexander Magnus 35, 128, 276, 312
Amaunet 136
Amenhotep III. 130
Amenope 136, 141f.
Ammonius 8, 32, 59, 128, 201f.
Amor 101
Amun 72, 128, 130ff., 134ff., 163ff., 245, 269f., 276, 315
Anaxagoras 256
Anebo 149, 151, 159ff., 167, 267
Anubis 31, 90, 160ff., 228, 273
Anuqis 277
Aphrodite 87f., 105
Apis 72, 94, 137, 229, 235, 273, 281ff., 285
Apollon 31, 44, 46ff., 56, 90, 201, 204, 252
Apophis 29
Apuleius 11, 79ff., 99ff., 107ff., 112ff., 117, 175, 254
Arcadius 305f.
Archemachus 209
Areios 139
Aristoteles 70f., 212
Artemis 44ff., 61
Asklepios 90, 129, 177, 194, 222, 229, 234, 239, 251, 253
Asklepios-Imouthes 177
Athena 10, 60, 222, 250
Athyri 84
Atticus 19
Atum 94, 133f., 137, 284, 315
Augustus 30, 138

Aurelianos 306, 314
Ausonius 64
Autoboulos 65, 72

Bastet 45ff., 88
Bubastis 44ff., 49, 51

Caesarius 306
Castor 43
Celsus 63
Chaeremon Alexandrinus 38, 64, 138, 268, 283, 285, 287, 294
Chalamenti 110ff.
Chascheschonqi 111
Chnoubis 140
Chnum 133, 275f.
Chons 136, 138ff., 166, 270
Chrysippus 186f., 208
Claudianus 88, 105, 155
Clemens Alexandrinus 294f., 300

Damascius 139, 154
Deinon 209
Demeter 11, 44, 49, 61, 91, 108, 273
Democritus 59, 256
Diodorus Siculus 28, 37, 60ff., 108, 128, 132, 185f., 189, 250, 295, 312
Diogenes 256
Dionysos 27, 48, 61, 108, 132, 185, 187, 222, 228, 273
Dioskouroi 61

Empedocles 208
Epeeis 139
Ephorus 232, 240f., 256
Epicurus 59
Eros 65, 69, 72, 107
Eudoxus 59f., 83, 87

Euripides 232
Eusebius 267f., 270, 283, 285
Euthymenes 256
Eutychianos 306, 314

Flavius Josephus 61
Fortuna 106

Gainas 305f., 309
Galaxidoros 202
Geb 30, 95, 131ff., 274
Germanicus 130

Hades 91
Hadrianus 32, 130
Haroëris 64
Harpokrates 64
Harsaphis 27
Harsomtus 134f.
Hathor 25, 32, 48, 50, 84, 87f., 103, 105, 134
Hecataeus Abderita 60, 62, 128, 133
Hecataeus Milesius 242, 244, 257
Helena 244
Heliodorus 270
Hephaistos 133, 138, 140, 194
Heracleides Ponticus 209
Heraclitus 65, 152, 199, 210, 300
Herakles 50, 187, 222
Herennius Philo 139f.
Herischef 27
Hermanubis 228
Hermes 13, 15f., 93, 95f., 140, 177f., 186, 188, 190f., 193f., 206, 228f., 280, 314f.
Hermes Thot 315
Hermes Trismegistos 175, 177, 194, 315
Herodotus 19, 23, 44ff., 57, 59ff., 72, 80, 127f., 232f., 238ff., 250, 256, 293, 312f., 313
Hesiodus 182, 208
Homerus 61, 153, 182, 208, 232, 235, 242f., 257
Hor 27, 46, 96
Horit 47ff.
Horus 10, 14, 16ff., 29f., 44, 46ff., 61, 72, 83f., 95, 97ff., 108, 112, 114, 133, 176, 182ff., 188, 192f., 273ff., 278f., 308, 310
Hypatia 310

Iamblichus 2, 4, 37, 44, 140ff., 149ff., 160f., 164ff., 267
Imhotep/Imouthes 29ff., 38, 90, 129, 177, 185, 194, 280
Irita 134f., 138, 141ff.
Isidorus 90
Isis 2f., 5, 7ff., 18, 24ff., 30ff., 37f., 44, 48, 59f., 62, 64f., 67, 79, 81ff., 122, 127, 132f., 175f., 178ff., 182ff., 190ff., 207f., 214, 229, 234, 246, 251ff., 272ff., 277, 309
Iustus Tiberiades 163

Julianus Imperator 182

Kambyses 250
Kanobos 244f.
Kematef 128, 130, 134ff., 269, 286
Khnoubis 140
Klea 7f., 10f., 66f., 178f., 203
Kleombrotos 202, 208
Kleopatra VII. 23, 312
Kore 273
Kronos 131f.

Leto 47ff.
Lucianus 101
Lucius 13, 101ff., 112, 114ff., 254
Lunus 270
Lycurgus 59

Manetho 33, 38, 60, 64, 128, 133, 157, 162, 184, 312
Memnon 130
Menelaos 242, 244
Menuthis 245
Michael Psellus 149, 154, 164
Min 270
Minos 205
Minotauros 205
Mithras 32
Mnevis 281f., 285f.
Mut 84, 134f.

Nachtanubis 161
Nachtmin 62
Nechbet 279

Nechepso-Petosiris 60
Nechepsos 128
Neith 10, 133, 135, 250
Nephersais 111
Nephthys 31ff., 133, 273
Nero 138
Nesmin 87
Nicander 49
Nikippe 46
Numenius 19
Nut 30, 131, 133, 270, 278

Origenes 55, 63
Orion 85, 277
Osiris 3, 5, 9ff., 24ff., 29ff., 37, 44, 48, 59, 64f., 67f., 72, 79, 82ff., 89f., 93, 96ff., 103, 105, 107f., 114, 116f., 127ff., 131ff., 137, 141f., 175, 178, 179, 182ff., 207f., 214, 223ff., 235, 240, 244, 246ff., 254, 270, 272ff., 305f., 308ff., 314f.
Ovidius 64

Pachom 115
Paean 90
Pamyles 128, 132
Pan 61, 157
Pandemos 65
Pausanias 49
Persephone 91
Phaea 205
Philo Alexandrinus 3, 61, 66, 69, 71, 143
Philostratus 219f.
Phylarchus 209f.
Pindarus 232, 242f., 257
Plato 9, 15, 17ff., 21f., 31ff., 36, 57, 59f., 67, 69, 72, 80, 91, 97, 128, 130, 152, 181, 186, 195, 208, 229, 249f., 255, 310
Plinius maior 61
Plotinus 268, 297ff., 301f., 310
Plutarchus 1ff., 7ff., 23ff., 27, 29ff., 35, 37, 44, 49, 55ff., 79ff., 84ff., 88f., 91, 93, 96f., 99ff., 103ff., 107ff., 114, 117, 127f., 130ff., 136f., 142f., 175, 177ff., 181ff., 186ff., 194f., 199ff., 204ff., 228, 248, 255, 294, 305, 310ff.
Pollux 43

Porphyrius 2ff., 37, 44, 62, 71f., 138ff., 143, 149, 151, 156f., 159, 161, 164, 182, 221, 267f., 270ff., 274f., 277, 279ff.
Poseidon 222
Posidonius 55f.
Proclus 149, 154
Prometeus 13, 191
Ps.-Apuleius 314
Psammetich 48, 239
Psyche 33, 101
Ptah 133, 135f., 138ff., 143, 163, 194, 270, 282
Ptolemaios I. 128
Ptolemaios II. 26, 31, 312
Ptolemaios Soter 208
Ptolemaios VIII. 85, 136
Pythagoras 57, 59, 71, 128, 186f., 208

Ramses III. 270
Re 27, 47, 72, 94f., 112, 134, 136, 141, 228, 245, 254, 271, 278, 285, 300, 315
Rhea 131

Sabazios 153, 157
Sachmet 45ff., 135
Sarapis 5, 208, 210, 213, 219, 222ff., 234ff., 244, 251, 253f., 256, 273
Satis 277
Schu 133
Selene 87, 155
Seneca 55f., 239f.
Sesostris 30, 35, 128
Seth 5, 11f., 14f., 30f., 99f., 113f., 133, 142, 208, 273, 278f., 310
Sia 315
Simmias 201f.
Sirius 84f., 277
Sobek 135, 143, 271
Socrates 21, 199, 201, 249
Solon 59
Somtu-Tefnacht 27
Sothis 85f., 103, 277
Stobaeus 175, 188, 192f., 268
Strabo 48, 60f., 69, 239ff., 243, 245
Sulla 108
Synesius 4f., 305ff.

Tat 19, 177
Tatenen 135f., 138f., 141
Tauros 205
Tefnut 103, 133
Thales 59, 128, 236, 256
Theanor 202
Theokritos 202
Thermuthis 90
Thessalus 60, 128f.
Theuth 229, 249
Thon 245
Thoth 13, 15, 87, 95f., 103, 112, 165, 175, 191, 228, 281, 300, 315
Thrasyalces 256
Timarchos 192

Typhon 10, 12ff., 18, 48, 68, 70, 83, 96, 98, 108, 183ff., 189, 205, 207, 278
Typhos 5, 306ff.

Uranios 65

Varro 64

Wadjet 47ff.

Xenocrates 186, 208
Xenophanes 181

Zeus 27, 61, 131f., 222, 234f., 242, 245
Zoroaster 17, 65

Stellenindex

Die Schreibung und Abkürzung griechischer Autoren und Werktitel richtet sich weitestgehend nach dem Autoren- und Werkverzeichnis des *Brill Dictionary of Ancient Greek* (http://dictionaries.brillonline.com/pdfdocument/montanari/authorsandworks), die lateinischer Werktitel und Autoren nach dem *Thesaurus Linguae Latinae*. Die Abkürzung ägyptologischer Textsammlungen folgt den Konventionen des *Institut français d'archéologie orientale* (http://www.ifao.egnet.net/uploads/publications/enligne/Abreviations.pdf). Papyri werden im Index weitestgehend nach der *Checklist of Greek, Latin, Demotic, and Coptic Papyri, Ostraca, and Tablets* (http://papyri.info/docs/checklist) zitiert.

Aelius Aristides
    Oratio 1 220
    Orationes 2–4 221
    Oratio 3 249
        46–47 252
        583–584 249
    Oratio 5–16 220
    Orationes 17–26 220
    Oratio 21
        4 251
    Oratio 26 .... 222, 250
        26,67 251
        26,95 251
        86 250
        105 236
    Orationes 27–35 220
    Oratio 36 .... 219f., 230f., 233ff., 239, 241, 252, 255f., 307
        1 230
        10 236
        33–34 221
        35–40 248
        35–40 233
        36 236
        41 238
        46–57 237
        47–48 238
        48 .... 239f.
        49 236
        49–50 239
        50–54. 252
        51–54 238
        54 238
        57 238
        65 240
        91 236
        104–105 242
        104–106 235
        106–107 242
        108 244
        108–109 244
        111 244
        112–113 243
        113 243
        114–122 233
        115 248
        117 236
        123–124 234
        124–125 236
        125 231
    Oratio 37 250
        14 250
    Orationes 37–46 .... 221f.
    Oratio 39
        18 239
    Oratio 40
        10 229
    Oratio 41
        6 243
    Oratio 43
        28 235
    Oratio 45 .... 219, 222
        2 234
        13 222
        15 228
        18,22–23 223

24-25 254
27 .... 223, 236
29 .... 223, 236
32 .... 223, 236, 254
33 .... 222, 230
Oratio 47 (=Hieroi Logoi I)
   24 252
   25-26 252
   61 252
Orationes 47-52 (=Hieroi Logoi I-VI) .. 222
Oratio 48 (=Hieroi Logoi II)
   3 231
   18 251
Oratio 49 (=Hieroi Logoi III)
   45-46 253
   45-50 253
   46 251
   47-48 253
   48 230
   49-50 253
Oratio 53 220

Ammianus Marcellinus
  Res gestae
    XXII
      16,14 244

Anaxagoras (DK 59)
  fr. A 42,5 256
  fr. A 91 256

Antoninus Liberalis
  Metamorphoses
    XXVIII
      2-3 49

Apuleius
  De magia (Apologia)
    10 80
    64 80
  Metamorphoses 103, 109
    I
      2 101
    II
      3 101
    IV,28-VI,24 101
    XI 7, 10, 79f., 100f., 110, 255

1 102
2 .... 10, 102, 106, 112
2-5 110
3 103
5 .... 10, 104ff., 114
6 13
11 105
13 106
15 .... 106, 115
21 107
25 .... 107, 109, 114
27 107
28 107
30 .... 107f.

Aristides Quintilianus
  De musica
    II
      17-19 155

Aristoteles
  Ethica Nicomachea
    X
      8 11
  Protrepticus
    fr. B 108 Düring 11

Augustinus
  De civitate Dei
    X
      11,1-2 163
  De trinitate
    XIV
      9,12 11

BGU XVI
  2577
    fr. E,r,28.9 (=489) 163

Callimachus
  Hymnus IV 31

Chaeremon Alexandrinus
  Aegyptiaca
    FGrHist 618, fr. 6 14
  Fragmenta dubia
    17D van der Horst 268

Stellenindex — **325**

Chalamenti-Krug
   Z. 9–10 Spiegelberg 111
   Z. 19–20 Spiegelberg 110

Chascheschonqi
   19,15 112
   19,16 111

Chonsu-Kosmogonie 138, 143

Cicero
   De natura deorum
      I
         81 69
         82 69
         101 69
         184 69
      III
         39 69
         47 69
   De republica
      III
         9,14 69
   Hortensius
      fr. 97 Müller 11
   Tusculanae disputationes
      V
         27,78 69
         27,79 69

Clemens Alexandrinus
   Stromateis
      V
         7,43,1f. 295

Hermetica 4, 117, 175, 195, 299, 315
   Corpus Hermeticum 175, 177, 179, 299
      1 177
      1,23 194
      1,24–26 154
      1,26 176
      1,31 177
      9,4 .... 176, 178
      10,4 154
      10,9 176
      10,15 176
      13 177
      13,17–20 177
      16,13–15 154
      16,2 .... 155, 180
   Fragmenta varia
      10 Nock-Festugière 178
      31 Nock-Festugière 188
      32a Nock-Festugière 188
   Stobaei Hermetica 175ff., 180
      23 .... 175f., 186, 188ff., 192f., 195
      23,3 192
      23,5–7 189
      23,6 177
      23,7 .... 186, 189f.
      23,24 189
      23,25–48 189
      23,26 193
      23,27 176
      23,32 .... 176f., 188, 191
      23,61 192
      23,62 .... 192, 194
      23,62–69 189
      23,64 .... 189, 192
      23,65–67 190
      23,66 189
      23,68 190
      23,69 189
      23–27 95
      24 193
      24,1–4 192
      24,2 .... 192f.
      24,3 193
      24–26 188
      25,8 184
      26 193
      26,1f. 193
      26,8f. 194
      26,9 .... 177, 194

Damascius
   De primis principiis quaestiones et solutiones
      2,1,7–8 Westerink 154

Deir Chelouit III 135, 8 134

Democritus (DK 68)
   fr. A 99 256

Dend. 226
  I
      81, 15–82, 6 .... 110, 114
  II
      134,4 247
      201,15 86
  IX
      188,4–5 49
  X
      287,14–15 246
      35, col. 60 89
      425,9–10 224

Diodorus Siculus
  Bibliotheca historica
    I
        11 132
        13,1 185
        14–21 186
        21,1 13
        21–22 13
        22,3 240
        27,4 191
        46,8 128
        81 294
        84,4–8 69
        88 13
    III
        3 295
        3f. 294

Diogenes Apolloniates (DK 64)
  fr. A 18 256

Diogenes Laertius
  VII
      55–57 180

Edfou
  I
      77,8–17 103
      177, 6 226
      289, 7 135
  V
      173,10–174,4 103
  VII
      153, 4. 31

Ephorus (FGrHist 70)
  fr. 65 256

Epicurus
  Ratae Sententiae 181

Esna
  III
      247, A 135
      255, A 135
  IV
      513, 12 135
  VI
      507 135

Euripides
  Helena 1–3 256

Eusebius
  Praeparatio evangelica
    I
      10,46ff. 139
    III
      1,1–7 66
      8,1 66
      11,45–13,2 268
      11,45ff. 138

Firmicus Maternus
  De errore profanarum religionum
    22 97

Georgius Syncellus
  Chronographia
    p. 72f. Dindorf 315
    p. 516 Dindorf 313

Hecataeus Milesius (FGrHist 1)
  fr. 307 244
  fr. 308 257

Heliodorus
  Aethiopica 255
    3,13–14 269

Heraclitus (DK 22)
    fr. B 5 301
    fr. B 95 199

Hermogenes
    De ideis
        I
            3, p. 232,10f. Rabe 180

Herodotus
    Historiae
        I
            86–190 72
        II 43, 45, 310
            19,3 233
            24–25 256
            24–26 238
            28 238
            36 294
            37,3 252
            42 137
            50 44
            59 ....45, 48, 91
            60 46
            65 72
            83 .... 45, 48
            137 45
            152 48
            155 ....45f., 48
            156 ....44f., 48, 91
            169–170 250

Homerus
    Hymnus II
        360 91
        374 91
    Odyssea
        IV
            111 243
            354–357 ....242, 257
            477 242
            581 ....219, 235, 242, 257

Horapollo I 11–12 279

Iamblichus
    De mysteriis 4, 52, 130, 144, 149ff.,
                                153f., 156, 161, 163, 166
        2,6 154
        3,2 (103,16) 155
        3,9 157
        3,9 (119,3) 155
        3,11 157
        5,8 152
        6,1–2 159
        6,1–4 152
        6,1–9,9 152
        6,3–4 159
        6,5 13
        6,5–7 159
        6,5–8,3 153
        7,1–2 159
        7,3 ....159, 298
        7,4–5 1... 60
        7,5 ....44, 155, 180
        8,1–3 160
        8,3 ....140, 164
        8,4 180
        8,4–8 160
        8,8 154
        9,1–9 160

Isidorus
    Hymni
        I 114
            27–34 114
        II 114

Julianus Imperator
    Epistula XII 154

Lactantius
    Divinae institutiones
        II
            15,6 178

Manetho (FGrHist 609)
  F 22 70
  T 11a 315

Marinus
  Vita Procli
    26 154

Minucius Felix
  Octavius
    29 280

Numenius
  fr. 1a Des Places 57

O.Heid. inv. 188,1 51

O.Hor 11 vs. 7 96

Opet I 183, Right, col. 2 132

Oracula Chaldaica
  fr. 107,5 155
  fr. 150 155

Ovidius
  Metamorphoses
    V
      321–330 49

P.Beatty XI
  1,5–6 94
  fr. A, 2 95

P.Berlin inv.
  P. 10472 A+14400 284
  P. 15531 300
  P. 15660, Z. 11–12 86

P.Bremner-Rhind IV 19 30

P.Brooklyn inv. 47.218.84 47

P.Cairo CG 31255 Z. 12–14 111

P.Carlsberg 652 vs.
  fr. B–D, x+4 86

P.Eleph. 25,6–7 51

P.Heid.dem. inv. 736 vs. 114
  col. x+4–5 113

P.Hib. I 27,145 46

P.Insinger
  20,14 113
  20,14ff. 112
  20,19 112

P.Leiden I 384
  6,10–13 285
  7,21–23 285

P.LilleDem. 31 A, 32–37 116

P.Louvre E 3229 90

P.Mag. LL
  1,1–3,35 99
  3,31 90
  6,1–8, 11 90
  6,1–8, 11 99
  6,15–16 90
  7,1 90
  12,24 103
  25,25 90
  25,28 90
  28,11–15 99

P.NagHamm.
  1,3 299
  6,58–60 154
  6,6 .... 175, 177, 302
    p. 61f. 177
  6,6–8 176
  22,35–23,15 298

P.Oxy.
  456 287
  465 284
  1380 115
    Z. 222–230 86
    Z. 152–153 115
    Z. 171–174 86

Z. 43–44	94
Z. 60–61	94

P.Ryl.Copt. 215,5,13 166

P.Tamerit 30

P.Tebt.Tait 14 114
    x+3 112

P.Turin 1993 1,14–2,1 94

P.Wien inv. D. 12006 113

P.Würzb. inv. 7
    II, 6 163

Patrologia Graeca
    Michael Psellus 122
        1125a 154
        1129c 154
        1132c deb. 155

Pausanias
    Graeciae descriptio
        VIII
            37,6 49

PBM 10209
    3, 3–4 87

PDM 87

PGM 87
    I
        58–59 90
    III
        383 90
    IV
        176 90
        1201–3 157
        1439–1440 90
        2241–2358 103
        2297–2298 103
    VII
        227–232 90
        583 140

862–865	88
862–918	88, 105
883	155
964	13

VIII
    65–68 90
XII
    201–269 86
    234–235 86
XIII
    129 90
    359–360 90
    686 90
    789 141
    809 141
XXI
    19 141
XXIVa 99

Philo Alexandrinus
    De confusione linguarum
        34 66
    De Decalogo
        48 181
    De gigantibus
        2 66
    Quod Deus sit immutabilis
        69 181

Philostratus
    Vitae sophistarum
        2,9 220

Pindarus
    fr. 99 Maehler 243
    fr. 201 Maehler 243, 257

Plato
    Cratylus
        403A 195
    Critias 22
        120E–121B 2 2
    Epistulae VII
        324A 21
    Gorgias
        493B 195

Hippias Maior
   296A 12
Leges
   896D–898C 68
   896E 15, 17, 18
Phaedo
   80D 195
   107D–E 194
   108B 194
Phaedrus 249
   274C–275B 22
   278D 10
Philebus
   19B 22
Respublica 36, 184
   379A 181
   379A–383A 181
   617E 194
   620D 194
Symposium 187
Timaeus 22, 63
   21E 250
   22A–23B 310
   22C 22
   24B 250
   24D 10
   35A–B 16
   90C 194

Plinius maior
  Naturalis historia
   II
     201 243
   V
     128 243
   XIII
     70 243

Plotinus
  Enneades
   I
     5,8,5 297
     5,8,6 297
   IV
     8 189
   V
     1,1,3f. 189

   VI
     4,16,37 195

Plutarchus
  Adversus Colotem
   1125A 71
  Aetia Graeca et Romana 58, 200, 209
   268B 203
   297A 203
  Aetia physica 200
   912C 205
   915A 203
   917C 212
  Alexander 58
   41,8 205
  Amatorius 64, 69, 72
   764B 65, 69
  An virtus doceri possit
   439D 199
  Antonius
   27,3f. 23
   27,4f. 312
  Aristides
   17,2 205
  Bruta animalia ratione uti 70
  Cato minor
   59,5 205
  De adulatore et amico
   73F 205
  De amore prolis 70
  De animae procreatione
   in Timaeo 3, 16ff., 63, 65
   1026C 17
  De audiendo
   43D 199
  De defectu oraculorum 202
   415A 208
   415A 65
   416B–418A 187
  De E apud Delphos 56, 201
   386A 201
  De esu carnium orationes 70
  De fortuna
   98C 71
  De fortuna Romanorum 33
  De fraterno amore
   478E 71

De genio Socratis 201f., 301
   588C 202
   591B 192
De Iside et Osiride .. 1, 3, 7f., 17f., 23, 31ff.,
       58ff., 62, 64ff., 69f., 72, 79,
       81, 86, 96f., 117, 175f., 178f.,
       182, 187f., 192, 195, 199, 202f.,
       205f., 208ff., 212ff., 248, 272
   1, 351C 178
   1, 351C–11, 355D 203
   1–11 178
   2 .... 13, 81, 89
   2, 351 E11 10
   2, 351 F3 11
   2, 351E 66, 212
   2, 351E–F 93
   2, 351F–352A 58, 108
   2, 352 A4 11
   2, 352 A6 11
   2, 352A 67, 178
   2, 352A–3, 352B 93
   2–3 .... 82f., 107
   3 13
   3, 352 89
   3, 352A 178
   3, 352A–B 191
   3, 352B 82
   3, 352C 93, 178
   3–4 82
   4, 352E–F 66
   4–11 14
   5–6 81
   6, 1014E 17
   6, 1015A 17
   7 103
   7, 353C–D 127
   7, 353D 212
   8, 353E 14, 68
   9 ....19, 103
   9, 354C 10, 164
   9, 354C–D 32
   9, 354C–D 132
   9, 354D–E 59
   10, 355A 12, 132
   11, 355B 68, 178
   11, 355C–D 179
   12, 355D 178, 182, 215

12, 355D–19, 358E 203
12, 355E 132
12, 355F–365A 86
12, 356A 18, 29, 32
13, 356A–B 186, 206
13, 356B–C 185
16 82
16, 357A–D 28
17, 357D–E 183
19, 358D 178, 183
19, 358D–20, 358E 88
19, 358D–20, 358E 98
20 ....82, 240
20, 358E 14, 17, 181, 215
20, 358E–359A 205
20, 358E–64, 377B 203
20, 358E–F 182
20, 358F–359A 182
20, 359A–21, 359D 185
20, 359B 72
21, 359C .... 8, 84f.
21, 359D 131, 137
22, 359D 186, 204
22, 359D–24, 360D 183, 203
22, 359E 84f., 178, 204, 206
22–44 .... 9, 15
23, 359F–360A 186, 204
24, 1024C 18
25 81
25, 360D 207
25, 360D–31, 363D 203
25, 360E 186
25, 360E–26, 361C 208
25, 360F 8
26 82
27 ....82, 244
27, 361D 190
27, 361D–E 96
27, 361D–E 83
27, 361D–E 99
27, 361D–E 207
27, 361E 187, 207, 209
27–28 229
28 228
28, 361F–362A 208
28, 362B 8, 208, 210
28, 362B–29, 362E 208, 210

29, 362B–C	209
29, 362C	72, 210
29, 362D	210, 294
29, 362E	12, 209
30	13, 82
30, 362E	187
30, 362E–31, 363D	100, 207
30, 362E–F	184
31, 363C	184, 209
32	250
32, 363D	83, 85, 187, 211, 213
33, 364B	86
33, 364C	188
35, 364E	8, 178
35, 364F	61
35, 365E	27
36, 365B	13, 192
362E	211
375A	98
38, 365F	84f.
38, 366A	49, 85
38, 366A–C	28
38, 366B–C	31
39, 366D	89
39, 366E	13, 105
40	243
40, 367A	83, 98
41, 367D	12, 178
43	248
43, 368C	72, 84, 87, 102
45	9, 19
45, 269B	56
45, 369A	59, 213
45, 369A–64, 377B	203
45, 369B	56
45–48, 369B–370E	65
45–49, 369D–371A	65
45ff.	15
46, 369D–E	181
46–47	8, 15, 17
46–48	9
47, 370C	65
48, 370D	65
48, 370E	65
48, 370F	18
48, 371A	215
49, 371A	65
49, 371A–57, 374E	183
49, 371A–B	67
49, 371A–C	68
49, 371B	12, 192
49–50, 371C	100
50, 371C	184
51, 371E	132
52, 372B	72
52, 372D	82, 88
52, 372D–E	83, 87
53	10
53, 372E	84, 91, 104, 114
53, 372E–F	67, 83, 97
53–57	15
54	16
54, 373A–B	83, 97
54, 373B	178
54, 373B–C	18, 31
55, 373C	178
55, 373C–E	183
56, 373F	83, 98, 108
56, 373F–374B	68
56, 374B	84
57, 374D	68
58, 374F–375A	83, 98
58–64	16
60, 375C	12
60, 375C–D	82, 93, 99
60, 375D	44
61	223, 229
61, 375D	12
61, 375D–F	277
61, 375E	12
61, 375E–376A	209
61, 375F	177
61, 376A	12, 84f.
62, 376A	10
62, 376B	12
64, 376F	68
64, 376F–377A	213
64, 377A	83
64, 377A–B	98
65, 377B–80, 384C	203
66, 377C	12, 104, 114, 176
66, 377C–D	92
66, 377F–378A	56
66–70	8

67, 377F 92, 114
67, 377F–378A 66
68, 378A–B 68
68, 378B 178
68, 378B–C 64
68, 378D 13
71, 379D 19, 60
71–76 19
72, 379F 72
73, 380C 70
73, 380D 184
75, 318F 189
76, 382A 72
76, 382A–C 70
77 89
77, 382C 89, 214
77, 382D 214
77, 382E 214
78 .... 8, 15, 99
78, 382E 8, 194
78, 382E–383A 72
78, 382E–F 195
78, 383A 67, 83, 98, 181
De libidine et aegritudine 3
6 17
De malignitate Herodoti 19
De profectibus in virtute
81F–82F 199
De sera numinis vindicta
550C 205
De sollertia animalium 70
959F–960A 71
960A 71
960C 71
961B 71
961C 71
962A 72
962B–C 72
963A 72
965B 72
De tuenda sanitate 70
135CD 205
De virtute morali
449A–B 205
Demosthenes
2 33
2,2–4 312

Flamininus
12 33
Fragmenta
129 Sandbach 1, 99
157 Sandbach 66
157–158 Sandbach 56, 65
158 Sandbach 66
215c Sandbach 205
Platonicae quaestiones 200
Praecepta gerendae reipublicae
805C 205
Quaestiones convivales 70, 200, 202, 205
299B 61
628D 205
641C 205
644F 199
652B 205
663D 205
669D–670D 69
671B–C 61
689B 205
703B 212
Septem sapientium convivium 70
Theseus
9,2 205
16,1 205
19,3–7 205

PMMA 35.9.21 XVI 2f. 30

Porphyrius
De cultu simulacrorum ....
.... 3, 268f., 283, 287
fr. 10 138
Epistulae
fr. 77 44
Fragmenta
38 Smith 157
39 Smith 157
Sententiae ad intelligibilia ducentes
32,7 164

Proclus
In Platonis Parmenidem *commentarius*
600,20ff. 155
In Platonis Rem publicam *commentarius*
1,92,2–12 188

Ps.-Apuleius
  Asclepius 175, 180, 183, 187
    1 177
    25 .... 176, 183
    37 .... 186, 315
    41 177

Ps.-Lucianus
  Asinus 13

Pyramidentexte (PT)
  § 390 (Spruch 271) 254
  § 472 (Spruch 305) 254
  § 517 (Spruch 321) 254
  §§ 364–369 (Spruch 267) 254

Sargtexte (CT)
  Spruch 148 94
    § 216c 94
  Spruch 168 28

SB
  VI
    9409,57 51
  XIV
    11958, 3 50

Seneca
  Epistulae morales ad Lucilium
    7,4 71
    45,13 180
    49,5 180
    90,36–38 56
    90,39–44 56
    90,7–35 56
  Naturales quaestiones
    2,6 239
    6,26 243

Strabo
  Geographica 232
    I
      2,23 243
      2,30 243
    XII
      1,19 243
      2,4 243

XVI
  4,24 249
XVII
  1,5 242
  1,17 244
  1,18 .... 48, 245
  1,19 257
  1,22 69
  1,28 69
  1,29 .... 21f.
  1,38 69
  1,39 69
  1,40 69
  1,44 69
  1,49 .... 69, 239
  1,50 241

Suidas
  s.v. Ἀριστείδης (A 3902 Adler) 220
  s.v. Πορφύριος (P 2098 Adler) 221

Synesius
  Calvitii encomium
    4,5f. 311
  De providentia 5, 305f., 314
    prooemium 2 307
    I
    1,1 307
    2,2 314
    2,4 314
    3,2–4,4 314
    11,1 314
    15,8 314
    16,1 308
    18,1 309
    18,4 311
  De regno 305
  Epistulae 305
    148 311

Tacitus
  Annales
    II
      60 .... 130, 244
    LXI
      2 238

Germania
    43 43
Historiae
    IV
        83–84 208
        84,5 251

Theon
    Progymnasmata
        p. 116,17f. Spengel 180

Thotbuch .... 299ff.

Thrasyalces (DK 35)
    fr. 1 256

Totenbuch (TB) 28
    Spruch 112 278
    Spruch 125 29

UPZ I
    78 143

Urk.
    II
        147, 5 246
        191, 4 246
    VI 279
    VIII
        201g 30

Vetus testamentum 57
    Isaiah 7,14 57

Xenophanes (DK 21)
    fr. B 26 181

www.ingramcontent.com/pod-product-compliance
Lightning Source LLC
Chambersburg PA
CBHW031722230426
43669CB00007B/211